엑스포지멘터리

룻기
에스더

Ruth · Esther

엑스포지멘터리 룻기·에스더

초판 1쇄 발행 2014년 3월 1일
개정판 2쇄 발행 2022년 3월 10일

지은이 송병현

펴낸곳 도서출판 이엠
등록번호 제25100-2015-000063
주소 서울시 강서구 공항대로 220, 601호
전화 070-8832-4671
E-mail empublisher@gmail.com

내용 및 세미나 문의 스타선교회: 02-520-0877 / EMail: starofkorea@gmail.com / www.star123.kr
Copyright © 송병현, 2022, *Print in Korea*.
ISBN 979-11-956324-1-1 93230

엑스포지멘터리

룻기
에스더

| 송병현 지음 |

EXPOSItory comMENTARY

EM Exposi
Mentary

한국 교회를 위한 하나의 희망

저의 서재에는 성경 본문 연구에 관한 많은 책이 있습니다. 그중에는 주석서들도 있고 강해서들도 있습니다. 그러나 그중에 송병현 교수가 시도한 이런 책은 없습니다. 엑스포지멘터리, 듣기만 해도 가슴이 뛰는 책입니다. 설교자와 진지한 성경 학도 모두에게 꿈의 책이 아닐 수 없습니다. 이런 책이 좀 더 일찍 나올 수 있었다면 한국 교회가 어떠했을까를 생각해 봅니다. 저는 이 책을 꼼꼼히 읽어 보면서 가슴 깊은 곳에서 큰 자긍심을 느꼈습니다.

이 책은 지금까지 복음주의 교회가 쌓아 온 모든 학문적 업적을 망라하고 있을 뿐만 아니라 한국 교회 강단이 목말라하는 모든 실용적 갈망에 해답을 던져 줍니다. 이 책에서는 실제로 활용할 수 있는 충실한 신학적 정보가 일목요연하게 제시됩니다. 그러면서도 또한 위트와 감탄을 자아내는 감동적인 적용들도 제공됩니다. 얼마나 큰 축복이며 얼마나 신나는 일이며 얼마나 큰 은총인지요. 저의 사역에 좀 더 일찍 이런 학문적 효과를 활용하지 못한 것이 아쉽기만 합니다. 진실로 한국 교회의 내일을 위해 너무나 소중한 기여라고 생각합니다.

일찍이 한국 교회 1세대를 위해 박윤선 목사님과 이상근 목사님의 기여가 컸습니다. 그러나 이제 한국 교회는 새 시대의 리더십을 열어야 하는 교차로에 서 있습니다. 저는 송병현 교수가 이런 시점을 위해 준비된 선물이라고 생각합니다. 진지한 강해 설교를 시도하고자 하는 모든 이와 진지한 성경 강의를 준비하고자 하는 모든 성경공부 지도자에게 어떤 대가를 지불하고서라도 우선 이 책을 소장하고 성경을 연구하는 책상 가까운 곳에 두라고 권면하고 싶습니다. 앞으로 계속 출판될 책들이 참으로 기다려집니다.

한국 교회는 다행스럽게 말씀과 더불어 그 기초를 놓을 수 있었습니다. 이제는 그 말씀으로 어떻게 미래의 집을 지을 것인가를 고민하고 있습니다. 이 〈엑스포지멘터리 시리즈〉는 분명한 하나의 해답, 하나의 희망입니다. 이 책과 함께 성숙의 길을 걸어갈 한국 교회의 미래가 벌써 성급하게 기다려집니다. 더 나아가 한국 교회 역사의 성과물 중의 하나인 이 책이 다른 열방에도 나누어졌으면 합니다. 이제 우리는 복음에 빚진 자로서 열방을 학문적으로도 섬겨야 하기 때문입니다. 이 책을 한국 교회에 허락하신 우리 주님께 감사와 찬양을 드립니다.

이동원 | 지구촌교회 원로목사

총체적 변화를 가져다줄 영적 선물

교회사를 돌이켜 볼 때, 교회가 위기에 처해 있었다면 결국 강단에서 하나님의 말씀이 제대로 선포되지 못한 데서 그 근본 원인을 찾을 수 있습니다. 영적 분별력이 있는 사람이라면 모두 이에 대해 동의할 것입니다. 사회가 아무리 암울할지라도 강단에서 선포되는 말씀이 살아 있는 한, 교회는 교회로서의 기능이 약화되지 않고 오히려 사회를 선도하고 국민들의 가슴에 희망을 안겨 주었습니다. 백 년 전 영적 부흥이 일어났던 한국의 초대교회가 그 좋은 예입니다. 이러한 영적 부흥은 살아 있는 하나님의 말씀이 강단에서 영적 권위를 가지고 "하나님께서 이렇게 말씀하셨다"라고 선포되었을 때 나타났던 현상입니다.

오늘날에는 날이 갈수록 강단에서 선포되는 말씀이 약화되거나 축소되고 있습니다. 이런 상황 속에서 출간되는 송병현 교수의 〈엑스포지멘터리 시리즈〉는 한국 교회와 전 세계에 흩어진 7백만 한인 디아스포라에게 주는 커다란 영적 선물이 아닐 수 없습니다. 이 시리즈는 하나님의 말씀을 쉽게 이해할 수 있도록 풀이한 것으로, 목회자와 선교사는 물론이고 평신도들의 경건생활과 사역에도 큰 도움이 될 것입니다. 무엇보다도 저는 이 시리즈가 강단에서 원 저자이신 성령님의 의도대로 하나님 나라 복음이 선포되게 하여 믿는 이들에게 총체적 변화(total transformation)를 다시 경험할 수 있는 계기를 마련해 주리라 확신합니다.

송병현 교수는 지금까지 구약학계에서 토의된 학설 중 본문을 석의 하는 데 불필요한 내용들은 걸러내는 한편, 철저하게 원 저자가 전하고자 하는 메시지를 현대인들이 가장 잘 이해할 수 있도록 전하고자 부단히 애를 썼습니다. 이 시리즈를 이용하는 모든 이에게 저자의 이런 수고와 노력에 걸맞은 하나님의 축복과 기쁨과 능력이 함께하실 것을 기대하면서 이 시리즈를 적극 추천합니다.

이태웅 | GMTC 초대 원장, 글로벌리더십포커스 원장

주석과 강해의 적절한 조화를 이뤄낸 시리즈

한국 교회는 성경 전체를 속독하는 '성경통독' 운동과 매일 짧은 본문을 읽는 '말씀 묵상'(QT) 운동이 세계 어느 나라 교회보다 활성화되어 있습니다. 얼마나 감사한 일인지 모릅니다. 그러나 상대적으로 책별 성경연구는 심각하게 결핍되어 있는 것이 사실입니다. 때때로 교회 지도자들 중에도 성경해석의 기본이 제대로 갖춰져 있지 않아 성경 저자가 말하려는 의도와 상관없이 본문을 인용해서 자신이 하고 싶은 말을 하는 분들이 적지 않음을 보고 충격을 받은 일도 있습니다. 앞으로 한국 교회가 풀어야 할 과제가 '진정한 말씀의 회복'이라면 이를 위해 가장 중요한 것은 바른 말씀의 세계로 인도해 줄 좋은 주석서와 강해서를 만나는 일일 것입니다.

좋은 주석서는 지금까지 축적된 다른 성경학자들의 연구 결과가 잘 정돈되어 있을 뿐 아니라 저자의 새로운 영적·신학적 통찰이 번뜩이는 책이어야 합니다. 또한 좋은 강해서는 자기 견해를 독자들에게 강요하는(impose) 책이 아니라, 철저한 본문 석의 과정을 거친 후에 추출되는 신학적·사회과학적 연구가 배어 있는 책이어야 할 것이며, 글의 표현이 현학적이지 않은, 독자들에게 친절한 저술이어야 할 것입니다.

그러나 솔직히 말씀드리면, 저는 서점에서 한국인 저자의 주석서나 강해서를 만나면 한참을 망설이다가 내려놓게 됩니다. 또 주석서를 시리즈로 사는 것은 어리석은 행동이라는 말을 신학교 교수들에게 들은 뒤로 여간해서 시리즈로 책을 사지 않습니다. 이는 아마도 풍성한 말씀의 보고(寶庫) 가운데로 이끌어 주는 만족스러운 주석서를 아직까지 발견하지 못했기 때문일 것입니다. 그러나 제가 처음으로 시리즈로 산 한국인 저자의 책이 있는데, 바로 송병현 교수의 〈엑스포지멘터리 시리즈〉입니다.

송병현 교수의 〈엑스포지멘터리 시리즈〉야말로 제가 가졌던 좋은 주석서와 강해서에 대한 모든 염원을 실현해 내고 있습니다. 이 주석서는 분명 한국 교회 목회자들과 평신도 성경 교사들의 고민을 해결해 줄 하나님의 값진 선물입니다. 지금까지 없었던, 주석서와 강해서의 적절한 조화를 이뤄낸 신개념의 해설주석이라는 점도 매우 신선하게 다가옵니다. 또한 쉽고 친절한 글이면서도 우물 깊은 곳에서 퍼 올린 생수와 같은 깊이가 느껴집니다. 이 같은 주석 시리즈가 한국에서 나왔다는 사실에 저는 감격하지 않을 수 없습니다. 이 땅에서 말씀으로 세상에 도전하고자 하는 모든 목회자와 평신도에게 이 주석 시리즈를 적극 추천합니다.

이승장 | 예수마을교회 목사, 성서한국 공동대표

시리즈 서문

"너는 50세까지는 좋은 선생이 되려고 노력하고, 그 이후에는 좋은 저자가 되려고 노력해라." 내가 시카고 근교에 위치한 트리니티 신학교 (Trinity Evangelical Divinity School) 박사과정을 시작할 즈음에 지금은 고인이 되신 스승 맥코미스키(Thomas E. McComiskey)와 아처(Gleason L. Archer) 두 교수님께서 주신 조언이었다. 너무 일찍 책을 쓰면 훗날 아쉬움이 많이 남는다며 하신 말씀이었다. 박사학위를 마치고 1997년에 한국에 들어와 신대원에서 가르치기 시작하면서 나는 이 조언을 마음에 새겼다. 사실 이 조언과 상관없이 내가 당시에 당장 책을 출판한다는 일은 불가능한 일이었다. 중학교를 다니던 70년대 중반에 캐나다로 이민을 갔다가 20여 년 만에 귀국하여 우리말로 강의하는 일 자체가 당시 나에게는 매우 큰 도전이었으며, 책을 출판하는 일은 사치로 느껴졌기 때문이다.

세월이 지나 어느덧 나는 선생님들이 말씀하신 오십을 눈앞에 두었다. 1997년에 귀국한 후 지난 10여 년 동안 나는 구약 전체에 대한 강의안을 만드는 일을 목표로 삼았다. 내 자신에게 동기를 부여하기 위하여 내가 몸담고 있는 신대원 학생들에게 매학기 새로운 구약 강해과

목을 개설해 주었다. 감사한 것은 지혜문헌을 제외한 구약 모든 책의 본문관찰을 중심으로 한 강의안을 13년 만에 완성할 수 있었다는 점이다. 앞으로 수년에 걸쳐 이 강의안들을 대폭 수정하여 매년 2-3권씩을 책으로 출판하려 한다. 지혜문헌은 잠시 미루어두었다. 시편 1권(1-41편)에 대하여 강의안을 만든 적이 있었는데, 본문관찰과 주해는 얼마든지 할 수 있었지만, 무언가 아쉬움이 남았다. 삶의 연륜이 가미되지 않은 데서 비롯된 부족함이었다. 그래서 나는 지혜문헌에 대한 주석은 육십을 바라볼 때쯤 집필하기로 작정했다. 삶을 조금 더 경험한 후로 미루어 놓은 것이다. 아마도 이 시리즈가 완성될 때쯤이면, 자연스럽게 지혜문헌에 대한 책들을 출판할 때가 되지 않을까 싶다.

이 시리즈는 설교를 하고 성경공부를 인도해야 하는 중견목회자들과 평신도 지도자들을 마음에 두고 집필한 책들이다. 나는 이 시리즈의 성향을 exposimentary("해설주석")이라고 부르고 싶다. Exposimentary라는 단어는 내가 만들어낸 용어이다. 해설/설명을 뜻하는 expository라는 단어와 주석을 뜻하는 commentary를 합성하였다. 대체적으로 expository는 본문과 별 연관성이 없는 주제와 묵상으로 치우치기 쉽고, commentary는 필요 이상으로 논쟁적이고 기술적일 수 있다는 한계를 의식해서 이러한 상황을 의도적으로 피하고 가르치는 사역에 조금이나마 실용적이고 도움이 되는 교재를 만들기 위하여 만들어낸 개념이다. 나는 본문의 다양한 요소와 이슈들에 대하여 정확하게 석의하면서도 전후 문맥과 책 전체의 문형(文形; literary shape)을 최대한 고려하여 텍스트의 의미를 설명하고 우리의 삶과 연결하려고 노력했다. 또한 히브리어 사용은 최소화했다.

이 시리즈를 내놓으면서 감사할 사람이 참 많다. 먼저, 지난 25년 동안 나의 인생의 동반자가 되어 아낌없는 후원과 격려를 해주었던 아내 임우민에게 감사한다. 아내를 생각할 때마다 참으로 현숙한 여인을(cf. 잠 31:10-31) 배필로 주신 하나님께 감사할 뿐이다. 아빠의 사역을 기도와 격려로 도와준 지혜, 은혜, 한빛에게도 고마운 마음을 표한다. 평생 기도와 후원을 아끼지 않은 친가와 처가 친척들에게도 감사하다는 말을 전하고 싶다. 항상 옆에서 돕고 격려해준 평생친구 장병환·윤인옥, 박선철·송주연 부부들에게도 고마움을 표하는 바이며, 시카고 유학시절에 큰 힘이 되어주셨던 이선구 장로·최화자 권사님 부부에게도 이 자리를 빌어 평생 빚진 마음을 표하고 싶다. 우리 가족이 20여 년 만에 귀국하여 정착할 수 있도록 배려를 아끼지 않으신 백석학원 설립자 장종현 목사님에게도 감사하는 바이다. 우리 부부의 영원한 담임목자이신 이동원 목사님에게도 고마움을 표하고 싶다.

2009년 겨울 방배동에서

감사의 글

스타선교회의 사역에 물심양면으로 헌신하여 오늘도 하나님의 말씀이 온 세상에 선포되는 일에 기쁜 마음으로 동참하시는 김형국, 백영걸, 정진성, 장병환, 임우민, 정채훈, 송은혜, 강숙희 이사님들께 감사의 마음을 전하고 싶습니다. 이사님들의 헌신이 있기에 세상은 조금 더 살맛나는 곳이 되고 있습니다.

2016년 여름이 시작된 방배동에서

일러두기

엑스포지멘터리(exposimentary)는 '해설/설명'을 뜻하는 엑스포지토리(expository)라는 단어와 '주석'을 뜻하는 코멘터리(commentary)를 합성한 단어이다. 본문의 뜻과 저자의 의도와는 별 연관성이 없는 주제와 묵상으로 치우치기 쉬운 엑스포지토리(expository)의 한계와 필요 이상으로 논쟁적이고 기술적일 수 있는 코멘터리(commentary)의 한계를 극복하여 목회현장에서 가르치고 선포하는 사역에 실질적으로 도움이 되도록 하는 새로운 장르이다. 본문의 다양한 요소와 이슈들에 대하여 정확하게 석의하면서도 전후 문맥과 책 전체의 문형(文形; literary shape)을 최대한 고려하여 텍스트의 의미를 설명하고 성도의 삶과 연결하려고 노력하는 설명서이다. 엑스포지멘터리는 다음과 같은 원칙을 바탕으로 인용한 정보를 표기한다.

1. 참고문헌을 모두 표기하지 않고 선별된 참고문헌으로 대신한다.
2. 출처를 표기할 때 각주(foot note) 처리는 하지 않는다.
3. 출처 표기는 괄호 안에 하되 페이지는 밝히지 않는다.
4. 여러 학자들이 동일하게 해석할 때 모든 학자들을 표기하지 않고

일부만 표기한다.
5. 한 출처를 인용하여 설명할 때, 설명이 길어지더라도 각 문장마다
   출처를 표기하지 않는다.

주석은 목적과 주 대상에 따라 인용하는 정보 출처와 참고문헌 표기
가 매우 탄력적으로 제시되는 장르이다. 참고문헌이 없이 출판되는 주
석들도 있고, 각주가 전혀 없이 출판되는 주석들도 있다. 또한 각주와
참고문헌이 없이 출판되는 주석들도 있다. 엑스포지멘터리 시리즈는
이 같은 장르의 탄력적인 성향을 고려하여 제작된 주석이다.

선별된 약어표

개역	개역성경
개정	개역성경개정판
공동	공동번역
새번역	표준새번역 개정판
현대	현대인의 성경
아가페	아가페 쉬운성경
BHK	Biblica Hebraica Kittel
BHS	Biblica Hebraica Stuttgartensia
ESV	English Standard Version
CSB	Nashville: Broadman & Holman, Christian Standard Bible
KJV	King James Version
LXX	칠십인역(Septuaginta)
MT	마소라 사본
NAB	New American Bible
NAS	New American Standard Bible
NEB	New English Bible

NIV	New International Version
NRS	New Revised Standard Bible
TNK	Jewish Publication Society Tanakh
TNIV	Today's New International Version
AAR	American Academy of Religion
AB	Anchor Bible
ABD	The Anchor Bible Dictionary
ABRL	Anchor Bible Reference Library
ACCS	Ancient Christian Commentary on Scripture
AJSL	American Journal of Semitic Languages and Literature
ANET	J. B. Pritchard, ed., The Ancient Near Eastern Texts Relating to the Old Testament. 3rd. ed. Princeton: Princeton University Press, 1969.
ANETS	Ancient Near Eastern Texts and Studies
AOTC	Abingdon Old Testament Commentary
ASORDS	American Schools of Oriental Research Dissertation Series
BA	Biblical Archaeologist
BAR	Biblical Archaeology Review
BASOR	Bulletin of the American Schools of Oriental Research
BBR	Bulletin for Biblical Research
BCBC	Believers Church Bible Commentary
BDB	F. Brown, S. R. Driver & C. A. Briggs, A Hebrew and English Lexicon of the Old Testament. Oxford: Clarendon Press, 1907.
BETL	Bibliotheca Ephemeridum Theoloicarum Lovaniensium
BibOr	Biblia et Orientalia
BibSac	Bibliotheca Sacra

BibInt	Biblical Interpretation
BJRL	Bulletin of the John Rylands Library
BJS	Brown Judaic Studies
BLS	Bible and Literature Series
BN	Biblische Notizen
BO	Berit Olam: Studies in Hebrew Narrative & Poetry
BR	Bible Review
BRS	The Biblical Relevancy Series
BSC	Bible Student Commentary
BT	The Bible Today
BTCB	Brazos Theological Commentary on the Bible
BV	Biblical Viewpoint
BZAW	Beihefte zur Zeitschrift für die alttestamentliche Wissenschaft
CAD	Chicago Assyrian Dictionary
CBC	Cambridge Bible Commentary
CBSC	Cambridge Bible for Schools and Colleges
CBQ	Catholic Biblical Quarterly
CBQMS	Catholic Biblical Quarterly Monograph Series
CB	Communicator's Bible
CHANE	Culture and History of the Ancient Near East
DSB	Daily Study Bible
EBC	Expositor's Bible Commentary
ECC	Eerdmans Critical Commentary
EncJud	Encyclopedia Judaica
EvJ	Evangelical Journal
EvQ	Evangelical Quarterly
ET	Expository Times

ETL	Ephemerides Theologicae Lovanienses
FOTL	Forms of Old Testament Literature
GCA	Gratz College Annual of Jewish Studies
GKC	E. Kautzsch and A. E. Cowley, Gesenius' Hebrew Grammar. Second English edition. Oxford: Clarendon Press, 1910.
GTJ	Grace Theological Journal
HALOT	L. Koehler and W. Baumgartner, The Hebrew and Aramaic Lexicon of the Old Testament. Trans. by M. E. J. Richardson. Leiden: E. J. Brill, 1994−2000.
HBT	Horizon in Biblical Theology
HSM	Harvard Semitic Monographs
HOTC	Holman Old Testament Commentary
HUCA	Hebrew Union College Annual
IB	Interpreter's Bible
ICC	International Critical Commentary
IDB	Interpreter's Dictionary of the Bible
ISBE	G. W. Bromiley (ed.), The International Standard Bible Encyclopedia. 4 vols. Grand Rapids: 1979−88.
ITC	International Theological Commentary
J−M	P. Joüon−T. Muraoka, A Grammar of Biblical Hebrew. Part One: Orthography and Phonetics. Part Two: Morphology. Part Three: Syntax. Subsidia Biblica 14/I−II. Rome: Editrice Pontificio Istituto Biblico, 1991.
JAAR	Journal of the American Academy of Religion
JANES	Journal of Ancient Near Eastern Society
JNES	Journal of Near Eastern Studies

JBL	Journal of Biblical Literature
JBQ	Jewish Bible Quarterly
JJS	Journal of Jewish Studies
JSJ	Journal for the Study of Judaism
JNES	Journal of Near Eastern Studies
JSOT	Journal for the Study of the Old Testament
JSOTSup	Journal for the Study of the Old Testament Supplement Series
JPSTC	JPS Torah Commentary
LCBI	Literary Currents in Biblical Interpretation
MHUC	Monographs of the Hebrew Union College
MJT	Midwestern Journal of Theology
MOT	Mastering the Old Testament
MSG	Mercer Student Guide
NAC	New American Commentary
NCB	New Century Bible Commentary
NCBC	New Collegeville Bible Commentary
NEAEHL	E. Stern (ed.), The New Encyclopedia of Archaeological Excavations in the Holy Land. 4 vols. Jerusalem: Israel Exploration Society & Carta, 1993.
NIB	New Interpreter's Bible
NIBC	New International Biblical Commentary
NICOT	New International Commentary on the Old Testament
NIDOTTE	W. A. Van Gemeren, ed., The New International Dictionary of Old Testament Theology and Exegesis. Grand Rapids: Zondervan, 1996.
NIVAC	New International Version Application Commentary

OBC	Oxford Bible Commentary
Or	Orientalia
OTA	Old Testament Abstracts
OTE	Old Testament Essays
OTG	Old Testament Guides
OTL	Old Testament Library
OTM	Old Testament Message
OTS	Oudtestamentische Studiën
OTWSA	Ou-Testamentiese Werkgemeenskap in Suid-Afrika
PBC	People's Bible Commentary
PEQ	Palestine Exploration Quarterly
PSB	Princeton Seminary Bulletin
RevExp	Review and Expositor
RTR	Reformed Theological Review
SBJT	Southern Baptist Journal of Theology
SBLDS	Society of Biblical Literature Dissertation Series
SBLMS	Society of Biblical Literature Monograph Series
SBLSymS	Society of Biblical Literature Symposium Series
SHBC	Smyth & Helwys Bible Commentary
SJOT	Scandinavian Journal of the Old Testament
SJT	Scottish Journal of Theology
SSN	Studia Semitica Neerlandica
TBC	Torch Bible Commentary
TynBul	Tyndale Bulletin
TD	Theology Digest
TDOT	G. J. Botterweck and H. Ringgren (eds.), Theological Dictionary of the Old Testament. Vol. I-. Grand Rapids:

	Eerdmans, 1974–.
TGUOS	Transactions of the Glasgow University Oriental Society
THAT	Theologisches Handwörterbuch zum Alten Testament. 2 vols. Munich: Chr. Kaiser, 1971–1976.
TJ	Trinity Journal
TOTC	Tyndale Old Testament Commentaries
TS	Theological Studies
TWAT	Theologisches Wörterbuch zum Alten Testament. Stuttgart: W. Kohlhammer, 1970–.
TWBC	The Westminster Bible Companion
TWOT	R. L. Harris, G. L. Archer, Jr., and B. K. Waltke (eds.), Theological Wordbook of the Old Testament, 2 vols. Chicago: Moody, 1980.
TZ	Theologische Zeitschrift
UBT	Understanding Biblical Themes
VT	Vetus Testament
VTSup	Vetus Testament Supplement Series
W–O	B. K. Waltke and M. O'Connor, An Introduction to Biblical Hebrew Syntax. Winona Lake: Eisenbrauns, 1990.
WBC	Word Biblical Commentary
WBCom	Westminster Bible Companion
WCS	Welwyn Commentary Series
WEC	Wycliffe Exegetical Commentary
WTJ	The Westminster Theological Journal
ZAW	Zeitschrift für die alttestamentliche Wissenschaft

차례

에스더

엑스포지멘터리

룻기
Ruth

EXPOSItory comMENTARY

선별된 참고문헌

(Select Bibliography)

Alter, R. *The Art of Biblical Narrative*. Rev. ed. New York: Basic Books, 2011.

Alexander, T. D. "Genealogies, Seed and the Compositional Unity of Genesis." TynBul 44 (1993): 261-67.

Anderson, A. A. "The Marriage of Ruth." JSS 23 (1978): 171-83.

Ap-Thomas, D. R. "The Book of Ruth." ExpT 79 (1967-68): 369-73.

Archer, G. *A Survey of Old Testament Introduction*. Chicago: Moody Publishers, 2007.

Aschkenasy, N. "Language as Female Empowerment in the Book of Ruth." Pp. 111-24 in *Reading Ruth: Contemporary Women Reclaim a Sacred Text*. New York: Ballantine Press, 1994.

Atkinson, D. *The Message of Ruth*. BST. Downers Grove, Ill.: InterVarsity, 1985.

Atkinson, D. *The Wings of Refuge: The Message of Ruth*. Downers Grove, Ill.: InterVarsity, 1983.

Auld, A. G. *Joshua, Judges, and Ruth*. DSB. Philadelphia: Westminster,

1985.

Bal, M. "Heroism and Proper Names, or the Fruits of Analogy." Pp. 42–69 in *A Feminist Companion to Ruth*. Ed. by A. Brenner. Sheffield: Sheffield Academic, 1993.

Baldwin, J. "Ruth." Pp. 287–95 in *New Bible Commentary*. 4th ed. Downers Grove, Ill.: InterVarsity, 1994.

Barber, C. J. *Ruth: An Expositional Commentary*. Chicago: Moody Press, 1983.

Bauckham, R. "The Book of Ruth and the Possibility of a Feminist Canonical Hermeneutic." BibInt. 5 (1997): 29–45.

Baumgarten, A. "A Note on the Book of Ruth." JANES 5 (1973): 11–15.

Beattie, D. R. G. *Jewish Exegesis of the Book of Ruth*. JSOTSS. Sheffield: JSOT Press, 1977.

Beattie, D. R. G. "Who is Ruth, What is She?" IBS 1 (1979): 201–214.

Beckwith, R. *The Old Testament Canon of the New Testament Church*. Grand Rapids: Eerdmans, 1985.

Belkin, S. "Levirate and Agnate Marriage in Rabbinic and Cognate Literature." JQR 60 (1970): 275–329.

Berlin, A. *Poetics and Interpretation of Biblical Narrative*. Sheffield: Almond, 1983.

Bernstein, M. J. "Two Multivalent Readings in the Ruth Narrative." JSOT 50 (1991): 15–26.

Berquest, J. L. "Role Differentiation in the Book of Ruth." JSOT 57 (1993): 23–37.

Bertman, S. "Symmetrical Design in the Book of Ruth." JBL 84 (1965):

165-68.

Bettan, I. *The Five Scrolls: A Commentary on the Song of Song, Ruth, Lamentations, Ecclesiastes, Esther.* Cincinnati: Union of American Hebrew Congregation, 1940.

Bewes, J. A. "The Goël in Ruth 4:14, 15." AJSLL 20 (1903-04): 202-06.

Bland, D. "God's Activity as Reflected in the Books of Ruth and Esther." RQ 24 (1981): 129-47.

Bledstein, A. J. "Female Companionship: If the Book of Ruth Were Written by a Woman…" Pp. 116-35 in *A Feminist Companion to Ruth.* Ed. by A. Brenner. Sheffield: Sheffield Academic, 1993.

Block, D. I. *Judges, Ruth.* NAC. Nashville: Broadman & Holman, 1999.

Bos, J. W. H. *Ruth, Esther, Jonah.* Knox Preaching Guides. Atlanta: John Knox, 1986.

Bos, J. W. H. "Naomi and Ruth." VT 33 (1983): 385-397.

Brenner, A. "Naomi and Ruth." VT 33 (1983): 385-97.

Brichto, H. C. "Kin, Cult, Land, and Afterlife—A Biblical Complex." HUCA 44 (1973): 1-54.

Burrows, M. "The Marriage of Boaz and Ruth." JBL 59 (1940): 445-54.

Burrows, M. "The Ancient Oriental Background to Hebrew Levirate Marriage." BASOR 77 (1940): 2-19.

Bush, F. W. *Ruth, Esther.* WBC. 9. Dallas: Word, 1996.

Campbell, E. F. *Ruth: A New Translation with Introduction, Notes, and Commentary.* AB. Graden City, NY: Doubleday, 1975.

Cannon, W. W. "The Book of Ruth." Theology 16 (1928): 310-19.

Carasik, M. "Ruth 2, 7: Why the Overseer Was Embarrassed." ZAW

107 (1995): 493−94.

Carmichael, C. M. "'Treading' in the Book of Ruth." ZAW 92 (1980): 248−66.

Ching, A. W. W. "History, Identity and a Community of Hesed: A Biblical Reflection on Ruth 1:1−17." AJT 13 (1989): 3−13.

Clark, G. *The Word Hesed in the Hebrew Bible*. JSOTSup 157. Sheffield: Sheffield Academic Press, 1993.

Coats, G. "Tale." Pp. 63−70 in *Saga, Legend, Tale, Novella, Fable: Narrative Forms in Old Testament Literature*. JSOTSS. Sheffield: JSOT Press, 1985.

Crossan, J. D. "'Ruth Amid the Alien Corn': Perspectives and Methods in Contemporary Biblical Criticism." Pp. 199−210 in *The Biblical Mosaic*. Ed. by R. M. Polzin and E. Rothman. Minneapolis: Fortress, 1982.

Cundall A.; L. Morris, *Judges, and Ruth*. TOTC. Downers Grove, Ill.: InterVarsity, 1968.

David, M. "The Date of the Book of Ruth." OTS 1 (1942): 55−63.

Davies, E. W. "Inheritance Rights and the Hebrew Levirate Marriage." VT 31 (1981): 138, 44, 257−68.

Davis, J. J. *Conquest and Crisis: Studies in Joshua, Judges, and Ruth*. Eugene, OR: Wipf & Stock Publishers, 2001.

De Moor, J. C. "The Poetry of the Book of Ruth(I)." Or 53 (1984): 262−83.

De Moor, J. C. "The Poetry of the Book of Ruth(II)." Or 55 (1986): 16−46.

Duguid, I. M. *Esther & Ruth*. REC. Phillipsburg, NJ: P & R Publishing, 2005.

Eskenazi, T. C.; T. Frymer-Kensky. *Ruth*. JPSBC. Philadelphia: Jewish Publication Society, 2011.

Farmer, K. A. R. "The Book of Ruth." Pp. 889-946 in *The New Interpreter's Bible*, vol. 2. Nashville: Abingdon Press, 1998.

Fewell, D. N.; D. M. Gunn. *Compromising Redemption: Relating Characters in the Book of Ruth*. LCBI. Louisville: Westminster/ John Knox, 1990.

Fewell, D. N.; D. M. Gunn. "'A Son is Born to Naomi!': Literary Allusions and Interpretation in the Book of Ruth." JSOT 40 (1988): 99-108.

Fewell, D. N.; D. M. Gunn. "Boaz, Pillar of Society: Measures of Worth in the Book of Ruth." JSOT 45 (1989): 45-59.

Fisch, H. "Ruth and the Structure of Covenant History." VT 32 (1982): 425-37.

Fuerst, W. *The Books of Ruth, Esther, Ecclesiastes, the Song of Songs, Lamentations*. CBC. Cambridge and New York: Cambridge, 1975.

Gage, W. A. "Ruth upon the Threshing Floor and the Sin of Gibeah: A Biblical-Theological Study." WTJ 51 (1989): 369-75.

Giannarelli, E. "Ruth and the Church Fathers." Journal of the Service International de Documentation Judeochrétienne 23 (1990): 12-15.

Glanzman, G. "The Origin and Date of the Book of Ruth." CBQ 21 (1959): 201-207.

Glueck, N. *Hesed in the Bible*. Trans. by A. Gottschalk. Cincinnati: Hebrew Union College, 1967.

Gordis, R. "Love, Marriage, and Business in the Book of Ruth: A

Chapter in Hebrew Customary Law." Pp. 241−64 in *A Light unto My Path*. Ed. by H. Bream, R. Heim, and C. Moore. Philadelphia: Temple University Press, 1974.

Gordon, H. J.; C. Brown; M. Moore. Ruth. NIBCOT. Peabody, Mass.: NIBC. Peabody, MC: Hendrickson, , 2000.

Goslinga, C. J. *Joshua, Judges, Ruth*. BSC. Grand Rapids: Zondervan, 1986.

Gottward, N. *The Hebrew Bible*. Minneapolis: Augsburg Fortress Publishers, 2010.

Gow, M. D. *The Book of Ruth: Its Structure, Theme and Purpose*. Leicester: Apollos, 1992.

Grant, R. "Literary Structure in the Book of Ruth." BibSac 148 (1991): 424−41.

Gray, J. *Joshua, Judges, and Ruth*. NCBC. Grand Rapids: Eerdmans, 1986.

Green, B. "The Plot of the Biblical Story of Ruth." JSOT 23 (1982): 55−68.

Hals, R. *The Theology of the Book of Ruth*. Philadelphia: Fortress, 1969.

Hamlin, E. J. *Surely There Is a Future: A Commentary on the Book of Ruth*. ITC. Grand Rapids: Eerdmans, 1996.

Harris, J. G.; C. A. Brown; M. S. Moore. *Joshua, Judges, Ruth*. NIBC. Peabody, Mass.: Hendrickson Publishers, 2000.

Harrison, R. K. *Introduction to the Old Testament*. Grand Rapids: Eerdmans, 1969.

Hertzberg, H. W. *Die Bitcher Josua, Richter, Ruth*. Gottingen: Vandenhoeck & Ruprecht, 1969.

Howard, D. M. *An Introduction to the Old Testament Historical Books*.

Chiacago: Moody Press, 1993.

Howell, J. C. "Ruth 1:1–8." Interpretation 51 (1997): 281–84.

Hubbard, R. L. *The Book of Ruth*. NICOT. Grand Rapids: Eerdmans, 1988.

Hubbard, R. L. "The Go'el in Ancient Israel: Theological Reflections in an Israelite Institution. BBR 1 (1991): 3–19.

Huey, F. B. "Ruth." Pp. 509–49 in *Expositor's Bible Commentary*, vol. 3. Ed. by F. E. Gaebelein. Grand Rapids: Zondervan, 1992.

Humphreys, W. "Novella." Pp. 82–96 in *Saga, Legend, Tale, Novella, Fable: Narrative Forms in Old Testament Literature*. Ed. by G. Coats. JSOTSup. 35. Sheffield: JSOT Press, 1985.

Hunter, A. "How Many Gods Had Ruth?" SJT 34 (1981): 427–36.

Hyman, R. T. "Questions and the Book of Ruth." Hebrew Studies 24 (1983): 17–25.

Kates, J. A.; G. T. Reimer, ed. *Reading Ruth: Contemporary Women Reclaim a Scared Story*. New York: Ballantine, 1994.

Kanyoro, M. "Biblical Hermeneutics: Ancient Palestine and Contemporary World." RevEx 94 (1997): 363–78.

Keil, C. F.; F. Delitzsch. *Joshua, Judges, Ruth: Biblical Commentary on the Old Testament*. Trans. by J. Martin. Grand Rapdis: Eerdmans, 1950.

Knight, G. A. F. *Ruth and Jonah*. London: SCM, 1966.

Korpel, M. C. A. *Structure of the 'Book of Ruth.'* Assen: Van Gorcum, 2001.

Kruger, P. A. "The Hem of the Grament in Marriage: The Meaning of the Symbolic Gesture in Ruth 3:9 and Ezek 16:8." *JNSL* 12 (1984): 79–86.

Lachemann, E. R. "Note on Ruth 4:7-8." JBL 56 (1937): 53-56.

LaCocque, A. *Ruth*. CC. Trans. by K. C. Hanson. Minneapolis: Fortress, 2004.

Larkin, K. *Ruth and Esther*. OTG. Sheffield: Academic Press, 1996.

Lattey, C. *The Book of Ruth*. London: Longmans, Green and Co., 1935.

Layton, S. C. "Leaves from an Onomastician's Notebook." ZAW 108 (1996): 608-20.

Layton, S. C. *Archaic Features of Canaanite Personal Names in the Hebrew Bible*. Atlanta: Scholars Press, 1990.

Leggett, D. A. *The Levirate and Goel Institutions in the Old Testament with Special Attention to the Book of Ruth*. Cherry Hill, NJ: Mack, 1974.

Linafelt, T. *Ruth*. BO. Collegeville, Minn.: The Liturgical Press, 1999.

Loader, J. A. "David and Matriarch in the Book of Ruth." De Skriflig 28 (1994): 25-35.

Loader, J. A. "Ruth 2:7—An Old Crux." Journal for Semitics 4 (1992): 151-59.

Loretz, O. "The Theme of the Ruth Story." CBQ 22 (1960): 291-99.

Luter, A. B.; B. C. Davis. *God Behind the Seen: Expositions of the Books of Ruth and Esther*. Grand Rapids: Baker, 1995.

Luter, A. B.; R. O. Rigsby. "The Chiastic Structure of Ruth 2." BBR 3 (1993): 49-58.

Luter, A. B.; R. O. Rigsby. "An Adjusted Symmetrical Structure of Ruth." JETS 39 (1996): 15-28.

Malbim. *Malbim on the Book of Ruth: The Commentary of Rabbi Meir Leibush Malbim*. New York: Feldheim, 1999.

McCarthy, C. "The Davidic Genealogy in the Book of Ruth." Pp. 53-

62. *Proceedings of the Irish Biblical Association* 9 (1985).

Merrill, E. H. "The Book of Ruth: Narration and Shared Themes." BibSac 142 (1985): 130−41.

Meyers, C. "Returning Home: Ruth 1.8 and the Gendering of the Book of Ruth." Pp. 85−114 in *A Feminist Companion to Ruth*. Ed. by A. Brenner. Sheffield: Sheffield Academic Press, 1993.

Milgram, H. I. *Four Biblical Heroines and the Case for Female Authorship*. Jefferson, NC: McFarland, 2007.

Moor, J. de. "The Poetry of the Book of Ruth (Part I)." Or 53 (1984): 262−83.

Moor, J. de. "The Poetry of the Book of Ruth (Part II)." Or 55 (1986): 16−46.

Moore, M. S. "Two Textual Anomalies in Ruth." CBQ 59 (1997): 234−43.

Moore, M. S. "Ruth the Moabite and the Blessing of Foreigners." CBQ 60 (1998): 203−17.

Morris, L. *Book of Ruth*. TOTC. Downers Grove, Ill.: InterVarsity Press, 1968.

Murphy, R. E. *Wisdom Literature: Job, Proverbs, Ruth, Canticles, Ecclesiastes, and Esther*. FOTL 13. Grand Rapids: Eerdmans, 1981.

Myers, J. *The Linguistic and Literary Form of the Book of Ruth*. Leiden: Brill, 1955.

Nash, P. T. "Ruth: An Exercise in Israelite Political Correctness or a Call to Proper Conversion?" Pp. 347−54 in *The Pitcher Is Borken: Memorial Essays for Gösta W. Åhlstrom*. Ed. by H. G. Åhlstrom and L. K. Handy. JSOTSup 190. Sheffield: Sheffield Academic

Press, 1995.

Neusner, J. Ruth Rabbah: An Analytical Translation. Brown Judaic Studies. Atlanta: Scholars Press, 1989.

Nielsen, K. *Ruth: A Commentary*. OTL. Louisville: Westminster John Knox, 1997.

Parker, S. "The Marriage Blessing in Israel and Ugaritic Literature." JBL 95 (1976): 23–30.

Phillips, A. "The Book of Ruth—Deception and Shame." JJS 37 (1986): 1–17.

Porten, B. "Theme and Historiographic Background of the Scroll of Ruth." Gratz College Annual 6 (1977): 69–78.

Prinsloo, W. "The Theology of the Book of Ruth." VT 30 (1980): 330–41.

Prinsloo, W. "The Function of Ruth in the Book of Ruth." OTWSA 21 (1978): 114–15.

Rauber, D. "Literary Values in the Bible: The Book of Ruth." JBL 89 (1970): 27–37.

Rebera, B. "Yahweh or Boaz? Ruth 2:20 Reconsidered." BT 36 (1985): 317–27.

Robertson, E. "The Plot of the Book of Ruth." BJRL 32 (1950): 207–28.

Rofé, A. "Ruth 4:11 LXX: A Midrashic Dramatization." Textus 20 (2000): 129–40.

Rossow, F. C. "Literary Artistry in the Book of Ruth and Its Theological Significance." CJ 17 (1991): 12–19.

Rowley, H. H. "The Marriage of Ruth." Pp. 169–94 in *The Servant of the Lord and Other Essays on the Old Testament*. Oxford: Blackwell,

1952.

Sacon, K. K. "The Book of Ruth—Its Literary Structure and Theme." AJBI 4 (1978): 3–22.

Sakenfeld, K. D. *The Meaning of Hesed in the Hebrew Bible: A New Inquiry.* Missoula, Mont.: Scholars Press, 1978.

Sakenfeld, K. D. *Ruth.* ABCPT. Philadelphia: Westminster, 1999.

Sasson, J. M. *Ruth: A New Translation with a Philological Commentary and a Formalist–Folkorist Interpretation.* 2nd ed. Sheffield: Sheffield Academic Press, 1989.

Schwab, G. M. "Ruth." Pp. 1289–1348 in *The Expositor's Bible Commentary Revised Edition,* Vol. 2. Grand Rapids: Zondervans, 2012.

Simeon, C. *Horae Homileticae or Discourses Digested Into One Continued Series and Forming a Commentary, Upon Every Book of the Old and New Testament, vol. 3. Judges to Second Kings, 7th ed.* London: Henry G. Bohn, 1845.

Smith, L. P. "Introduction and Exegesis of the Book of Ruth." Interpreter's Bible. Nashville: Abingdon Press, 1953.

Staples, W. E. "The Book of Ruth." AJSL 53 (1937): 145–57.

Tischler, N. M. "Ruth." Pp. 151–64 in *A Complete Literary Guide to the Bible.* Ed. by L. Ryken and T. Longman. Grand Rapids: Zondervan, 1993.

Thompson, M. E. "New Life Amid Alien Corn: The Book of Ruth." EvQ (1993): 197–210.

Trible, P. *God and the Rhetoric of Sexuality.* Philadelphia: Fortress, 1978.

Unterman, J. "The Social–Legal Origin for the Image of God as Redeemer גואל of Israel." Pp. 399–405 in *Pomegranates and*

Golden Bells: Studies in Biblical, Jewish, and Near Eastern Rituals, Law, and Literature in Honor of Jacob Milgrom. Ed. by D. P. Wright, D. N. Freedman, and A. Hurvitz. Winona Lake, Ind.: Eisenbrauns, 1995.

Van der Toorn, K. "The Significance of the Veil in the Ancient Near East." Pp. 327–39 in Pomegranates and Goldden Bells: Studies in Biblical, Jewish, and Near Eastern Ritual, Law, and Literature in Honor of Jacob Milgrom. Ed. by D. P. Wright, D. N. Freedman, A. Hurvitz. Winona Lake: Eisenbrauns, 1995.

Van Wolde, E. J. Ruth and Naomi. London: SCM, 1998.

Vance, D. R. A Hebrew Reader for Ruth. Peabody, MA: Hendrickson, 2003.

Vellas, B. "The Book of Ruth and Its Purpose." Theologia 25 (1954): 201–10.

Von Rad, G. Old Testament Theology. Philadelphia: Westminster, 1962.

Weinfeld, M. "Ruth." Pp. 521–22 in Encyclopedia Judaica, vol. 14. Jerusalem: Keter Publishing House, 1996.

Westbrook, R. "The Law of the Biblical Levirate." Revue Internationale des Droits de l'Antiquité 24 (1977): 65–87.

Wilson, R. R. Genealogy and History in Biblical World. New Haven, Conn.: Yale University Press, 1977.

Wolde, E. Van. "Texts in Dialogue with Texts: Intertextuality in the Ruth and Tamar Narratives." BibInt 5 (1997): 1–28.

Wright, G. R. H. "The Mother–Maid at Bethlehem." ZAW 98/1 (1986): 56–72.

Younger, L. Judges and Ruth. NIVAC. Grand Rapids: Zondervan, 2002.

Zlotowitz, M. The Book of Ruth/Megillas Ruth: A New Translation with a

Commentary Anthologized from Talmudic, Midrashic and Rabbinic Sources. New York: Mesorah Publications, 1976.

룻기

룻이 이르되 내게 어머니를 떠나며 어머니를 따르지 말고 돌아가라 강권하지 마옵소서 어머니께서 가시는 곳에 나도 가고 어머니께서 머무시는 곳에서 나도 머물겠나이다 어머니의 백성이 나의 백성이 되고 어머니의 하나님이 나의 하나님이 되시리니 어머니께서 죽으시는 곳에서 나도 죽어 거기 묻힐 것이라 만일 내가 죽는 일 외에 어머니와 떠나면 여호와께서 내게 벌을 내리시고 더 내리시기를 원하나이다 하는지라(1:16-17)

그의 이웃 여인들이 그에게 이름을 지어 주되 나오미에게 아들이 태어났다 하여 그의 이름을 오벳이라 하였는데 그는 다윗의 아버지인 이새의 아버지였더라(4:17)

소개

룻기는 짧지만 독자의 마음을 따뜻하게 해주는 책이다. 등장인물이 모두 평범하지만 인간미를 지닌 정이 있는 신앙인이기 때문이다. 책이 시작될 때 남편과 두 아들을 잃고 망연자실해하는 나오미의 텅 빈 삶

39

을 본다. 책이 끝날 때에는 나오미를 포함한 모든 등장인물의 삶이 만족으로 채워지며 모두 행복해지기에 독자의 마음도 덩달아 따뜻해진다(Block). 룻기는 나오미처럼 자신의 삶이 텅 비었다고 생각되거나 더 나아가 하나님이 그를 버리셨다고 생각되는 사람을 위한 책인 것이다(Schwab). 더 나아가 룻기는 구약 정경 중에서 사랑의 힘을 가장 확실하게 보여주는 책이라 할 수 있으며(Eskenazi & Frymer-Kensky), 성경에 기록된 이야기 중 가장 아름답고 즐거운 분위기를 연출하며, 매우 높은 수준의 작품성을 지닌 것으로 평가된다(Bernstein).

룻기는 사사기의 어둠과 사무엘서의 요동 사이에 끼어있는 조그마한 평안이다. 태풍의 눈(the eye of the storm)에 대하여 들어본 적이 있는가? 아무리 강한 바람을 동반한 태풍이라도 그 눈은 아주 평온하고 잔잔하다고 한다. 룻기는 마치 사사기 – 사무엘서로 구성된 태풍의 눈과 같다. 격동하는 사사기와 요동치는 사무엘서 사이에 위치한 매우 평온한 이야기인 것이다. 그래서 매우 혼란스럽고 충격적인 이야기들인 사사기를 읽고 난 독자에게 룻기는 서정적이고 감동 있는 이야기를 통해 큰 안도감을 주는 책이다(Block). 룻기는 어려운 시대를 살았던 한 평범한 가정 이야기를 통해 직접적으로 보이지 않는 곳에서 세상을 다스리시는 하나님이 이 가정을 어떻게 축복하셨는가를 회고한다.

책의 마지막 부분은 모든 등장인물이 행복해졌다는 사실을 전하고 막을 내린다. 바울의 "모든 것이 합력하여 선을 이룬다"(롬 8:28)라는 가르침이 그대로 적용되는 이야기다. 룻기는 사사 시대가 완전한 암흑시대는 아니었다는 것을 증거한다(Younger). 하나님은 나오미의 가정이 경험한 이 어두웠던 사사 시대에도 역사를 주관하셨다. 비록 사사 시대를 지나며 이스라엘이 총체적으로 타락한 것은 사실이나 룻기가 회고하고 있는 베들레헴 공동체에는 아직도 하나님을 경외하고 그분의 자비를 서로에게 베풀며 사는 주의 백성이 있었다. 즉, 룻기는 여전히 베들레헴에 '헤세드'(충성, 자비)를 귀히 여기는, 곧 성경의 표현을 빌리면

"바알에게 무릎 꿇지 않은 칠천 명"이 있었다는 사실을 전해준다.

롯기 이야기는 매우 소망적으로 마무리된다. 책의 마지막 부분에는 다윗의 계보를 첨부하여 머지않아 온 이스라엘 역사에 길이 빛나는 가장 모범적인 왕이 태어날 것을 암시한다. 사사기 저자는 어두웠던 사사 시대에 유일하게 긍정적이었던 것은 주의 백성이 아무리 많은 죄를 지어도 끝까지 버리지 않으시는 여호와의 신실하심이라고 했다. 우리는 롯기를 통해 사사 시대에 하나님이 보여주신 신실하심이, 사사를 통해 이스라엘을 구원하신 것으로만 국한되어 표현된 것이 아니었으며, 훗날 이스라엘에게 좋은 왕을 주시기 위한 기초 작업도 이미 사사 시대에 시작하셨음을 알게 된다.

1. 롯

이 책의 이름은 주인공으로 등장하는 모압 여인 롯의 이름에서 비롯되었다. 정경 중에서 이방 여인의 이름을 따라 불리는 책은 롯기가 유일하다. 롯기가 이 이방 여인의 이름에 따라 불리는 것은 참으로 대단한 일이라 할 수 있다(Block). 롯은 책에서 다섯 차례나 언급된 것처럼 '모압 여인'일 뿐만 아니라(1:22; 2:2, 21; 4:5, 10), 책의 중심인물도 아니기 때문이다. 롯기의 중심인물은 나오미와 보아스라 할 수 있다. 그런데도 책의 이름은 정작 모압 여인 롯의 이름에 따라 불린다. 롯기는 85절(1,294개의 히브리어 단어)로 구성되어 있는 매우 짧은 책인데, 이 중 55절은 등장인물의 스피치(678개의 히브리어 단어)를 담고 있다. 주요 등장인물 중 롯의 발언이 빈도수가 가장 낮고 짧다. 나오미는 12번의 스피치를 통해 225개의 단어를 말하고, 보아스는 14번의 스피치를 통해 281개의 단어를 말하는 것에 반해, 롯은 10번의 스피치를 통해 120개의 단어를 말한다(Block). 그러므로 등장인물이 책에서 차지하는 공간 비중만으로 판단한다면, 롯기는 '나오미서' 혹은 '보아스서'로 불리는 것

41

이 더 합당하다. 혹은 책의 마지막을 장식하고 있는 오벳의 탄생이 이 책이 알리고자 하는 주요 정보라는 점을 감안할 때 '오벳서'라고 불려도 무난하다. 이러한 정황에서 이 책이 룻기로 불리는 것은 이 이방 여인에 대해 얼마나 큰 호감을 가지고 있는가를 보여준다.

룻은 이스라엘 하나님 여호와를 알고 믿은 좋은 이방인의 예로 우리에게 전해진다. 룻은 아브라함의 자손을 축복하여 자신이 하나님의 축복을 받게 된 실제적 예가 되기도 한다(창 12:2-3). 국제결혼을 해서 만난 남편이 죽은 후, 그녀는 문화와 시대를 초월해서 찾아보기 어려운 아름다운 일을 했다. 남편과 두 아들을 잃고 홀로된 시어머니 나오미를 버리지 않았다. 의지할 곳 없는 외국인 시어머니를 끝까지 보살피기로 각오한 것이다. 그래서 때로는 룻은 '구약의 선한 사마리아인'(눅 10:30-37)이라는 호칭을 받기도 한다(Farmer). 그녀의 미담을 전해들은 베들레헴의 여인들이 훗날 룻을 가리켜 "일곱 아들보다 귀한 며느리"(4:15)라고 칭찬한다. 아들을 선호했던 사회에서 이보다 더 큰 칭찬이 있을까? 룻은 이렇게 모든 사람에게 인정받았던 여인이다.

룻은 또한 다윗의 조상으로서 역사 속에 빛난다. 그뿐만 아니라 마태복음 1장에 언급된 예수님의 계보에 등장하는 다섯 여인 중 하나다. '룻'이란 이름은 구약의 다른 부분에서 다시 사용되지 않으며 그 뜻은 '우정, 만족, 원기회복, 위로' 등으로 풀이되지만(Sasson, Campbell), 정확하지는 않다(Block). 이 이방 여인의 이름을 통해 하나님은 인류의 모든 필요를 채우고 만족시키는 분이심을 선언한다. 이런 분이 우리 주님이시니 우리는 염려할 필요가 없다.

2. 저자와 시대적 정황

룻기의 저자는 구약의 다른 책처럼 익명으로 우리에게 전해져 왔다. 탈무드는 이 책을 사무엘이 저작했다고 한다(Baba Bathra 14b-15a). 그러나 이 같은 탈무드의 주장을 수용하는 학자는 거의 없다(Luter & Davis, Bush, Campbell). 룻기의 주인공 둘 다(나오미, 룻) 여자라는 사실을 바탕으로 이 책의 저자가 여자라고 주장하기도 한다(Bledstein, Campbell, Hubbard). 심지어 한 학자는 다윗의 딸이자 압살롬의 누이인 다말이 저자라고 한다(Bledstein). 그러나 대부분은 이 책이 구약의 다른 책에 비해 매우 섬세한 면을 지니고 있지만, 표현 방식과 전개 방법 면에서 남자의 저작일 것이라고 생각한다(Bauckham). 누가 이 책을 저작했든지 그(녀)는 대단한 작가로 평가된다. 룻기는 오래전부터 문학성이 매우 뛰어난 문학적 걸작(literary masterpiece)으로 평가되어 왔다(Humphreys).

책의 저작 목적을 어떻게 이해하느냐에 따라 저작 연대를 추측할 수 있다. 몇몇 학자가 주장하는 바와 같이 만약에 이 책이 에스라-느헤미야서에서 제시되는 반(反) 국제결혼관(anti-interracial marriage)에 대한 논쟁(polemic)이라면 룻기는 분명히 포로 후기 시대에 기록되었을 것이다(viz., 에스라-느헤미야서 이후에)(LaCocque, Gottward). 또한 '옛적'(לְפָנִים)(in earlier times)(4:7)을 어떻게 해석하느냐에 따라 상당한 시대적 차이가 생길 수 있다.

벨하우젠(Wellhausen) 이후로 일부 학자들은 룻기가 포로기 이후에 쓰여진 책이라고 한다. 그들이 증거로 제시하는 것은 다음과 같다(Eskenazi & Frymer-Kensky, cf. LaCocque, Block).

제시된 주장	연관된 본문
책이 사용하는 언어 중 일부가 아람어적인 성향을 지닌 표현이 있다.	1:4; 13; 4:7
책이 사용하는 언어 중 일부는 후기 히브리어를 반영한다.	2:19; 3:4, 7, 8, 14; 4:7-8
신발을 던지는 풍습을 설명하는 것은 책을 기록한 시점이 이 풍습을 이제는 지키지 않는 때, 즉 세월이 많이 지난 때임을 암시한다.	4:7

저자가 계보에 관심을 가지는 것은 포로기 이후에 활성화되었던 '제사장주의 문서'의 특징이다.	4:18-22; cf. 대상2:3-15
책이 룻을 매우 우호적으로 평가하는 것은 에스라-느헤미야서의 반(反) 이방인적 정서와 대칭을 이루고 있기 때문이다 (Gottward).	전체
책의 시작이 신명기적 사가의 사상과 표현을 반영한다 (Pfeiffer).	1:1
책이 전(前)선지서와 함께 있지 않고, 성문서 섹션에 따로 보존된 것은 선지서 섹션이 이미 완성되어 더는 새로운 책을 추가할 수 없었기 때문이다. 이 같은 사실은 룻기가 매우 늦게 저작되었음을 입증한다(Nash).	

표면상으로는 위에 제시된 증거 하나하나가 나름의 설득력을 갖고 있는 듯하며, 이 모든 것을 합하면 상당한 설득력을 갖는 것으로 생각할 수 있다. 그러나 실제로 하나하나를 살펴보면 모두 학자의 주관적인 의견에 의존하는 것이며, 이렇다 할 객관성을 지니지 못했다는 것이 최근 주석가의 전반적인 결론이다(Bush, Hubbard, Campbell, Block). 더나아가 이 해석이 가장 중요한 증거로 제시하는 아람어적인 표현에 대해, 학계는 상당히 부정적으로 여기며 별 설득력을 갖지 못한다고 평가한다(Nash). 오히려 룻기 안에는 훗날 이스라엘에서 활성화된 히브리어로는 설명하기 어려운 고대 히브리어 표현이 어느 정도 존재한다고 말한다(Cundall & Morris). 게다가 룻기 안에서 사용되는 이름이 주전 9세기에 저작된 문헌에 이미 사용되고 있는 것도 룻기의 이른 저작설을 뒷받침한다(Glanzman, cf. Harrison).

많은 학자가 룻기의 신학과 히브리어 문체가 포로기 이전 것(Standard Biblical Hebrew)(viz., 창세기, 사사기 등)과 가장 비슷하다며 열 가지의 증거를 제시한다(Bush). 저작 시기를 왕정 시대로 보는 학자 중에도 초기 왕정 시대(Morris, Luter & Davis), 중기 왕정 시대(Harrison, Weinfeld, Hertzberg), 후기 왕정 시대(Cannon, Vellas), 요시야 시대(Sasson) 등 약 400년의 시대적 차이를 보인다. 이 중 가장 많은 사람의 지지를 받는 견해는 다윗 시대(Young, Archer, Gow)와 솔로몬 시대(von Rad, Hals, Beattie, Hubbard, Campbell, Glanzman, Anderson)인 초기 왕정 시대이다. 다윗 시대에 저작되었다는 주장은 룻이 이방 여인이라는 데서 비롯되었다. 다윗은 많은 외국인을 군사 혹은 정부 관료로 등용했다. 이러한 상황에서 조모 룻의 이야기는 이방 사람에 대한 이스라엘의 선입관을 완화시키고, 동시에 이방인이 이스라엘에 속하도록 격려하는 역할을 했을 것이다. 또한 사울의 통치를 대체한 다윗 정권을 사람들이 그대로 수용하도록 하기 위해 다윗의 조상이 어떻게 하나님의 인도하심을 받았는지를 보여 주기 위한 목적으로 저작되었다고도 한다. 정치적·사회적 여건을 감안할 때, 룻기는 다윗 시대 때 저작, 배포되었을 가능성이 크다는 것이다(Luter & Davis). 또한 이 이야기는 보아스와 모압 여인 룻이 어떻게 해서 다윗의 계보에 오르게 됐는가를 잘 설명해 준다(viz., 하나님의 섭리[providence]에 의해서다). 한 학자는 선지자 나단이 룻기를 저작한 것이라고 한다(Gow).

룻기의 저작 시기를 다윗 시대가 아니라, 솔로몬 시대로 보는 사람(von Rad, Hals, Beattie, Anderson, Hubbard)은 그 근거를 솔로몬 시대의 평화와 안정에서 찾는다. 솔로몬은 왕권을 확립하는 과정에서 많은 피를 흘렸으며(왕상 1-2장), 그가 이스라엘을 통치하는 동안 상당수의 백성이 착취와 피로 얼룩진 솔로몬 왕권의 정당성과 그의 행실과 정치(왕상 12장)에 대하여 문제를 제기하기도 했다(Nielsen). 그럼에도 솔로몬이 왕권을 확립하고 통치한 이스라엘은 매우 평안했으며, 이 평안은 문학과 예술이 꽃필 수 있는 여건을 마련해 주었고, 이때 높은 작품성으로 평안한 시대를 반영하고 있는 룻기가 저작되었다는 것이다.

이 외에도 룻기가 분열 왕국 직후에 다윗 왕조를 정당화하기 위해 저작된 것이라는 주장도 있다(Anderson). 선지자 엘리사 시대에 북 왕국 이스라엘에서 저작된 것이라고 생각하는 학자도 있다(Weinfeld). 바인펠

트(Weinfeld)는 여러 가지 언어적 근거를 증거로 제시하지만, 대부분 주석가는 그의 주장에 미온적이다. 무엇보다도 룻기가 왜 북 왕국 이스라엘에서 저작되었는지를 충분히 설명하지 못한다. 룻기는 히스기야 시대에 여러 면에서 르네상스를 맞이한 다윗 집안을 기념하기 위하여 저작된 책이라는 견해도 있다(Block). 혹은 또 다른 영적 르네상스라고 할 수 있는 요시야 시대를 지목하는 학자도 있다(Sasson, Block). 책이 포로기를 전후로 한 선지자 에스겔 시대에 완성된 것이라는 해석도 있다 (Bush, Farmer, cf. Younger).

여기에서는 다윗이 이스라엘 왕이 된 지 얼마 되지 않은 때를 룻기의 저작 연대로 간주하려고 한다. 무엇보다도 사울의 뒤를 이어 왕이 된 다윗의 집권 초기 시대에는 다윗이 어떤 집안 사람인가와 그의 뿌리를 설명할 필요가 있었다. 다윗은 룻기를 통해 할머니가 모압 여인이라는 것을 밝히며 외국인 우호 정책을 펼쳐 나갔다. 다윗의 외국인 우호 정책은 사울 집안과 다윗 사이에서 저울질하며 어느 쪽을 택할까를 고민하는 북쪽 지파들에게도 룻의 이야기를 통해 다윗 왕조에서 그들이 주류가 될 수 있다는 가능성을 보여주었을 것이다.

그렇다면 문제 삼고 있는 늦은 히브리어 혹은 아람어적인 성향을 지닌 몇몇 단어의 사용은 어떻게 이해할 것인가? 별로 큰 문제는 아니다. 바빌론 포로 생활에서 돌아온 이스라엘 백성에게 구약 성경은 이미 읽기도 어려운 고서(古書)가 되어 버렸으며, 이 같은 문제를 해결하는 방법으로 누군가가 정경 전체를 신(新) 세대를 위해 편집했을 것이다. 이 일을 한 사람은 성경에서 '율법학자'로 알려진 에스라이다(cf.『엑스포지멘터리 창세기』서론 부분). 에스라가 이 작업을 했을 때, 룻기뿐만 아니라 구약 정경 곳곳에서 모습을 보이는 아람어적인 단어와 페르시아어적인 개념이 유입된 것이다. 이렇게 간주한다면, 룻기의 저작 시기는 다윗의 통치 시대로, 최종 편집 시기는 주전 5세기 중반(450년대)으로 볼 수 있다. 룻기의 저작 시기를 포로기 이후 시대로 보기에는 도저히 설명할 수 없는 문제가 많다(Harrison).

　저작 시기와는 별개로 룻기의 역사적 정황은 사사 시대가 확실하다 (1:1). 그러나 사사 시대 중에서도 언제쯤인가는 정확한 언급이 없다. 보아스가 다윗의 할아버지로 등장하는 것을 보면 상당히 늦은 사사 시대로, 아마도 선지자 사무엘이 사역하던 시대(1100~1050 BC)를 역사적 배경으로 하고 있는 듯하다.

3. 저작 목적

룻기는 독자에게 많은 만족감을 선사하지만 왜 이 책이 저작되었는지 는 직접 언급하지 않는다. 그래서 여러 가지 다양한 설이 있다. 첫째, 룻기의 주인공 룻은 모압 여인이었으며, 에스라와 느헤미야 시대 성행 했던 '반(反) 국제결혼 분위기'(스 10장; 느 13장)에 반대하는 논쟁(polemic) 으로 쓰였다는 주장이다(LaCocque, cf. Gottward). 이 같은 주장은 19세기 초에 베르톨트(Bertholdt)가 제시한 후 지금까지 이어지고 있다(Harrison). 이 학설은 저자가 이러한 목적을 염두에 두고 책을 쓰다 보니 주인공 이 이방인 중에서도 모압 여인이었다고 한다. 모압은 아브라함의 조카 롯과 딸의 근친상간으로 생겨난 족속이다. 이러한 이유로 유태인은 이 방인 중에서도 모압 사람을 더욱 경멸했다. 저자는 이스라엘 사람이 다른 인종과 결혼할 수 있을 뿐만 아니라, 이방인 중에서도 최악의 경 멸 대상인 모압 사람과도 결혼할 수 있다는 점을 강조하기 위하여 룻 을 주인공으로 삼았다는 것이다.

　그러나 룻기는 에스라–느헤미야 시대보다 훨씬 오래전에 저작된 것 이 확실하다. 또한 이 책을 논쟁으로 보기에는 상당히 어려운 점이 많 다. 무엇보다도 어떤 신학적 이슈에 반론을 제기하는 것으로 보기에 는 이 책이 갖고 있는 분위기가 너무 서정적이고 즐겁다(Gordis, Rowley, Phillips). 게다가 다른 민족과의 결혼의 타당성이나 합리성에 대한 직접적인 언급은 한마디도 찾아볼 수가 없다. 이러한 룻기의 분위기는 논쟁으로서의 기능을 의심하게 만든다.

둘째, 룻기는 고대 유대의 여러 풍습을 설명하기 위해 저작되었다는 주장이다(Howard). 그래서 룻기는 계대 결혼(levirate marriage), 친척끼리의 구제(kinsmen redemption), 신발 던지기 등 이스라엘에서 잊혀가는 풍습을 설명하고 있다는 것이다. 그러나 엄밀히 말하자면 룻기 안에는 계대 결혼이 보이지 않는다. 보아스는 룻의 남편과 형제 관계가 아니다. 그들은 단지 먼 친척일 뿐이다. 여러 풍습에 대한 설명이 책에 있기는 하지만 룻기가 구사하고 있는 플롯 진행상 별 중요한 역할을 하지 못한다. 그러므로 이런 풍습을 설명하는 것을 책의 목적으로 생각하기는 어렵다.

셋째, 룻기는 아름다운 이야기로 주의 백성을 격려하고 '자비/인애'로 번역되는 히브리어 단어 '헤세드'(חֶסֶד)가 무엇을 의미하는가를 알리기 위하여 쓰여진 책이다(Bush, cf. Farmer). 성경에서 헤세드는 매우 중요하면서도 광범위하고 다양한 의미를 지녔다. 우리말이나 영어의 한두 가지 단어로 이 히브리어 개념을 온전히 번역하기는 불가능하다(Sakenfeld, Clark, NIDOTTE). 즉, '헤세드'는 하나님의 모든 인격과 선하심을 이 한 단어로 표현할 수 있을 정도로 다양한 의미를 지닌 단어다. 룻기의 주요 등장인물인 나오미, 룻, 보아스 모두 독자가 따라 할 만한 헤세드의 실제 모델이 되고 있다(Bush). 이와 비슷한 안목에서 유태인은 룻기가 '남에게 자비를 베푸는 자가 얼마나 큰 복을 받는가를 가르치기 위해 쓰여진 책'이라고 했다(Ruth Rabbah II, 14).

넷째, 룻기는 한 평범한 가족의 이야기를 통해, 보이지 않는 곳(behind the scene)에서 세상에서 일어나는 모든 일을 주관하고 조정해 나가시는 하나님의 사역을 찬양하기 위하여 쓰여진 책이다(Hubbard). 룻기에 등장하는 사람은 모두 다 하나님을 찬양한다. "여호와께서 네가 행한 일에 보답하시기를 원하며 이스라엘의 하나님 여호와께서 그의 날개 아래에 보호를 받으러 온 네게 온전한 상 주시기를 원하노라"(2:12), "여호와로부터 복 받기를 원하노라 그가 살아 있는 자와 죽은 자에게 은혜 베풀기를 그치지 아니하도다"(2:20), "내 딸아 여호와께서 네게 복 주시기를 원하노라 네가 가난하건 부하건 젊은 자를 따르지 아니하였으니 네가 베푼 인애가 처음보다 나중이 더하도다"(3:10), "여호와께서 살아 계심을 두고 맹세하노니 내가 기업 무를 자의 책임을 네게 이행하리라"(3:13), "여인들이 나오미에게 이르되 찬송할지로다 여호와께서 오늘날 네게 기업 무를 자가 없게 하지 아니하셨도다"(4:14). 그러나 정작 하나님은 한 번도 모습을 보이지 않으신다. 룻기에는 성경에서 흔히 나타나는 기적도 없고, 선지자를 통한 신탁도 없다. 저자는 우리가 보지 못하는 곳에서 지극히 평범한 자들이 서로를 사랑과 헌신으로 대하다가 결코 '평범하지 않은 일'(viz., 놀라운 일)을 하게 하시는 하나님을 선포하고 있다(Sasson). 책의 성향과 역사 – 문화적인 정황을 고려할 때, 이 해석이 가장 큰 설득력을 지닌다.

이 외에도 책의 저작 목적에 대하여 몇 가지 견해가 더 있다. 어떤 이들은 룻기는 독자의 흥미를 돋우기 위하여 쓰여진 책이라 한다(Eissfeldt, Gunkel, Sasson). 그래서 시어머니 – 며느리 사이에 피어오른 아름다운 사랑과 우정 이야기를 한편의 동화처럼 묘사하고 있는 것이다(Farmer). 그러나 룻기는 우정보다는 위기를 맞은 가족 관계(대를 잇는 일)에 더 관심을 가지고 있다. 또한 이 가족 관계는 곧 등장할 다윗 왕과 직접적인 연관이 있다. 룻기는 분명 흥미로운 책이지만, 오직 독자의 흥미를 돋우기 위해 저작된 것이라고 보는 사람은 별로 없다(Hertzberg). 어떤 이들은 룻기가 다윗 왕조의 근원과 정당성을 제시하기 위해 쓰인 책이라고 한다(Nielsen, Gow). 만일 이 책이 다윗이 왕이 된 지 얼마 안되어 저작된 작품이라면 더욱더 설득력을 얻는 견해다. 그러나 다윗이 모압 여인의 자손이라는 사실이 어떻게 왕권을 정당화시키고 합리화

시키는지는 잘 납득이 가지 않는다.[1]

4. 이슈와 메시지

룻기의 신학적 메시지는 거의 모두 등장인물의 스피치에서 발견된다고 해도 과언이 아니다(Hals). 하나님에 대한 가르침이 거의 모든 등장인물의 입술을 통해 언급되기 때문이다(Block). 책이 제시하거나 안고 있는 다양한 메시지와 이슈를 다음의 순서로 살펴보고자 한다. (1) 구약 정경에서 책의 위치, (2) 율법과 계대 결혼, (3) 하나님의 주권, (4) 하나님의 인애, (5) 하나님의 숨겨지심, (6) 하나님의 포용력, (7) 책의 통일성.

(1) 책의 위치

정경성에 관해 문제가 제기되었던 일부 구약 책과는 달리(viz., 에스더서, 에스겔서) 룻기의 정경적 위치는 처음부터 의심할 여지가 없는 것으로 이해되어 왔다(Beckwith). 우리 성경에서 룻기는 사사기와 사무엘서 사이에 있으며, 이 같은 순서는 칠십인역(LXX)의 정경 순서를 반영한다. 반면에 유태인의 정경 분류와 위치 지정은 어느 정도의 유동성을 지녔던 것으로 생각된다. 가장 오래된 정경 순서를 반영하고 있는 것으로 간주되는 탈무드는 룻기를 성문서로 구분했으며, 시편 전에 등장하는 성문서 섹션의 첫 번째 책으로 두었다(Baba Batra 14b, cf. Beckwith, Bush, Campbell). 다른 유태인 전통에서는 시편, 잠언, 전도서 다음으로

---

1 한 학자는 사사기 19-21장과 룻기가 함께 어우러져 사울 왕권(삿 19-21장에 기록된 베냐민 지파의 행동)을 비난하고 다윗 왕권(룻기에 묘사된 그의 조상의 자비와 인애)의 정당성을 옹호한다고 하지만(Gage), 룻기 자체만 고려해서는 이 같은 주장이 인정될 수 없다. 또한 게이지(Gage) 자신이 인정하는 것처럼 두 왕의 이 같은 차이는 조상의 윤리와 미덕일 뿐 당사자의 적법성이나 정당성과는 상관이 없다.

아가 – 룻기 – 예레미야애가 – 전도서 – 에스더가 등장한다(Younger). 이 경우 매년 이스라엘의 종교 절기에 따라 읽는 것을 반영한다. 그러나 오늘날 우리가 마소라 사본의 기준으로 삼고 있는 벤 아셔(Ben Asher)의 정경 순서에 따르면 룻기는 성문서 섹션에서 시편, 욥기, 잠언 다음 네 번째로 등장한다(BHS).

성문서에서 룻기는 주요 절기 때 읽혔던 다섯 권의 책으로 구성된 메 길롯(megillot, '두루마리')의 첫 번째 책으로 자리를 잡았다. 메길롯은 룻 기, 아가, 전도서, 예레미야애가, 에스더 등으로 이루어져 있다.[2] 이스 라엘의 종교 절기와 각 절기가 기념하는 일과 이때 읽힌 정경을 정리 해보면 다음과 같다.

절기	히브리어 호칭	일자	관련된 성경	봉독	기념
유월절 (무교절)	פֶּסַח	니산 14	출 12장 레 23:4-8	아가서	애굽으로부터 구속
오순절	שָׁבֻעוֹת	시완 6	신 16:9-12 레 23:9-14	룻기	추수와 시내 산 율법 감사
아브월 제9일	תִּשְׁעָה בְּיוֹם	아브 9	직접적 언급 없음	애가	성전 파괴 주전 586년, 주후 70년
속죄일	יוֹם כִּפֻּרִים	티쉬리 10	레 16장; 23:26-32		민족의 범죄를 위한 제사
장막절	סֻכּוֹת	티쉬리 15-21	느 8장 레 23:33-36	전도서	광야에서의 방랑
수전절	חֲנֻכָּה	기슬르 25	요 10:22		주전 164년의 성전 건축
부림절	פּוּרִים	아다르 13-14	에 9장	에스더	하만의 음모 실패

메길롯을 구성하고 있는 다섯 권의 책은 절기의 순서에 따라 나열되

---

2 일부 사본에서 마지막 두 책(전도서, 에스더)의 위치가 바뀐 경우가 발견되곤 한다(Bush, Hubbard).

어 있다. 다만 룻기와 아가서만이 서로 자리를 바꾸었다. 원래 읽히는
순서에 의하면 아가서가 첫 번째 자리를 차지해야 하는데, 첫 번째 자
리를 룻기에 내어주고 두 번째 자리를 차지하고 있는 것이다. 만일 메
길롯이 다섯 권의 책이 각자 언급하고 있는 내용의 역사적 순서에 따
라 정해진 것이라면 다음과 같은 순서를 기대할 수 있다(Howard). 이 도
표에서 확연히 드러나는 사실은 메길롯은 분명 다윗 왕조의 운명과 무
관하지 않다는 것이다.

책	내용
룻기	다윗에 관한 이야기
아가	솔로몬의 젊은 시절
전도서	솔로몬의 노년기
예레미야애가	예루살렘 멸망
에스더	포로기/페르시아 시대

위 순서는 현재 히브리어 정경의 순서로 자리잡은 벤 아셔의 순서와
상당한 차이를 보이고 있다. 메길롯을 구성하는 다섯 권의 순서는 전
반적으로 절기에 따라 읽히는 순서를 따르지만, 처음 두 책(아가, 룻기)
이 자리를 바꾼 것은 룻기와 잠언의 연결성 때문이다. 잠언의 마지막
부분인 31:10-31은 '현숙한 여인'(אֵשֶׁת־חַיִל)에 대한 '알파벳 시'(alphabet/
acrostic poem)이다. 히브리어 알파벳을 순서에 따라 각 절의 첫 글자로
사용하고 있는 노래인 것이다.

우리는 다음과 같은 시나리오를 상상할 수 있다. 잠언은 현숙한 여
인과 어리석은 여인을 대조하며 이야기를 진행하다가, 현숙한 여인에
대한 예찬론으로 책을 마무리한다. 잠언 31:10-31은 현숙한 여인은
집안을 잘 경영하고, 남편을 잘 보필하며, 자식을 잘 키우고, 하나님을
경외하는 여인이라는 등 현숙한 여인에 대하여 여러 가지를 논하고 끝

을 맺는다. 그렇다면 잠언을 읽은 독자의 자연스러운 질문은, "과연 이 말씀에 부응하는 실제 인물은 누구인가?"이다. 유태인은 룻기를 잠언서 바로 뒤에 배치하여 이 질문에 답하고 있다. 그들은 룻을 현숙한 여인의 역사적인 사례로 들고 있는 것이다. 실제로 룻기 3:11은 룻을 '현숙한 여인'(אשת־חיל)이라고 부른다. 잠언 1-9장의 주요 부분은 지혜로운 여인, 또한 이런 여인과 대조를 이루는 미련한 계집(אשת כסילות), 창녀(זונה), 음녀(אשה זרה)는 룻기에서 연출되는 룻의 모습과 대조적인 면에서, 혹은 유사한 면에서 상당한 연관성이 있는 듯하다. 잠언과 룻기를 연결해서 '현숙한 여인'상을 묘사하자면, 현숙한 여인의 가장 기본 성향은 '헤세드'이다. 현숙한 여인은 [하나님의] 헤세드를 알고, 남에게 헤세드를 베풀 줄 아는 여인이다.

(2) 계대 결혼과 기업 무를 자의 의무

룻기와 연관하여 학자들은 여러 가지 풍습을 지적한다. 책이 풍습에 대하여 자세히 설명하지 않는 것을 보면 처음 독자는 책이 언급하고 있는 풍습을 상당히 잘 알고 있었던 것 같다. 이 중 가장 자주 언급되는 풍습은 바로 계대 결혼이다. 계대 결혼에 대한 율법은 신명기 25:5-10에 언급되어 있다. 성경에서 계대 결혼에 가장 가까운 예는 유다가 아들 오난에게 홀로된 형수 다말과 결혼해서 아이를 낳으라고 했던 일이다(창 38:8).

　룻기는 이러한 전통으로 룻과 보아스를 부부로 묶는다. 그러나 엄밀히 말하자면 룻기 안에 기록된 사건은 계대 결혼이 아니다(Campbell, Bush, Block). 또한 룻기 저자는 이 책에 신명기에서 계대 결혼을 뜻하며 사용되는 히브리어 단어(יבם)를 사용하지 않는다. 그러므로 보아스와 룻의 결혼은 계대 결혼이 아닌 다른 측면에서 생각되어야 한다. 반면에 룻기에서 강조되는 히브리어 개념은 '고엘'(lit. '대속', גאל)이다. 또한 룻기에서 진행되는 일은 형제 사이의 일이 아니다. 그러므로 이 이야기는 신명기 25장에 등장하는 '고엘'로 보아야 한다(Hubbard, Younger, Block). 이스라엘을 포함한 고대 근동 사회에서 '고엘'(גאל)은 다음과 같은 정황에서 이루어졌다(Unterman, Brichto, Hubbard).

정황	연관된 말씀
친척이 가난 때문에 자기 소유의 땅을 남에게 판 것을 다시 매입할 때	레 25:24-34; 렘 32:1-15
가난 때문에 이스라엘 사람 혹은 이스라엘에 거주하는 이방인에게 팔린 친척을 다시 살 때	레 25:47-55
피살당한 친척에 대한 보복이 필요할 때	민 35:12, 19-27; 신 19:6, 12; 수 20:2-3, 5, 9
피살당한 친척에 행해진 잘못에 대한 보상을 받아야 할 때	민 5:8
소송 중인 친척을 도와 정의가 실현되도록 해야 할 때	욥 19:25; 시 119:154; 잠 23:11; 렘 50:34; 애 3:58
죽은 친척의 아내와 결혼하여 망자의 이름으로 된 재산(땅)을 보존할 필요가 있을 때	신 25:5-10
친척 중 자식이 없이 홀로 남은 늙은 과부를 봉양할 필요가 있을 때	룻 4:14-15

그러나 율법이 규정한다고 해서 기업 무를 권한을 가진 자가 의무를 꼭 이행해야 할 의무는 없다. 만일 기업 무를 자의 권한을 행하고 싶지 않으면 룻기에 등장하는 아무개처럼 신발을 벗어 주면 된다(4:6). 이 제도는 사람을 의무적으로 동원하는 것이 아니라, 사람의 긍휼과 자비에 호소하는 제도였던 것이다. 룻기의 경우 위 도표에서 마지막 두 정황이 적용된다. 일부 학자들은 계대 결혼과 고엘을 엄격히 구분하고 차별화하지만(Hubbard), 계대 결혼은 고엘 제도의 일부임이 확실하다(Younger).

(3) 하나님의 주권

룻기는 하나님의 주권을 매우 강조하는 책이다. 책의 중요 부분, 특히 각 인물의 대화 속에서 하나님이 자주 언급된다. 룻기는 85절로 이루어져 있는 짧은 책인데, 이 중 23절은 하나님에 대해 언급한다. 하나님을 언급하는 절 중 두 절(1:6; 4:13)을 제외하고는 모두 등장인물의 입술(직설화법)에서 발견된다. 특히 등장인물의 스피치에 섞여 있는 짤막한 기도문과 축복은 하나님의 주권을 인상적으로 선언한다(Thompson).

하나님의 역사하심이 룻기 전체에서 보인다. 짜임새 있는 구조와 진행이 생존의 위협을 받고 있는 엘리멜렉의 집안이 잘 보존될 것을 예측하게 한다. 그러나 등장인물이 하나님의 은총을 처음부터 의식하는 것은 아니다. 기근을 피해 모압으로 피신했다가 그곳에서 남편과 아들들을 잃고 망연자실한 나오미는 과부가 된 이방인 며느리와 함께 고향으로 돌아온다. 나오미는 그를 맞이하는 동네 여인들에게 "여호와께서 나를 치셨다"라고 한탄한다(1:21, 새번역). 이 고백에서 나오미는 자신의 아픔을 토로한다. 하나님이 모든 것을 빼앗아갔다는 것이다. 나오미를 맞이한 고향 사람들이 그녀의 잘못된 신학을 책망하지 않고 묵묵히 그녀의 아픔을 껴안아 주었다는 것이 매우 인상적이고 아름답다. 살다 보면 때로는 슬픈 날이 우리를 찾아온다. 하나님이 원망스러울 정도로 마음이 아플 때가 있다. 그때 절제할 수 없는 아픔을 숨기려 하지 말고, 나오미처럼 슬픈 노래를 부르는 것이 좋다. 슬픔의 노래를 부르다 보면 우리 자신이 치유를 받게 되고, 또한 기쁨의 노래를 부를 날을 갈망하는 마음이 생길 것이다.

룻기가 등장인물을 통해 하나님의 주권을 강조하지만, 정작 하나님은 매우 신비한 형태로 사역하신다(Hals). 보아스는 홀로된 시어머니와 함께 베들레헴을 찾아온 룻에게 "너는 전능자의 날개 아래 있으니, 그가 너를 보호하실 것이다"라고 한다(2:12). 한때는 하나님을 원망했던 나오미도 하나님은 사람을 축복하시는 분이라고 고백한다(2:20; cf. Bush, Campbell, Block). 보아스도 비슷한 고백을 하며(3:10), 하나님은 예나 지금이나 변함없으신 살아 계신 분이심을 선언한다(3:13). 룻이 보아스와 결혼하여 아들을 얻었을 때, 동네 여인들은 하나님을 찬양한다(4:14). 등장인물들은 끊임없이 하나님의 주권과 신실하심을 찬양하고 있는 것이다. 그러나 정작 하나님은 한번도 모습을 드러내지 않으신다. 룻기는 보이지 않는 곳에서 모든 것을 주관하시는 하나님의 주권을 강조한다.

(4) 하나님의 인애

룻기는 '자비/인애'(חֶסֶד)가 어떤 것인가를 정의하는 책이다(Bush, cf. 1:8; 2:20; 3:10). 우리말 번역본이 '자비/인애'로 번역하고 있는 히브리어 단어 '헤세드'(חֶסֶד)는 구약에서 3분의 2 이상이 하나님과 직접 연관되어 사용된다. 그래서 헤세드는 하나님의 성품을 가장 잘 나타내는 개념일 뿐만 아니라, 하나님의 성품과 연결해서 설명해야만 의미가 있다고 한다(Glueck, Clark). 헤세드는 다음과 같이 다양한 의미와 조건을 지녔다. 첫째, 헤세드는 이미 성립된 관계를 전제한다. 그렇기 때문에 언약/계약이 헤세드와 함께 논의되는 것은 보편적이다. 헤세드는 이미 체결된 언약/계약을 마음을 다해 이행하는 것을 의미한다(Sakenfeld, Glueck). 둘째, 헤세드는 감정과 의도적인 면모를 포함하고 있지만, 가장 기본 성향은 실천이다. 헤세드는 상대방의 위기와 필요를 의식하고 적절한 조치를 취해 베풀어주는 행위인 것이다(Sakenfeld, Clark). 그러므로 헤세드는 베푸는 자와 받는 자 사이에 형성된 관계에 성실하게 임하는 것을 전제한다(Clark). 셋째, 헤세드는 강한 자가 약한 자에게 베푸는 것이다(Younger). 하나님이 자기 백성에게 베푸는 자비에서 이 같은 사실이 가장 확실하게 드러난다. 사람들 사이의 헤세드는 상황에 따라 베푸는 자와 받는 자가 바뀔 수 있다. 넷째, 헤세드는 자신이 감당해야 할 의무/책임 이상의 선처를 자발적으로 베푸는 것이다(Sakenfeld). 그러므로 누구도 자신의 책임을 다한 사람에게 헤세드를 강요할 수는 없다. 그렇다면 무엇이 사람으로 하여금 의무/책임 이상의 자비와 은혜를 베풀게 하는가? 이미 성립된 관계 때문이다(Hubbard). 헤세드에서 가장 중요한 것은 관계이다.

헤세드의 성향에 대하여 위에 언급된 네 가지 중 룻기와 연관하여 가장 중요한 것은 두 가지다(Glueck, Sakenfeld, Clark). 첫째는 하나님과 주의 백성 사이에 있어야 할 언약적 충성이다. 둘째는 서로에 대한 배려와 사랑이다. 물론 이 두 가지는 서로 밀접한 연관성이 있다. 하나님께 충성하는 사람은 이웃에게 자비를 베푸는 사람이기 때문이다. 룻기는 두 가지 중 두 번째 의미로서의 '자비/인애'를 두 등장인물의 삶을 통해 더욱 부각시킨다. 다음 상황을 생각해보자.

룻이 죽은 남편의 집안과 홀로된 시어머니를 위해 베푼 사랑이 바로 인애(חֶסֶד)다. 종종 설교자가 홀로된 시어머니를 등지고 자기 백성에게 돌아간 오르바를 비난하는 것을 목격하고는 한다. 그러나 룻기는 오르바를 비난하지 않는다. 오르바가 취한 행동은 그녀가 처한 상황을 고려하면 지극히 정상적이다. 룻이 오르바처럼 시어머니를 두고 자기 백성에게 돌아가도 비난할 사람은 없다. 그러나 룻은 홀로된 시어머니를 보필하기 위해 조국을 떠나 낯선 베들레헴을 찾았다. 룻은 베풀지 않아도 될 사랑과 배려를 자신이 원해서 베푼 것이다. 룻기는 바로 이것을 헤세드(자비/인애)라고 한다.

보아스 역시 인애가 무엇인가를 알고 베푼 사람이었다. 룻이 기업 무를 자의 권한을 행하라고 타작마당에 있는 그를 찾아왔을 때, 그는 권한 행사를 거부할 수도 있었다. 기업 무를 자의 권한을 행하는 일이 많은 경제적 손실을 감수해야 했기 때문이다. 룻의 헤세드에 감동한 보아스는 그보다 우선권을 가진 사람이 한 사람 있는데 만일 그가 권한을 행하지 않으면, 자기가 꼭 그 권한을 행하겠다고 여호와의 이름으로 맹세한다. 보아스 역시 자신이 하지 않아도 될 일을 큰 경제적 손실을 감수하면서까지 꼭 하겠다고 나선 것이다. 이것이 바로 헤세드(자비/인애)다.

인애는 우리가 감당해야 할 책임을 완수하는 것에 그치는 것이 아니다. 더 나아가 우리가 남을 위해 하지 않아도 될 일을 하는 배려이고 사랑이다. 중요한 질문은 누가 이런 일을 할 수 있는가다. 룻기 저자는 룻이 이런 일을 할 수 있었던 것은 시댁을 통해 하나님의 헤세드(자비/인애)를 체험했기 때문이라는 사실을 암시한다. 보아스 역시 하나님을 경외하는 사람이었기에 이런 일이 가능했다. 즉, 먼저 하나님의 헤세드를 경험해본 사람만이 다른 사람에게 자비를 베풀 수 있다. 하나님 은혜를 몸소 체험했던 룻과 보아스가 삶을 통해 보여준 것은 곧 주의 백성을 향한 하나님의 인애였던 것이다.

룻기는 어느 시대나 룻처럼 인애를 베풀며, 보아스같이 자비롭게 살면 하나님이 축복하실 것이라는 메시지를 선포하고 있다. 룻은 거지가 된 늙은 외국인 시어머니를 홀로 보낼 수 없었다. 그래서 자신의 모든 것을 포기하고 홀로된 시어머니를 모시고 죽은 남편의 고향 베들레헴을 찾았다. 룻은 나오미에게 헤세드를 베푼 것이다. 베들레헴의 유지보아스도 헤세드를 아는 사람이라 모압 여인 룻과 나오미의 이야기를 그냥 듣고 넘기지 않았다. 룻을 칭찬하는 것은 물론 두 여인에게 실질적인 도움이 되기를 원했다. 그래서 추수철 내내 룻이 자기 밭에서 이삭을 줍게 하면서 온갖 자비를 베풀었다. 더 나아가 보아스는 상당한 경제적인 손해를 감수하고 룻과 나오미에게 유산을 찾는 기회를 만들어주었다. 이 모든 것을 지켜보시던 하나님은 이들을 축복하셨다. 룻과 보아스의 공통점은 베푸는 자들이었다.

룻기를 통해 하나님은 그를 사랑하는 공동체가 어떤 자세로 서로 바라보며, 어떻게 서로를 도우며 살아가야 하는지 가르쳐 주신다. 저자

는 하나님의 인애에 대해 다음과 같이 증언한다(Block). (1) 주님의 인애
는 이스라엘과 유다, 다윗에게 약속하신 것을 지키실 것이다, (2) 하나
님의 인애는 매우 신비로운 방법으로 역사하며 주님의 목적을 이루어
간다, (3) 주님의 인애는 모든 것이 합하여 선을 이루도록 한다, (4) 하
나님의 인애는 우리가 서로에게 은혜, 신실함, 친절, 헌신 등을 행하는
참 신앙을 유도한다, (5) 하나님의 인애는 한계를 초월하여 모든 사람
에게 적용되어야 한다. 우리는 서로에게 인애를 실천해야 한다. 룻과
같이 섬기고, 보아스같이 인애하자. 그리하면 하나님이 우리 모두를
축복해 주실 것이다.

(5) 하나님의 숨겨지심

등장인물의 입술을 통해 끊임없이 찬양을 받으시는 하나님의 이름과
는 대조적으로 이 책 안에서는 하나님의 직접적인 인도하심이나 역사
하시는 손길이 보이지 않는다(Hals). 물론 하나님의 함께하심이 책 안에
서 발견되지 않는 것은 아니다. 다만 하나님의 사역은 지속적이면서도
은밀한 것으로 표현된다. 내레이터도 의도적으로 하나님에 대한 언급
을 피하는 듯하다(Bland). 등장인물이 누누이 하나님을 언급하지만, 정
작 내레이터는 겨우 두 차례 언급할 뿐이다.

　룻기에는 하나님의 기적/이적에 대한 언급이 없다. 그나마 기적에
가장 가까운 일은 하나님이 이스라엘에 강타한 기근을 멈추고 다시 자
기 백성에게 양식을 주신 일(1:6)과 룻이 아들을 낳은 일이다(4:13). 물
론 룻과 보아스가 아들을 낳은 것은 분명 하나님의 도우심으로 가능했
던 일이다(Loader). 그럼에도 이 사실을 강력하게 부각시키지 않는다.
다윗의 계보에서도 하나님이 다윗에게 이스라엘을 주셨다는 말이 나
올 만도 한데 그렇지 않다. 또한 얼마든지 하나님의 역사로 표현될 수
있는 일이 룻기 안에서는 우연 혹은 인간 행동의 결과로 묘사된다. 대

표적인 예가 룻이 어떻게 하여 보아스의 밭에 발을 들여놓게 되었는가 하는 것이다. 룻기의 구성을 감안할 때 룻과 보아스의 만남은 필연적이다. 하나님의 역사가 일어나려면 이들은 꼭 만나야 한다. 그런데 이들의 만남을 '우연히' 일어난 일로 묘사한다(2:3).

보아스가 기업 무를 자의 권한을 행하는 일에 있어서 자기보다 우선권을 가지고 있던 '아무개'라는 사람에게 나오미와 룻 이야기를 할 때 독자는 다소 심각한 위기감을 느낀다. 그 사람이 처음에는 권한을 행사하겠다고 나섰기 때문이다. 그러나 보아스가 모든 여건을 이야기하자 그는 권리를 포기하며, 독자는 안도의 숨을 내쉬게 된다. 이 일도 하다 보니 우연히 된 일처럼 보인다. 그러나 이 '우연' 뒤에는 모든 것을 주관하시는 하나님이 계셨다(Luter & Davis).

룻기의 이 같은 묘사법은 생소할 뿐만 아니라 다소 충격적으로 여겨질 수도 있다(Luter & Davis). 그러나 의도적으로 하나님을 사람의 평범한 일상과 우연으로 가리는 데는 중요한 이유가 있다(Hubbard). 우리는 신앙의 척도를 기적을 행하는 능력으로 가늠하려는 사람을 접한다. 기도할 때마다 은사가 강하게 일어날수록 크고 바람직한 믿음이라는 것이다. 그러므로 이 기준에 의하면 성도의 삶에서 기도가 응답되지 않고, 이적이 없는 것은 믿음이 약하기 때문이다. 이러한 논리는 번영 복음의 핵심이다.

룻기는 이 같은 논리에 반론을 제기한다. 룻기는 가장 건강하고 바람직한 믿음은 이렇다 할 이적이 일어나지 않고 평범한 일상이 계속되고, 심지어 하나님이 모습을 감추고 침묵하실지라도 묵묵히 그분을 바라며 기다리는 것이라고 한다. 사실 기도할 때마다 응답받고, 기도할 때마다 이적이 일어난다면, 이 세상에 신앙생활을 하지 못할 사람이 몇이나 되겠는가? 우리에게 가장 큰 믿음이 필요할 때는 하나님의 손길이 보이지 않고, 우리의 기도가 응답되지 않을 때다. 아무리 기도해도 하나님이 침묵하고 지극히 평범한 일상이 반복될지라도 전능하신 하나님을 의지하며 묵묵히 그분을 기다리는 것이야말로 우리 모두에게 필요한 큰 믿음인 것이다. 룻기는 하나님을 의도적으로 일상의 '우연' 뒤에 숨겨 이 같은 진리를 선포하고 있다.

(6) 하나님의 포용력

룻기는 하나님이 어떤 사람을 사용하시는가를 생각하게 하는 책이다. 룻기는 평범한 사람들의 이야기다. 그래서 내놓을 만한 영웅이 없다. 등장인물은 하나같이 평범한 신앙인이다. 그들은 지극히 평범한 일상에서 서로에게 인애를 베풀다가 하나님께 쓰임 받은 사람들이다. 하나님은 때로는 영웅도 쓰시지만, 지극히 평범한 사람도 사용하신다. 구약을 살펴보면 이런저런 영웅이 많으나 룻기는 매우 평범한 사람의 이야기다. 하나님은 일반인을 사용하여 역사하실 수 있음을 가르쳐 주고 있는 것이다.

더 나아가 룻기는 하나님의 역사와 섭리가 이스라엘에 제한되어 있지 않다는 것을 확실히 보여주는 책이다. 모압 여인 룻은 구약 시대를 대표하는 믿음의 이방인과 어깨를 나란히 하며 영원히 기억될 것이다. 구약에 기록된 모범적인 이방인 중에는 아브라함을 축복했던 멜기세덱, 세상의 그 누구보다도 믿음이 좋았던 욥, 이스라엘과 정탐꾼을 도왔던 라합, 여호와를 경외하여 진멸을 모면한 기브온 성 사람, 여호와의 치유를 경험한 나아만, 요나의 경고를 듣고 회개한 니느웨 사람 등이 있다.

룻은 이 이방인 성도들과 함께 두루 기념될 뿐만 아니라, 더 큰 영광을 누린다. 이스라엘 최고의 왕 다윗의 조상이 되었고, 온 인류의 구원자이신 예수님의 계보에 올랐기 때문이다(마 1장). 이스라엘 여인으로서도 누릴 수 없는 축복을 모압 여인이 누리게 된 것이다. 예수님의 계보를 보면 한 가지 특별한 점을 깨닫게 된다. 마태복음 1장의 메시아의

계보에 오른 여인은 다섯 명인데, 다섯 명 모두 하나같이 사회적으로
환영받지 못할 사람이었다는 사실이다. 첫 번째로 언급되는 다말은 시
아버지와의 관계를 통해 쌍둥이 아들을 얻은 여인이다. 라합은 여리고
성에서 몸을 팔던 창녀였다. 룻은 이방인, 그것도 이스라엘이 혐오하
던 모압 여인이었다. 솔로몬의 어머니 밧세바는 우리아의 아내였고 다
윗과 간음한 여인이었다. 예수님의 어머니 마리아는 혼전임신을 했다.
물론 우리는 이 일이 성령이 하신 일임을 잘 알지만, 내막을 잘 모르는
사람에게 마리아는 손가락질의 대상이 되었을 것이다.

시아버지와 정을 통한 며느리, 창녀, 이방인, 간음한 여인, 결혼 전
에 임신한 처녀가 메시아의 계보에 오른 유일한 여인들이라는 것이 충
격적일 수 있다. 그러나 하나님은 이처럼 부끄러운 여인들을 사용하셔
서 메시아를 이 세상에 오게 하셨다. 이 같은 사실은 우리에게 예수님
의 구원 사역과 복음의 포괄성을 선언하는 듯하다. 예수님이 구원하실
수 없는 죄인은 없다. 또한 복음에서 제외되어야 할 사람도 없다. 주님
은 신분의 귀천에 상관없이 모든 사람을 구원하시기 위해 이 땅에 오
신 것이다. 이 같은 사실이 오늘날 한국 교회의 한 귀퉁이에서 형성되
고 있는 '기독교 귀족'에 대하여 무엇을 말하고 있는가를 생각해 보아
야 한다.

(7) 통일성

일부 학자들은 룻기 저자가 인용한 출처들을 찾으려고 많은 노력을 했
다. 그러나 대부분 학자는 룻기 1:1부터 4:17까지는 놀라운 통일성
(unity)과 매끄러운(polished) 작품성을 지녔다고 생각한다. 반면에 4:18-
22에 등장하는 다윗의 계보에 대하여는 상당한 이견이 있다. 많은 학
자가 이 부분은 역대상 2:9-15를 인용한 것으로 간주한다. 실제로 두
계보가 같은 이름을 포함하고 있는 것은 사실이나 어떤 관계를 지니고

있는지를 결론짓기는 어렵다.

대체로 룻기 계보가 이미 완성된 작품에 임의로 더해졌다고 생각하는 것이 주류를 이룬다(Hubbard, Bush). 논리는 다음과 같다. 4:18-22는 4:17 후반에 주어진 정보를 재정리하고 있으며 룻기의 다른 부분의 작품성과 잘 어울리지 않는다는 것이다. 구약의 모든 계보는 뒤따르는 이야기를 소개한다. 반면에 룻기의 계보는 이미 앞에서 전개된 이야기의 결론으로 등장한다. 룻기 계보는 구약에서 매우 독보적인 위치에 있는 것이다. 또한 이 계보는 다윗을 염두에 두고 정리되어 있다. 반면에 룻기 자체는 다윗에 대하여 전혀 관심이 없는 듯하다.

최근에 들어서 이 계보가 책의 다른 부분과 많은 연결성을 지니고 있다는 견해가 지배적이다(Porten, Berlin, Campbell, Sasson). 이 부분이 '가족의 역사'(1:1-5)와 균형을 이루고 있으며 룻기가 저작되었을 때부터 책에 포함되어 있었다고 주장한다(Hubbard). 룻기의 계보가 4:17 후반에 주어진 짧은 계보를 베레스(4:12)와 연결하며 4:11b-12에 언급된 축복의 성취라고 보기도 한다(Block, Younger). 또한 룻기의 주요 인물이 다윗의 계보에 등장하여 계보는 받아야 할 하나님의 축복을 실제로 받았다는 사실을 확인해주는 역할을 하고 있다고 해석하기도 한다. 이 계보는 보아스를 포함시키는 일로 그의 축복을 분명히 명시하고, 더욱이 일곱 번째에 등장시켜 그의 축복을 더욱 확대시키고 있다.

또한 이 계보가 10명으로 구성되었고, 표현 방식이 창세기 계보와 흡사하다 하여(창 4:17-24; 5:1-32; 11:10-26; 25:12-15) 종종 그 계보들과 비교되기도 하는데, 다윗을 열 번째 자리에 두어 계보가 룻기의 결론부에서 말하고자 하는 룻기 저작의 근본 목적을 정확하게 보여주고 있다(Block). 보아스와 다윗의 이름이 차지하는 전략적 위치를 감안하여 10명의 이름으로 구성된 이 계보가 모든 대(代)를 포함하고 있는 것이 아니라 숫자를 10으로 맞추기 위하여 일부는 생략했을 것이라고 주장하는 사람도 있다(Hubbard, cf. Bush, Campbell). 실제로 구약뿐만 아니

라 고대 근동에서는 필요에 따라 계보에서 일부 세대를 생략하는 일
이 흔했다(Wilson, Younger). 이 같은 현상을 '텔레스코핑'(telescoping: 한 눈
으로 보는 옛 망원경을 길게 혹은 짧게 하여 사용하는 것에서 유래함) 혹은 '갭
핑'(gapping: 중간에 뛰어넘음 공간이 있다는 의미)이라고 하며 주로 계보의
중심부에서 일어나는 것으로 이해한다(Bush, cf. Alexander).

다윗 계보가 룻기 안에서 어떤 역할을 하고 있는가에 대하여 드모어
(de Moor)는 다음과 같이 말한다.

> 조상들에 대한 언급으로 가득 찬 룻기 4장이 족보로 끝나는 것이 어색
> 한가? 룻기에는 장로들, 친족 구속자, 나오미, 엘리멜렉, 말론, 기룐, 라
> 헬, 레아, 이스라엘, 베레스, 다말, 유다 등의 이름이 등장하였다. 더욱
> 이 해석자들은 이 모든 이름이 각자 특별한 의미와 역할을 지니고 있음
> 을 간과하고 있다. 말론, 기룐, 유다의 이름은 단지 1장과 4장에만 나타
> 난다. 아들들은 1장과 4장에만 언급된다. 이 같은 현상이 함축하고 있는
> 진리는 분명하다. 어떤 불행이 닥쳐도 여호와의 보살핌은 세세 무궁토
> 록 세대에서 세대로 이어지며, 하나님은 신실하시다는 점을 강조한다.
> …이것은 인간 노력의 결과인가? 룻기의 저자는 이에 대해 아마도 "그
> 렇다"라고 긍정적으로 답할 것이다. 룻기 저자는 나오미와 보아스와 룻
> 의 행동을 자주 칭찬하고 있다. 보아스와 룻이 계속적으로 여호와의 복
> 을 받기를 많은 이가 축원한다(2:4, 19-20; 3:10). 그러나 결국 찬송을 받
> 으실 분은 여호와시다(4:14). 이 모든 것 뒤에 계신 분은 여호와시기 때
> 문이다.

5. 개요

룻기는 다른 구약 책에 비해 원문이 매우 잘 보존되어 있는 책에 속한
다(Bush, Campbell). 룻기는 매우 짧은 시간 내에 진행된 일을 중심으로

형성되어 있다. 대부분은 룻이 베들레헴에 도착하여 보아스와 결혼하기까지 길어도 6주 정도밖에 걸리지 않았다고 생각한다. 룻기는 겨우 85절로 구성되어 있는 매우 짧은 책이다. 이 중 45절이 대화로 구성되어 있으며 그 어느 정경보다도 대화를 효율적으로 사용한다. 또한 책의 구성과 전개와 발전이 거의 모두 대화 섹션에서 진행된다. 그러므로 룻기를 해석할 때, 등장인물들의 대화에 특별한 관심을 쏟아야 한다. 한 저자가 자신의 작품에서 대화를 많이 사용하는 것은 그만큼 작품을 극적으로 묘사하기를 원하는 것이다(Alter, Berlin).

룻기는 간단한(simple) 책이지만, 단순한(simplistic) 책은 아니다(Eskenazi & Frymer-Kensky). 모든 학자가 룻기의 작품성에 감탄을 표한다(Hubbard). 『신곡』을 집필한 단테는 룻을 '다윗의 조상으로 온유한 여인이요 이삭 줍는 소녀'로 묘사하고 있는가 하면, 『천로역정』을 남긴 번연(Bunyan)은 룻에게서 크리스티아나의 젊은 동반자인 '인자'(Mercy)에 대한 영감을 받았다. 괴테는 룻기를 '구약에서 가장 아름다운 작은 스토리'라고 부르기도 했다. 쿵켈(Gunkel)은 룻기를 간략하면서 확실한 구조적 통일성을 보이며 플롯을 전개하는 매우 발달된 대화술을 잘 살린 '노벨라'(novella)의 대표적인 예라고 극찬했다. 이처럼 룻기는 책을 읽는 모든 이에게 감동을 주며, 독자는 단숨에 룻과 사랑에 빠진다.

룻기는 또한 매우 짜임새 있는 구조와 이야기 전개를 보여주는 책이다(Sakenfeld, Linafelt). 룻기의 놀라운 작품성은 감탄을 자아내게 한다(Berlin, Bush, Hubbard). 책이 상당히 짧고 놀라운 짜임새를 보이기에 룻기를 즐기기 위해서는 여러 번 나누어 읽는 것보다 한번에 읽는 것이 좋다고 제안하기도 한다(Nielsen, Block). 한 학자는 룻기의 이야기 전개를 다음과 같이 그래프로 표현했다(Coats, cf. Younger). 룻기는 '위기 - 해결'의 매우 단순한 이야기 구조를 두 차례 반복하며 진행하고 있다는 것이다. 여기에 이야기의 정황과 주요 등장인물을 소개하는 서론과 모든 사람이 행복해졌다는 결말을 더했다.

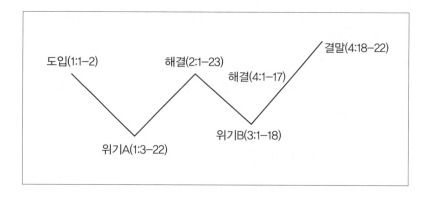

룻기의 흐름을 보면 책이 시작할 때 텅 비었던 나오미의 삶(1:20-21)
이 책이 끝날 때에는 가득 찬다(4:17; cf. Berlin). 절망이 희망으로 바뀐
것이다. 우리는 나오미의 운명을 통해 이스라엘의 운명을 보고 있다.
사사기는 이스라엘의 삶이 어떻게 텅 비어 어두움만 남게 되었는가를
설명했다. 그러나 룻기는 곧 그들의 삶이 풍요로 채워질 것이며, 빛으
로 가득할 때가 올 것이라는 기대감을 갖게 한다. 이 책에서 기대되는
풍요로운 삶은 사무엘서에서 현실로 모습을 드러낸다.

또한 책을 시작하는 엘리멜렉의 가족 이야기(1:5)가 끝에 가서는 다
윗의 계보로 대체된다(4:18-22). 나오미의 죽은 '아들들'(1:5)이 '나오미
의 아들' 오벳(4:16)으로 대체되고 있다. 엘리멜렉의 계보가 망하게 되
었지만, 오벳을 통한 계보는 왕성하게 뻗어나간다. 역시 죽어가던 이
스라엘의 운명이 새로운 계기를 맞이하여 생명력으로 가득할 것을 암
시하는 듯하다. 이 같은 내용을 바탕으로 룻기의 흐름을 파악해보면
다음과 같은 구조를 지녔다(Schwab).[3] 슈왑(Schwab)에 의하면 룻기는 룻

---

3 이와 비슷하게 라솔(LaSor)은 다음과 같은 구조를 제시한다.
  A. 1:1-5 서론: 엘리멜렉의 가족
    B. 1:6-18 나오미의 염려: 며느리들의 결혼
      C. 1:19-22 나오미의 슬픔: '텅 빈' 삶
        D. 2:1-2 대화: 나오미와 룻

이 좋은 소식을 나오미에게 알려주는 H를 중심에 둔 교차대구법적 구조를 지녔다. 또한 A-G와 G'-A'는 두 섹션 모두 각각 40절씩 구성되어 있다.[4] 평행적 균형을 이루고 있는 것이다. 다음을 참고하라.

A. 엘리멜렉의 계보(1:1-5)
  B. 나오미가 아들들을 잃음, 과부들이 각자 집으로 돌아가야 함 (1:6-14)
    C. 룻의 계획 선언과 나오미의 침묵(1:15-19a)
      D. "이 사람이 나오미냐?"(1:19b-22)
        E. 룻이 보아스의 밭에서 보리를 주움(2:1-7)
          F. 보아스와 룻의 첫 번째 만남(2:8-13)
            G. 보아스가 비밀스러운 명령을 내림(2:14-17)
              H. 룻이 나오미에게 좋은 소식을 전함(2:18-23)
                1. 룻이 보아스의 밭에서 주운 이삭을 나오미에게 줌
                2. 나오미가 룻에게 질문한 후 자비를 베푼 자를 축복함
                3. 룻이 그의 이름이 보아스임을 밝힘
                4. 나오미가 여호와의 이름으로 그를 축복함

              E. 2:3-17 대화: 룻과 보아스
                F. 2:18-23 대화: 룻과 나오미
                F'. 3:1-5 대화: 나오미와 룻
              E'. 3:6-15 대화: 룻과 보아스
            D'. 3:16-18 대화: 룻과 나오미
          B'. 4:1-12 법 집행: 땅, 며느리의 결혼, 상속자
        C'. 4:13-17 나오미의 '가득 찬' 삶
      A'. 4:18-22 계보: 다윗의 가족

4 1:19를 두 절로 나눌 때 이런 분석이 가능하다(Schwab).

　　　　　4′. 나오미가 여호와께서 마음에 둔 '회복
　　　　　　　시키는 자'를 의식함
　　　　　3′. 룻이 보아스가 보리를 더 내준 것에
　　　　　　　대하여 말함
　　　　　2′. 나오미가 상황이 좋다고 선언함
　　　　　1′. 룻이 이삭줍기를 계속하며 나오미와 삶
　　　G′. 나오미가 비밀스러운 명령을 내림(3:1-7)
　　　F′. 보아스와 룻의 두 번째 만남(3:8-13)
　　　E′. 보아스가 보리를 룻의 치마에 담아 줌(3:14-18)
　　D′. "이 사람이 회복시키는 자냐?"(4:1-8)
　　C′. 보아스의 계획 선언과 증인들의 축복(4:9-12)
　B′. 나오미에게 아들이 태어나 가문을 회복시키는 자가 됨(4:13-17)
A′. 베레스의 계보(4:18-22)

룻기를 무대에 펼쳐지는 하나의 극으로 상상해본다면 서막(prologue)
과 결말(postlude) 사이에 네 개의 짜임새 있는 막들로 구성된 것을 알
수 있다(Howard, cf. Block, Younger, Bush, Sakenfeld, Nielsen).[5]

막		장	본문
서막	텅 빈 나오미	배경, 등장인물 소개 주제 암시: 죽음과 텅 빔(Emptiness)	1:1-5
1막	여호와, 재난의 원인?	1장: 베들레헴으로 가는 길(Emptiness Compounded) 2장: 베들레헴 도착(Emptiness Expressed)	1:6-18 1:19-22

5　블록(Block)은 1:22-23을 2장과 함께 2막으로 구분하지만, 이 같은 분류는 책의 자연스러
　운 장절 구분을 무시할 것일 뿐 특별히 따를 이유가 없다. 그러므로 대부분이 제안하는
　것처럼 룻기의 장절 구분을 존중하여 책을 섹션화하는 것이 바람직하다.

2막	여호와의 헤세드	1장: 룻의 계획(양식) 2장: 보아스의 추수 밭, 떡과 보리 이삭을 얻음 3장: 룻의 보고(Fullness Anticipated)	2:1-7 2:8-16 2:17-23
3막	룻의 헤세드	1장: 나오미의 계획(남편) 2장: 보아스의 타작마당(룻의 결혼 요청) 3장: 룻의 보고(Fullness Foretasted)	3:1-6 3:7-15 3:16-18
4막	보아스의 헤세드	1장: 기업 무를 자와 협의 2장: 보아스와 룻의 결혼	4:1-8 4:9-12
결말	가득 찬 나오미	룻의 출산: 생명과 채움(Fullness) 다윗의 족보	4:13-17 4:18-22

네 개의 막을 중심으로 책을 분석하는 위 도표가 다음과 같은 교차대구법적 구조로 표현되기도 한다(Luter & Rigsby).

1막(1:1-5): 죽음을 통해 텅 빈 가족의 미래에 대한 절망
　2막(1:6-22): 헌신과 신실함으로 소망을 향한 첫걸음을 뗌
　　3막(2:1-23): 기업 무를 자를 통한 채움과 보호.
　　　4막(3:1-18): 기업을 무를 의지를 지닌 자에게 보호를 제안함
　　5막(4:1-12): 헌신과 지혜로 소망적인 미래를 향한 마지막 걸음을 뗌
　6막(4:13-17): 가족의 탄생을 통해 미래가 기쁨으로 채워짐
결말(4:18-22): 가족의 과거, 현재, 미래가 왕의 출생을 기다림

룻기는 또한 핵심 단어를 책 곳곳에서 매우 효율적으로 반복하고 있다. 이러한 반복은 책 전체에 일관성을 더할 뿐만 아니라 플롯을 진행하는 데 매우 중요한 역할을 감당한다(Bush, Campbell, Block).

핵심 단어	1장	2장	3장	4장
아기	1:5			4:16
자비(חֶסֶד)	1:8	2:20	3:10	
안식	1:9		3:1	
붙좇다/함께 있다(דָּבַק)	1:14	2:8, 21, 23		
유숙하다/머물다	1:16		3:13	
돌아오다	1:21			4:15
텅 빔(רֵיקָם)	1:21		3:17	
친족/언약 형제 (covenant brother)		2:1	3:2	
유력한(현숙한)		2:1	3:11	4:11
주목하다		2:10, 19		
날개		2:12	3:9	

위와 같은 내용을 바탕으로 룻기는 다음과 같이 구분할 수 있다. 이야기 흐름의 핵심은 어떻게 대가 끊긴 집안이 대를 잇게 되었는가이다.

I. 대가 끊긴 집안의 슬픔(1:1-5)
　　A. 엘리멜렉 집안의 피난(1:1-2)
　　B. 엘리멜렉 집안의 위기(1:3-5)

II. 대가 끊긴 집안의 해체(1:6-22)
　　A. 대책(1:6-18)
　　B. 베들레헴으로(1:19-22)

III. 대를 이을 수 있는 실낱 같은 희망(2:1-23)
　　A. 만남 준비: 이삭 줍는 룻(2:1-3)
　　B. 룻과 보아스의 만남(2:4-16)

I. 대가 끊긴 집안의 슬픔
(1:1-5)

롯기는 사사기처럼 사사 시대를 역사적 배경으로 하지만, 내용과 분위기 면에서 사사기와는 매우 다른 책이다. 배신과 불신의 이야기로 가득 찬 사사기와는 대조적으로 롯기는 충성과 신뢰의 이야기다. 폭력적이고 매몰찬 사람들의 이야기로 구성된 사사기와 달리 롯기는 참으로 평화를 사랑하고 헤세드(인애와 사랑)가 있는 사람들 이야기다. 사사기를 가득 채우고 있는 이기적인 사람들의 이야기와는 달리 롯기는 헌신과 희생으로 서로를 배려하는 사람들의 이야기다. 사사기를 비극으로 몰아간 사람들은 형편없는 지도자였지만, 롯기를 마음이 따뜻해지는 책으로 만들어간 사람은 지극히 평범한 사람들이었다. 이처럼 롯기와 사사기는 서로 다른 이야기와 메시지를 담은 책이다. 그런데도 이 책들이 같은 사사 시대를 역사적 배경으로 하고 있다는 점은 우리를 참으로 놀라게 한다(1절).

사사기 저자는 매우 어둡게 당시 사회의 전반적인 분위기를 묘사하고 있으며 이스라엘은 참으로 어두운 시대를 지나고 있었던 사실을 회고한다. 반면에 롯기는 다른 이스라엘 성읍과는 달리 베들레헴에는 하나님을 경외하고 서로에게 자비를 베푸는 사람들이 믿음의 공동체를 형성하며 살았다고 한다. 같은 시대를 이처럼 대조적으로 묘사하고 있는 두 책의 차이를 어떻게 이해해야 하는가?

사사기는 그 시대의 전반적인 분위기를 매우 암울하게 묘사하고 있는 것에 반해, 룻기는 비록 숫자는 많지 않았을지 모르지만, 사사 시대에도 여호와를 경외하는 사람들이 이스라엘에 있었다는 점을 강조한다. 이스라엘 역사에서 가장 어두운 시대에도 하나님은 '바알에게 무릎 꿇지 않은 칠천 명'을 보존하셨고, 그중 일부가 베들레헴에서 주님을 경외하며 살았다는 것이다.

당시 신실한 사람이 많지 않았을 뿐만 아니라 사회적으로 높은 지위에 있던 사람도 아니었다는 사실을 암시하듯, 룻기는 매우 평범한 가정의 이야기로 시작한다. 사사기의 역사적 정황과 주요 등장인물을 소개하고 있는 이 섹션은 다음과 같이 두 개로 구분된다.[6]

A. 엘리멜렉 집안의 피난(1:1-2)
B. 엘리멜렉 집안의 위기(1:3-5)

I. 대가 끊긴 집안의 슬픔(1:1-5)

A. 엘리멜렉 집안의 피난(1:1-2)

¹ 사사들이 치리하던 때에 그 땅에 흉년이 드니라 유다 베들레헴에 한 사람

---

6 본문의 구조가 다음과 같이 분석되기도 한다(Luter & Rigsby). 이 분석의 장점은 룻기에 '텅 빔-가득 채움' 모델을 제시하는 나오미의 삶을 소개하는 것을 중심에 두고 있다는 것이다.
  A. 베들레헴을 강타한 기근: 불편함(1:1a)
    B. 나오미의 가족이 모압에 잠시 머물 것을 계획함(1:1b)
      C. 모압으로 이주한 나오미 가족의 이름(1:2)
        D. 나오미가 두 아들을 거느린 과부가 됨(1:3)
      C'. 나오미의 모압 며느리들의 이름(1:4a)
    B'. 모압에 오래 머물게 된 것과 나오미의 아들들이 죽음(1:4b-5a)
  A'. 모압에 임한 슬픔: 파괴(1:5b)

이 그의 아내와 두 아들을 데리고 모압 지방에 가서 거류하였는데 [2] 그 사람의 이름은 엘리멜렉이요 그의 아내의 이름은 나오미요 그의 두 아들의 이름은 말론과 기룐이니 유다 베들레헴 에브랏 사람들이더라 그들이 모압 지방에 들어가서 거기 살더니

책을 시작하면서 시대적 배경과 앞으로 전개될 이야기의 중심에 있는 가족이 처한 상황을 소개한다. 책에 기록된 이야기는 사사 시대에 있었던 일이다(1절). 그러나 사사 시대 언제쯤인지를 가늠할 수 있는 단서는 제공하지 않는다. 일부 주석가들은 에훗과 입다 시대를 이야기의 역사적 배경으로 본다(Sasson, Hubbard). 그러나 만일 룻기의 마지막을 장식하는 계보(4:18-22)가 보아스에서 다윗에 이르는 대(代)를 모두 포함하고 있다면 이 이야기는 사무엘 시대쯤에 있었던 일이다(Sakenfeld, Block).

정확한 시대를 가늠하는 것이 쉽지는 않지만, 한 가지 확실한 것은 룻기는 무엇보다도 이스라엘의 선조(viz., 가장 위대한 왕인 다윗의 조상) 이야기를 하고 있다는 사실이다(Eskenazi & Frymer-Kensky). 이전에도 기근을 맞은 이스라엘 선조들이 식량을 찾아 약속의 땅을 벗어난 적이 있다. 가나안에 입성하자마자 아브라함이 기근을 피해 이집트로 내려갔고(창 12:10), 이삭이 블레셋 사람의 땅으로 이주했다(창 26:1). 요셉 시대에 야곱과 아들들도 기근을 피해 이집트에 몸을 맡겼다(창 41-47장). 저자는 비슷한 정황을 소개하며 다윗의 선조들 이야기를 하고자 한다.

저자가 소개하는 가족은 유다 지파에 속하였으며, 베들레헴 에브랏 사람이다(2절). 성경에서 '에브랏'은 베들레헴의 다른 이름으로 사용되기도 한다(창 35:19; cf. 룻 4:11). 다윗이 "유다 베들레헴에서 온 에브랏 사람"으로 소개된다(삼상 17:12). 역대상 2:19-20, 50은 베들레헴에 사는 에브랏 사람들은(אֶפְרָתִים) 갈렙의 아내 에브라다(אֶפְרָתָה)의 후손에 의해 유래한 집안이라고 한다. 룻기의 중심 인물이 여자라는 점을 감안

할 때, 이 가족의 시조가 여자라는 사실이 인상적이다(Farmer). 그러나 '에브라다'(אֶפְרָתָה)라는 이름이 '열매를 맺다/풍성하다'(פרה)에서 유래한 것임을 감안할 때(HALOT), 에브라다('풍성한 열매')의 자손이 먹을 것이 부족하여 타국으로 떠난다는 것이 아이러니하다. 또한 이 가족은 타국에서 그나마 '열매'(두 아들)를 모두 잃게 된다.[7]

온 이스라엘에 흉년이 들었는가 아니면 베들레헴에만인가? 아마도 온 이스라엘에 기근이 들었을 것이다(Sasson). 만일 이스라엘의 다른 곳에는 기근이 들지 않았다면, 엘리멜렉이 굳이 온 가족을 데리고 모압까지 갈 필요가 없었을 것이기 때문이다. 특히 유태인이 지니고 있던 이방 땅에 대한 편견을 감안하면 온 이스라엘의 상황이 매우 절박했기에 이 가족이 이방인 중에서도 편견이 가장 심한 모압 땅까지 간 것으로 생각된다. 베들레헴은 예루살렘에서 남쪽으로 약 10㎞ 떨어진 곳이다(ABD). '베들레헴'(בֵּית לֶחֶם)을 문자적으로 풀이하면 '빵집/빵 공장'이다(HALOT). 일종의 반어법을 볼 수 있다. 이스라엘에 임한 흉년이 얼마나 혹독했는지, '빵 공장에 빵이 떨어졌다!' 그래서 '빵 공장'에 살던 엘리멜렉 가족이 '빵집'을 버리고 '빵을 찾아' 타국으로 떠났다.

성경에 의하면 흉년은 여러 가지 이유에서 비롯될 수 있다(Hubbard). (1) 자연 현상(창 41:27; 왕상 18:2; 왕하 8:1; 행 11:28), (2) 질병 창궐과 메뚜기 떼(암 4:9-10), (3) 가축의 죽음(왕상 18:5), (4) 전쟁(왕하 7:24-25; 사 1:7). 성경은 이스라엘에 흉년이 드는 것을 언약적 저주 중 하나로 말하기도 한다(레 26:18-20; 신 2823-24; cf. 왕하 8:1; 사 3:1; 렘 14:13-18; 암 4:6). 본문은 이스라엘을 강타한 흉년이 자연 현상인지, 아니면 하나님께로부터 온 재앙인지 정확하게 밝히지 않는다. 일부 주석가들은 이 흉년은 자연 현상이며, 하나님의 심판과 무관하다고 주장한다(Howell,

---

7 룻기를 역사서가 아니라 하나의 전래 동화로 읽는 사람은 모압을 '저 세상/죽음의 땅'(netherworld)의 상징으로 보아 엘리멜렉이 살기 위해 약속의 땅인 이스라엘을 떠나 죽음의 땅으로 가서 결국 죽게 된 것으로 풀이한다. 그러나 지나친 해석이다.

Bush). 그러나 흉년이 요단 계곡 건너편에 있는 이웃 나라 모압에는 영향을 미치지 않고, 6절이 "주님께서 백성을 돌보셔서 고향에 풍년이 들게 하셨다"라고 하는 점을 감안할 때, 이 기근은 분명 하나님이 이스라엘에게 내리신 심판이라고 할 수 있다(Hubbard, Block, Sakenfeld). 그러므로 이때 이스라엘에 임한 기근이 하나님의 심판인 것은 확실하지만, 그 이유가 무엇이었는가는 알 수 없다. 저자가 밝히지 않기 때문이다.

성경에서 "그 땅에 기근이 임했다"(וַיְהִי רָעָב בָּאָרֶץ)라는 표현은 본문과 창세기 12:10과 26:1에서만 사용된다. 약속의 땅에 기근이 임하자 아브라함은 이집트로, 이삭은 그랄로 향했다. 비록 두 사람 모두 아내를 여동생이라고 거짓말을 했지만, 하나님은 기근으로 인한 선조들의 이주를 축복을 내려주는 기회로 삼으셨다. 그러므로 같은 문구로 시작하는 룻기를 보며, 우리는 룻기가 끝날 무렵에는 하나님의 특별한 은총이 다시 한번 주의 백성에게 임할 것을 기대할 수 있다(Younger). 또한 성경이 하나님이 주의 백성에 대한 자기의 뜻을 이루기 위해 종종 기근을 사용하신다는 사실을 증언하고 있다는 것이 엘리멜렉의 집안이 당면한 위협과 불안에도 불구하고 좋은 일을 기대하게 한다(Hubbard). 하나님은 모든 것을 합력하여 선을 이루시는 분이기 때문이다.

베들레헴에 살던 한 남자가 기근을 피해 가족을 데리고 모압 지방으로 갔다. 룻기가 온갖 혼란과 폭력으로 얼룩진 사사 시대를 역사적 배경으로 삼고 있다는 점을 감안하여 엘리멜렉의 결정에 기근뿐만 아니라 정치적 요인도 작용했다고 하는데(Luter & Davis), 확실하지는 않다. 엘리멜렉은 모압에서 오랫동안 머물 생각은 없었고, 기근이 해결되는 대로 고향 베들레헴으로 돌아올 생각이었다. 그래서 저자는 그가 "임시로 살려고"(לָגוּר)(새번역) 모압으로 갔다고 한다(1절). 성경에서 모압의 일반적인 호칭은 '모압 땅'(אֶרֶץ מוֹאָב)이다(신 1:5; 28:69; 삿 11:15, 18; 렘 48:24, 33). 반면에 본문은 '모압 지방'(שְׂדֵי מוֹאָב)이라고 한다(1절; cf. 1:2, 6, 22; 2:6; 4:3). 그래서 이 표현을 모압의 영토 중 구체적인 한 지역을 뜻

하는 것으로 이해한다(Bush, Hubbard, Sakenfeld). 한 주석가는 이 표현이
사람이 땅을 경작하고 살 만한 성읍 주변을 뜻한다고 한다(Block). 엘리
멜렉과 가족들이 모압 영토로 간 것은 확실하지만, 구체적으로 모압
어느 지역에 정착했는가는 알 수 없다.

엘리멜렉이 가족을 데리고 모압으로 갔다는 것은 두 가지 의미를 지
니고 있다. 첫째, 기근은 이스라엘에만 임했다(Sasson). 만일 가나안 지
역 전체에 임했다면 요단 강 건너 모압으로 가봤자 기근을 피할 수 없
기 때문이다. 이처럼 이스라엘에만 기근이 임했다는 것은 아마도 이
흉년은 하나님의 심판이었을 가능성을 가중시킨다(6절, Farmer). 둘
째, 엘리멜렉과 가족이 처한 상황은 상당히 절박했다. 정상적인 상황
에서 이스라엘 사람은 여러 가지 이유에서 모압을 기피했다(Duguid,
cf. Hubbard). (1) 모압은 롯과 딸의 근친상간에서 비롯된 족속이다(창
19:30–38), (2) 출애굽 때 모압은 이스라엘에게 길을 내주려 하지 않았
다(민 22–24장), (3) 광야에서 모압 여인이 이스라엘 남자를 유혹하여 하
나님께로부터 이스라엘이 혹독한 심판을 받았다(민 25:1–9), (4) 모압 사
람은 이스라엘의 회중에 절대 들어올 수 없다(신 23:3–6), (5) 사사 시대
에 모압 왕 에글론이 이스라엘을 지배하고 억압했다(삿 3:15–30). 그러
므로 이스라엘 가족이 위기를 모면하기 위해 모압으로 도피한다는 것
은 상당히 수치스럽고 위험한 일이었다.

이 같은 정황에서 엘리멜렉이 가족을 이끌고 모압 땅으로 갔다는 것
은 처한 상황이 상당히 어려웠음을 암시한다. 한 가지 아쉬운 점은 엘
리멜렉이 고향을 떠나기 전에 하나님께 여쭈었으면 더 좋았을 뻔했다
는 것이다. 그래서 일부 주석가는 엘리멜렉과 아들들이 죽은 것이 하
나님께 묻지 않고 모압으로 갔기 때문이라고 한다(Luter & Davis). 그러
나 이러한 결론은 성경이 언급하지 않은 것을 근거로 한 해석이기에,
설득력이 있는 것은 아니다. 삶은 분명 우리가 이미 결정한 일에 대
한 결과를 안겨준다. 그렇다고 해서 삶을 '결정—결과'로만 볼 수는 없

다. 삶은 '결정—결과' 외에도 여러 가지 설명할 수 없는 신비로운 요소 (mysterious X-factors)로 구성되어 있다(Duguid). 이 요소 중 하나가 하나님 의 헤세드다. 룻기에서는 눈에 보이지 않는 이 신비로운 요소가 눈에 보 이는 것보다 훨씬 더 강하게 작용한다. 당시 베들레헴에서 모압은 가장 가까운 길이 80㎞ 정도 되었다(Barber). 오늘날로 치면 먼 거리가 아닌 데 당시에는 3일 길이었다.

흉년을 피해 가족을 데리고 모압으로 떠난 엘리멜렉(אֱלִימֶלֶךְ)을 풀이 하면 '나의 하나님/신은 왕이시다'라는 뜻이다(HALOT, ABD). 성경에서 엘리멜렉이라는 이름을 지닌 사람은 이 사람뿐이다. 기독교 정경에서 룻기 바로 앞에 등장하는 책인 사사기가 "이스라엘에 왕이 없었다"(삿 21:25)라는 말씀으로 끝나는 상황에서, 뒤를 잇는 룻기가 '나의 하나님 은 왕이시다'라는 의미를 지닌 사람의 이름으로 시작한다는 것이 매우 인상적이다(Duguid, Schwab).

이러한 정황에서 엘리멜렉의 이름은 왕이신 하나님이 앞으로 이 가 정의 문제를 해결해 주실 것을 상징한다(Hubbard). 엘리멜렉의 아내 이 름은 나오미였다. 나오미(נָעֳמִי)는 '아름다움, 환희, 좋음' 등의 의미를 지닌 이름이며(HALOT), '나만'(נַעֲמָן)의 여성형이다(Wright). 엘리멜렉과 나오미에게는 두 아들이 있었는데, 말론과 기룐이었다. '말론'(מַחְלוֹן)이 란 이름이 무슨 뜻을 지녔는지는 확실하지 않지만, 대체로 '보석, 장 식'(Layton), 혹은 '병든 자'(HALOT)라는 뜻일 것으로 보는데, 이 중에도 '병든 자'라는 뜻이 더 유력하다고 생각한다(Younger, Bush). 기룐(כִּלְיוֹן)은 '연약함'(HALOT), 혹은 '파괴/죽음'(Schwab)이라는 의미를 지닌 이름이 다(Eskenazi & Frymer-Kensky). 두 아들의 이름이 예사롭지 않다.

그러나 누가 자식에게 이 같은 이름을 주겠는가? 그러므로 다소 생 소하기는 하지만, 그의 이름을 '보석'이라는 뜻으로 이해하든지, 아니 면 말론이 본명이 아니고 룻기에서의 역할을 감안한 가명(假名)으로 간 주하는 것이 바람직하다(Hals, Bal). '병든 자'와 '죽음, 연약함'의 의미를

79

지닌 엘리멜렉의 두 아들의 이름을 함께 붙이면 '질병과 죽음'이라는 의미를 형성한다(Schwab). 앞으로 이 가족에게 임할 불행한 일을 예고하는 '징조적 이름'(*nomen omen*)인 것이다(Layton, Hubbard).

또한 하나님 백성인 엘리멜렉이 하나님이 벌로 내리신 기근을 피하기 위해 온 가족을 데리고 모압으로 이주한 일을 어떻게 생각해야 하는가? 저자는 엘리멜렉 가족의 이주에 대해 어떠한 평가도 하지 않는다. 그러나 앞으로 모압 땅에서 벌어질 일(엘리멜렉과 두 아들이 모두 죽는 것)을 감안하면, "프라이팬에서 불로 뛰어드는"(jumping off the frying fan into fire) 결정을 한 것은 확실하다(Kanyoro). 기근을 피하려다 더 큰 화를 당하게 된 것이다.

종종 설교자들은 엘리멜렉이 약속의 땅 이스라엘에 기근이 임해서 가족을 이끌고 모압 땅으로 이주해 간 일을 부정적으로 평가하거나 비난하는 설교를 한다(Duguid). 실제로 본문에는 이러한 시각을 뒷받침할 만한 요소로 가득하다(Kanyoro). 모압은 가증스러운 신으로 알려진 그모스를 숭배하는 땅이다(왕상 11:7). 엘리멜렉과 나오미는 모압 땅에 머무는 동안 두 아들을 결혼시키지만, 손주를 얻지 못한다. 나오미와 모압인 며느리들은 모두 과부가 된다. 엘리멜렉과 아들들은 죽음을 피하려고 모압 땅을 찾았지만, 그곳에서 죽음을 맞이한다. 그러나 저자는 이 같은 사실을 언급만 할 뿐, 어떠한 가치 평가도 하지 않는다(Eskenazi & Frymer-Kensky). 그러므로 이러한 해석은 본문에서 의도한 것보다 더 많은 것을 읽어내는 위험을 안고 있다.

반면에 만일 그들이 약속의 땅을 떠나지 않았다면, 훗날 다윗과 예수님의 조상이 될 룻이 이스라엘의 삶에 들어올 기회가 없어진다. 그러므로 이러한 해석은 결과론적으로도 설득력이 없는 것일 뿐만 아니라, 어떤 일을 두고 결과만을 가지고 의미를 해석하는 것은 옳지 않다. 우리가 항상 결과는 하나님께 달린 것이기에 주어진 상황에서 최선을 다하기만 하면 된다고 고백하지 않는가! 이 고백은 결과보다는 과정이 더 중요하다는 사실을 전제한다.

나아가 우리는 어떠한 이유에서든 약속의 땅을 떠났던 디아스포라 유태인을 모두 비난할 것인가? 본문을 우리 한민족에게 적용할 때, 조국을 떠나 해외에 사는 동포도 모두 잘못된 선택을 한 것인가? 그러므로 이 같은 해석은 논리적으로도 맞지 않다. 오히려 성경은 하나님이 사람을 창조하시고 내려주신 축복에 "온 땅에 충만하라"는 명령이 포함되었음을 분명히 선포한다(창 1:28).

본문은 선택에 관한 이야기인 것이다(Duguid). 엘리멜렉은 가장으로서 선택해야 했다. 기근이 임한 베들레헴에 계속 머물며 가족을 굶기고 궁지에 몰리겠는가, 아니면 기근이 임하지 않은 이방인 땅이라도 가서 가족을 먹이겠는가에 대한 선택이었다. 심사숙고 끝에 엘리멜렉은 모압 땅을 선택했다. 그와 아들들이 그곳에서 죽는 것을 보면 좋은 선택은 아니었다. 그러나 이 일로 룻이 이스라엘의 삶에 들어오게 된 것을 보면, 좋은 선택이었다.

I. 대가 끊긴 집안의 슬픔(1:1-5)

B. 엘리멜렉 집안의 위기(1:3-5)

[3]나오미의 남편 엘리멜렉이 죽고 나오미와 그의 두 아들이 남았으며 [4]그들은 모압 여자 중에서 그들의 아내를 맞이하였는데 하나의 이름은 오르바요 하나의 이름은 룻이더라 그들이 거기에 거주한 지 십 년쯤에 [5]말론과 기룐 두 사람이 다 죽고 그 여인은 두 아들과 남편의 뒤에 남았더라

기근의 손아귀에서 벗어나 보겠다고 가족을 데리고 베들레헴을 떠나 모압으로 간 엘리멜렉을 죽음이 껴안았다(Block). 엘리멜렉의 가족이 모압에 정착한 지 얼마 정도의 시간이 지난 후에 있었던 일인지는 알

수 없지만, 가장(家長)이 죽은 것이다. 엘리멜렉의 죽음을 하나님의 심판으로 볼 것인가, 아니면 죄와 전혀 상관 없는 자연 현상으로 볼 것인가에 대하여는 다소 논란이 있다(Hubbard, Duguid, Schwab). 그러나 저자가 이 이슈에 대하여 아무런 관심을 보이지 않는 것으로 보아 명확한 해석을 제안하는 것은 바람직하지 않다.

죽음에 대한 이야기로 가득한 이 섹션은 다음과 같은 구조를 지녔다(Bush). 이 같은 구조는 세 남자의 죽음과 나오미의 홀로됨을 강조한다(Younger). 나오미가 이야기의 중심인물로 부각되고 있다.

A. 나오미의 남편 엘리멜렉이 죽고 그녀와 두 아들이 남았다(3절).
  B. 그들은 모압 여자들을 아내로 취했으며, 이름은 오르바와 룻이었다(4a절).
  B′. 그들이 거기에 거주한 지 10년이 되었다(4b절).
A′. 말론과 기룐이 죽고 그 여인은 남편과 두 아들이 없이 남겨졌다(5절).

남편이 죽자 나오미가 가장이 되었으며, 이 순간부터 두 아들도 "그녀의 아들들"(בָּנֶיהָ)이 된다(3절). 저자는 엘리멜렉이 죽은 후에 이야기의 초점을 오직 나오미에게 맞추고 있다(Campbell, Bush). 남편이 죽은 지 얼마나 되었을까? 홀로된 나오미는 아들들을 모압 여인들과 결혼을 시켰다. 아마도 나오미는 남편의 죽음으로 위축된 가세를 아들들의 결혼을 통해 회복해 보려는 희망을 갖고 아들들의 결혼을 추진했을 것이다(Hubbard).

저자는 말론과 기룐이 모압 여인들과 결혼한 것에 대해 어떠한 평가도 하지 않는다. 율법이 이방인과 결혼을 금하는 것(신 7:3-4), 모압 사람은 이스라엘 회중에 들어올 수 없다는 것(신 23:4-7)이 일부 유태인 주석가에게는 큰 문제가 된다. 그래서 나오미가 아들들을 결혼시키기 전에 며느리가 될 모압 여인을 유대교로 개종시켰다고 주장했다(Ibn

Ezra, Radak, cf. Eskenazi & Frymer-Kensky). 어느 정도 가능한 추론이지만, 성경에 근거한 설명은 아니다. 오늘날에도 이 결혼이 '부정한 땅' 모압에서 이루어진다는 것, 결혼 후 죽을 때까지 아이가 없었다는 사실이 하나님의 저주일 수 있다는 것 등을 근거로 이 결혼을 매우 부정적으로 평가한다(Block). 실제로 탈굼(Targum)은 그들이 모압 여인과 결혼했기에 하나님이 죽이셨다고 한다.

그러나 율법이 타국에 거주하는 이스라엘 사람에게도 자기 백성하고만 결혼해야 한다고 규정하고 있는가? 또한 보아스도 이 율법을 어기기는 마찬가지인데, 그에게는 왜 그 어떠한 재앙도 임하지 않는가? 에스더 역시 이방인과 결혼을 통해 주의 백성을 살리는 업적을 남기지 않았는가? 더욱이 그들의 결혼에 대해 어떠한 종교적·도덕적 판단을 하지 않은 상태에서 이 같은 해석은 설득력이 없으며, 지나친 민족주의적 성향을 띤 주장이라 할 수 있다. 이 결혼에 대한 평가는 저자의 관심 밖에 있기에 우리도 어떠한 평가도 하지 않고 지나가는 것이 바람직하다(Bush, Sakenfeld, Younger).

나오미가 맞이한 며느리들의 이름은 오르바와 룻이었다(4절). '오르바'(עָרְפָּה)가 정확히 어떤 의미를 지녔는지 알려지지 않았지만, 우가릿어를 근거로 '구름'으로 해석하기도 하고(Eskenazi & Frymer-Kensky), '목'(neck)이라는 의미를 지닌 것이라는 해석도 있다(HALOT). 이 같은 이름 풀이를 근거로 유태인은 오르바가 시어머니에게 '목'(viz. 등)을 돌렸기에 이런 이름을 가지게 되었다고 한다(Campbell, Sasson). 만일 그렇다면 오르바 역시 본명이 아니라 이야기에서 그녀의 역할을 염두에 둔 가명이다(Bal).

'룻'(רוּת)은 이 책에 등장하는 이름 중 그 의미가 가장 불확실하다(Block). 그녀의 이름을 '물 댄 동산'(Eskenazi & Frymer-Kensky) 혹은 '원기 회복, 상쾌함'(HALOT, ABD) 등으로 풀이한다. 만일 오르바의 의미를 구름으로, 룻의 이름을 물 댄 동산으로 풀이한다면, 나오미의 두 며느리 이름은 모두 물과 연관되어 있다. 오르바는 땅에 비를 내리지 않고 흘러가는 구름을, 룻은 땅에 물을 주는 지하수를 상징한다. 이 책 안에 서 오르바와 룻이 어떠한 역할을 하는가를 적절하게 평가하는 상징적 인 이름이다. 머지않아 하나님이 룻을 통해 이 집안에 생명을 더할 것 을 예고하는 듯하기 때문이다(Eskenazi & Frymer–Kensky). 탈굼은 룻이 모 압 왕 에글론의 딸이었다고 하는데, 근거 있는 주장은 아니다.

엘리멜렉과 나오미의 아들들의 이름이 말론과 기룐 순서로 언급된 다음에(2절), 오르바와 룻이 아내로 언급되는 것(4절)을 보면 마치 말론 과 오르바가 한 쌍이고, 기룐과 룻이 부부인 것으로 보이지만, 4:10은 룻이 말론의 아내라고 한다. 말론과 기룐이 10년 후 죽었다고 하는데(4 절), 10년이 나오미의 가족이 모압에 도착한 이후의 세월을 뜻하는지, 아니면 말론과 기룐이 결혼한 때부터의 시간을 말하는지 히브리어 표 현이 정확하지 않다(Sakenfeld). 일부 주석가는 결혼 후 10년으로 이해하 지만(Younger), 대부분 번역본은 나오미의 가족이 모압에 정착한 지 10 년이 된 것으로 해석한다(개역개정, 새번역, cf. Luter & Davis).

저자는 10년을 언급함으로써 아브라함 이야기를 상기시키는 듯하 다. 아브라함이 가나안에 입성한 후 10년이 지난 시점에서 사라가 아 브라함에게 하갈을 주어 아이를 낳게 했기 때문이다(Eskenazi & Frymer– Kensky). 또한 한 랍비 문헌에 의하면 부부가 결혼 후 10년 동안 아이가 없으면, 이혼할 수 있었다(Hubbard). 당시 사회가 남자 중심적 사회였기 때문에 아이가 없어서 이혼당한 여자가 재혼하는 것은 거의 불가능한 일이었다. 남녀가 결혼하는 가장 중요한 이유가 자식을 얻기 위해서였 기 때문이다.

한 유태인 전승(Ruth Rabbah 2.10)은 말론와 기룐이 이스라엘을 떠난 죄로 하나님께 벌을 받아 죽었다고 한다. 이스라엘만이 거룩한 땅이기 때문에 주의 백성이 이곳을 떠나 부정한 땅 모압으로 간 것이 죄라는 억지 주장을 근거로 한 해석이다. 만일 이 같은 주장이 설득력이 있는 것이라면, 오늘날에도 세계 곳곳에 흩어져 사는 모든 유태인은 같은 저주를 받아야 한다. 이번에도 그들의 죽음에 대하여 어떠한 가치 평가도 보이지 않는다(Bush, Younger, Hubbard). 단지 나오미의 삶에서 제일 중요한 세 남자가 죽었다는 사실을 통해 모든 초점을 나오미에게 맞출 뿐, 그들이 죽은 것을 하나님의 벌로 간주하지 않는다(Sakenfeld).

두 아들이 자식을 두지 못하고 죽자 나오미는 두 가지 위기를 맞이했다. 첫째, 남편 집안이 자손이 없어 멸망하게 되는 것이다. 비록 양식이 없어 굶어 죽는 것이 룻기에서 중요한 주제로 전개되지만(1:1, 6, 22; 2장; 3:15, 17), 집안의 대를 잇는 것은 책에서 가장 중요하다(Hubbard). 고대 근동에서 자손이 없어 집안이 망하는 것은 최고의 비극이자 수치였으며, 하나님/신의 심판이라고 생각했다. 둘째, 아들들의 죽음을 통해 나오미는 노년에 보살펴줄 사람이 없게 되었다. 현 상황에서 나오미는 늙고 가난하며 타국에 살고 있기 때문에 당시 과부에게 열려 있던 세 가지 가능성이 나오미에게는 모두 닫혀 있다. 세 가지 가능성은 다음과 같다(Younger, Hubbard).

가능성	나오미의 상황
친정 아버지 집으로 돌아가는 것	나오미도 나이가 들었기에 아마도 친정 부모가 모두 죽었을 것이다. 만일 그녀가 젊었을 때 과부가 되었다면 친정 아버지에게 돌아가는 것이 가능하지만, 현재로서는 불가능한 일이다.
재혼 혹은 계대 결혼 (cf. 신 25:5-10)	나오미는 아이를 낳기에는 너무 늙었다. 그러므로 가능성이 없다.
노동을 통해 스스로 살아가는 것	나오미가 당시 대다수의 여인과 같았다면, 돈을 버는 데 사용할 만한 기술이나 노동력이 없다.

과부가 된 룻의 상황이 시어머니 나오미의 상황에 비해 하나도 나을 것이 없다고 생각할 수 있다. 그러나 룻은 아직도 젊어 아이를 가질 수

있다. 룻이 지난 수년 동안 결혼 생활을 했지만, 이때까지 아이가 없었다는 사실이 예사로운 일은 아니다. 결혼하면 곧바로 아이를 갖는 것이 일반적이었기 때문이다. 그러므로 이때까지 불임한 룻의 이야기는 책의 중심 주제인 위협받는 대(代) 잇기와 직접 연관이 있다. 4:13에서 "여호와께서 그로 임신하게 하시므로 그가 아들을 낳은지라"라고 선언하는 것을 감안할 때, 룻의 불임은 사라, 라헬, 마노아의 아내(삿 13장), 한나의 불임과 같은 맥락에서 이해되어야 한다(Hubbard, Sakenfeld). 이 여인들 경우 하나님의 은혜로 불임이 해소되면서 이스라엘 역사에 중요한 역할을 하는 아들을 얻었다. 그러므로 우리는 오랫동안 불임한 룻에게서도 이야기가 끝날 때에는 중요한 역할을 할 아이가 탄생할 것을 기대할 수 있다. 마치 오랫동안 불임했던 한나가 사무엘을 얻고 기뻐하는 것처럼 말이다(삼상 1-2장). 같은 맥락에서 우리는 룻의 불행이 행복으로 변할 날을 은근히 기대해본다. 하나님은 자녀가 '막다른 골목'에 처하게 되면 그곳을 그분의 영광을 드러내기 위한 출입구로 바꾸시는 분이기 때문이다(Luter & Davis).

II. 대가 끊긴 집안의 해체
(1:6-22)

나오미는 타국 생활 10년 만에 모든 것을 잃고 삶이 텅 비게 되었다. 남편을 잃고, 두 아들도 잃었다. 남은 것이라고는 자신과 두 며느리뿐이다. 과부만 셋이 남은 것이다. 홀로된 나오미는 늙고 가난하여 미래를 기대할 만한 어떠한 소망도 없다. 그녀가 유일하게 살아갈 수 있는 길은 과부가 된 며느리들의 봉양을 받으면서 사는 일이다. 그러나 자기 살겠다고 며느리의 앞길을 막을 수도 없는 일이다. 그들은 자식이 없이 홀로되었으니 재혼을 할 수 있기 때문이다. 게다가 이때까지 외국인 시어머니 나오미를 참으로 자비롭게 대했다. 그들의 섬김을 받은 나오미는 그저 미안한 생각뿐이다.

그래서 나오미는 결단을 내렸다. 자기는 고향으로 돌아가고, 홀로된 며느리들은 각자 자기 갈 길을 찾아가도록 놓아주기로 한 것이다. 노년에 홀로되어 고향으로 돌아가 빌어먹는 것이 수치스럽기는 하지만, 그래도 타국에서 생계를 위협받는 것보다 낫다는 생각이 들었다. 나오미는 자존심을 완전히 버리고 고향으로 돌아가겠다는 결정을 내린 것이다(Duguid). 또한 자기가 모압을 떠나야만 모압인 며느리들이 새로운 삶을 시작할 수 있다고 확신했다. 그나마 세 과부만 남은 집안을 해체하기로 한 것이다. 그래서 나오미는 오르바와 룻에게 자기는 고향으로 돌아갈 테니 각자 갈 길을 가라며 복을 빌어주었다. 나오미의 위기를 수습하려는 노력과 그 결과를 묘사하고 있는 이 섹션은 두 파트로 나뉜다.

A. 대책(1:6-18)
B. 베들레헴으로(1:19-22)

II. 대가 끊긴 집안의 해체(1:6-22)

A. 대책(1:6-18)

모든 것을 잃고 세 과부만 남은 집안의 위기를 해결하려는 나오미의 대책은 세 사람이 각자 흩어지는 것이었다. 늙은 자신이 젊은 며느리들에게 짐이 되고 있다는 것을 잘 알고 있던 나오미로서는 최선의 선택이었지만, 세 사람 중 앞으로 살아갈 일이 가장 막막한 그녀로서는 결코 쉽지 않은 결정이었다. 이미 고단한 삶의 짐으로 무거워진 그녀의 어깨에 홀로 고향으로 돌아가야 한다는 짐이 더해졌기 때문이다 (Campbell). 그러나 나오미는 모든 것을 하나님께 맡기고 며느리들에게 자비(헤세드)를 베풀어 그들의 짐을 덜어주고자 했다.

본문은 다음과 같이 교차대구법적인 구조를 지녔다(Bush). 이 같은 구조는 오르바가 시어머니의 간곡한 권유로 자기 백성에게 돌아갔음을 암시한다. 저자는 오르바가 나오미 곁을 떠난 일로 그녀를 비난해서는 안 된다는 것을 강조하고 있는 것이다.[8]

---

8 1:6-22에 대하여 다음과 같은 교차대구법적 구조가 제시되기도 한다(Luter & Rigsby).
  A. 먹을 것을 찾아 모압을 떠나 베들레헴으로 떠남(1:6-7)
    B. 하나님을 원망하는 매우 어려운 상황을 설명함(1:8-13)
      C. 떠남: 어려운 상황에 대한 자연스러운 반응(1:14a)

A. 내러티브 서론: 나오미와 며느리들이 함께 길을 떠남(1:6-7)
  B. 첫 번째 대화: 나오미가 며느리들에게 돌아갈 것을 권함(1:8-9a)
    C. 내러티브 변환: 통곡과 작별, 나오미가 며느리들에게 작별
      의 입맞춤을 함(1:9b)
      D. 두 번째 대화: 헤어지기를 거부하는 며느리들과 다시
        권하는 시어머니(1:10-13)
    C'. 내러티브 변환: 통곡과 작별, 오르바가 나오미에게 작별
      의 입맞춤을 함(1:14)
  B'. 세 번째 대화: 나오미가 룻에게 돌아갈 것을 권함(1:15-18)
A'. 내러티브 결론: 나오미와 룻이 함께 길을 떠남(1:18)

이 섹션은 또한 나오미의 스피치 세 개와 며느리들의 반응으로 구성
되어 있다. 이 구성에 따라 본문을 주해해 나가려고 한다

A. 첫 번째 스피치와 룻과 오르바의 첫 번째 반응(1:6-10)
B. 두 번째 스피치와 룻과 오르바의 두 번째 반응(1:11-14)
C. 마지막 스피치와 룻의 반응(1:15-18)

II. 대가 끊긴 집안의 해체(1:6-22)
  A. 대책(1:6-18)

1. 첫 번째 스피치와 룻과 오르바의 반응(1:6-10)

⁶ 그 여인이 모압 지방에서 여호와께서 자기 백성을 돌보시사 그들에게 양식
을 주셨다 함을 듣고 이에 두 며느리와 함께 일어나 모압 지방에서 돌아오

    C'. 헌신: 초자연적인 귀향(1:14b-18)
    B'. 하나님에 대한 쓸쓸한 감정 표현(1:19-21)
  A'. 추수 때 모압 여인을 데리고 베들레헴에 도착함(1:22)

려 하여 [7] 있던 곳에서 나오고 두 며느리도 그와 함께 하여 유다 땅으로 돌아오려고 길을 가다가 [8] 나오미가 두 며느리에게 이르되 너희는 각기 너희 어머니의 집으로 돌아가라 너희가 죽은 자들과 나를 선대한 것 같이 여호와께서 너희를 선대하시기를 원하며 [9] 여호와께서 너희에게 허락하사 각기 남편의 집에서 위로를 받게 하시기를 원하노라 하고 그들에게 입 맞추매 그들이 소리를 높여 울며 [10] 나오미에게 이르되 아니니이다 우리는 어머니와 함께 어머니의 백성에게로 돌아가겠나이다 하는지라

타국에서 남편과 두 아들을 잃고 홀로된 나오미의 슬픔은 이루 말할 수 없었다. 아무런 소망도 없이 과부가 되어버린 이방인 며느리들과 하루하루 근근이 살아가던 나오미에게 조국의 소식이 들렸다. 드디어 지난 10년 이상 지속되었던 지긋지긋한 기근이 끝났다는 소식이었다. 하나님이 이미 오래전에 '빵'이 떨어진 '베들레헴'(בֵּית לֶחֶם)(viz., 빵집)에 드디어 '빵을 주신 것'(לָתֵת לָהֶם לָחֶם)이다! 소리의 유사성(lekhem, latet, lahem, lakhem)이 인상적이다.

탈굼은 룻기가 사사 입산 시대(삿 12:8)에 있었던 일이라고 한다. 또한 입산이 하나님께 기도하여 약속의 땅에 기근이 멈추었으며, 천사가 나타나 나오미에게 이 기쁜 소식을 전했다고 한다(Eskenazi & Frymer-Kensky). 그러나 이 해석은 재미있는 상상일 뿐 증거는 없다. 랍비들은 입산이 룻기에 등장하는 보아스라는 해석도 남겼다(Eskenazi & Frymer-Kensky).

기근이 언약적 저주로 이스라엘에 임한 것이라고 해석될 수 있는 상황에서 주의 백성의 회개나 인간의 노력이 없이 하나님이 다시 풍년을 주셨다는 것은 이 일이 전적으로 하나님이 베푸신 은혜의 결과임을 암시한다(Block). 여호와는 인류의 역사와 자연을 다스리는 분이시며, 자신의 섭리를 이루어가시기 위해 적절한 때에 은혜를 베푸신다(Sakenfeld). 룻기에서 하나님이 인간의 삶에 직접적으로 개입하는 일은

단 두 차례 언급된다. 본문과 룻이 보아스와 결혼하여 임신하게 된 일 (4:13)에서이다. 이번에 하나님이 이스라엘에게 베푸신 자비는 룻과 나오미를 베들레헴으로 인도하기 위함이다.

이스라엘에서 흉년이 끝난 것을 하나님이 자기 백성을 돌보신 결과 (6절)라고 하는 것은 두 가지를 암시한다. 첫째, 베들레헴에 살던 엘리멜렉이 가족을 이끌고 모압으로 오게 한 흉년이 하나님이 주의 백성에게 내리신 재앙이었을 가능성이다(cf. 1절 주해). 둘째, 하나님이 자기 백성에게 긍휼을 베푸셨다는 사실은 그 백성 중 하나인 나오미에게도 자비를 베푸실 것이라는 기대를 갖게 한다(Younger). 나오미의 가족이 기근으로 모압까지 와서 살게 되었는데, 이제 고향에 풍년이 들었다는 소식은 그녀의 불행이 머지않아 행복으로 반전될 것을 예고하는 것이다(Brenner).

이스라엘의 기근이 끝났다는 소식을 들은 나오미는 시간을 지체하지 않고 곧장 며느리들과 고향으로 돌아가기로 결심했다(Morris). 하나님이 주의 백성에게 복을 내려 양식을 주셨다는 소식을 듣고 그 양식을 얻기 위해 길을 나선 것이다. 하나님이 은혜를 베풀어주셨다 해서 그것이 저절로 우리 것이 되는 것이 아니라 나오미처럼 찾아 나서야 우리 것이 된다(Sakenfeld). 또한 나오미는 자신이 가지고 있던 모든 것(남편, 아들들)을 빼앗아간 모압 지방을 속히 벗어나고 싶었을 것이다. 나오미는 고향으로 '돌아가기'(שוב) 위해서 길을 떠났지만(6절), 그녀와 함께 길을 떠나고 있는 며느리들에게는 돌아가는(שוב) 것이 아니다(7절). 그래서 그녀는 잠시 후 며느리들에게 "돌아가라"(שוב)라고 한다(8절). '돌아가다'(שוב)는 1장에서 11차례나 사용되며(6, 7, 8, 10, 11, 12, 15[2x], 16, 22[2x]) 이 장의 중심 주제가 나오미가 고향으로 돌아가는 것임을 강조한다(Berlin, Farmer, cf. Hubbard).

나오미가 자신과 함께 베들레헴으로 가겠다고 따라나선 이방인 며느리들의 처지를 생각해보니 불쌍하고 측은한 생각이 들었다. 나오미도

10년 이상 타향살이를 해보았으니, 그들이 낯선 베들레헴에서 살아가려면 얼마나 힘들 것인가를 생각하게 된 것이다. 사실 두 아들이 죽었을 때 나오미와 며느리들의 사회적인 관계는 이미 끊어졌다. 그러므로 모압 며느리들은 이제는 외국인 시어머니 나오미 곁에 머물며 봉양할 책임이 없다(Campbell). 그럼에도 이때까지 홀로된 시어머니의 곁을 떠나지 않고 함께 있었다는 사실 자체가 의미심장한 것이며, 시어머니에 대한 두 이방인 며느리의 헌신과 사랑을 엿볼 수 있게 한다. 그래서 며느리들에게 항상 고맙고 미안한 마음을 가지고 있던 나오미는 이번 기회를 통해 그들에게 돌아가라고 권했다(8절).

일부 랍비들은 나오미가 이방인 며느리들이 수치감을 자아낸다 하여 자기 백성에게 돌아가라고 했다는 해석을 남겼다. 이 해석을 근거로 일부 학자들은 이기적인 나오미가 며느리들이 더는 필요 없을 것 같아서 떼어버리고 혼자 베들레헴으로 돌아가기 위해 이렇게 한 것이라고 한다(Fewell & Gun). 나오미가 처한 상황과 진심으로 며느리들을 축복하는 것을 보면 전혀 설득력이 없는 주장이다. 나오미는 지난 수년 동안 며느리들이 베풀어준 자비(헤세드)에 감사한 마음의 표현으로 그녀들을 돌려보내고자 한다(Eskenazi & Frymer-Kensky).

나오미는 며느리들에게 '각자 너희 어머니 집'(לְבֵית אִמָּהּ)으로 돌아가라고 한다(8절). 나오미의 말을 과부는 시어머니가 아니라 친정 어머니와 살아야 한다는 뜻으로 해석하기도 한다(Campbell, Younger). 그러나 성경에서 여자의 친정을 의미할 때 어머니의 집이 아니라 '아버지 집'(בֵּית אָבִיהָ)을 주로 사용한다는 점을 감안하면 나오미가 본문에서 사용하고 있는 '어머니 집'은 다른 의미를 지니고 있는 상당히 독특한 표현이다.

구약에서 '어머니 집'이라는 표현은 세 차례밖에 사용되지 않으며, 두 차례는 아가서에서 사랑하는 남녀가 사적인 시간을 보낼 수 있는 어머니의 침실을 의미한다(아 3:4; 8:2). 창세기 24:28에서 리브가는 아브라함의 종이 준 선물을 받아 들고 '어머니의 집'으로 달려갔다. 이렇게 성경에서 '어머니의 집'은 세 차례 모두 사랑과 결혼과 연관되어 사용된다(Hubbard, Block). 더 나아가 '며느리'로 번역된 히브리어 단어(כַּלָּה)(6절)는 성경에서 결혼을 앞둔 '신부'를 뜻하며 자주 사용된다(Eskenazi & Frymer-Kensky, cf. 사 49:18; 61:10; 62:5). 이 같은 표현은 오르바와 룻이 나오미의 아들들의 '신부들'이라는 뜻이지만, 동시에 나오미의 며느리들이 아직도 어리며, 얼마든지 재혼할 수 있는 상황임을 암시한다(Farmer).

나오미가 며느리들을 "내 딸들"(בְּנֹתַי)이라고 부르는 것도(1:11-13) 특별한 애칭이라 할 수 있다. 그래서 나오미가 이 같은 표현을 통해 며느리들에게 죽은 아들들은 잊어버리고 좋은 남자 만나서 재혼하라고 권하는 것으로 해석한다(Meyers, Bauckham, Farmer). 나오미가 "새 남편을 만나 행복한 가정을 이루라"라고 복을 빌어주는 것을 보면(9절), 매우 설득력이 있는 해석이다.

나오미가 고마운 마음으로 며느리에게 돌아가라고 하는 이유는 '너희가 죽은 자들과 나를 선대'했기 때문이라고 한다(8절). 유태인은 이 여인들이 죽은 자들을 선대했다는 것을, 그들이 남편들이 죽은 후에도 그들의 시신을 감싸고 있던 붕대/옷을 잘 보살피며 관리한 일을 뜻하는 것으로 풀이한다(Eskenazi & Frymer-Kensky). 이 여인들의 미덕은 살아 있는 자에게 보답할 수 없는 죽은 사람들을 아무런 대가를 바라지 않고 보살핀 자비의 결정판이라고 한다. 본문은 이 여인들이 남편들의 시체를 감고 있던 붕대를 잘 관리함으로 이런 말을 듣는 것인지 밝히지 않는다. 다소 지나친 해석이라고 생각되지만, 룻기가 서로에게 헤세드를 베푸는 일이 무엇인가를 정의하고 있는 책이라는 점을 감안하면, 이 며느리들이 아무런 대가를 바라지 않고 홀로된 시어머니와 죽은 남편들을 보살핀 일은 높이 평가되어야 한다. 나오미는 자식은 잃었지만, 헤세드를 아는 며느리를 둔 것이다.

나오미는 며느리들에게 각자 어머니 집으로 돌아가라며 두 가지 복을 빌어주었다. 첫 번째 복은 "여호와께서 너희에게 인애(חֶסֶד)를 베풀기를 빈다"(8b절)이다. 나오미는 이때까지 며느리들이 죽은 남편들과 시어머니인 자기를 지극 정성으로 친절하게 섬기고 대해준 것에 고마움을 표하며 이같이 '헤세드 복'을 빌어주었다. 나오미의 여호와에 대한 선언이 모압인 며느리들에게 복을 빌어줄 때 나왔다는 사실이 의미심장하다. 그녀는 여호와의 영향력이 이스라엘 영토에 제한되지 않고 다른 나라에도 임한다는 것을 전제하고 있기 때문이다(Morris). 심지어 모압 사람의 신인 그모스의 영토에서도 여호와 하나님의 주권이 행사된다는 것이 그녀의 확신이다. 또한 이 같은 축복은 아무것도 가진 것이 없는 나오미가 다른 사람에게 줄 수 있는 최고의 선물이다(Eskenazi & Frymer-Kensky).

나오미는 이 복을 통해 온 세상을 다스리는 전능하신 여호와께서 큰 일에만 관심이 있으신 것이 아니라, 자기 집안과 같이 볼품없는 작은 사람의 일에도 관심을 가지고 개입하신다는 것을 고백하고 있다. 이 과정에서 나오미는 룻기에서 매우 중요한 위치를 차지하는 단어 '인애/자비'(חֶסֶד)를 처음으로 사용한다. 이미 서론에서 언급한 것처럼 '헤세드'의 의미를 정확하게 반영하고 있는 우리말 개념은 없다. 나오미는 본문에서 이 단어를 언약/계약적 관계에서 요구되는 책임 이상의 사랑과 충성을 보여준 것을 의미하며 사용하고 있다(Sakenfeld, Campbell). 나오미는 며느리들이 자기와 아들들을 보살피고 섬겨준 일에 있어서 한 점 아쉬움이 없었을 뿐만 아니라, 과분한 대접을 받았다며 고마워하고 있다. 룻과 오르바가 그동안 시댁을 섬긴 일은 '헤세드'로 설명될 수 있다.

나오미는 두 며느리가 여러 가지 면에서 '인애/자비'로 번역된 헤세드(חֶסֶד)의 모델이라고 선언한다(Trible). 이 모압 여인들에게 외국인에 불과한 자기와 아들들은 과분한 은혜, 곧 헤세드(חֶסֶד)를 경험했다는 것이다. 그래서 고향으로 떠나기 전에 나오미는 헤세드(חֶסֶד)의 원조이

자 근원이신 이스라엘의 하나님 여호와의 축복을 그들에게 빌어주고 있다. 나오미는 사람이 서로에게 헤세드(חֶסֶד)를 베풀면 하나님이 헤세드(חֶסֶד)를 베푼 자에게 헤세드(חֶסֶד)를 내려주신다는 사실을 잘 알고 있었다(Sakenfeld, Clark). 이 같은 진리는 룻기가 전제하는 중요한 원리다(Hubbard). 이 원리를 뒤집어 말하면 사람이 다른 사람을 경멸하고 무시하면, 하나님이 그를 무시하고 경멸하실 것이라는 뜻이다. 우리도 서로에게 헤세드를 베풀다가 하나님의 헤세드를 경험하면 참 좋겠다.

나오미가 며느리들에게 빌어준 두 번째 복은 "여호와께서 너희에게 새 남편을 만나 행복한 가정을 이루도록 해 주시기를 빈다"였다(9a절). 나오미는 이 축복을 통해 책의 주요 주제 중 하나인 '홀로된 여인에게 남편 찾아주기'를 언급한다(Hubbard, cf. 3:1-2, 18; 4:13). 나오미는 며느리들이 죽은 남편들은 과거에 묻어두고 새 출발을 해서 행복한 가정을 이루기를 바라고 있다. 그녀의 진심이 담긴 축복이며 나오미는 이 축복을 통해 며느리들과 관계를 정리하여 이제는 시댁에 얽매이지 않는 자유를 주고자 한다(Sakenfeld, Hubbard). 나오미는 할 수만 있다면 홀로된 며느리들에게 남편들을 찾아주었을 것이다. 훗날 룻의 남편감을 찾아주려는 그녀의 마음을 보면 알 수 있다(3:1). 그러나 지금 당장은 자신의 코가 석 자이니 어떻게 하겠는가? 그래서 나오미는 자신보다 더 위대하신 하나님께 며느리들의 일을 맡기며 간절한 마음으로 복을 빌어주고 있다. 나오미는 여호와께 자기 며느리들을 보살펴주고 인애를 베풀어 달라고 간절히 호소하고 있는 것이다.

나오미는 말을 마치고 며느리들과 입맞춤을 했다. 정식으로 작별을 고하는 행위다(Younger). 시어머니의 말을 듣고 두 며느리가 오열했다. 히브리어 본문은 정확하게 누가 울었는지 알려주지 않는다(Sakenfeld). 그래서 어떤 학자는 며느리들만 울었고, 나오미는 울지 않은 것은 그녀의 숨겨진 의도(귀찮은 며느리들을 떼어버리고 홀로 홀가분한 마음으로 베들레헴으로 돌아가려는 계획)를 보여주는 것이라고 하지만(Fewell & Gunn),

이미 언급한 것처럼 전혀 설득력 없는 해석이다. 나오미가 며느리들을 "나의 딸들"(בְּנֹתַי)이라는 애칭으로 부르는 것도 이 같은 해석과 상반된다(11, 12, 13절). 나오미는 친정어머니의 마음으로 며느리들의 장래를 염려하고 있으며, 자신이 불편하고 힘들더라도 며느리들이 잘 되기만을 간절히 바라고 있다. 그러므로 나오미도 울었던 것이 확실하다(Block, Younger, Hubbard).

세 여인이 얼싸안고 얼마나 울었을까? 며느리들이 마음을 진정하고 절대 시어머니 나오미의 곁을 떠나지 않겠다고 선언했다. 그들은 "우리도 어머님과 함께 어머님의 겨레에게로 돌아가겠습니다(שׁוּב)"라고 했다(10절, 새번역). 이미 언급한 것처럼 이 여정이 나오미에게는 '돌아가는 것'(שׁוּב)이지만, 두 며느리에게는 평생 처음 가는 길이다. 그래서 나오미는 그들에게 각자 어머니의 집으로 '돌아가라'라고 했다(8절). 그럼에도 그들이 시어머니와 함께 '돌아가겠다'(שׁוּב)라고 하는 것은 나오미와 하나가 되어 평생 함께 살며 그녀를 보필할 것을 다짐하는 것이다. 두 며느리는 친정어머니와 시어머니 사이에서 시어머니를 택했다(Block).

여기서 우리는 그동안 나오미와 두 며느리의 관계가 어떠했는가를 엿볼 수 있다. 만일 나오미가 그들을 잘못 대했다면, 절대 이런 일은 없었을 것이다. 나오미가 평상시에 며느리들에게 헤세드(חֶסֶד)를 베풀어 왔으며, 시어머니의 헤세드(חֶסֶד)에 며느리들이 적절하게 보답하고 있는 것이다. 늙고 가난해서 당장 끼니 걱정을 해야 하는 나오미 입장에서는 젊은 며느리들이 함께하며 봉양하겠다고 나서는 것은 더없이 고마운 일이다. 그러나 벼룩도 낯짝이 있지, 그동안에도 며느리들에게 짐만 되었던 나오미가 어찌 이 같은 호의를 계속 받을 수 있겠는가? 나오미는 자기는 어떻게 되든지 그저 며느리들이 행복해지기만을 바라고 있다. 이 순간 그녀는 두 여인의 시어머니가 아니라, 친정어머니가 되어 헤세드(חֶסֶד)를 베풀고 있다.

2. 두 번째 스피치와 룻과 오르바의 반응(1:11-14)

¹¹나오미가 이르되 내 딸들아 돌아가라 너희가 어찌 나와 함께 가려느냐 내 태중에 너희의 남편 될 아들들이 아직 있느냐 ¹²내 딸들아 되돌아 가라 나는 늙었으니 남편을 두지 못할지라 가령 내가 소망이 있다고 말한다든지 오늘 밤에 남편을 두어 아들들을 낳는다 하더라도 ¹³너희가 어찌 그들이 자라기를 기다리겠으며 어찌 남편 없이 지내겠다고 결심하겠느냐 내 딸들아 그렇지 아니하니라 여호와의 손이 나를 치셨으므로 나는 너희로 말미암아 더욱 마음이 아프도다 하매 ¹⁴그들이 소리를 높여 다시 울더니 오르바는 그의 시어머니에게 입 맞추되 룻은 그를 붙좇았더라

나오미는 울며 결코 떠나지 않겠다고 매달리는 며느리들을 달래며 자기에게는 어떠한 소망도 없다는 사실을 세 가지로 설명하고는 각자 어머니의 집으로 돌아갈 것을 다시 한번 권했다. 나오미의 세 가지 권면은 모두 "돌아가라, 내 딸들아!"(שֹׁבְנָה בְנֹתַי)(11절), "돌아가라, 내 딸들아!"(שֹׁבְנָה בְנֹתַי)(12절), "그렇지 않다, 내 딸들아!"(אַל בְּנֹתַי)(13a절)라는 단호하면서도 애정으로 가득한 표현들로 시작한다. 나오미는 어떻게 해서든 두 며느리들이 모압에 머무는 것이 서로를 위한 최선책이라고 설득하고 싶은 것이다(Block). 나오미가 며느리들을 세 차례 권면한 것이 유래가 되어 유태인은 유대교로 개종하겠다는 의지를 표현한 이방인을 세 차례 거부한 후에 받아들인다(Ruth Zuta 12.30; cf. Eskenazi & Frymer-Kensky).

나오미의 첫 번째 논리는 '나에게는 너희들에게 줄 아들이 없다'이다 (11절). 지금 만일 나오미에게 어린 사내아이라도 있거나, 혹은 그녀의 뱃속에 아이라도 하나 있다면, 며느리들이 그녀와 함께 베들레헴으로

가는 명분이라도 서겠지만, 현실이 그렇지 않아 어떠한 소망도, 명분도 없으니 돌아가라는 것이다. 나오미는 이들을 설득시키기 위하여 두 개의 수사학적인 질문을 사용하고 있다. (1) "너희가 어찌 나와 함께 가려느냐?", (2) "내 태중에 너희의 남편 될 아들들이 아직 있느냐?" 나오미는 이 질문을 통해 "나와 함께 이스라엘로 가는 것은 어리석은 일이며, 너희는 너희 조국 모압에 머무는 것이 훨씬 더 현명한 일이다"라며 며느리들을 훈계하고 있다(Hyman, Bush).

나오미는 두 번째 질문을 통하여 자신은 이미 폐경기가 지났음을 암시한다(Sasson, Hubbard). 이때 나오미의 나이가 얼마나 되었는지 알려주지 않는다. 그러나 만일 당시 풍습대로 결혼을 했다면 아마도 15세 정도에 결혼했을 것이다. 그녀의 아들들도 모압으로 이주한 지 얼마 되지 않아 결혼했으며, 이때 나이가 15세 정도 되었을 것이다. 그녀의 가족이 모압에서 산 지 10년이 되었으니(4절), 이때 나오미의 나이가 아마도 40세 정도 되었을 것이다(Sakenfeld). 당시 사람의 평균 수명이 40-50세 정도 되었다는 것을 염두에 두면, 나오미는 폐경기가 문제가 아니라 아니라 죽음을 눈앞에 둔 여인이다. 과부가 되어버린 며느리들 관점에서 시어머니 나오미에게는 그 어떠한 소망도 없다는 사실이 강조되고 있다(Younger).

나오미가 며느리들에게 돌아가라며 제시한 두 번째 이유는 '앞으로도 너희들에게 아들을 줄 수 있는 가능성은 전혀 없다'였다(12-13a절). 나오미는 재혼할 생각이 전혀 없는 사람이다. 그러나 정황을 가정(假定)하여 며느리들을 설득하고자 한다. 자신이 오늘 당장 남자를 만나 결혼한다고 할지라도 아들을 낳을 수 없다. 폐경기가 이미 왔기 때문이다. 설령 폐경기가 아직 오지 않아서 오늘 당장 결혼해서 아들들을 낳는다 해도, 그 아이들이 자라서 형수들과 결혼할 때를 기다리는 것은 어리석은 일이라고 한다. 나오미는 자신의 미래도 현실만큼이나 암울하다는 사실을 며느리들에게 상기시키며 현명하게 판단하여 돌아가기를 권한다. 그러나 나오미가 자신이 당면하고 있는 어려움을 말할수록 왠지 하나님이 개입하셔서 그녀가 당면하고 있는 문제를 해결하실 것이라는 기대를 갖게 한다(Campbell, cf. Hubbard). 절망의 폐허 속에서 희망의 불꽃이 피어오르고 있는 것이다.

나오미는 어느덧 시어머니가 아니라 친정어머니가 되어 두 번째 논리에서 자신이 제기했던 질문에 대하여 "아니 된다, 내 딸들아!"로 대답하며 세 번째 이유를 말한다. 그녀가 며느리들에게 돌아가라며 제시한 세 번째 논리는 독자의 가슴을 에이게 한다. "여호와께서 너희들을 통하여 나를 치셨으니, 내가 너희들을 볼 때마다 마음이 무너져 내린다"(13b절). 나오미가 "나는 너희로 말미암아 더욱 마음이 아프도다"(13절)라고 하는 말의 정확한 의미가 확실하지는 않지만(Bush, Hubbard), 나오미의 씁쓸한 마음을 잘 표현하고 있다. 나오미는 하나님이 자기를 치셨다며 모든 불행을 하나님께 돌리는 불만이 많은 여자다(Block).

나오미는 자신이 마치 여자 욥이 된 것처럼 생각한다(Schwab, Eskenazi & Frymer-Kensky). 그녀는 기근, 남편의 죽음, 아들들의 죽음 등 모든 불행이 하나님이 자기를 치기 위해서 행하신 일로 간주한다. 나오미에게 아들들의 죽음은 그녀의 아픔을 더욱더 가중시키는 효과를 발휘하는데, 그들이 남기고 간 과부 며느리들을 볼 때마다 하나님이 자기에게 내리신 벌이 생각난다는 것이다. 또한 며느리들의 관점에서 볼 때 전능하신 하나님이 벌하고 있는 시어머니 옆에 있어봤자 좋을 것이 하나도 없다는 것이 나오미의 주장인 것이다.

앞에서는 며느리들에게 여호와의 축복을 빌어주던 나오미가(8절), 이곳에서는 자신의 모든 불행이 하나님이 하신 일이라며 주님을 원망하는 것을 어떻게 이해해야 하는가? 나오미가 이 같은 발언으로 얻고자 하는 수사학적 효과는 확실하다. "나는 여호와의 저주를 받은 사람이니, 나와 같이 있으면 좋을 것이 하나도 없다. 그러니 떠나라!" 그러나 그녀가 자신이 경험한 모든 불행에 대하여 하나님을 원망하는 것은 옳은가? 일부 학자들은 이 같은 표현을 그녀의 불신의 표현이라고 해석한다(Block).

그러나 나오미는 지금 상처받은 마음으로 신음 소리를 내고 있다(Campbell). 그녀는 여호와가 능동적으로든지, 아니면 수동적으로든지자신의 아픔에 일조했다고 생각한다. 하나님이 자기의 고통을 방관하셨거나, 직접 그 고통을 내리셨다는 것이다. 그래서 그녀는 하나님을원망한다. 상처받은 사람이 충분히 취할 수 있는 자세다. 또한 책 전체에 드러나는 나오미의 신앙을 보면 그녀의 원망은 일시적인 것임을 알수 있다. 하나님에 대한 원망이 일시적으로 그녀의 확고한 믿음을 덮고 있을 뿐이다(Hubbard). 또한 이 원망은 나오미가 모든 아픈 감정을정리하고 다시 하나님을 바라보게 하는 시작이다(Luter & Davis).

나오미의 두 번째 스피치가 끝나자 세 여자는 다시 통곡한다(14절). 나오미의 논리 정연한 주장이 그들로 하여금 아픈 현실을 다시 생각나게 한 것이다. 오르바는 시어머니의 호소에 설득되었다. 그래서 나오미에게 작별을 고하는 입맞춤을 하고 자기 어머니 집으로 돌아갔다. 옛적 랍비들이 오르바의 행동을 좋게 보았을 리 없다. 한 유태인 해석은 오르바가 자기 백성에게 돌아간 후 엄청난 폭력에 시달렸으며, 윤간까지 당했다고 한다(Ruth Rabbah. 2:20). 이 일 후 한참이 지나, 룻의 손자 다윗이 죽인 골리앗이 오르바의 손자였다는 해석도 오늘까지 남아 있다(Ruth Zuta 12:34; cf. Eskenazi & Frymer-Kensky). 참으로 황당하며 어떠한 성경적 근거도 없는 해석이다.

중요한 것은 저자는 오르바를 절대 비난하지 않는다는 점이다(Sakenfeld, Younger, Eskenazi & Frymer-Kensky). 정상적인 사고를 지닌 사람이라면 오르바처럼 행동했을 것이라는 것이 저자의 관점이다(Duguid). 오르바는 자신이 해야 할 일을 모두 마치고 시어머니의 권유와 축복을받으며 떠났다. 그러므로 오르바가 자기 백성에게 돌아간 일을 비난하는 것은 바람직한 해석이 아니다.

반면에 룻은 오히려 더 강력하게 시어머니에게 "달라붙었다"(דבק)(14절, 새번역, cf. 창 2:24). 마치 강력한 접착제에 의하여 둘이 하나된 것처럼 말이다. 이러한 행위는 룻이 자신을 스스로 보호할 수 없는 연약한 나오미를 입양한 것과 같다. 며느리와 시어머니의 역할이 바뀐 것이다. 시어머니가 늙고 힘이 없으니 아이처럼 되고, 젊은 며느리가 그녀를 보살피기로 결정했다. 만일 룻이 오르바처럼 친정으로 돌아갔다 할지라도 아무도 그녀를 비난할 수 없으며, 비난하지 않을 것이다. 그러나 그녀는 자진해서 시어머니 곁에 머물며 그녀를 보살피고자 했다. 룻이 자기 백성이 사는 모압을 택하지 않고 홀로된 시어머니를 따라 유다로 가기로 결정한 일은 그녀의 삶에서 전환점(turning point)이 된다(Eskenazi & Frymer-Kensky). 또한 룻이 홀로된 시어머니를 대하는 모습이 바로 저자가 정의하고자 하는 헤세드(חסד)의 기본 의미다. 놀라운 것은 룻기에서 가장 헤세드를 모를 수밖에 없는 모압 여인 룻이 삶에서 가장 확실하게 헤세드를 실현하고 있다는 점이다(Duguid).

세 여인이 모압 지방을 떠날 때만 해도 모두 베들레헴으로 갈 것을 기대했는데, 중간에 이렇게 해서 한 여인은 오던 길을 돌아가고 두 여인만 유다로 가게 되었다. 마치 옛적에 아브라함, 사라, 롯 세 사람이 가나안에 입성했다가 얼마 지나지 않아 롯이 떨어져 나간 것처럼 말이다(창 12-13장). 오르바는 지극히 상식적이고 이성적인 결정에 따라 시어머니의 권면을 받아들여 친정으로 갔다. 반면에 룻은 전혀 예측하지 못한 특이한 결정을 하고는 나오미와 함께 가던 길을 계속 가기로 했다(Trible). 똑같은 상황에서 시어머니의 말을 함께 들은 두 며느리의 반응이 극명한 대조를 이룬다. 이 일로 오르바와 룻이 구별된 것이다(Berlin). 우리는 도움이 필요한 사람에게 오르바인가, 아니면 룻인가?

3. 마지막 스피치와 룻의 반응(1:15-18)

¹⁵ 나오미가 또 이르되 보라 네 동서는 그의 백성과 그의 신들에게로 돌아가
나니 너도 너의 동서를 따라 돌아가라 하니 ¹⁶룻이 이르되

내게 어머니를 떠나며

어머니를 따르지 말고

돌아가라 강권하지 마옵소서

어머니께서 가시는 곳에 나도 가고

어머니께서 머무시는 곳에서 나도 머물겠나이다

어머니의 백성이 나의 백성이 되고

어머니의 하나님이 나의 하나님이 되시리니

¹⁷ 어머니께서 죽으시는 곳에서

나도 죽어 거기 묻힐 것이라

만일 내가 죽는 일 외에 어머니를 떠나면

여호와께서 내게 벌을 내리시고 더 내리시기를 원하나이다

하는지라 ¹⁸ 나오미가 룻이 자기와 함께 가기로 굳게 결심함을 보고 그에게
말하기를 그치니라

지금까지는 나오미가 며느리들에게 한 스피치들을 중심으로 이야기
가 진행되었다. 이 섹션에서도 시작은 나오미가 하지만 마무리는 룻이
하며, 룻의 스피치가 무대의 중앙을 차지한다. 시어머니의 논리에 설
득된 오르바가 작별을 고하고 떠나자, 나오미는 떠나지 않겠다며 그녀
와 함께 남아 있는 룻에게 한 번 더 돌아가기를 권한 것이다(15절). 아
마도 나오미는 자신이 룻에게 한 번만 더 권하면 친정으로 돌아갈 것
이라고 확신했을 것이다. 아무리 생각해봐도 자신이 제안하는 것이 모

두를 위한 최선책이라고 생각했기 때문이다. 그러나 룻의 반응은 의외였다. 룻이 말을 마치는 순간 나오미는 룻이 절대 자신의 곁을 떠나지 않을 것을 알았다. 룻이 떠나지 않겠다는 강력한 의지를 여호와의 이름으로 맹세하다시피 했기 때문이다(17절). 여기서 나오미의 스피치를 보면 룻이 왜 돌아갈 수 없는지 그 이유를 알 수 있다. 룻이 자기 백성에게 돌아가는 것은 곧 '모압의 신들'에게 돌아가는 것을 의미하기 때문이다(15절). 룻은 시댁을 통해 여호와를 알게 되었고, 하나님의 헤세드를 직접 경험한 사람이다. 이런 상황에서 하나님의 선하심과 인자하심을 경험한 룻이 다시 흉측한 몰렉에게 돌아갈 수 있겠는가? 그럴 수는 없겠다는 것이 룻이 내린 결론이다. 이 사실에서 오직 여호와만을 섬기겠다는 룻과 자기 백성에게(또한 자기 신들에게) 돌아간 오르바의 가장 기본 차이는 신앙이었음을 깨닫는다.

이렇게 룻은 강력한 어조로 시어머니의 논리에 수긍하기를 거부하며 나오미가 예상하지 못한 선택을 했다. 그녀가 이같이 파격적인 선택을 하게 된 정황이 무엇일까에 대해 다양한 추측이 있다. '룻이 이스라엘에서 온 외국인 말론과 결혼했을 때부터 이미 집안에서 버림을 받아서 이제는 갈 곳이 없어서, 친정이 너무 가난해서 짐이 되고 싶지 않아서, 어떤 이유인지 모르지만 모압에서는 재혼할 수 없어서'라는 등 온갖 가능성을 제시한다(Sakenfeld). 그러나 저자가 그 이유를 알려주지 않는 상황에서 우리가 군이 그 이유를 알아야 할 필요가 있을까? 룻이 시어머니를 따라 베들레헴 행을 선택한 구체적인 이유는 중요한 사안이 아니기에 저자는 우리에게 정보를 주지 않았다. 다만 모압 여인 룻이 어머니의 집으로 돌아가는 것은 곧 모압의 신들에게 돌아가는 것을 밝혀 룻이 신앙적 이유로 돌아가지 못한 것임을 일러둔다.

오래전부터 유태인은 룻이 자기 백성과 가족을 버리고 타국으로 떠난 것을 아브라함이 하나님의 계시를 받고 하란에 있는 가족을 떠나 가나안 땅으로 간 일에 비교했다(창 12장). 아브라함처럼 룻은 어떤 미래가 그녀를 기다리는지도 모르는 상황에서 미지의 땅으로 길을 떠났기 때문이다. 그러나 실제로는 룻이 아브라함보다 더 큰 모험을 하고 있다고 할 수 있다. 아브라함은 하나님의 계시를 받았지만, 룻은 어떠한 계시도 받지 않은 상황에서 길을 떠났기 때문이다(Trible).

룻의 스피치는 가장 많이 기억되고 인상적인 성경의 스피치 중 하나다. 서양에서는 내용을 조금 편집해서 결혼식에서 신랑신부가 서로에게 서약을 하면서 자주 사용하는 말씀이다(Block, cf. Luter & Davis). 룻의 스피치(16-17절)는 매우 짜임새 있는 구조를 보인다. 다음 도표를 참조하라(Younger).

구조	히브리어 텍스트	문자적 해석
A	אַל־תִּפְגְּעִי־בִי לְעָזְבֵךְ לָשׁוּב מֵאַחֲרָיִךְ	저더러 떠나라고 강요하지 마십시오. 당신을 뒤따르는 일에서 돌아서게 [강요하지 마십시오]
B	כִּי אֶל־אֲשֶׁר תֵּלְכִי אֵלֵךְ וּבַאֲשֶׁר תָּלִינִי אָלִין	당신이 어디로 가시든 저도 갑니다 당신이 어디에 머무시든 저도 머물 것입니다.
C	עַמֵּךְ עַמִּי וֵאלֹהַיִךְ אֱלֹהָי	당신의 백성이 나의 백성 당신의 하나님이 나의 하나님
B'	בַּאֲשֶׁר תָּמוּתִי אָמוּת וְשָׁם אֶקָּבֵר	당신이 죽는 곳에서 나도 죽어 그곳에 묻힐 것입니다.
A'	כֹּה יַעֲשֶׂה יְהוָה לִי וְכֹה יֹסִיף כִּי הַמָּוֶת יַפְרִיד בֵּינִי וּבֵינֵךְ	그러므로 여호와께서 저에게 행하시고 더하시기를 죽음이 저와 당신을 떼어놓을 것입니다.

중심에 있는 "어머니의 백성이 나의 백성이 되고, 어머니의 하나님이 나의 하나님이 될 것이라"가 룻 스피치의 핵심이며(C), 그녀가 참으로 주님을 섬기는 여호와의 백성이 되고자 함을 강조한다. 특히 나오미가 룻에게 "네 동서는 그의 백성과 그의 신들에게로 돌아갔다"라며 룻에게 친정으로 돌아갈 것을 권면한 상황에서(15절), 이 같은 룻의

대답이 나온 것은 그녀의 결정이 시댁과의 관계뿐만 아니라, 신앙적인 결정이었음을 뜻한다. 룻은 단순히 젊은 남자(장래 남편)를 버리고 늙은 여자(나오미)를 택한 것이 아니라(Trible), 모압 사람의 신 그모스를 거부하고 이스라엘의 하나님 여호와를 택한 것이다. 룻은 이 같은 각오로 자신의 삶을 수직적(vertical: 시어머니의 하나님)으로, 수평적(horizontal: 시어머니의 백성)으로 나오미의 삶에 묶고 있다(Hubbard). 룻은 '하나님의 헤세드라는 접착제'를 사용해 자기 생명을 나오미에게 붙였다(14, 18절).

마지막 문장, "그러므로 여호와께서 저에게 행하시고 더하시기를// 죽음이 저와 당신을 떼어놓을 것입니다"(17b절)의 정확한 번역은 쉽지 않아(Bush, Campbell), 다양한 번역이 있다(Block). 그러나 전반적인 의미는 분명하다. 죽음 외에는 그 무엇도 룻을 시어머니에게서 떼어놓을 수 없다는 뜻이다(Younger). 룻이 여호와를 따르겠으며 죽을 때까지 시어머니와 함께하겠다고 결단한 것은 즉흥적인 결정에 의해서도, 나오미에 대한 정에 끌려서도 아니다. 룻은 시집온 후로 시댁을 통해 조금씩 여호와를 알게 되었으며, 하나님의 헤세드를 수차례 경험했다. 룻은 여호와가 어떤 분이신가를 알고 있었던 것이다. 드디어 그모스와 여호와 사이에 선택을 해야 하는 순간, 그녀는 당연히 여호와를 택했다. 그녀가 시집온 후로 경험했던 일이 룻으로 하여금 여호와를 따르는 것을 유일하고 합리적인 선택으로 만들었던 것이다.

룻이 이미 여호와에 관해 알고 있었다는 것은, 훗날 나오미가 그녀에게 보아스를 찾아가 보라고만 했는데, 룻은 타작마당으로 보아스를 찾아가서 그에게 '이스라엘의 율법에 따라 기업 무를 자의 권한을 행하라'라고 요구하는 것에서도 볼 수 있다(3:1-9). 룻은 여호와께서 주의 백성에게 주신 율법을 어느 정도 알고 있었던 것이다. 모압 여인 룻이 이스라엘에서 기대할 수 있는 것은 불확실하고 불안한 미래뿐이다. 당시 사회적 요소를 고려할 때, 어쩌면 베들레헴 사람이 이방인인 그녀를 공동체의 일원으로 받아들이기를 거부할 수도 있다(Sakenfeld). 그럼에도 룻은 시어머니를 봉양하기 위하여 길을 떠난다. 여호와께서 보이지 않는 곳에서 그녀의 발걸음을 인도하고 계신다. 그러므로 우리는 하나님이 머지않아 룻의 헌신적인 각오를 축복하실 것을 기대할 수 있다(Hubbard).

유태인은 오래전부터 룻이 "어머니의 백성이 나의 백성이 되고 어머니의 하나님이 나의 하나님이 될 것"이라고 선언한 것을 유대교로 개종하고 있음을 뜻하는 것이라고 해석했다(Eskenazi & Frymer-Kensky). 더나아가 룻을 이방인 중에 유대교로 개종하고자 하는 사람의 모델로 삼았다(Beattie). 개종자는 룻처럼 여호와 종교뿐만 아니라 이스라엘의 문화와 정서 등 모든 것을 함께 받아들여야 한다고 주장하기도 했다. 그러나 이러한 해석과 적용은 룻의 발언을 의도와 상관없이 너무 지나치게 민족주의적으로 해석한 데서 기인한다. 룻은 이미 체험했던 여호와의 자비를 근거로 이 순간 또 하나의 신앙적 선택을 하는 것이지, 새로이 여호와 종교로 개종하고 있는 것은 아니다. 문화적 선택을 하는 것은 더더욱 아니다.

우리는 과거에 일부 서양 선교사가 복음뿐만 아니라 서구 문화도 함께 선교지로 가지고 오는 바람에 얼마나 많은 해를 끼쳤는지를 기억해야 한다. 우리 한국 선교사도 마찬가지다. 우리가 전해야 하는 것은 복음이지 한국 문화가 아니다. 한국 문화는 한국 대사관과 민간 단체가 전하는 것이지 하나님의 종이 관여할 일이 아니다.

또한 룻의 발언은 미국의 이민 정책을 정당화하는 일에 사용되기도 했다(Sakenfeld). 이민자를 많이 받아들이는 나라의 정책은 크게 두 가지로 나뉜다. 동화주의(同化主義; assimilationism) 정책을 펴는 나라는 이민자가 모국의 문화를 모두 버리고 새로이 정착하게 된 나라의 문화를 받아들여 그 사회에 완전히 동화되기를 요구한다. 대표적 예가 미국의 도가니(melting pot) 정책이다. 반면 다른 나라는 이민자가 모국의 문화를 그대로 보존하되, 새로 정착하게 되는 나라의 문화뿐만 아니라, 세계 곳곳에서 온 이민자의 문화도 존중하고 서로 조화롭게 시너지 효과를 낼 수 있게 하는 정책을 편다. 이런 것을 모자이크(mosaic) 정책이라고 하며, 캐나다의 다문화주의(multiculturalism)가 대표적 예다. 이런 상황에서 룻의 "어머니의 백성이 나의 백성이 되고 어머니의 하나님이 나의 하나님이 될 것"이라는 발언이 미국의 도가니 정책을 지지하는 증거로 제시된 것이다. 역시 잘못된 이해와 적용이다. 룻은 자신이 원해서 이렇게 하겠다고 스스로 다짐하고 있다. 그러므로 그녀의 개인적인 고백이 모든 사람에게 정책이 되어 강요되면 안 된다.

룻이 나오미의 곁을 절대 떠나지 않고 죽을 때까지 섬기겠다는 선언이 일부 그리스도인 사이에서 며느리가 시어머니를 대하는 자세가 이러해야 한다며 윤리적 기준으로 제시되기도 한다(Sakenfeld). 그러나 룻은 정상적인 상황이 아니라, 큰 시련을 당해 생계를 위협받는 위기에 처한 시어머니에 대한 배려로 매우 특별한 선택을 하고 있다. 이미 언급한 것처럼 오르바는 지극히 정상적인 선택을 했다. 그러나 저자는 그녀를 전혀 비난하지 않는다. 룻이 나오미를 대하는 것은 매우 예외적인 것(헤세드)이다. 그러므로 룻이 일반적인 며느리의 모습이라고 세상 모든 며느리에게 강요될 수는 없다. 시어머니와 며느리의 관계가 어떠해야 하는가에 대하여는 문화에 따라 큰 차이를 두고 있다. 가장 성경적인 방법과 원리는 대접받기 원하는 대로 남을 대접하라는 예수님의 황금률(Golden Rule)에 따라 사는 것이다. 며느리와 시어머니가 서로 먼저 사랑하고 섬기는 것이 가장 성경적인 방법이다.

룻은 시어머니가 더는 어떤 말로도 자신을 설득하지 못하도록 하기 위해 맹세 수준의 말로 확고한 의지를 밝힌다. "만일 내가 지금 선언한 대로 행하지 않는다면, 주님께서 나에게 벌을 내리시고 더 내리시기를 원합니다"(17b절). 룻이 이렇게 말하자 나오미도 그녀가 절대 돌아가지 않을 것이라는 사실을 깨닫게 되었다. 그래서 다시는 설득하려 들지 않는다(18절). 일부 주석가는 나오미가 이때 말을 듣지 않는 며느리로 분노하게 되었다고 한다(Fewell & Gunn). 나오미가 자신의 지혜로운 충고가 거부된 것에 대해 화를 냈다는 것이다(Sakenfeld). 그래서 베들레헴에 도착할 때까지 아무 말도 없었으며 베들레헴에 도착한 후에도 둘 사이에 한동안은 냉기가 흘렀다고 주장한다(Fewell & Gunn, cf. Sakenfeld). 그러나 이는 지나친 해석이다.

나오미의 가장 큰 관심은 딸 같은 며느리 룻의 평안이다. 친정어머니의 심정으로 홀로된 룻에게 최선의 선택으로 설득하려 하고 있을 뿐이다. 사실 룻이 따라온다면 늙고 가난한 시어머니로서는 얼마나 고마운 일인가? 젊은 룻이 나오미에게 도움이 되고 의지가 될망정 결코 짐이 되지는 않을 것이기 때문이다. 룻이 시어머니를 따라옴으로 빚어질 부정적인 결과는 딱 한가지다. 나오미가 말한 것처럼 룻을 볼 때마다 하나님이 나오미 일가를 치신 일을 상기하게 될 것이다(13절). 룻은 나오미가 잊고 싶어하는 과거를 떠올리게 하는 사람이다. 그러나 과거의 상처는 시간이 지나면 상당 부분 잊힐 것이다. 또한 외롭고 늙은 과부의 삶에 젊은 며느리는 얼마나 큰 힘이 되고 의지가 되겠는가! 나오미의 룻에 대한 애틋한 마음이 고생할 것이 불 보듯 뻔한 그녀의 베들레헴 생활에 대해 침묵할 수 없었을 뿐이다. 그래서 나오미는 룻의 '과분한 선물'을 쉽게 받아들이려 하지 않았던 것이다.

II. 대가 끊긴 집안의 해체(1:6-22)

B. 베들레헴으로(1:19-22)

19 이에 그 두 사람이 베들레헴까지 갔더라 베들레헴에 이를 때에 온 성읍이 그들로 말미암아 떠들며 이르기를 이이가 나오미냐 하는지라 20 나오미가 그들에게 이르되 나를 나오미라 부르지 말고 나를 마라라 부르라 이는 전능자가 나를 심히 괴롭게 하셨음이니라 21 내가 풍족하게 나갔더니 여호와께서

내게 비어 돌아오게 하셨느니라 여호와께서 나를 징벌하셨고 전능자가 나를 괴롭게 하셨거늘 너희가 어찌 나를 나오미라 부르느냐 하니라 ²² 나오미가 모압 지방에서 그의 며느리 모압 여인 룻과 함께 돌아왔는데 그들이 보리 추수 시작할 때에 베들레헴에 이르렀더라

며느리 룻의 진심을 알게 된 나오미는 다시는 그녀를 설득하려 하지 않고 함께 길을 떠났다. 본문은 그들이 고향으로 가는 길에 겪었던 일에 대해 한 마디도 하지 않고 단지 함께 베들레헴에 무사히 도착했다고 말할 뿐이다(19a절). 짧은 문구로 베들레헴 도착을 알리고 있지만, 이 정보는 1장의 절정(climax)이라 할 수 있다. 1장의 중심 주제가 나오미의 베들레헴 여정이기 때문이다(Hubbard).

이미 언급한 것처럼 별다른 대화를 하지 않으면서 베들레헴으로 간 일이 둘 사이에 흐르던 냉기를 의미하는 것으로 해석할 필요는 전혀 없다. 단순히 이들의 여정에 더는 괄목할 만한 일이 없었을 뿐이다. 이 섹션의 히브리어 텍스트는 다음과 같은 구조로 이루어졌다(Bush, Younger).⁹ 시작하는 말(A)과 끝맺는 말(A′)이 수미쌍관 구조(inclusion)를 형성하여 나오미의 탄식(B)을 감싸고 있고, 나오미의 탄식(B) 자체도 교차대구법적인 구조를 지녔다.

---

9 비슷한 맥락에서 슈왑(Schwab)은 본 텍스트에 대하여 다음과 같은 구조를 제시했다.
   A. And it came to pass that they arrived in Bethlehem(1:19ba)
    B. And the whole town was stirred because of them, and the women exclaimed, "Can this be Naomi?"(1:19bb)
     C. "Don't call me Naomi," she told them. "Call me Mara, because Shaddai has made my life very bitter(1:20)
      D. I went away full, but Yahweh has brought me back empty(1:21a)
     C′. Why call me Naomi? Yahweh has witnessed against me, Shaddai has brought misfortune upon me"(1:21b)
    B′. So Naomi returned with Ruth the Moabitess her daughter-in-law, who returned from the fields of Moab(1:22a)
   A′. And they arrived in Bethlehem as the barley harvest was beginning(1:22b).

A. 시작하는 말 (1:19)	베들레헴에 이를 때에 온 성읍이 그들로 말미암아 떠들며 이르기를 이이가 나오미냐 하는지라
B. 나오미의 탄식 (1:20-21)	a. 나를 나오미라 부르지 말고 나를 마라라 부르라 　aa. 전능자(שַׁדַּי)가 나를 심히 괴롭게 하셨음이니라 　bb. 내가 풍족하게 나갔더니 여호와(יהוה)께서 내게 비어 　　　돌아오게 하셨느니라 a'. 너희가 어찌 나를 나오미라 부르느냐 　bb'. 여호와(יהוה)께서 나를 징벌하셨다 　aa'. 전능자(שַׁדַּי)가 나를 괴롭게 하셨다
A'. 끝맺는 말 (1:22)	나오미가 모압 지방에서 그의 며느리 모압 여인 룻과 함께 돌아왔는데 그들이 보리 추수 시작할 때에 베들레헴에 이르렀더라

　나오미가 룻을 데리고 베들레헴에 이르자 온 마을이 떠들썩해졌다 (19절). 여인들은 "이이가 나오미냐?"(הֲזֹאת נָעֳמִי)라며 호들갑을 떨었다. 이 질문은 10여 년 만에 돌아온 나오미를 반기면서 던진 질문이 아니다. 옛적에 기근을 피해 모압으로 떠난 나오미 같기는 한데 확실하지가 않아서 여인들이 서로에게 묻는 말이거나 "나오미다!"라며 마치 믿기지 않은 상황을 본 사람이 외치는 효과를 발휘하는 수사학적 질문이다(Younger, cf. Hubbard). 나오미가 베들레헴을 떠난 지 10여 년이 지났으니 그동안 나오미가 많이 늙었기 때문에 쉽게 알아보지 못했을 수도 있다. 그러나 그것보다 지난 수년 동안의 수난과 고통이 너무 많이 늙고 고단하게 했기에 사람들이 쉽게 그녀를 알아보지 못했을 것이다 (Block).

　게다가 그녀는 분명 남편과 두 아들을 앞세우고 길을 떠났는데, 세 남자는 곁에 없고 대신 생소한 이방 여인 하나가 있을 뿐이었다. 그러니 동네 여인들은 온갖 고생으로 찌든 늙은 나오미를 쉽게 알아볼 수 없었고, 알아본 다음에도 믿지 않는 듯(NIV, TNK) "나오미다!"라고 소리친 것이다. 동네 여인들은 10여 년 전에 떠났던 그녀를 젊고 당당했던 '나오미'(환희, 사랑스러움)로 기억하고 있는데, 정작 그들 앞에 나타난 나오미는 늙고 고생한 흔적이 역력한, 수척해진 '마라'(쓸쓸함)가 되어 돌아왔으니 쉽게 알아보지 못하는 것은 당연하다. 저자는 분명 룻과 나오미가 함께 길을 떠났고 함께 베들레헴에 이르렀다고 한다(19절). 그런데 동네 여인들은 룻에게는 눈길을 주지 않고 마치 나오미가 홀로 돌아온 것처럼 말한다. 나오미의 몰골이 너무 초라하고 충격적이어서 그럴 수도 있겠지만, 이러한 표기법을 통해 룻은 베들레헴 여인들마저도 인정하지 않는 이방 여인이라는 것을 드러낸다(Duguid). 그러나 얼마 후 이 모압 여인 룻은 이스라엘의 여인도 하지 못하는 일을 해낼 것이다.

나오미는 믿기지 않는다는 눈초리로 바라보는 동네 여인들에게 자신이 10년 전에 떠난 바로 그 나오미라는 사실을 자신의 이름을 비꼼으로써 알렸다. 전에는 이름이 '나오미'(נָעֳמִי; 환희, 사랑스러움)였는데, 이제는 그 이름이 아니라 '마라'(מָרָא; 쓴 맛)로 불러달라며 자기가 당한 슬픔을 토로했다(20절, cf. NIDOTTE). 그녀의 슬픔은 10여 년 전에 베들레헴을 떠날 때에는 자신의 삶이 남편과 두 아들로 '가득 찼었는데'(מָלֵא), 이제는 모두 잃고 '텅 빈'(רֵיקָם) 삶으로 돌아왔다는 것이다. 아마 나오미는 이 말을 토해내면서 엄청난 수치감을 느꼈을 것이다(Duguid).

그러나 생각해보면 그녀의 삶이 텅 빈 것만은 아니다. 옆에는 훗날 "일곱 아들보다 귀한 며느리"(4:15)라고 칭찬받을 룻이 있다. 게다가 이야기가 진행될수록 룻은 나오미의 텅 빈 삶을 풍요로 채워주는 역할을 한다. 너무 슬픈 나머지 나오미는 삶을 행복과 만족으로 채워줄 사람이 바로 옆에 있다는 사실을 깨닫지 못한 것이다. 우리도 혹시 나오미와 같은 실수를 하고 있지는 않은가? 누군가가 말했다. 행복은 아주 가까운 곳에 있다고 말이다. 너무 먼 곳에서 행복을 찾으려 하지 말고, 주변을 살펴보자. 하나님이 주신 가족, 지체가 행복의 열쇠일 수 있다.

짧은 시간에 남편과 두 아들을 잃고 거지가 되어 돌아온 나오미가 슬품에 사로잡혀 있는 것은 당연한 일이다. 누구든지 나오미 같은 일을 당하면 슬플 것이다. 그러나 자신의 불행에 너무 집착하다 보니 성경에서 자주 강조하는 한 가지 진리를 깨닫지 못하고 있다. 사람이 가장 불행하고 절망스러울 때가 하나님 은혜를 바라기에 가장 좋은 때라는 사실이다. 성경은 이 같은 진리를 여러 이야기와 사건을 통해 가르쳐 준다. 그중 두 개의 대표적 예를 생각해보자.

첫 번째 이야기는 아합이 북 왕국 이스라엘의 왕으로 군림하던 시대에 있었던 일이다. 아합과 아내 이세벨은 하나님이 금하시는 악을 행하는 데 일가견이 있는 '환상의 커플'이었다. 이들의 만행을 참다못해 하나님은 선지자 엘리야를 보내 온 이스라엘에 기약 없는 가뭄을 주셨다(왕상 17장). 엘리야는 처음에는 그릿 시냇가에서 지냈다. 가뭄이 심화되자 하나님은 엘리야에게 사르밧 성으로 가라고 하셨다. 엘리야는 사르밧 성에서 한 여인을 만나게 되었는데 이 여인은 참으로 절망적인 상황에 처한 과부였다. 그녀는 마지막 남은 밀가루로 아들과 함께 빵을 만들어 먹고 죽으려고 땔감을 주우러 나왔다. 과부는 '최후의 만찬'을 준비하러 나왔다가 선지자를 만난 것이다. 그녀에게는 이제는 어떠한 소망도 없었다. 이런 절박한 상황에 처한 그녀에게 하나님이 구원의 손길을 내미셨다. 기근이 끝날 때까지 먹을 것이 떨어지지 않은 것이다. 아들과 함께 한걸음씩 다가오는 죽음만을 바라볼 수밖에 없었던 여인에게 하나님이 찾아오신 것이다.

두 번째 사건은 열왕기에 기록된 여호야긴 이야기다(왕하 25:27-30). 여호야긴의 아버지 여호야김은 예루살렘이 바빌론 군에 포위된 상태에서 주전 598년 12월에 죽었다. 여호야긴은 아버지의 대를 이어 왕이 되었지만, 얼마 지나지 않아 바빌론 군에게 항복할 수밖에 없었다. 결국 여호야긴은 주전 597년에 바빌론으로 잡혀갔고(이때 선지자 에스겔도 함께 끌려감), 유다는 여호야긴의 작은아버지 시드기야가 바빌론의 임명을 받아 다스리게 되었다. 바빌론 사람은 여호야긴을 감옥에 가뒀다.

이때까지만 해도 여호야긴은 머지않아 바빌론 사람의 진노가 풀리면 다시 유다의 왕으로 복직될 수도 있다는 가능성에 마음을 열어두었을 것이다. 이러한 여호야긴의 기대를 아는지 모르는지 바빌론 사람은 그를 감옥에서 풀어줄 생각을 하지 않았다. 그러다가 10년 후 충격적인 소식이 들려왔다. 반역한 예루살렘이 함락되어 성벽은 무너지고 성전은 불에 탔고, 유다는 이제 자치 국가가 아니며, 바빌론의 주로 편입되었다는 소식이었다. 여호야긴이 왕으로 복직될 나라는 없어진 것이다.

망연자실한 여호야긴은 이때부터 개인의 자유를 바라고 소망했다. 그러나 바빌론 사람은 계속 감옥에 가두어둘 뿐, 아무런 조치도 취하지 않았다. 세월이 지나 감옥에서 보낸 시간이 어느덧 20년이 되더니, 또 30년이 되었다. 이때부터는 감옥에 갇힌 늙은 여호야긴의 소망은 속히 죽는 것뿐이었다. 그러나 죽는 것도 마음대로 할 수 없었다. 또 세월은 흘러 여호야긴이 바빌론 감옥에 투옥된 지 37년이 지난 주전 560년이 되었다. 그런데 이게 웬일인가? 바빌론 사람이 그를 석방시키더니, 바빌론 왕이 하사품을 내려 여생을 평안히 살 수 있도록 은혜를 베풀 것이라고 하지 않는가! 여호야긴이 삶의 가장 낮은 곳에서 헤매며 삶이 산산조각이 나 심지어 미래에 대해 소망을 갖는 것마저도 사치품으로 느껴질 때, 하나님이 구원의 손길을 내미신 것이다.

하나님은 이런 분이기에 나오미는 절망하고 슬퍼하지만, 우리는 머지않아 하나님이 그녀의 삶을 찾아오실 것을 기대한다. 하나님이 오시는 날, 텅 빈 그녀의 삶은 온갖 좋은 것들로 가득 채워질 것이다. 그녀가 머리에 쓰고 있는 슬픔의 관을 기쁨의 화관으로 바꾸어주실 것이다. 러시아 시인 푸시킨(Pushkin)은 '삶'이라는 시에서 다음과 같이 노래한다.

삶이 그대를 속일지라도
슬퍼하거나 노하지 말라

슬픈 날들을 견디면
기쁨의 날이 오고야 말리니
마음은 미래에 사는 것
현재는 한없이 슬픈 것
모든 것은 지나가는 것이니
그리고 지나가 버린 것은 그리움이 되리니

나오미는 자신이 텅 비게 된 것을 하나님 탓으로 돌린다(21절). 자신은 전능자 하나님께로부터 '쓴 맛'을 보았으니 '마라'로 불러달라고 한다. 하나님과 자신의 관계를 생각하면 하나도 '달지 않다'는 것이다. 아파하는 그녀가 신음처럼 고백하는 말이라 그녀의 본심을 반영하고 있는지, 아니면 이 순간 일시적으로 창조주에 대한 서운함을 토로하고 있는지 확실히 알 수 없다. 또한 일부 주석가가 주장하는 것처럼(Block, Younger) 그녀의 고통이 하나님께로부터 온 징계라는 것도 확실하지 않다.

나오미의 발언에서 한 가지 아이러니한 것은 나오미를 베들레헴으로 돌아오게 하신 분은 다름 아닌 그녀를 텅 비게 하신 하나님이라고 고백한다는 사실이다(21절). 나오미는 자신도 모르는 사이 삶을 텅 비게 해 희망을 앗아가신 분은 하나님이며, 새로운 희망을 주기 위해 베들레헴으로 발길을 인도하신 분도 하나님이라는 일종의 모순적 발언을 하고 있다. 우리는 그녀의 발언을 통해 하나님이 보이지 않는 곳에서 그녀의 삶을 주관하고 계심을 다시 한번 알 수 있으며, 머지않아 그녀의 슬픔이 기쁨으로 바뀔 것을 기대할 수 있다(Sakenfeld). 나오미의 이름은 원하는 대로 '마라'(쓴 맛)로 바뀌지 않는다. 하나님이 그녀의 이름 '나오미'(기쁨)를 그대로 유지하도록 헤세드를 베푸실 것이기 때문이다.

이렇게 해서 나오미가 '돌아왔고'(שוב), 며느리 모압 여인 룻도 '돌아왔다'(שוב)(22a절). 이방 여인인 룻이 처음으로 베들레헴으로 온 것을 마치 한동안 길을 떠났던 베들레헴 사람이 고향으로 돌아온 것처럼 묘사하고 있는 것이다(Campbell, Bush). 룻은 진정한 의미에서 여호와의 백성이 살고 있는 '본향에 돌아온 것'이다. 또한 이 말씀은 나오미는 자신이 말하는 것처럼 혼자가 아니며, 앞으로도 절대 홀로 남겨지지 않을 것을 암시한다(Rauber).

이 섹션은 나오미와 룻이 베들레헴에 도착했을 때가 보리를 수확하기 시작할 때였다는 정보를 제공하며 마친다(22절). 추수철은 일 년 중 가장 즐겁고 행복한 때다. 그러므로 나오미가 베들레헴에 도착했을 때가 추수가 시작되는 시즌이었다는 정보를 제공하는 한 가지 이유는, 그녀의 슬픔을 추수철의 기쁨으로 균형을 이루어 책의 분위기를 긍정적으로 끌어올리기 위해서다(Hubbard). 큰 슬픔은 추수철의 큰 기쁨으로 대체될 것이다.

가나안에서 보리를 추수하는 시기는 오늘날 달력으로 3월 중순에서 4월 중순 사이다(ABD). 가나안 지역에서는 곡식으로 주로 보리와 밀을 재배했는데, 봄이면 밀보다 먼저 익은 보리를 수확하고 이어서 약 2주 후에 보리보다 늦게 익은 밀을 수확하기 시작했다(ABD). 율법에 의하면 이스라엘은 보리 수확을 시작하며 첫 곡식단을 하나님께 드렸다(레 23:10).

당시 농사철에 관한 정보를 제공하는 게셀 달력(주전 10세기 유물)에 의하면 가나안 지역에서는 보리 수확을 시작하는 시점에서 밀 수확이 끝날 때까지 대략 7주가 걸렸다고 한다(ABD). 나오미와 룻이 이 7주가 시작되는 순간에 베들레헴(lit., 빵 집)에 돌아왔다는 것은 베들레헴 정착이 1년 중 다른 때보다 상대적으로 쉬울 것임을 암시하며, 그만큼 미래도 밝을 것을 뜻한다.

나오미와 룻이 추수철이 시작할 무렵에 베들레헴에 도착한 것을 '우연' 혹은 '어찌하다 보니 된 일'처럼 묘사한다(Campbell, Hubbard). 그러나 우리는 보이지 않는 곳에서 역사하시는 하나님이 두 여인의 여건을 이렇게 만들어가셨음을 알고 있다. 하나님이 환경을 이렇게 만들어가신 것을 확신할 수 있는 것은 성경에서 시간(timing)은 가장 중요한 하나님의 섭리 중 하나이기 때문이다(Younger, Sakenfeld). 우리는 '우연'으로 가려진 현실에서 보이지 않는 하나님의 손길을 볼 수 있어야 한다.

　22절에서 1장 이야기가 한 사이클을 돌아 원점으로 돌아왔다(Porten). 1장은 나오미와 가족들이 기근 때문에 베들레헴을 떠났다는 것으로 시작했다(1절). 이제 나오미가 추수철에 베들레헴으로 돌아온 것으로 이야기를 맺는다(22절). 이야기가 시작하고 끝나는 장소는 베들레헴이다. 나오미와 가족들을 떠나게 한 것은 기근이었다. 이제 추수가 그녀를 돌아오게 했다. 텅 빈 나오미의 삶이 곧 추수의 풍성함으로 채워지지 않을까 하는 기대를 하게 한다. 또한 '떠남'과 '돌아옴'도 하나의 쌍을 이루고 있다. 룻이 베들레헴으로 돌아옴으로 인해 보아스와 만날 모든 준비가 완료되었다.

III. 대를 이을 수 있는 실낱 같은 희망

(2:1-23)

1장은 나오미와 룻이 무사히 베들레헴으로 돌아왔다는 이야기로 막
을 내리며 룻과 보아스의 필연적인 만남에 대하여 모든 준비를 완료한
다. 분명 하나님이 하신 일이다. 그러나 하나님의 개입을 간접적으로
몇 차례 암시할 뿐 그 어디에도 하나님의 모습을 보여주지 않았다. 나
오미는 자신을 하나님이 치신 자라고 탄식하지만(1:13, 20-21), 그래도
10여 년의 모압 생활 끝에 베들레헴으로 돌아오기로 결정한 것은 "여
호와께서 주의 백성을 돌보셔서 고향에 풍년을 주셨다"라는 소식을 듣
고 나서였다(1:6). 또한 나오미는 자신의 불행에 대해 하나님을 원망하
면서도 여호와께서 발길을 베들레헴으로 인도하셨다고 했다(1:21). 나
오미의 관점에서 볼 때 그녀의 삶은 하나님의 축복과 징계가 교차하는
혼란 가운데 있으며, 이 혼란 속에 하나님의 참모습(viz., 여호와는 축복하
시는 하나님이신가, 아니면 심판하시는 하나님이신가?)은 베일에 가려져 있다.

그러나 나오미의 원망에도 정작 하나님의 인도하심 안에 있다는 사
실이 두 가지를 통해 확인되었다. 첫째는 룻이 여호와의 이름으로 맹
세하며 죽을 때까지 함께하겠다며 나오미를 떠나지 않은 것이다(1:17).
또한 룻은 자신이 하나님의 백성임을 분명히 했고(1:16), 이 같은 룻의

117

신앙과 의지를 높이 평가하여 그녀가 진정으로 베들레헴으로 '돌아왔
다'(שוב)고 했다(1:22). 둘째는 절묘한 '때'(timing)에 나오미가 베들레헴으
로 돌아왔다는 사실이다. 그녀가 돌아온 때는 7주의 추수철이 시작된
직후였다. 이미 언급한 것처럼 성경은 '타이밍'(timing)이 하나님의 섭리
를 이루기 위해 사용하는 가장 기본 도구라고 하는데, 나오미는 하나
님의 보호하심에 따라 가장 풍요로운 때에 베들레헴에 돌아온 것이다.
다만 나오미가 이 사실을 아직 깨닫지 못했을 뿐이다.

이제 2장에서 룻은 보아스를 만나게 된다. 보아스의 등장을 준비하
고 중요성을 독자에게 알리기 위해, 1절에서 아직 모습을 드러내지
도 않은 그를 소개한 후 이야기를 진행해 나간다. 보아스와 룻의 만남
은 필연적이며 하나님의 계획하심의 일부라는 것이다. 그런데 정작 룻
이 보아스를 처음 만나게 된 일을 '어떻게 하다 보니 우연히'(ויקר מקרה)
된 일이라며 하나님의 손길을 의도적으로 가리고 있다(3절). 보이지 않
는 곳에서(혹은 우연의 연속에서) 사역하시는 하나님을 책의 중요한 주제
로 전개해 나가고 있기 때문이다. 저자가 이렇게 전개하는 이유는 무
엇일까? 그는 독자가 지극히 평범한 일상 속에서도 하나님을 볼 수 있
는 안목을 키워가기를 원한다. 실제로 우리의 영적 눈이 뜨이면, 세상
에 행운이나 우연이라는 것은 없다. 그러므로 그리스도인은 요행을 바
라면 안 된다. 모든 선한 것은 하나님께로부터 온 선물이며, 이 선물은
주어진 상황에 최선을 다할 때 '하나님의 우연'으로 우리를 찾아온다.

보아스는 나오미가 가지지 못한 것을 가지고 있다(Schwab). 그러므로
나오미의 텅 빈 삶이 채워지려면 보아스와 나오미는 어떤 식으로든 만
나야 하며, 보아스와 나오미는 룻을 통해 만난다고 할 수 있다. 룻이
보아스를 처음 만난 일과 그들의 만남이 어떤 축복으로 텅 빈 나오미
의 삶을 채우기 시작했는가를 회고하는 본 텍스트는 크게 세 부분으로
볼 수 있다.[10] 중심은 당연히 룻과 보아스의 만남이 차지하고 있으며,

---

10 2장 구조를 자세히 분석하면 다음과 같은 교차대구법적 구조가 역력하다(Luter & Davis).

만남 전의 일과 이후 일이 두 사람의 첫 만남을 감싸고 있다. 이야기가 시작될 때(2:1-3) 룻은 별생각 없이 자신과 시어머니의 생계를 위하여 이삭줍기에 나선다. 그러나 이야기가 끝날 때(2:17-23)에는 나오미가 전에 생각하지 못했던 희망의 불씨가 보이기 시작했다. 2장이 끝날 때에는 두 과부의 생계가 더는 이슈가 아니며, 더 좋은 일이 있을 것을 기대할 수 있게 된다.

   A. 만남 준비: 이삭 줍는 룻(2:1-3)
      B. 룻과 보아스의 만남(2:4-17)
   A′. 만남의 결과: 희망의 불씨(2:17-23)

A. 만남 준비: 이삭 줍는 룻(2:1-3)

저자는 이야기 진행을 잠시 멈추고 보아스를 소개한다(1절). 잠시 후 그가 중요한 인물로 등장할 것을 독자에게 암시하며, 룻과 보아스의 만남에 대해 마음을 준비하도록 하기 위해서다. 그 후 룻과 나오미의 대화(2-3절)로 멈추었던 이야기를 다시 이어간다. 이 같은 상황에서 두 섹션(1, 2-3절)은 주제에 있어서 별 연관성이 없어 보인다. 그래서 이

  A. 이삭 줍는 일을 통해 앞으로 '은혜 입기'를 기대함(2:1-3)
    B. 아침에 여호와의 축복을 구함(2:4)
      C. 룻의 특별한 부탁(2:5-7)
        D. 보아스의 헤세드가 "어찌하여 저를 이렇게 대하십니까?"라는 질문을 유발함(2:8-10)
        D'. 보아스가 룻의 신실함과 신앙 때문이라고 대답함(2:11-13)
      C'. 보아스의 특별한 초청과 허락(2:14-16)
    B'. 저녁에 여호와의 큰 축복이 임했음을 깨달음(2:17)
  A'. 이삭 줍는 일을 통해 '보아스의 은혜를 입은 것'을 되돌아봄(2:18-23)

주석에서도 본 텍스트를 두 파트로 나누어 주해할 것이다.

A. 보아스 소개(2:1)
B. 이삭 줍는 룻(2:2-3).

그러나 히브리어 텍스트(MT)는 사용하는 표현과 용어에 있어 다음과 같은 구조를 지니고 있다(Younger, cf. Bush).

A. 엘리멜렉 집안 출신(2:1a)
  B. 그의 이름은 보아스였다(2:1b)
    C. "밭에 나가 이삭을 주울까 합니다"(2:2a)
      D. "혹시 나에게 잘 대하여 주는 사람을 만나면, 그를 뒤따라 다니면서"(2:2a)
    C'. "나가 보아라, 내 딸아"…그래서 그녀는 들에 나가서 이삭을 주었다(2:2b-3a)
  B'. 보아스의 밭(2:3b)
A'. 그는 엘리멜렉 집안 출신이었다(2:3b)

III. 대를 이을 수 있는 실낱 같은 희망(2:1-23)
  A. 만남 준비: 이삭 줍는 룻(2:1-3)

1. 보아스 소개(2:1)

¹ 나오미의 남편 엘리멜렉의 친족으로 유력한 자가 있으니 그의 이름은 보아스더라

본문을 통해 새로운 정보를 제공하는데, 예루살렘으로 돌아온 나오미는 혼자가 아니라는 사실이다. 그녀에게는 친척이 있었으며, 이 친

척 중 일부는 유력한/부유한 사람이었다. 모압을 떠날 때와 전혀 다른 분위기와 가능성이 암시되고 있다. 반면에 이 같은 정보는 그녀의 아픔을 가중시키는 역할을 하기도 한다. 비록 부유한 친척이 있지만, 아무도 그녀를 도우려 하지 않기 때문이다. 그러므로 이 정보는 희망과 좌절을 동시에 준다. 특히 보아스라는 이름은 왠지 미래에 대하여 희망을 갖게 한다. 저자는 보아스가 어떻게 엘리멜렉과 연관되어 있는지 알려 주지 않는다. 유태인은 보아스가 엘리멜렉의 조카이자 나오미의 사촌이었다고 했지만(Eskenazi & Frymer-Kensky), 사실 여부를 확인할 길이 없으며 정황을 고려할 때 먼 친척이었던 것 같다.

한 주석가는 나오미가 벌써부터 보아스를 룻의 신랑감으로 생각하고 있었다며, 이 구절을 "나오미는 남편의 친척 하나를 알고 있었는데…"(Now Naomi knew an acquaintance of her husband…)라고 번역한다(Sasson). 그러나 잘못된 해석이다. 만일 나오미가 이런 생각을 가지고 있었다면, 이삭을 주우러 나가는 룻에게 어떤 정보나 지시를 주었을 것이다(Sakenfeld). 반면에 룻은 보아스에 대하여 어떠한 정보도 얻지 못하고 이삭을 주우러 나선다. 또한 나오미는 나중에 룻이 이삭줍기를 마치고 집에 돌아왔을 때에야 비로소 보아스에 대해 알게 된다(19절). 게다가 보아스보다 더 가까운 친척이 있는데 어떻게 보아스를 룻의 남편감으로 마음에 두겠는가?

'보아스'(בֹּעַז)는 룻기에서만 사용된 이름이며 어떤 의미를 지녔는지 정확히 알려져 있지 않다(Campbell, Bush). 일부 주석가는 '왕성, 강력한 의지' 등을 뜻하는 아랍어(baǧz)를 근거로 이름이 뜻하는 바를 추측한다(Eskenazi & Frymer-Kensky). 그러나 가장 가능성이 높아 보이는 풀이는 이름이 '여호와의 힘 안에서 [나는 기뻐하리라]'라는 뜻을 지녔다는 제안이다(Hertzberg, Morris, cf. Schwab) 훗날 솔로몬은 성전 입구 앞에 서 있는 기둥을 보아스라고 이름 지었다(왕상 7:21). "여호와의 힘 안에서 왕이 즐거워할 것이라"라는 의미이다(ABD, Hubbard). 옛적에 일부 랍비

는 보아스가 사사 중 하나인 입산(삿 12:8-10)이었다는 해석을 내놓았
다(Schwab, Eskenazi & Frymer-Kensky). 룻기가 사사 시대를 배경으로 하고
있고, 입산이 베들레헴 출신임을 염두에 둔 추측이나 두 사람을 동일
시하기에는 증거가 부족하다.

보아스에 대하여 두 가지 정보가 제공되고 있다. 첫째, 나오미의 남
편 엘리멜렉의 친족이다(2:20). 나오미의 친족이 아니라 남편의 친척이
라는 사실이 독자로 하여금 조그만 희망을 갖게 한다. 이스라엘 풍습
과 율법에 따라 보아스가 죽은 엘리멜렉의 '기업 무를 자'가 될 수 있기
때문이다(2:20; 3:9, 12).

둘째, 보아스는 '유력한 자'(אִישׁ גִּבּוֹר חַיִל)이다. 이 같은 표현은 매우 다
양한 의미를 지닐 수 있다. 사사기에서 기드온을 칭할 때 사용되기도
했다(삿 6:12). 그러나 보아스는 기드온처럼 젊지도, 전쟁에 능한 자도
아니다. 그러므로 본문에서는 '재력과 지위를 갖춘 자'를 뜻하는 것으
로 해석하는 것이 바람직하다(Hubbard, Younger). 이 표현은 보아스를 베
들레헴 '사회의 기둥'(a pillar of society)으로 묘사한다는 해석도 있다(Fewell
& Gunn). 실제로 보아스는 서민이 아니라 많은 재산과 종을 거느린 부
자였다. 이 시점에서 보아스가 경제적 능력을 지닌 사람이라는 정보가
제공되는 것은 매우 중요하다. 만일 재력이 뒷받침되지 않으면 설령
가난한 나오미의 기업을 무르고자 해도 그렇게 할 수 없기 때문이다.

유태인 성경에서 룻기 앞에 등장하는 잠언은 현숙한 여인에 대한 찬
양시로 마무리되는데(잠 31:10-31), '현숙한 여인'을 뜻하는 히브리어 문
구는 '에세트 하이일'(אֵשֶׁת־חַיִל)로 표기되어 있다. 성경은 용맹스러운 남
자를 '이쉬 하이일'(אִישׁ חַיִל, 단수) 혹은 '아네쉐 하이일'(אַנְשֵׁי־חַיִל, 복수)로
표기한다(창 47:6; 삿 20:44; 삼상 31:11; 삼하 24:9). 집안을 잘 경영하는 현
숙한 여인과 싸움을 잘하는 용맹스러운 남자가 동일한 히브리어 호칭
으로 불리고 있는 것이다. 그렇다면 이곳에서 보아스가 유력한 남자
(אִישׁ חַיִל)로 소개되는 것은 잠시 후 현숙한 여인(אֵשֶׁת־חַיִל)이라고 칭찬을

받는 룻(3:11)의 상대 남성(counterpart)임을 암시한다. '유력한 남자'(גִּבּוֹר
חַיִל) 보아스가 나중에 룻을 '현숙한 여인'(אֵשֶׁת־חַיִל)으로 부른다는 것은 보
아스가 자신과 그녀 사이에 형성되어 있는 경제적·사회적 신분의 차이
를 극복했다는 것을 의미한다(Sakenfeld).

그렇다면 무엇이 여자를 현숙하게 만들고 남자를 유력하게 만드는
가? 룻기가 헤세드(חֶסֶד)에 바탕을 두고 있고, 두 사람은 헤세드(חֶסֶד)가
무엇인가 보여주는 모범적인 상이라는 점을 감안할 때 헤세드(חֶסֶד)가
현숙한 여인과 유능한 남자를 정의하는 데 가장 중요한 요소임을 알
수 있다. 하나님의 백성으로서 우리는 유능한 남자 혹은 현숙한 여인
으로 살아가고 있는지 묵상해 보자.

> III. 대를 이을 수 있는 실낱 같은 희망(2:1-23)
>   A. 만남 준비: 이삭 줍는 룻(2:1-3)

2. 이삭 줍는 룻(2:2-3)

² 모압 여인 룻이 나오미에게 이르되 원하건대 내가 밭으로 가서 내가 누구
에게 은혜를 입으면 그를 따라서 이삭을 줍겠나이다 하니 나오미가 그에게
이르되 내 딸아 갈지어다 하매 ³ 룻이 가서 베는 자를 따라 밭에서 이삭을
줍는데 우연히 엘리멜렉의 친족 보아스에게 속한 밭에 이르렀더라

저자는 보아스를 간략하게 소개한 후 룻과 나오미의 이야기를 재개
한다. 1장에서는 나오미가 이야기를 주도해 나갔는데, 이제는 룻이
주도한다. 나오미는 하나님에 대한 분노와 자신의 어려운 처지에 대
한 슬픔에 사로잡혀 세상일에 별 관심을 갖지 않고 시간을 보내고 있
었기 때문이다(Younger, Sakenfeld). 반면에 룻은 적극적이고 용감하다
(Hubbard). 그래서 룻은 자신이 모압 사람이며, 타국에 과부로 와 있
기에 집 밖으로 나가는 것이 위험할 수도 있다는 것을 알면서도 일하

러 나가기를 원한다.[11] 자신과 시어머니의 생계를 책임져야 하기 때문이다. 룻이 나오미를 집에 두고 홀로 이삭을 주우러 가는 것은 온 가족이 모압으로 피신하기 전에 베들레헴에서 부유하게 살았던 나오미가 이삭 줍는 수치를 당하지 않게 하기 위한 배려다(Eskenazi & Frymer-Kensky).

룻은 시어머니에게 이삭을 주우러 나갈 수 있도록 허락해 달라고 했다. 이에 나오미는 "가거라, 내 딸아!"(לְכִי בִתִּי)라며 두 단어로 구성된 간략한 문장으로 허락하는데, 매우 부드럽고 다정다감한 어투로 대답하고 있다. 이는 나오미가 아직도 하나님에 대해 서운한 마음을 가지고 있는 것은 사실이지만, 그래도 그녀의 격했던 감정이 상당히 누그러졌음을 의미한다(Block). 또한 비록 룻이 며느리지만, 나오미는 마치 친정어머니가 딸을 대하듯 룻을 대하고 있다.

구약은 이스라엘 공동체가 가난한 과부에게 두 가지 혜택을 제공하도록 했다. 첫째, 매년 추수철이면 밭, 과수원, 포도원에서 곡식과 과일을 수확할 때 어느 정도를 남기고 수확하여 과부를 포함한 가난한 자도 추수의 기쁨을 맛보게 했다. 가난한 사람이 자존심을 지키면서 자신의 필요를 어느 정도 채우게 하는 제도였다. 하나님은 이스라엘이 한때 이집트에서 종살이하며 어려운 시절을 보냈던 사실을 가난한 자를 배려해야 하는 역사적 근거로 삼으신다. 궁핍을 경험해본 사람이 남의 가난에 눈을 감아서는 안 된다는 것이다. 신명기 24:19-22는 다음과 같이 말한다.

> 19 네가 밭에서 곡식을 벨 때에 그 한 뭇을 밭에 잊어버렸거든 다시 가서 가져오지 말고 나그네와 고아와 과부를 위하여 남겨두라 그리하면 네 하나님 여호와께서 네 손으로 하는 모든 일에 복을 내리시리라 20 네

---

11 룻이 당할 수 있는 불이익과 위험을 강조하는 듯 지속적으로 그녀를 '모압 여인'이라고 부르고 있다(1:22; 2:2, 21; 4:5, 10)(Hubbard).

가 네 감람나무를 떤 후에 그 가지를 다시 살피지 말고 그 남은 것은 객과 고아와 과부를 위하여 남겨두며 21 네가 네 포도원의 포도를 딴 후에 그 남은 것을 다시 따지 말고 객과 고아와 과부를 위하여 남겨두라 22 너는 애굽 땅에서 종 되었던 것을 기억하라 이러므로 내가 네게 이 일을 행하라 명령하노라

과부를 포함한 가난한 자를 위한 두 번째 혜택은 매 3년째 되는 해에 드리는 십일조였다. 이것은 자신이 속한 공동체의 약자를 위해 구제헌금으로 사용하라는 것이다. 신명기 14:28-29(cf. 26:12-15)은 다음과 같이 규정한다.

28 매 삼 년 끝에 그 해 소산의 십분의 일을 다 내어 네 성읍에 저축하여 29 너희 중에 분깃이나 기업이 없는 레위인과 네 성중에 거류하는 객과 및 고아와 과부들이 와서 먹고 배부르게 하라 그리하면 네 하나님 여호와께서 네 손으로 하는 범사에 네게 복을 주시리라

이 율법은 이행하는 자에게 하나님의 축복을 약속한다. 누구든지 가난한 자를 이처럼 배려하면 하나님이 복을 주실 것이다. 우리는 하나님의 축복을 직접 달라고 해서 받는 것이 아니라, 연약하고 어려움에 처한 지체를 배려하고 섬길 때 그들로 인해 하나님이 우리에게 복을 주신다. 안타깝게도 이스라엘은 이 율법을 잘 지키지 못했다(신 27:19; 사 1:17; 말 3:5; 막 12:38-40).

이때가 추수철이니 룻은 가능한 한 많은 이삭을 주워 식량을 비축해 두어야 한다. 율법은 가난한 자, 이스라엘에 정착하여 사는 이방인, 과부와 고아 등에게 추수하는 밭에서 이삭을 주울 수 있는 법적 권한을 보장하지만(레 19:9-10; 23:22; 신 24:19-21), 밭주인에 따라 이삭줍기가 허락되지 않는 경우도 있었다(Huey, Younger, cf. 욥 24:3, 21; 시 94:6; 사

1:23; 10:2; 렘 7:6). 그래서 룻이 나오미에게 "내가 누구에게 은혜를 입으면 그를 따라서 이삭을 줍겠나이다"라고 한 것이다(Bush). 이삭을 줍지 못할 수도 있는 불확실한 상황에서 룻은 발걸음을 베들레헴으로 인도하신 여호와의 날개 아래서 보호받기를 원한다(2:12).

룻의 발언을 이미 보아스를 마음에 두었다는 것을 암시한다고 하는데(Sasson), 도대체 이런 어이없는 해석이 어떻게 가능한지 그저 놀라울 뿐이다. 룻은 이미 이방인이라는 핸디캡을 안고 있으며, 이 말은 자신의 신분적 핸디캡을 의식하고 더욱더 겸손하고 낮은 자세로 이삭을 줍겠다는 의지를 밝히고 있을 뿐이다(Hubbard). 룻의 발언은 독자로 하여금 '그녀가 바라는 것처럼 과연 자비로운 사람을 만나서 이삭을 주울 수 있을까?'하는 관심을 가지고 책을 읽어내려가게 하는 효과를 유발한다(Block). 모압 사람 룻이 베들레헴에 도착하자마자 이스라엘 율법에 따라 이삭을 주우러 나섰다는 것이 인상적이다(Sakenfeld). 비록 사사 시대를 지나고 있는 이스라엘에 온갖 영적·사회적 어두움이 드리워져 있지만, 베들레헴만큼은 아직도 하나님을 경외하며 서로 돕는 것을 미덕으로 생각하는 아름다운 사회임을 암시한다(Farmer).

시어머니의 허락을 받고 집을 나온 룻은 이곳저곳 추수하는 곳을 찾아다니며 이삭을 주웠다(3a절). 그러다가 돌아가신 시아버지 엘리멜렉과 친척간인 보아스의 밭에 들어가게 되었다. 룻이 보아스의 밭에 들어간 것은 분명 하나님의 섭리인데(Hals), 이 중요한 사건을 '우연히/하다 보니/공교롭게'(וַיִּקֶר מִקְרֶהָ) 된 일이라고 한다(3b절). 우리는 룻의 입장에서는 우연히 경험하게 된 '행운'(보아스의 밭에 가게 된 일)이 결코 자연적으로 일어난 일이 아니라 하나님이 하신 일이라는 것을 잘 알고 있다. 하나님이 룻의 발걸음을 보아스의 밭으로 인도하신 것이다(Hubbard, Sakenfeld, Younger).

하나님이 룻에 대해 계획하신 일이 이루어지려면 두 가지가 충족되어야 한다. 첫째, 룻을 자비롭게 대할 수 있는 재력가가 있어야 한다.

둘째, 그 사람은 엘리멜렉 집안 사람이어야 한다. 보아스는 두 가지를 모두 충족시킨다. 그러므로 보아스는 하나님이 룻을 위해 준비해두신 사람이며, 룻이 이삭을 주우려고 그의 밭에 발을 들여놓게 된 것은 결코 우연이 아니라, 하나님이 하신 일이다(Block).

그렇다면 왜 이 일을 '우연히' 된 것이라고 하는 것일까? 무엇보다도 책을 통해 전하고자 하는 메시지 때문이다. 이미 몇 차례 언급한 것처럼 룻기는 보이지 않는 곳에서 역사하시는 하나님을 강조한다. 그래서 이 필연적인 일도 '우연히' 된 일이라며 하나님의 섭리를 가리려 한다. 그러나 독자에게는 하나님이 '우연'으로 잘 가려지지가 않는다. 룻기를 읽으면서 보이지 않는 곳에서 사역하시는 하나님을 보기 시작했기 때문이다. 그래서 이곳에서 '우연히'라고 하지만, 우리는 '우연? 당연히 아니지! 하나님이 하신 일이지!'라며 미소 짓게 된다(Hubbard).

이것이 '우연히'를 통해 얻고자 한 수사학적 효과다. 독자에게 이 일은 결코 우연히 된 일이 아님을 강조하고자 하는 역설적 표현인 것이다(Younger, Block, Sakenfeld). 우리에게 보이지 않는 곳에서 사역하시는 하나님을 보는 안목이 생기면, 모든 행운과 우연은 결코 우연히 된 일이 아님을 보게 될 것이다. 믿음으로 세상을 보는 안목을 키워 나가야 한다.

B. 룻과 보아스의 만남(2:4-16)

이미 보아스를 소개했고(1절), 이삭을 주우러 나온 룻이 어찌하다 보니 보아스의 밭으로 가게 되었다(3절). 그러므로 이제 우리는 둘의 '우연한 만남'을 기대한다. 독자가 기대한 대로 이 섹션에서 두 사람이 '우연한 만남'을 갖는다. 그러나 한 대중가수가 노래하는 것처럼 이들의 만남은 결코 우연이 아니다. "그것은 우리[하나님과 독자]의 바램이었어"(노사연의 〈만남〉에서). 룻과 보아스의 운명적 만남으로 구성된 본 텍스트는 다음과 같은 구조를 지녔다(Block).[12]

   A. 보아스와 일꾼들(2:4-7)
      B. 보아스와 룻(2:8-14)
  A′. 보아스와 일꾼들(2:15-16)

Ⅲ. 대를 이을 수 있는 실낱 같은 희망(2:1-23)
  B. 룻과 보아스의 만남(2:4-16)

1. 보아스와 일꾼들(2:4-7)

[4] 마침 보아스가 베들레헴에서부터 와서 베는 자들에게 이르되 여호와께서 너희와 함께하시기를 원하노라 하니 그들이 대답하되 여호와께서 당신에게 복 주시기를 원하나이다 하니라 [5] 보아스가 베는 자들을 거느린 사환에게 이르되 이는 누구의 소녀냐 하니 [6] 베는 자를 거느린 사환이 대답하여 이르되 이는 나오미와 함께 모압 지방에서 돌아온 모압 소녀인데 [7] 그의 말이 나로 베는 자를 따라 단 사이에서 이삭을 줍게 하소서 하였고 아침부터 와서는 잠시 집에서 쉰 외에 지금까지 계속하는 중이니이다

룻과 보아스의 만남을 묘사하는 일에 있어 뜸들이지 않고 곧장 이야

---

12 한 주석가는 17a절을 포함해 다음과 같은 구조를 제시한다(Bush). 그러나 대부분 주석가가 하는 것처럼 17a절은 다음 섹션에 포함하는 것이 바람직하다(Sakenfeld, Block, Hubbard).
  내러티브 서론(2:4a)
    A. 룻에 대한 보아스와 일꾼들의 대화(2:4b-7)
      B. 보아스와 룻의 대화: 특별한 배려(2:8-13)
      B′. 보아스가 룻을 특별히 배려함(2:14)
    A′. 룻에 대한 보아스와 일꾼들의 대화(2:15-16)
  내러티브 결론(2:17a)

기가 진행된다. 보아스가 룻을 만나러 온 것이 아니라 추수하고 있는 일꾼들을 격려하려고 자기 밭을 찾아왔기 때문이다. 이번에도 보아스가 우연히 자기 밭을 찾은 것으로 묘사하기 위해 '마침' 혹은 '어!'로 번역되는 단어로(הִנֵּה) 이야기를 시작한다(4절). 한 주석가는 이 단어(הִנֵּה)를 사용한 것을 룻이 보아스의 밭에 발을 들여놓자마자 몇 초 지나지 않아 이런 일이 있었다는 것을 묘사하는 것으로 생각한다(Sasson). 그러나 이 표현은 이 일이 순식간에 일어났다며 시간적인 측면을 강조하는 것이 아니다. 일꾼들이 룻이 하루 종일 열심히 일했다고 하는 것(7절)을 보면 이 같은 사실은 더욱 확실해진다. 그러므로 NIV의 '바로 그때'(just then)는 잘못된 번역이다(7절).

룻이 보아스의 밭에서 이삭을 줍기 시작한 지 몇 시간 후에 밭주인이 도착했다. 저자가 묘사하고자 하는 놀라움은 룻이 도착하자마자 곧바로 보아스가 자기 밭을 찾았다는 것이 아니다. 여기서 놀랍게 묘사하고자 한 일은 고대 사회에서 밭주인이 자기네 종이 일하는 밭을 찾는 일이 그다지 흔치 않은 상황에서 하필이면 룻이 이 밭을 찾아온 날 그 밭의 주인인 보아스도 밭을 찾아 종들을 격려한 일이다. 보아스가 룻을 만나게 된 것은 다른 밭주인(종들에게 일만 시키고 자기 밭을 자주 찾지 않는 주인)처럼 굴지 않고, 일을 시킨 주인으로서 자기 종들을 찾아와 격려하는 등 자비롭게 대하다가 벌어진 일이다.

저자는 룻이 밭에 들어온 지 얼마만큼의 시간이 지나서 보아스가 밭에 도착했는지에 관심이 없다. 몇 시간이 지나서 도착했을 수도 있다(Hertzberg, Morris). 보아스가 그날 밭에 온 일 자체를 놀라운 것으로 묘사하고 있다(Berlin). 전혀 기대하지 않았던 일이 벌어진 것처럼 보아스의 도착을 알리고 있는 것이다(Younger). 물론 의도적으로 하나님을 보이지 않게 가리는 기법에 익숙해진 독자는 룻이 보아스의 밭에 발을 들여놓는 순간부터 보아스가 곧 나타날 것을 기대했다. 그래서 우리는 보아스가 밭에 나타났다는 정보를 접하자마자 "그러면 그렇지!/역시나!"("wouldn't you know it!")라고 외친다(Bush). 보아스가 등장한 것은 우리가 기대한 대로 하나님이 행하신 일이기 때문이다. 보이지 않는 곳에서 모든 일을 주관하시는 하나님이 보아스가 나타나기 전 적절한 때, 적절한 곳에 룻이 와 있도록 하신 것이다(Campbell).

밭에 도착한 보아스는 열심히 추수하고 있던 일꾼들과 서로 여호와의 복을 빌어주며 인사를 나누었다(4절). 일상적으로 유태인은 서로 "샬롬"(שׁלוֹם)을 빌어주며 인사한다(삿 6:23; 삼상 25:6; 삼하 18:28). 본문에서 보아스가 일꾼들에게 하는 인사인 "주님께서 자네들과 함께 하시기를 비네!"(새번역)는 두 히브리어 단어(יהוה עמכם)로 구성된 짤막한 말이지만, 보아스의 성품과 앞으로 그가 베풀 선행을 예고한다(Sakenfeld, Younger).[13] 보아스의 인사는 평소에 주변 사람과 일꾼들을 자비롭고 인간적으로 대했음을 뜻하는 것으로 풀이되기도 한다(Block). 성경에는 등장인물의 첫마디로 인격과 신앙에 대해 많은 것을 보여준다(Eskenazi & Frymer-Kensky). 그러므로 보아스의 인사는 상징적 의미를 지녔다. 보아스의 첫마디가 하나님의 임재가 그와 일꾼들 사이의 대화에 임하게 한다는 것은 앞으로 이 선한 밭주인으로부터 좋은 일(헤세드)을 기대해도 된다는 것을 암시하기 때문이다.

주인 보아스의 인사를 받은 일꾼들은 "여호와께서 주인님께 복 주시기를 빕니다"로 화답했다. 룻기 안에서 '축복하다'(ברך)가 정확히 다섯 차례 사용되는데, 여기가 첫 번째 등장이다. 책 안에서 이 동사는 항상 보아스(2:4, 19-20), 룻(3:10; 4:14), 여호와(4:14)를 대상으로 하고 있다. 이 동사를 전략적으로 사용하여 룻과 보아스가 하나님의 축복 아래 있음을 암시하는 것이다(Schwab).

보아스는 일꾼들과 인사를 나누자마자 한 낯선 여인이 자기 밭에서 이삭을 줍고 있음을 보았다. 보아스가 이삭을 줍고 있는 낯선 여인을

---

13 한 주석가(Hubbard)는 보아스와 일꾼들이 주고 받는 인사가 추수 때에만 사용된 특별한 표현이라고 하지만, 뒷받침할 만한 증거가 없다.

알아본다는 것은 그가 평상시에 가난한 자에 대한 관심을 가졌다는 것을 암시한다. 그는 베들레헴에 사는 가난한 자들(viz., 이삭을 주울 만한 사람)을 꿰고 있었다. 보아스가 가난한 자에게 관심을 갖고 알고 있을 정도라면, 분명 그들에게 많은 자비도 베풀었을 것이다.

보아스는 추수를 감독하고 있는 사람에게 낯선 여인에 대해 물었다 (5절). "저 젊은 여자는 누구에게 속한 사람인가?"(לְמִי הַנַּעֲרָה הַזֹּאת) 보아스가 룻을 젊은 여자라고 부르는 것은 그와 룻 사이에 상당한 나이 차이가 있음을 시사한다. 보아스의 질문은 다양하게 해석된다. (1) 어느 집안 여인인가?/누구의 아내인가?(Sasson, Eskenazi & Frymer-Kensky), (2) 어느 집 종인가?(Morris, Farmer), (3) 기혼인가, 미혼인가?(Rudolph). 세 번째 의미로 해석하는 사람 중에는 보아스가 룻에게 이성으로 관심을 가지고 있는 것이라고 하는 주석가도 있다(Hubbard, Fewell & Gunn). 그러나 이러한 해석을 뒷받침할 만한 증거는 어디에도 없다. 룻기 어디에도 그녀가 사람들의 관심을 끌 만큼 아름다웠다는 기록은 없다. 보아스는 사심을 품은 게 아니라 단지 낯선 여인이 자기 밭에서 이삭을 줍고 있기에 물어본 것뿐이다. 지나친 해석은 삼가해야 한다.

당시에는 종이든, 자유인이든 입고 다니는 옷에는 별 차이가 없었다. 또한 이 시점에서 보아스가 룻이 기혼인지, 미혼인지 관심을 가지고 있다고 생각되지는 않는다. 당시 사회는 사람이 누구와 연관되어 있는가에 의해 그 사람의 신분을 설명했다는 점을 감안할 때, 첫 번째 해석이 가장 큰 설득력을 지니고 있다. 보아스는 룻이 어느 집안 사람인가를 물어본 것이다. 책이 시작된 후 룻이 주변 사람의 관심을 받기는 처음이다. 그녀가 주변의 관심을 받게 된 것은 좋은 일이지만, 룻이 자신과는 다른 사람 사이에 서 있다는 것을 의미하기도 한다(Block). 모압 여인이 베들레헴 여인들 사이에 서 있으니 당연히 세상 말로 '튄다'.

질문을 받은 일꾼은 그녀가 며칠 전 나오미와 함께 모압 지방에서 돌아온 모압 여인이라고 했다(6절). 아마도 보아스가 기대했던 것은 남편 이름이나 집안의 남자 이름이었을 텐데, 룻은 남편도, 가족도 없다 (Trible). 종의 대답은 나오미와 룻이 처한 어려운 상황을 반영하고 있다. 일부 유태인 주석가는 보아스에게 대답하는 일꾼이 그녀가 '돌아왔다'(שׁוּב)고 하는 것(1:22)이 룻이 개종했다는 의미로 해석하여 '나오미와 돌아왔다⋯룻은 개종자가 되었다'로 해석하지만(Eskenazi & Frymer-Kensky), 단지 종의 말을 통해 룻이 이 순간 있어야 할 곳에 와 있음을 강조하고자 한다(Hubbard). 그러나 일꾼이 룻의 이름은 언급하지 않으면서 '모압'을 두 차례나 언급하는 것은 룻은 '이방인'일 뿐이라는 점을 강조한다(Sakenfeld). 타향살이를 하고 있는 룻은 항상 위험에 노출되어 있음을 암시하는 것이다(Block). 더욱이 모압 사람을 무시한 것으로 유명한 이스라엘 사람 중에 와 있으니 룻은 언제든지 위험에 처할 수 있는 상황이다.

일꾼은 보아스에게 룻의 가족 관계를 간략히 설명한 다음 그녀가 어떤 사람인지 세 가지 정보를 통해 알려 준다(7b절). 첫째, 룻은 고마움을 아는 예의 바른 여인이다. 밭에 도착하자마자 룻은 일꾼들의 뒤를 따라다니며 이삭을 주울 수 있도록 허락해 달라고 부탁했다고 한다. 율법은 가난한 자가 추수하는 자를 뒤따르며 이삭을 줍는 것에 대해 허락받을 것을 요구하지 않는다. 이삭을 줍는 일은 가난한 자의 고유 권한이다. 그러나 룻은 이 특권을 당연시하지 않고 보아스의 일꾼들에게 허락을 구했다. 남들이 당연시 여기는 것을 당연하게 여기지 않고, 이런 기회를 제공하는 사람에게 감사할 줄 알았던 사람이다. 룻은 이처럼 이삭을 줍기 전에 먼저 일꾼들의 허락을 구함으로 그들의 마음을 얻었다(Eskenazi & Frymer-Kensky).

둘째, 룻은 부지런한 여인이다. 일꾼은 그녀가 아침 일찍부터 와서 일했다고 한다. 물론 자신과 나오미가 처해 있는 가난의 절박함이 아침 일찍부터 추수하는 밭으로 그녀의 발걸음을 재촉했겠지만, 시어머니의 허락을 받고 나서야 집을 나서는 것을 보면 꼭 그렇게 하지 않아도 된다.

성경은 하나님이 부지런한 자를 축복하신다는 말씀을 누누이 한다.

셋째, 룻은 성실한 여인이다. 일꾼은 룻이 아침 일찍부터 이때까지 거의 쉬지 않고 꾸준히 이삭 줍는 일을 해왔다고 한다. 히브리어 텍스트로 7절 마지막 부분(וַתַּעֲמוֹד מֵאָז הַבֹּקֶר וְעַד־עַתָּה זֶה שִׁבְתָּהּ הַבַּיִת מְעָט)은 번역하기가 매우 난해하다(Campbell, Bush, cf. NAS). 학자들은 2:7을 룻기에서 번역하고 해석하기 가장 어려운 구절로 지목한다(Hubbard). 문장이 잘 보존되지 않았기 때문이다.[14] 문자적으로 번역하면 "그녀는 그때부터 서 있었다. 그리고 그(남성 단수)는 그녀의 자리 밭집에서 잠시 머물렀다"가 된다(this[masculine] her sitting the house little). 번역에 대한 수많은 제안이 모두 만족스럽지 못하지만(Campbell), 정확한 번역은 어려워도 문장의 전반적인 의미를 파악하는 것은 그리 어렵지 않다. 학자들과 번역본의 해석은 크게 세 가지로 볼 수 있다.

첫 번째 해석은 룻이 아침 일찍부터 와서 이삭줍기를 허락해 달라고 했지만, 보아스가 올 때까지 허락을 받지 못해서 이삭 줍는 일을 시작하지 못하고 대기하고 있다는 것이다(새번역; Moore, Sasson, Schwab). 이렇게 해석할 경우 추수 책임자에게는 룻이 원하는 것을 허락할 권한이 없으며 오직 밭주인인 보아스에게만 그 권한이 있는 것이 된다(Bush). 그러나 율법이 가난한 자가 추수하는 밭에서 이삭을 줍는 일을 주인이 허락할 사안이라고 규정하지 않고, 설령 그런 권한이 밭주인에게만 있다 할지라도 자비로운 인품을 지닌 보아스가 그 권한을 일꾼들에게 위임하지 않고 밭을 비울 리는 없다. 그러므로 만족스러운 해석이라 할 수 없다.

---

14 이 문장의 혼돈과 불확실성을 통해 보아스에게 답하고 있는 종이 당황하고 있음을 본다. 그가 말을 잘하지 못하고 있는 것이 본문의 불확실성에 반영이 되어 있다는 것이다. 이유는 룻이 아침에 나오면서 집 근처에서 성희롱을 당하였고, 그 희롱을 피하여 급히 보아스의 밭으로 들어왔으며, 그런 룻을 엉겁결에 주인인 보아스의 허락 없이 이삭 줍는 여인 사이에 머물도록 했기 때문이라고 한다(Carasik, Beattie). 그러나 텍스트에 근거하지 않은 지나친 해석이다. 본문의 혼란은 단순히 텍스트 보존으로 야기된 문제다.

두 번째 해석은 룻이 아침부터 열심히 이삭을 주워 왔으며, 지금은 잠시 밭집에서 쉬고 있다는 뜻이다(Nielsen). 이렇게 해석할 경우 보아스가 밭에 도착하자마자 곧바로 룻에게 관심을 갖게 된 것은 다른 여인은 모두 이삭을 줍고 있는데, 룻만 유일하게 쉬고 있었기 때문이다. 그녀의 낯선 모습이 아니라, 다른 사람과 어울리지 않는 행동이 본문의 이슈가 된다는 것이다.

세 번째 해석은 룻이 아침 일찍 찾아와 일꾼들의 허락을 받은 다음부터 이삭을 줍기 시작했으며, 이때까지 얼마나 열심히 이삭을 주웠는지 거의 쉬지 않고 한다는 일꾼의 칭찬이다(개역; 공동; NIV, NAS, TNK). 종이 룻의 성실함을 높이 평가하는 것이다(Younger, Eskenazi & Frymer-Kensky).

두 번째와 세 번째 해석 모두 가능한 대안이지만, 세 번째 해석이 훨씬 더 설득력 있다. 두 번째 해석은 룻의 성실함에 상반된다는 점, 일꾼이 무엇보다 룻의 됨됨이를 극찬하는 점을 감안하면 세 번째 해석이 더욱 설득력을 얻는다. 또한 보아스는 자비로운 사람이다. 그는 지역의 가난한 자를 모두 알고 있었고 자기 밭에 누가 와서 이삭을 주울까 어느 정도 예측을 하고 있었다. 이런 상황에서 전혀 낯선 여인이 와서 누구보다도 열심히 이삭을 줍고 있으니 당연히 궁금증이 생겼던 것이다. 남에게 자비를 베푸는 사람을 보면 도움이 필요한 사람이 찾아와서 도움을 청할 때까지 기다리지 않는다. 먼저 상황을 파악하고 그들에게 도움을 제안한다. 그만큼 형편이 어려운 사람에 대한 관심을 갖고 있기 때문이다. 이것이 헤세드다. 그러므로 룻기에서 헤세드의 '남성 대명사'인 보아스가 도움이 필요할지도 모르는 룻에게 먼저 관심을 보이는 것은 당연한 일이다.

2. 보아스와 룻(2:8-14)

⁸ 보아스가 룻에게 이르되 내 딸아 들으라 이삭을 주우러 다른 밭으로 가지 말며 여기서 떠나지 말고 나의 소녀들과 함께 있으라 ⁹ 그들이 베는 밭을 보고 그들을 따르라 내가 그 소년들에게 명령하여 너를 건드리지 말라 하였느니라 목이 마르거든 그릇에 가서 소년들이 길어 온 것을 마실지니라 하는지라 ¹⁰ 룻이 엎드려 얼굴을 땅에 대고 절하며 그에게 이르되 나는 이방 여인이거늘 당신이 어찌하여 내게 은혜를 베푸시며 나를 돌보시나이까 하니 ¹¹ 보아스가 그에게 대답하여 이르되 네 남편이 죽은 후로 네가 시어머니에게 행한 모든 것과 네 부모와 고국을 떠나 전에 알지 못하던 백성에게로 온 일이 내게 분명히 알려졌느니라 ¹² 여호와께서 네가 행한 일에 보답하시기를 원하며 이스라엘의 하나님 여호와께서 그의 날개 아래에 보호를 받으러 온 네게 온전한 상 주시기를 원하노라 하는지라 ¹³ 룻이 이르되 내 주여 내가 당신께 은혜 입기를 원하나이다 나는 당신의 하녀 중의 하나와도 같지 못하오나 당신이 이 하녀를 위로하시고 마음을 기쁘게 하는 말씀을 하셨나이다 하니라 ¹⁴ 식사할 때에 보아스가 룻에게 이르되 이리로 와서 떡을 먹으며 네 떡 조각을 초에 찍으라 하므로 룻이 곡식 베는 자 곁에 앉으니 그가 볶은 곡식을 주매 룻이 배불리 먹고 남았더라

일꾼의 보고를 받은 보아스가 룻을 불러 그녀를 격려하며 배려했다. 마치 어려운 딸의 형편을 보고 안타까워하는 아버지가 딸에게 하는 것처럼 "내 딸아!"(יִתְּ)(8절)로 위로하며 헤세드를 베풀었다(8-9절). 첫째, 보아스는 룻에게 이삭을 주우러 다른 밭에 가지 말라고 한다. 앞으로 룻이 그의 밭에서만 주워도 충분한 식량을 얻을 것이니 자기 밭에서만 이삭을 줍도록 한 것이다. 룻을 자기 밭에 머물게 하려는 보아스의 적

극적 의지를 엿볼 수 있다(Eskenazi & Frymer-Kensky). 또한 이 같은 사실은 보아스가 앞으로도 추수할 많은 밭을 소유한 재력가임을 뜻한다. 둘째, 보아스는 룻에게 자기 밭에서 떠나지 말 것을 권면한다. 보아스의 밭은 그의 소관이니 룻에게 어떠한 일도 일어나지 않도록 보호해주겠다는 뜻이다. 보아스는 룻과 나오미가 배를 굶지 않도록 하기 위해 배려할 뿐만 아니라, 룻의 신변 안전도 책임질 것을 암시한다.

셋째, 보아스는 룻에게 그의 소녀들(종들)과 함께 있으라고 한다. 룻이 홀로 낯선 곳에서 이삭을 줍다 보면 해를 당할 수도 있는데, 보아스의 여종들과 함께 있으면 보호를 받게 될 것이기 때문이다. '함께 있다'(דבק)는 이미 룻이 시어머니와 절대 헤어지지 않고 꼭 함께할 것이라며 사용했던 동사다(1:14). 이제 보아스는 룻에게 자기 여종들과 함께 있으라고 한다. 보아스가 룻에게 자기 여종들과 함께 있으라고 하는 것은 룻이 이제 이삭 줍는 이방인이 아니라, 그의 여종 중 하나로 대하겠다는 뜻으로, 그녀의 사회적 지위를 높여주는 행위이다(Eskenazi & Frymer-Kensky).

넷째, 보아스는 룻에게 자기 추수꾼들의 뒤를 바짝 따르라고 한다. 나중에 보아스가 일꾼들에게 일부러 이삭을 그녀 앞에 뿌려두도록 지시하는 것을 보면(16절), 이는 룻이 그 누구보다도 많은 이삭을 줍도록 하는 배려다(Morris). 다섯째, 보아스는 룻에게 그들(이삭을 줍는 소녀들)을 따르라고 한다. 홀로 이삭을 줍는 것보다는 다른 여자들과 함께 일하면 그만큼 일하는 것이 외롭지 않고 즐거워질 것이기 때문이다. 여섯째, 보아스는 자기 일꾼들에게 룻을 건들지 못하도록 지시했다고 한다. 보아스는 힘이 없고 가난한 이방인이라는 이유로 룻이 큰 해를 당할 수 있는 상황에서, 그녀에게 가해자가 될 수 있는 사람들을 미리 단속시킨 것이다. 더욱이 룻이 보호막이 되어주는 남자가 없는 모압 여인이라는 사실이 불량배에게는 더 없는 기회를 제공할 수도 있다. '건들다'(נגע)는 성적(性的)으로 접근하는 행위를 포함한다(Schwab). 그래서 보아스가 훗날 룻을 차지하려고 일꾼들에게 접근금지를 시킨 것이라고 하지만(Linafelt), 문맥에 전혀 어울리지 않는 해석이다. 보아스의 호의를 이런 식으로 매도하는 것은 올바른 해석이 아니다. 본문에서는 이 동사('건들다')를 단순히 '내쫓다'라는 의미로 즉, 보아스가 일꾼들에게 지시해서 그들을 뒤따르며 이삭을 줍는 룻을 내쫓지 못하도록 하겠다는 뜻으로 해석하는 것이 바람직하다(Eskenazi & Frymer-Kensky).

일곱째, 보아스는 룻에게 언제든지 목이 마르면 일꾼들이 길어온 물을 마시라고 했다. 이 역시 특별한 배려다. 뙤약볕에서 일하다 보면 당연히 갈증이 나서 물이 많이 필요한데, 룻은 이제 집에서 물을 챙겨올 필요가 없게 된 것이다. 룻이 이삭 줍는 일에만 집중할 수 있도록 한 배려다(Morris). 또한 보아스가 룻에게 자기의 물을 마시도록 하는 것은 상징적으로나마 자기 집안 사람으로 인정한다는 의미로 생각된다(Sasson, Farmer).

당시 정서를 고려할 때 보아스는 누가 보아도 룻을 참 많이 배려하고 있다(Bush). 보아스가 룻을 이같이 배려하는 것은 일부 주석가들이 주장하는 것처럼(Younger), 이미 보아스의 남녀 일꾼들에게서 어느 정도의 해나 상처를 받은 룻이 그의 밭을 떠나려는 것을 알고 내놓은 대안은 아니다. 또한 보아스가 룻을 이렇게 배려하는 것이 룻에 대해 성적으로 접근하고 싶은 흑심을 품고 그녀를 다른 남자로부터 보호하기 위해서라는 해석(Fewell & Gunn)도 설득력이 없기는 마찬가지다. 보아스는 의롭고 자비로운 사람이며, 나오미에게는 도움을 줄 수 있는 친척이다. 보아스는 이 일을 통해 딸처럼 애틋하게 생각하게 된 룻을 마치 자기 집안의 일원으로 받아들이고 있다(Morris, Hubbard). 보이지 않는 곳에서 역사하시는 하나님이 보아스의 착한 심성을 사용해 룻을 축복하고 계신다.

잠시 후에 보아스 자신이 밝히겠지만, 그는 나오미와 룻의 이야기를 이미 들은 적이 있다. 룻이 늙은 시어머니를 보살피기 위해 베들레헴까지 왔다는 이야기는 그를 감동시켰다. 그래서 언젠가 만나면 룻을 격려하고 축복해주고 싶었는데, '공교롭게도' 그녀가 이 순간 자기 앞에 나타난 것이다. 그래서 보아스는 이 기회에 그들을 격려하고 두 사람이 베들레헴에 잘 정착할 수 있도록 돕기 위해 룻(또한 나오미)의 보호자를 자청했다. 룻이 집을 떠나면서 시어머니에게 "잘 대해 주는 사람을 만나면, 그를 따라다니면서 이삭을 줍고 싶다"라며 소망했던 일이 이루어지는 순간이다(Sakenfeld).

보아스의 룻에 대한 배려는 보이지 않는 곳에서 역사하시는 하나님이 '우연'을 사용하여 하신 일이다. 보아스같이 사회적으로 존경받고 권세 있는 사람이 룻의 보호자를 자청했으니, 앞으로 룻(또한 나오미)의 앞날이 어둡지만은 않다. 약자를 자상하게 배려하는 보아스는 참으로 헤세드를 알고, 헤세드를 베푸는 사람이다. 보아스가 베푼 헤세드로 인해 룻은 이스라엘에 평안히 정착할 수 있는 이방인이 되었다(Hubbard).

처음 만난 사람에게 전혀 기대하지 않았던 보살핌을 받게 된 룻이 감동하여 보아스 앞에 머리가 땅에 닿도록 바짝 엎드려 절을 했다(10절). 그녀가 보아스 앞에서 취하는 자세는 감사의 표시다. 룻은 "어찌 이런 은혜를 저 같은 이방인에게 베푸십니까?"하고 의아해 했다. 만일 그녀의 질문이 수사학적인 질문이라면 답이 필요 없다. 룻은 보아스에게 받은 은혜가 너무 커서 감탄사로 이 질문을 하고 있는 것이다. 만일 룻의 질문이 답을 요구하는 것이라면 의미는 달라질 수 있다. 일부 학자들은 그녀의 질문이 "어떤 대가를 바라고 저를 이렇게 대접하십니까?"라는 뜻이며, 룻은 필요하다면 보아스의 성적 요구까지 고려하겠다는 취지로 해석한다(Sakenfeld). 그러나 그녀의 질문은 이방인인 자신이 처음 만난 보아스에게 받은 너무 큰 은혜에 감격하여 "어찌하여 저를 마치 오래전부터 알았던 친족처럼 대하십니까?"라는 의미지 어떠한 성적 거래를 염두에 두고 하는 질문이 아니다(Hubbard).

보아스는 룻이 남편이 죽은 후에도 시어머니를 어떻게 헌신적으로 대했으며, 홀로된 시어머니를 위하여 희생을 각오하고 이스라엘까지 온 일에 대해 잘 알고 있다며 위로했다(11절). 보아스가 룻을 처음 보고 있지만 이미 그녀의 미담은 베들레헴 공동체에 두루 알려졌기에 그는 소문을 듣고 룻을 알고 있었다. 보아스는 룻의 시어머니에 대한 헌신과 낯선 땅까지 온 그녀의 용기 등 두 가지를 높이 평가한다. 룻이 시어머니를 보필하는 것도 대단한 일이며, 아무런 보장도 없는 상황에서 가족과 친지를 떠나 낯선 땅으로 온 것은 아브라함이 하나님 말씀에 따라 가나안으로 이주해온 것에 비교될 수 있다(Hubbard). 보아스는 룻이 시어머니를 위하여 행한 두 가지 선행을 나중에 헤세드라고 부른다(3:10; cf. 1:8). 보아스의 스피치는 룻이 나오미를 헌신적으로 보살피는 것에 비하면 자신이 배려한 것은 아무것도 아니라는 뜻이다.

한 이방 여인의 선행이 주변 사람에게 감동을 주었을 뿐만 아니라, 선행을 행하도록 자극제가 되고 있다. 아름다운 일은 이처럼 전염성이 강하다. 교회가 서로를 배려하고 사랑하는 따뜻한 공동체가 되기를 원한다면, 내가 먼저 배려하고 사랑하면 된다. 선하신 하나님이 우리의 선행을 보고 자극받은 사람의 마음을 움직이실 것이기 때문이다.

또한 착한 사람은 착한 사람을 알아본다. 평생 경건하게 살아왔던 보아스는 룻의 이야기를 듣고는 그녀가 얼마나 아름다운 사람인지를 대번에 알아보고는 기회가 되면 자비를 베풀기를 원했다. 하나님이 이날 보아스에게 그 기회를 허락하셨다. 그러므로 보아스는 룻에게 여러 가지로 배려하고 더 나아가 추수한 곡식까지 나누어주는 헌신적인 나눔을 감수하지만, 기분만은 최고였다. 그는 이날 밤 집에서 하루를 돌아보며 선을 베풀 수 있는 기회를 주신 하나님께 감사했을 것이다.

보아스는 더 나아가 룻에게 여호와의 복을 빌어주었다(12절). 보아스는 하나님이 룻이 행한 선한 일에 따라 보상해 주실 것을 빌어주었다. 여호와 하나님은 모든 사람을 심판하는 분이실 뿐만 아니라 사람의 행실에 따라 적절하게 보응하는 분이라는 사실이 이 복의 바탕이 되고 있다. 또한 하나님의 백성인 나오미에게 행한 선행은 곧 하나님께 한 것과 다를 바 없으니 하나님이 꼭 갚아주실 것이라는 확신도 배경으로 하고 있다(Block). 보아스가 룻에게 여호와의 이름으로 복을 빌어주는 것은 룻을 이스라엘 공동체의 일원으로 환영하는 의미를 지녔으며, 더 나아가 룻이 늙은 시어머니를 위해 한 일에 대한 적절한 보상과 축복 은 이 세상에 없기 때문이다(Eskenazi & Frymer-Kensky). 그만큼 보아스는 룻의 헌신을 높이 평가하고 있다.

보아스는 모압 여인 룻이 모압 사람의 신 그모스가 아니라 전능하신 이스라엘의 하나님 여호와의 날개 아래 있다는 사실도 상기시켜 주었 다. 이 이미지는 어미 새가 자신의 날개 밑에 새끼 새들을 두어 보호 하는 매우 인격적이고 강력한 비유다(신 32:11). 하나님(신)의 보호를 어 미 새가 새끼 새들을 보호하는 것에 비교하는 것은 고대 근동에서 흔 한 일이었다(Keel, NIDOTTE). 보아스는 룻이 이해할 수 있는 일상 속의 비유를 통해 비록 그녀가 힘없고 연약한 '새끼 새'와 같지만, 룻이 절대 좌절할 필요가 없는 것은 그녀를 보호하고 있는 '어미 새' 하나님의 날 개가 있기 때문이다. 이미 책 곳곳에서 암시된 것처럼 본문에서도 룻 이 보이지 않는 하나님의 보호를 받고 있음이 보아스를 통해 확인되고 있다(Hubbard).

룻은 보아스의 격려와 축복에 매우 감격했다. 그녀는 다시 한번 넙 죽 엎드리며 고마움을 표했다(13절). 자기는 보아스가 거느리고 있는 수많은 종만도 못한 이방인인데 너무 과분한 대접을 받으니 몸 둘 바 를 모르겠다는 것이었다. 보아스가 그녀를 위해 여러 가지를 배려한 것이 너무나도 고맙고 감격스러운 일이지만, 구체적으로 두 가지를 감 사한다. 첫째, 룻은 보아스가 그녀를 위로해 주었다(נחם)는 점에 감사한 다. 구약에서 '위로하다'(נחם)는 주로 큰일/위기를 겪은 사람에게 임하 는 격려다(Eskenazi & Frymer-Kensky, cf. 사 40:1-2). 이 단어의 이 같은 용도는 본문과도 잘 어울린다. 남편을 잃었을 뿐만 아니라, 홀로된 시어머니를 모시고 이스라엘을 찾은 룻에게 당연히 위로가 필요한 순간이기 때문이다. 또한 룻은 온갖 복잡한 생각과 불안감으로 가득한 그녀의 마음이 보아스의 격려로 평안을 찾게 된 것에 감사하고 있다(Block).

둘째, 룻은 보아스가 그녀의 마음에 [기쁨을 주는] 말로 격려해 준 것(דִּבַּרְתָּ עַל־לֵב)에 감사한다. 보아스가 그녀의 형편을 잘 헤아리고 있었기에 가장 필요한 말로 위로했다는 뜻이다. 남편의 죽음 이후 항상 불안했던 룻의 마음이 보아스의 격려를 통해 안정을 찾았다(Morris). 모든 것이 불확실하고 불안정한 상황에서 타국에 정착하고 살아야 하는 룻에게 보아스의 격려는 상상을 초월하는 힘이 되었을 것이며, 자신이 여호와의 인도하심을 받아 복된 땅에 와 있음을 의식하게 하기에 충분했다.

더 나아가 룻은 보아스가 그녀를 인정했다는 사실이 더욱 감격스러웠을 것이다. 사람은 인정받을 때 가장 큰 행복을 느끼며 만족한 삶을 살 수 있다. 룻은 이미 하나님께 인정받았고, 이번에는 베들레헴 공동체의 대표라고 할 수 있는 보아스에게 인정받았다. 그러므로 수중에 돈 한 푼 없지만, 룻은 이 순간 참으로 행복한 여자였다. 보아스는 룻을 위하여 많은 배려를 해주었다. 여러 가지 조치를 취하여 그녀가 어려움 없이 이삭을 줍도록 해주었다. 그러나 룻이 보아스에게 하는 말을 살펴보면, 그녀는 이 같은 배려에도 참으로 감사하지만, 무엇보다도 보아스의 친절하고 따뜻한 말에 더 감격하고 있다. 보아스는 자신의 말에 마음을 담았고, 그의 마음이 따뜻한 말을 통해 룻의 마음에 잘 전달되었기 때문이다. 우리가 서로에게 하는 말은 이처럼 중요하다. 우리도 서로 보아스처럼 마음을 담아 진심으로 위로와 격려를 속삭여 줄 수 있으면 좋겠다.

시간이 얼마 지나 점심때가 되었다(14절, Sakenfeld). 고대 근동 사회에서 음식을 함께 먹는다는 것은 고픈 배를 채우며 끼니를 때우는 것이상의 의미를 지녔다. 때로는 손님을 접대하는 차원에서 음식을 함께 나누었고(창 18:1-8), 특별한 일을 기념하기 위하여 함께 나누었다(시 23:5; 마 22:1-14; 눅 12:36). 계약을 체결한 당사자들이 예식의 일부로 함께 먹기도 했고(창 31:54; 출 24:11), 식사를 통해 사회적 관계와 지위를 표현하기도 했다(창 43:33-34). 이러한 당시 정서를 고려할 때 갑부이자 사회적 지위가 매우 높은 보아스가 하인들과 함께 식사한다는 것은 인격이 어떠했는가를 엿볼 수 있게 하는 대목이다(Block).

이미 룻에게 많은 것을 선사한 보아스가 점심때에 또 헤세드를 베풀었다. 그녀를 초청하여 자기 음식을 그녀에게 주고 함께 먹은 것이다(14절). 보아스가 룻에게 하나님의 이름으로 축복을 빌어주었으니, 이제 자신이 솔선수범해서 그 축복을 실현할 때가 되었다(Eskenazi & Frymer-Kensky). 보아스는 이날 내내 자기의 새 친척이 된 룻을 위하여 무엇을 더 해줄 것이 없는가를 고민했을 것이다(Aschkenasy).

보아스는 룻을 베들레헴 공동체의 일원으로 환영하고 있다(Sakenfeld). 바로 며칠 전에 베들레헴에 도착한 룻이 시어머니의 허락을 받고 나서 아침 일찍부터 밭에 나왔다는 점을 고려할 때 점심을 챙겨 나오지 못한 것이 거의 확실하다. 이런 룻에게 보아스는 일꾼들을 위해 준비한 식사를 먹게 했다. 빵뿐만 아니라 그 빵을 찍어먹을 소스(sauce)도 제공했다. 또한 볶은 곡식도 주었다. 보아스는 룻이 마음껏 먹고도 남을 정도로 충분한 양을 주었다. 룻이 보아스를 통해 만족을 얻게 된 것은 앞으로 더 큰 만족을 누리게 될 것을 암시(foreshadow)하고 있다(Rauber).

무엇보다 중요한 것은 보아스가 하인을 시키지 않고 직접 룻에게 음식을 주었다는 사실이다(Hubbard). 베들레헴 유지가 가장 낮은 이방인 과부를 섬기고 있다! 보아스는 이 점심 식사를 통해 다시 한번 헤세드가 무엇인지를 직접 실천하고 있다. 보아스는 참으로 하나님이 룻을 위로하기 위해 보내신 사람이었다(Block). 우리도 룻처럼 전혀 기대하지 않았던 상황에서 기대하지 못했던 사람에게 대접을 받으면 기분이 참 좋을 텐데! 예수님께서 말씀하신 대로 대접받고 싶은 대로 남을 대접하면 언젠가는 우리도 그런 대접을 받게 될 것이다. 소망을 갖고 선을 행하자.

3. 보아스와 일꾼들(2:15-16)

[15]룻이 이삭을 주우러 일어날 때에 보아스가 자기 소년들에게 명령하여 이르되 그에게 곡식 단 사이에서 줍게 하고 책망하지 말며 [16]또 그를 위하여 곡식 다발에서 조금씩 뽑아 버려서 그에게 줍게 하고 꾸짖지 말라 하니라

　점심이 끝나고 다시 추수가 시작되었다. 보아스는 일꾼들을 불러 룻이 곡식 단 사이에서 줍게 배려하라고 했다(15절). 더 나아가 곡식 다발에서 조금씩 뽑아 그녀 앞에 뿌려주라고 했다(16절). 또한 어떤 일이 있어도 룻이 수치를 당하지 않도록(לֹא תַכְלִימוּהָ) 배려할 것이며(15절), 야단하지 말 것(לֹא תִגְעֲרוּ־בָהּ)을 당부했다(16절, HALOT). 당시 밭주인은 이삭 줍는 사람이 단 사이에 돌아다니는 것을 금했다. 어떤 주인은 단 사이에 떨어진 이삭을 자신이 줍기 위해 금했고, 어떤 주인은 이삭 줍는 사람이 욕심을 부려 주인 몰래 단에서도 이삭을 뽑을까 봐 이 지역을 접근금지 지역으로 정했다(Hubbard). 이러한 상황에서 오히려 룻이 단 사이에서 줍도록 배려하라고 하는 것을 보면 보아스는 참으로 헤세드를 베풀기를 기뻐하는 사람이다.

　당시 이삭 줍는 사람은 매우 가난하거나, 여자거나, 이방인이다 보니 추수하는 일꾼도 이들을 무시하기 일쑤였으며, 자주 야단을 쳤다(Eskenazi & Frymer-Kensky). 이러한 정서를 고려할 때 보아스가 룻을 위해 일꾼들에게 지시하는 것은 참으로 대단한 일이다. 이 같은 보아스

의 배려는 헤세드로밖에 설명되지 않는다. 그는 법이 규정하는 것보다 훨씬 더 큰 자비를 베풀고 있기 때문이다. 하나님이 룻을 대하시는 것처럼 보아스가 룻을 대하고 있다. 보아스는 어느덧 하나님의 사랑과 배려가 성육신한 모형이 되어 있다.

III. 대를 이을 수 있는 실낱 같은 희망(2:1-23)

C. 만남의 결과: 희망의 불씨(2:17-23)

[17]룻이 밭에서 저녁까지 줍고 그 주운 것을 떠니 보리가 한 에바쯤 되는지라 [18]그것을 가지고 성읍에 들어가서 시어머니에게 그 주운 것을 보이고 그가 배불리 먹고 남긴 것을 내어 시어머니에게 드리매 [19]시어머니가 그에게 이르되 오늘 어디서 주웠느냐 어디서 일을 하였느냐 너를 돌본 자에게 복이 있기를 원하노라 하니 룻이 누구에게서 일했는지를 시어머니에게 알게 하여 이르되 오늘 일하게 한 사람의 이름은 보아스니이다 하는지라 [20]나오미가 자기 며느리에게 이르되 그가 여호와로부터 복 받기를 원하노라 그가 살아 있는 자와 죽은 자에게 은혜 베풀기를 그치지 아니하도다 하고 나오미가 또 그에게 이르되 그 사람은 우리와 가까우니 우리 기업을 무를 자 중의 하나이니라 하니라 [21]모압 여인 룻이 이르되 그가 내게 또 이르기를 내 추수를 다 마치기까지 너는 내 소년들에게 가까이 있으라 하더이다 하니 [22]나오미가 며느리 룻에게 이르되 내 딸아 너는 그의 소녀들과 함께 나가고 다른 밭에서 사람을 만나지 아니하는 것이 좋으니라 하는지라 [23]이에 룻이 보아스의 소녀들에게 가까이 있어서 보리 추수와 밀 추수를 마치기까지 이삭을 주우며 그의 시어머니와 함께 거주하니라

밭에서 수확한 곡식을 들고 집으로 돌아온 룻과 시어머니의 대화로 구성되어 있는 이 섹션은 다음과 같은 구조를 지녔다(Younger, cf.

Bush).[15]

내러티브 서론(2:17-18)
   A. 나오미의 질문과 축복(2:19a)
     B. 룻의 대답: "보아스라는 사람의 밭에서 일했습니다"(2:19b).
       C. 나오미가 보아스를 축복하고 새로운 정보를 제공함:
        "그는 친족이며 기업을 무를 자 중 하나다"(2:20).
     B´. 룻의 대답: "보아스가 추수가 끝날 때까지 그의 밭에서 일
       하라 했습니다"(2:21).
   A´. 나오미의 동의(2:22)
내러티브 결론(2:23)

룻이 아침부터 열심히 일해 얻은 곡식(보리)을 가지고 집으로 돌아왔
다(17절). 이삭에서 곡식을 털어 자루에 담으니(Block) 한 에바나 되었
다. 우리는 한 에바를 22ℓ로 계산하지만, 시대에 따라 어느 정도 양의
차이가 있었다(Huey, cf. ABD). 당시 사람이 하루에 필요한 양식을 계산
할 때 한 사람당 1ℓ의 보리를 기준으로 삼았다(Younger). 그러므로 룻이
이날 가져온 22ℓ의 곡식은 두 여인이 5-7일 정도 먹을 수 있는 양식이
다(Hamlin). 이삭을 주워 얻은 수확으로는 참으로 많은 양이다.
   신명기 16:9-12와 게셀 달력(Gezer Calendar)에 의하면 보리 수확의 시
작부터 밀 수확이 마무리될 때까지는 7주가 걸렸으며, 오순절에 끝이

---

15 한 주석가는 18-23절에 대하여 다음과 같은 분석을 내놓았다(Schwab).
    a. Ruth brings gleanings home, gives them to Naomi(2:18)
      b. Naomi questions Ruth, blesses benefactor(2:19a)
        c. Ruth reports to Naomi the name of Boaz(2:19b)
          d. Naomi blesses him through Yahweh(2:20a)
          d´. Naomi recognizes Yahweh's redeemer(2:20b)
        c´. Ruth further reports Boaz's offer(2:21)
      b´. Naomi pronounces the situation "good"(2:22)
    a´. Ruth continues to glean, lives with Naomi(2:23)

났다. 만일 룻이 7주 동안 매일 한 에바의 곡식을 얻게 된다면, 나오미와 함께 최소 3분의 2년 혹은 최대 1년을 먹을 수 있는 양의 곡식을 얻게 된다. 그러므로 땅 한 평 없는 이방인 과부가 이처럼 많은 곡식을 얻게 된다면 참으로 경이로운 일이 아닐 수 없다.

고대 바빌론에서는 품을 파는 노동자에게 하루에 1-2ℓ의 보리를 품삯으로 주었다고 한다(Sasson). 이 같은 정황에 비추어볼 때 룻은 이날 거의 2분의 1개월치 수익을 올린 것이다(Hubbard). 그러므로 이 이야기를 처음 들은 고대 사람은 룻이 이처럼 많은 양의 곡식을 가지고 집에 왔다는 소식에 "와~!"하고 감탄하며 놀라움을 감추지 못했을 것이다 (Younger).

그녀가 집으로 가져온 한 에바는 룻이 하루 이삭을 주워 모은 것으로는 매우 많은 양이라는 것을 쉽게 알 수 있다. 사실 보아스의 지시에 따라 일꾼들이 일부러 그녀 앞에 이삭을 뿌려주지 않았더면 이처럼 많은 곡식을 얻어온다는 것은 불가능한 일이다. 그러므로 룻이 한 에바를 가지고 집에 돌아왔다는 것은 보아스의 헤세드에 대한 증언이며 (Nielsen), 이날 룻이 얼마나 열심히 일을 했는가에 대한 부연 설명이다 (Hubbard). 나오미와 룻의 형편이 전(前)날에 비하면 참으로 많이 나아졌다. 그러나 룻과 나오미가 앞으로도 굶지 않으며 살 수 있으려면 더 많은 헤세드가 필요하다(Sakenfeld). 또한 룻이 이처럼 많은 양의 곡식을 거뜬히 들고 집으로 왔다는 것은 건강하고 힘이 센 여인이었다는 점을 암시한다(Bush). 옛적에 목마른 낙타 10마리에게 물을 길어 준 리브가처럼 말이다(창 24장).

룻이 많은 양의 곡식을 가지고 집으로 돌아오자 깜짝 놀란 나오미가 어디서 이 많은 곡식을 얻었는지 물었다(19절). 아침에 며느리가 이삭을 주우러 나가도록 허락할 때에만 해도 이처럼 많은 곡식을 가지고 돌아올 것이라고는 상상하지 못했을 것이다. 아마도 2-3ℓ 정도의 곡식을 거두어올 것으로 기대했을 것이다. 그래서 흥분한 나오미는 룻이

미처 대답하기도 전에 그녀를 배려한 사람을 축복했다. 나오미도 룻이 누구의 특별한 도움 없이는 이렇게 많은 곡식을 주워올 수 없다는 것을 잘 알고 있었다.

게다가 룻이 그날 주운 곡식과 함께 먹고 남은 '점심'을 내놓았다. 아침에 점심을 챙기지 못하고 갔는데, 점심으로 먹고 남은 것이라며 볶은 곡식을 내놓는 순간 나오미는 룻이 이날 이렇게 많은 곡식을 얻게 된 것에는 분명 여호와의 복을 받아야 할 사람이 배후에 있다는 것을 직감했던 것이다. 사실 말이 '먹고 남은 점심'이지 룻이 집에서 굶고 있을 시어머니가 생각나 목이 메어 '먹지 못했던 점심'이었을 것이다 (Hubbard). 보아스는 바로 룻의 이런 모습에 감동받았을 것이다.

룻이 보아스라는 사람의 밭에서 일해서 얻은 것이라고 하자(19절) 나오미는 보아스가 죽은 자들(남편, 아들들)과 산 자들(자신과 룻)에게 헤세드(חֶסֶד)를 베푼다며 보아스에게 여호와의 복을 빌어주었다(20절). 룻이 나오미에게 헤세드를 베풀었던 것처럼, 이번에는 보아스가 룻과 나오미에게 헤세드를 베풀었다. 그러나 엄밀히 따지면 나오미가 죽은 자들과 산 자들에게 자비를 베풀어준다는 사람이 보아스인지, 아니면 여호와이신지 확실하지가 않다. 문맥을 생각해보면 이는 보아스다(Schwab, Rebera). 그러나 히브리어 문장 구조를 볼 때 이는 여호와다(Prinsloo). 그래서 우리말 번역본도 이 이슈에 대해 의견이 나뉘어 있다. 개역개정과 새번역, 공동번역 등은 보아스로 번역했다. 반면에 리빙 바이블과 쉬운 성경은 하나님으로 번역했다(TNK). 주석가들은 저자가 의도적으로 문장을 이렇게 구성하고 있다고 생각한다(Hubbard, cf. Campbell, Bush). 나오미의 집안에 헤세드를 베푼 사람은 '하나님 혹은 보아스'가 아니라, '하나님과 보아스' 혹은 하나님이 보아스를 통해 나오미의 집안에 헤세드를 베푸셨다는 사실을 강조하기 위해 이처럼 양쪽으로 해석될 수 있는 문장 구조를 사용하고 있다는 것이다(Sakenfeld, Younger, Farmer). 나오미에게 헤세드를 베푸시는 분은 분명 하나님인데, 헤세드를 베푸시는 하나님은 이 순간 도구(agent)인 보아스와 나누어질 수 없다(Schwab).

이러한 문법적 구성을 통해 룻이 보아스의 밭에 '우연히' 가게 된 일이 보이지 않는 곳에서 사역하시는 하나님의 인도하심에 의한 일이었던 것처럼, 보아스가 룻에게 헤세드를 베푼 것도 우연히 된 일이 아니라, 자비로우신 하나님이 보아스를 통해 나오미의 집안에 헤세드를 베푸신 일임을 암시하고자 한다. 우리가 하나님의 자비와 인애를 남에게 베풀 때, 주님의 도구인 우리도 하나님과 하나가 된다.

나오미가 하나님 이름으로 보아스를 축복하고, 여호와께서 죽은 자와 산 자에게 자비를 베푸신다고 고백하는 일은(20절) 주님을 원망하던 때와 사뭇 다르다. 그녀의 신앙이 완전히 회복된 것은 아니겠지만, 점차 제자리를 찾아가고 있음을 암시한다(Sakenfeld). 나오미의 한마디로 어느덧 '죽은 자들' 사이에 거하던 그녀가 드디어 '산 자들'의 세상으로 돌아온 것이다(Rauber, Loretz).

나오미는 또한 룻에게 새로운 정보를 제공한다. 보아스는 엘리멜렉의 친족이며 '우리의 기업을 무를 수 있는 자'(מִגֹּאֲלֵנוּ) 중 하나라는 사실이다(20절). 나오미의 발언은 마치 기업을 무를 수 있는 사람이 많은 것처럼 느껴지지만, 사실 보아스 외에 한 사람이 더 있을 뿐이다(4:4). 보아스에 대한 정보를 이미 2:1에서 제공해주었기에 우리는 알고 있지만, 룻에게 이 정보가 주어지는 것은 처음이다. 나오미네 집안의 기업을 무르는 일에 앞으로 보아스가 결정적인 일을 할 것을 기대하게 한다.

기업을 무르는 일은 큰 헤세드를 베풀 마음이 있어야만 가능한 일이며, 보아스는 이 같은 인품을 지니고 있다는 사실이 입증되었기 때문이다. 일부 주석가는 20절에 기록된 나오미의 말이 이삭의 아내를 찾는 아브라함의 스피치(창 24장)와 비슷하다 하여 나오미가 룻을 보아스와 결혼시킬 것을 이때부터 마음에 두었다고 한다(Hubbard, cf. Luter & Davis). 그러나 지나친 추측이다. 하루하루를 살아가기도 버거운 나오미에게 아직 거기까지 생각할 겨를이 없다.

시어머니 나오미의 반응에 힘을 얻은 룻은 신이 나서 보아스가 자기에게 추수가 모두 끝날 때까지 그의 밭을 떠나지 말고 일꾼들과 함께 있으라고 했다는 말도 더했다(21절). 저자는 룻을 여전히 '모압 여인'이라고 한다. 비록 룻이 보아스에 의하여 베들레헴 공동체의 일원으로 환영을 받았지만, 아직도 이스라엘에서 사회적 약자로 취급되는 이방인임을 암시하기 위해서다. 또한 보아스가 룻에게 헤세드를 베푼 것은 그와 룻의 신분 차이를 감안할 때 매우 파격적이었음을 강조하기 위해서다.

나오미는 보아스의 제안을 고맙게 생각하며 자기도 룻이 보아스의 밭에서만 이삭을 주웠으면 좋겠다고 한다(22절). 다만 한 가지 특이한 것은 룻은 보아스가 '그의 소년들'(일꾼들)과 함께 있으라고 했다고 하는데(21절), 나오미는 '그의 소녀들'과 함께 있었으면 좋겠다고 하는 점이다(22절). 나오미가 왜 이렇게 말하는 것일까? 혹시 나오미는 벌써부터 보아스가 자기 집안의 기업을 무를 자가 될 것에 대비하여 룻과 젊은 남자들 사이에 일어날 수 있는 스캔들을 미연에 방지하려고 이런 요구를 하는 것일까?(Hubbard). 이 시점에서 나오미가 가장 염려하는 것은 룻의 안전이다. 그러므로 나오미는 룻이 남자들 주변을 맴돌다가 봉변을 당할 수도 있다는 우려에서 보아스가 말한 것처럼 밭일하는 남자들이 아니라 여자들과 함께 있을 것을 지시하는 것이다. 두 여인에게는 어떠한 흑심도 없다.

룻은 시어머니 말대로 보아스의 소녀들 곁에서 보리 추수와 밀 추수가 모두 끝날 때까지 이삭을 주우며 나오미와 살았다(23절). 이미 언급한 것처럼 보리 추수의 시작에서 밀 추수의 끝까지는 7주 정도 걸렸다. 이 기간에 룻은 열심히 이삭을 주웠다. 자세히 언급하지 않으니 정확히 알 수는 없지만, 7주 동안 매일같이 첫날처럼(17절) 많은 양의 곡식을 얻지는 못했을 것이다. 그러나 보아스의 배려로 두 여자가 상당 기간 먹고 살 수 있을 정도의 곡식을 얻은 것은 확실하다. 나오미와 룻은 식량 확보에 있어서 상당히 만족스러운 추수철을 보낸 것이다.

저자는 이 여인들에 대하여 한 가지 실망도 안겨준다. 독자는 보아스가 소개되고, 기업 무를 자 중 하나라는 정보가 제공되었을 때, 룻과 보아스의 일이 속전속결로 진행될 것을 기대했을 것이다(Younger). 그러나 추수가 모두 끝날 때까지 룻이 나오미와 함께 살았다는 것은 일이 기대했던 대로 진행되지 않고 있음을 암시한다(Hubbard). 이런 상황에서 독자가 할 수 있는 일은 잠시 후 이야기가 급진적으로 전개될 것에 대비해 숨을 고르는 일이다(Sakenfeld).

IV. 대를 잇기 위한 노력

(3:1–18)

2장이 막을 내릴 때 룻과 보아스 사이에 당장 무슨 일이 있을 것 같은 독자의 기대감도 상당 부분 안타까운 기다림으로 변했다. 우리는 두 사람 사이에 분명 좋은 일이 있을 것이라고 확신하지만, 보이지 않는 곳에서 역사하시는 하나님의 가려진 섭리가 아직 때가 이르지 않았음을 암시해준다. 하나님의 사역은 '하나님의 뜻', '하나님의 방법', '하나님의 때'라는 세 가지가 일치할 때 현실로 드러나는데, 룻이 보아스와 만나 결혼하는 것은 하나님 뜻이며, 하나님은 '우연'을 통해 이들을 만나게 하셨다.

이제 '하나님의 때'만 되면 된다. 그러나 아직은 그때가 이르지 않았다. 사실 세 가지 중에서 가장 어려운 것은 하나님의 때를 분별하는 일이다. 그러다 보니 종종 하나님의 때를 앞서가다가 낭패를 보는 사람을 주변에서 보게 된다. 하나님의 때를 구별할 수 있는 사람은 하나님의 사역을 하기에 적합한 사람이다. 그러므로 우리는 하나님의 때를 분별할 수 있는 안목과 영성을 달라고 기도해야 한다.

룻이 보아스를 처음 만난 후 몇 주가 지났다. 이 같은 사실은 3장의 이야기가 보아스의 타작마당에서 있었던 일을 중심으로 전개되는 것

을 보아 알 수 있다. 당시 사람은 보리와 밀을 모두 거두어들인 다음에
타작을 했는데(Block), 보리 수확을 시작하는 때부터 밀 수확을 마무리
하는 때까지 7주가 걸렸다(Gezer Calendar). 룻과 나오미가 보리 수확이
시작될 무렵에 베들레헴으로 돌아왔으니, 아마도 3장 이야기는 그들이
돌아온 후 6-7주 정도 지난 다음에 있었던 일일 것이다.

이 이야기는 2장의 이야기와 여러 가지 비슷한 방식으로 전개된다
(Younger, Sakenfeld). (1) 두 이야기 모두 구조가 동일하다(cf. 다음 도표), (2)
2장과 3장 모두 룻과 보아스에 초점을 맞추고 있다, (3) 두 군데 모두
나오미와 룻의 대화로 시작되며 룻이 집을 나서는 것으로 다음 단계가
진행된다, (4) 두 이야기에서 보아스는 룻에 대하여 묻는다(2:5; 3:9). 중
심에 있는 보아스와 룻의 이야기가 모두 시간에 대한 언급으로 두 파
트로 나뉘고 있다. 2장은 2:4-13…"식사 시간에"…2:14-16 순으로 전
개되며, 3장은 3:6-13…"아침까지"…3:14-15로 나뉘는 것이다(Block).
이 이야기는 또한 2장과 동일한 장소에서 전개된다. 이 외에도 2장
과 3장은 여러 가지 연결고리를 지니고 있다. 다음을 참고하라(Luter &
Davis).

2장	주제	3장
나오미, 룻, 보아스	등장인물	나오미, 룻, 보아스
추수 시작	시간(timing)	추수 끝
곡식 추수	일	곡식 까부름
룻이 머무는 곳에 보아스 도착	사건 시작	보아스 머무는 곳에 룻이 도착
룻이 이삭을 줍도록 허락	부탁	룻이 보아스에게 결혼하자고 함
보아스의 허락	반응	가능하면 보아스가 진행할 것
룻에 대하여 알고 있음	보아스의 통찰	온 백성이 룻에 대하여 알고 있음

보아스: 유력한 사람	인물 묘사	룻: 현숙한 여인
보살펴줄 사람 없음	문제	우선권을 가진 사람
식량 공급	보아스의 보호	룻의 명예를 지켜줌
하루 종일 일함	기간	밤새 기다림
보리 한 에바	양식 선물	보리 여섯 대
나오미의 소망	마무리	나오미의 기다림

　　보아스가 이때까지 아무런 일을 하지 않은 것에 대해 룻과 나오미를 방치한 것이라고 해석하는가 하면(Phillips), 보아스가 어떠한 이유에서라도 모압 여인과 결혼하는 것이 부담스러워서 룻과 결혼하는 것이 죽은 사람과 산 사람을 위해 좋은 일이라는 결론에 도달하기 위해 시간이 필요했던 것으로 해석하는 사람도 있다(Fewell & Gunn). 어찌 되었건 나오미네 남편 집안의 기업을 무를 권한을 가진 보아스가 움직이지 않자 나오미가 움직였다. 나오미의 주선으로 보아스와 룻의 '야밤 만남'이 어떻게 진행되었는가를 회고하고 있는 본 텍스트는 다음과 같이 구분될 수 있다.[16]

　　A. 만남 준비: 나오미의 계획(3:1-5)
　　　　B. 룻과 보아스의 만남(3:6-15)
　　A'. 만남의 결과: 확고한 희망(3:16-18)

16　3장은 다음과 같이 더 상세히 분석될 수 있다(Luter & Rigsby).
　　A. 나오미의 목적: 보아스를 통한 룻의 '안식'(3:1-2)
　　　　B. 나오미의 계획: 룻이 은밀하게 보아스의 발에 누움(3:3-5)
　　　　　　C. 룻이 나오미의 계획을 실천함(3:6-9)
　　　　　　　　D. 보아스가 결혼에 관하여 룻을 칭찬함(3:10)
　　　　　　　　D'. 보아스가 룻을 현숙한 여인으로 칭찬함(3:11)
　　　　　　C'. 보아스가 나오미의 계획에 동의하지만, 우선권이 있는 사람을 언급함(3:12-13)
　　　　B'. 보아스가 룻을 새벽까지 은밀하게 숨김(3:14-16)
　　A'. 나오미의 반응: 보아스가 '안식하지 않을 것'(3:17-18).

A. 만남 준비: 나오미의 계획(3:1-5)

¹ 룻의 시어머니 나오미가 그에게 이르되 내 딸아 내가 너를 위하여 안식할 곳을 구하여 너를 복되게 하여야 하지 않겠느냐 ² 네가 함께 하던 하녀들을 둔 보아스는 우리의 친족이 아니냐 보라 그가 오늘 밤에 타작 마당에서 보리를 까불리라 ³ 그런즉 너는 목욕하고 기름을 바르고 의복을 입고 타작 마당에 내려가서 그 사람이 먹고 마시기를 다 하기까지는 그에게 보이지 말고 ⁴ 그가 누울 때에 너는 그가 눕는 곳을 알았다가 들어가서 그의 발치 이불을 들고 거기 누우라 그가 네 할 일을 네게 알게 하리라 하니 ⁵ 룻이 시어머니에게 이르되 어머니의 말씀대로 내가 다 행하리이다 하니라

늦은 봄부터 시작된 보리와 밀 추수가 드디어 끝나고 그동안 수확했던 곡식의 타작이 시작되었다. 지난 몇 주 동안 보아스의 밭에서 열심히 이삭을 주웠던 룻도 이제는 할 일이 없어서 집에서 쉬고 있었다. 룻이 이삭을 주우러 다닐 때에는 말을 꺼내는 것을 엄두도 못 냈던 나오미가 조심스럽게 이야기를 시작했다. 자신이 딸처럼 생각하는 며느리 룻의 장래에 관한 이야기였다. 나오미는 룻을 계속 자기 옆에 두고 싶지만, 그것은 자기 욕심이라는 것을 잘 알고 있었다. 룻은 남편이 죽는 아픔을 경험했지만, 아직 젊으니 재혼을 시켜야겠다고 결정했다. 나오미의 마음은 룻이 결혼하여 행복한 가정을 꾸려나갈 수 있도록 하는 것으로 가득 차 있다(1절). 또한 나오미는 어려운 생활을 꾸려나가는데 도움을 주는 보아스 같은 사람도 필요하지만, 궁극적으로는 이 집안을 구원할 사람(savior)이 필요하다(Schwab).

다만 문제는 룻의 과거다. 나오미는 룻이 이미 결혼한 적이 있기 때문에 처음 결혼하는 남자와는 어울리지 않는다는 것을 잘 알고 있다.

그래서 나오미는 고심 끝에 남편의 친족이고 이미 룻이 만난 적이 있는 보아스를 생각해보았다. 룻의 남편으로 나이 차이가 많지만, 자상하고 헤세드를 아는 보아스이기에 룻을 사랑해줄 것이라고 확신했다. 게다가 지난 몇 주 동안 보아스가 룻과 자신에게 베푼 은혜를 생각하니 보아스도 룻에 대하여 좋은 생각을 가지고 있는 듯했다.

나오미는 룻에게 "내 딸아!"(בִּתִּי)라는 자상하고 애틋한 말로 대화를 시작했다. 이번에도 나오미는 친정어머니 같은 시어머니가 되어 룻에게 말하고 있는 것이다. 나오미가 마치 친정어머니가 딸을 대하듯 룻의 문제를 접근한다는 것은 앞으로 그녀가 제시할 파격적이고 다소 충격적일 수도 있는 제안이, 일부 학자들(Fewell & Gunn)이 주장하는 것처럼 그녀의 개인적 욕심을 채우기 위한 이기주의적 발상에서 비롯된 것이 아니라, 룻을 진정으로 딸처럼 아끼고 염려하는 차원에서 나온 것이라는 점을 암시한다. 룻이 남자를 만나 결혼하면 나오미에게는 도움이 되지 않기 때문이다.

나오미가 계대 결혼을 통해 남편 엘리멜렉의 이름을 이어가는 것을 마음에 두고 이야기를 시작하는 것인지, 계대 결혼을 통해 남편의 이름을 이어가는 것과 상관없이 외롭게 지내는 룻에게 짝을 찾아주고자 해서 대화를 시작하는 것인지에 대해 의견이 나누어져 있다(Bush). 그러나 나오미의 발언에는 계대 결혼에 대한 어떠한 힌트도 없다(Eskenazi & Frymer-Kensky). 또한 당시 사회에서는 집안의 대를 잇거나 땅의 소유권을 논하는 것은 남자의 몫이었으며, 여자는 별로 관여하지 않았고 할 수도 없었다(Block). 나오미는 그저 룻이 안쓰러워 어떻게 해서든 그녀를 행복하게 해주고 싶은 것뿐이다(Younger). 나오미가 살아 있는 동안 룻은 베들레헴에서 그럭저럭 살 수 있을 것이다. 그러나 나오미가 죽고 나면 룻은 젊은 모압 여인이기에 상황이 매우 달라질 수 있다. 나오미는 이 점을 우려해서 그녀의 짝을 찾아주고자 했던 것이다(Hubbard).

나오미는 수사학적 질문을 통해 룻이 안식할 곳을 찾아 행복하게 살게 하는 것은 자신의 책임이라고 고백한다. '안식할 곳'(מְנוּחָה)(1절)은 평안과 여유로움을 즐길 수 있는 장소를 뜻하며(Younger), 고대 이스라엘 사회에서 여자가 이런 곳을 즐길 수 있는 유일한 길은 결혼이었다(Bush). 또한 나오미는 1장에서 며느리들 보고 자기 백성에게 돌아가라면서 새 남편을 만나 '평안함'(מְנוּחָה)을 얻으라고 했는데(1:9), 본문이 말하는 '안식할 곳'과 같은 어원에서 비롯된 단어다. 나오미는 룻에게 남편을 찾아주고자 하는 것이다. 먼저 룻의 헤세드를 받은 나오미가 이제는 자신이 며느리를 결혼시켜 헤세드를 베풀고자 한다.

나오미는 룻의 남편감으로 보아스를 마음에 두고 있음을 말해주었다(2절). 나오미는 보아스를 '기업 무를 자'(גֹּאֵל)가 아니라 '친족'(מֹדַעַת)이라 부른다. 이 같은 사실은 나오미가 룻을 이용하여 남편의 대를 잇는 일보다는 룻이 '안식할 곳'을 찾는 일에 더 관심이 있음을 시사한다(Bush). 보아스가 나오미와 룻의 친족이라는 사실은 룻과 보아스의 결혼에 크게 작용할 수 있다. 당시 사람은 친척과 결혼하는 것을 선호했기 때문이다(Younger). 만일 룻과 보아스가 집안을 통해 연관되지 않았다면 두 사람의 결혼 가능성은 현저히 낮아지는 것이다.

나오미는 또한 룻이 이미 보아스의 여종들과 상당 기간 함께 지냈음을 상기시킨다. 그동안 룻은 함께 일한 보아스의 여종들을 통해 주인이 어떤 사람이라는 것을 잘 알게 되었을 것이다. 그러므로 보아스는 룻에게 생소한 사람이 아니며, 룻은 보아스가 나이는 많지만 참으로 훌륭한 사람이라는 것을 알고 있었다. 나오미가 며느리에게 이야기를 꺼내기가 그만큼 쉬워진 것이다.

나오미는 이미 기도를 통해 하나님께 부탁했던 일을 스스로 이루어 나가고 있다. 모압에서 돌아오는 길에 나오미는 그녀를 따라나선 며느리들에게 친정으로 돌아가라며 "너희가 각각 새 남편을 만나 행복한 가정을 이루도록, 주님께서 돌보아주시기를 바란다"라고 복을 빌어주었다(1:9). 이제 나오미는 자신의 기도에 스스로 응답하고 있다. 나오미는 하나님과 사람이 같이 사역하는 하나의 모델을 제시한다. 기도한 사람은 기도한 대로 일이 저절로 진행되도록 기다릴 것이 아니라, 기도한 것을 이룰 수 있는 기회가 주어지면 서슴지 않고 그 기회를 살려 스스로 이루어 나가야 한다(Hubbard).

나오미는 룻에게 보아스가 그날 밤 타작마당에서 보리를 까부를 것이라고 했다(2절). 가나안에서 보리 까불기는 추수가 모두 끝나고 건기가 시작되는 5월 말에서 6월에 행해졌다(Block). 곡식을 까부는 일은 언덕 꼭대기 등 높은 곳에 있는 넓은 바위에서 이루어졌다. 당시 사람들이 곡식 까부는 일을 밤에 하기를 선호한 것은 무엇보다 낮에는 어느 정도 강한 바람이 불기 십상인데, 밤에는 순풍이 불어 곡식을 까불기에 최고의 여건을 마련해 주었기 때문이다(Younger). 당시 각 마을은 마을 사람이면 누구나 사용할 수 있는 타작마당을 소유했는데, 마을로 들어가는 성문 근처에 있든지, 조금 떨어진 외딴 지역에 있었다 (Eskenazi & Frymer-Kensky). 외딴 지역에 있는 타작마당은 매춘 등 범죄의 온상이 되기도 했다(호 9:1).

나오미는 룻에게 보아스를 만나러 가기 위해 '목욕하고', '향수를 바르고', '고운 옷을 입는' 등 세 가지를 하라고 한다(3a절). 고대 근동의 문헌에서 세 가지 행동이 함께 나열되는 경우 이런 행동을 취하는 사람의 삶에 큰 변화가 임할 것을 예고하는(foreshadow) 기법이며, 주전 20세기 때부터 이 같은 문학적 기법이 사용되었다(Eskenazi & Frymer-Kensky, cf. 겔 16:9-10; 삼하 12:20). 물과 향수가 귀한 당시 문화에서 서민이 매일 목욕하거나 향수를 바르는 일은 상상할 수 없는 일이었다. 심지어 일주일에 한 번 목욕하는 것도 흔한 일이 아니었다(Sakenfeld). 그러므로 나오미는 룻에게 매우 특별한 일을 준비하라고 지시하고 있다. 고대 사회에서 물로 씻고 기름을 바르고 향수를 뿌리고 좋은 옷을 입는 것은 애곡하는 기간이 지났음을 상징하거나(삼하 12:20) 결혼식을 위해 신부를 준비시키는 절차다(Farmer, cf. 겔 16:9).

　나오미는 룻에게 무엇을 요구하는 것일까? 룻에게 곱게 단장하고 보아스의 타작마당에서 벌어지는 종교 잔치에 참석하라는 것인가?(Nielsen) 전개되는 이야기를 감안하면, 이 일은 종교적 행사와 상관없음이 확실하다(Sakenfeld). 나오미는 룻에게 결혼하는 신부의 모습으로 차려 입으라고 하는 것일까? 상황을 보면 룻이 신부의 차림은 아니며(Block), 청혼하러 가는 차림이다. 룻이 결혼을 준비하는 신부의 모습을 갖춘 것은 아닐지라도, 남자에게 최대한 매력적으로 보일 수 있도록 준비하고 치장한 것은 사실이다.

　과부인 룻이 이 일을 통해 남편의 죽음을 애곡하는 기간을 끝내고 과부의 옷을 벗음으로써 그동안 배제했던 결혼의 가능성에 마음을 여는 정상적인 삶으로 돌아왔다고 해석하기도 한다(Bush, Younger). 이렇게 해석할 경우 룻은 이날 밤 보아스에게 자신은 다시 결혼할 수 있는 때를 맞이했으며, 보아스에게 결혼을 제안하는 것이 된다(Bush). 조금 석연치 않은 부분도 있지만, 현재로서는 가장 설득력 있는 해석으로 생각된다(Sakenfeld).

　나오미는 이어 룻에게 보아스의 타작마당을 찾아가 신분을 노출하지 않은 채 사람들이 먹고 마시고 잠자리에 들 때까지 기다리라고 했다. 룻이 어떻게 신분을 노출하지 않으면서 타작마당에 머물 수 있을까? 아마도 타작마당을 감싸고 있는 어둠에 숨어서 상황을 지켜보라는 뜻이었을 것이다.[17] 이윽고 보아스의 잠자리를 눈여겨보았다가 모두 잠들면 몰래 보아스를 찾아가 그의 발치를 들치고 누우라고 한다(3b-4절). 나오미가 언급하는 '발'(מַרְגְּלוֹת)은 오직 룻기(3:4, 7, 8)와 다니엘(10:6)에서만 사용되는 희귀한 단어다. 일반적으로 발을 의미하는 히브리어

17　이 상황을 나오미가 룻에게 타작마당에서 몸을 파는 창녀들 사이에 머물며 신분을 숨기고 있다가 보아스를 찾아가라는 뜻으로 풀이하기도 한다(Trible). 그러나 텍스트에서 이 같은 의미를 도출해 내는 것은 지나친 추측이다. 경건한 나오미나 룻이 이처럼 위험한 일을 지시하고 자청할 가능성은 없다(Block).

단어는 '레겔'(רֶגֶל)이다. 이 단어(רֶגֶל)는 종종 성기를 뜻하는 완곡어법으로 사용되기도 한다(사 6:2; 7:20). 그런데 나오미는 의도적으로 이 단어를 피하며 발을 뜻하는 희귀 단어(מַרְגְּלוֹת)를 사용한다. '발'(רֶגֶל)이 가진 성적 의미를 피하기 위해서다(Eskenazi & Frymer-Kensky). 그러므로 많은 사람이 이 행동을 보아스의 성기 혹은 그와의 성관계로만 연관 짓지만(Huey, Trible, Sakenfeld, cf. Campbell), 그렇게 생각할 필요는 없는 것이다. 물론 나오미가 사용하는 용어가 상당 부분 성적(性的) 행위와 연관된 요소를 담고 있다(Farmer). 그러나 결혼하지 않은 상황에서 이 같은 행동은 창녀들이나 하는 짓이지 결코 신실한 나오미가 지시하고 그 명령을 따를 룻이 아니다. 특히 나오미가 룻을 친딸처럼 생각하고 있다는 점을 감안할 때, 이 같은 해석은 더욱 설득력을 잃게 된다(Barber, Luter & Davis).

보아스의 발을 들치고 눕는 것은 그의 발 밑에 있으라는 것이 아니라, 바로 그의 옆에 누우라는 의미다(Morris). 마치 남편 옆에 눕는 아내처럼 말이다(Bush). 그러므로 나오미가 룻에게 지시하는 것은 보아스를 찾아가서 결혼하자고 청혼하라는 뜻이다(Younger). 나오미는 룻이 이렇게 하면, 보아스가 그녀의 행동이 무엇을 뜻하는지를 깨닫고 룻에게 할 일을 일러줄 것이라며 말을 마무리한다. 나오미는 룻에게 이날 밤 엄청난 모험을 하도록 지시하고 있다(Block). 나오미가 룻에게 보아스를 찾아가 큰 모험을 해보라고 하는 것은 보아스가 결코 룻을 성적 노리개 정도로 대하지 않을 인품을 지녔다는 사실을 믿기 때문이었다(Hubbard). 그동안 나오미가 경험했던 보아스의 삶이 이 같은 신뢰의 근원이 되었다.

룻은 나오미가 지시한 대로 따르겠다고 한다(5절). 나오미가 룻에게 이 같은 제안을 할 때에 어떤 생각을 가지고 있었는가는 본문에 정확하게 묘사되어 있지 않다. 이런 상황에서 룻이 아무 말 없이 시어머니의 제안에 따르겠다고 한 것은 다시 한번 헤세드를 행하고 있음을 뜻

159

한다(Block). 그녀도 보아스와 결혼하는 것이 싫지 않은 것이다. 물론 보아스가 그녀의 청혼을 받아들이지 않을 수도 있다. 룻은 이 일로 엄청난 수치를 당할 수도 있다. 최악의 경우는 많은 땅을 지닌 지주인 보아스가 이날 밤 룻과 잠자리를 같이하고는 그녀를 정숙하지 못한 여자 혹은 창녀라며 몰아붙일 수도 있다(Younger). 그러나 룻은 시어머니의 판단을 믿는다. 또한 지난 몇 주 동안 보아스를 직간접적으로 접해 보아 그가 어떤 사람이라는 것을 알기 때문에 결코 그런 불미스러운 일은 없을 것이라고 확신한다.

한 가지 좀 의아한 것은 나오미가 왜 야밤에 이런 일을 통해 룻과 보아스를 맺어주려 했을까 하는 점이다. 밝은 대낮에 그녀가 직접 보아스를 찾아가 룻과의 결혼을 제안해도 될 것 같은데 말이다. 혹은 설령 룻을 직접 보내 보아스에게 청혼을 하라 하더라도 이처럼 위험한 상황보다는 좀 더 안전한 상황에서 보냈으면 좋을 것 같은데 말이다. 이유를 정확히 알 수는 없지만, 두 가지가 작용한 것 같다. 첫째, 밤에 이 같은 청혼을 함으로써 혹시 보아스가 거부하게 되면 나오미와 룻이 받게 될 수치를 어둠에 묻어버리고 싶어서다. 반면에 대낮에 찾아간다면 보는 사람이 있을 것이기 때문이다. 또한 다음 섹션에서 보아스가 룻에게 하는 말에서 드러나겠지만, 만일 보아스가 기업 무를 자의 권한으로 룻과 결혼한다 할지라도 그보다 먼저 우선권을 가진 사람이 또 하나 있다. 그러므로 룻과 보아스의 결혼이 이루어질 가능성이 아주 큰 것은 아니다.

둘째, 젊은 룻이 보아스에게 직접 청혼을 하면, 늙은 나오미가 나서는 것보다 더 효과적일 것이라는 생각에서다. 시어머니가 찾아와 홀로된 며느리를 중매하는 일이 자칫 잘못하면 당사자의 의사와 상관없이 며느리를 늙은이에게 팔아넘기는 인상을 줄 수도 있다. 또한 대낮에 룻을 직접 보내지 않은 것은 나오미가 대낮에 보아스를 찾아가지 않은 이유와 동일하다. 보아스가 거부할 때 며느리가 느끼게 될 수치를 예방하기 위해서다.

이러한 상황을 고려하면, 나오미가 룻을 늦은 밤에 타작마당으로 보내는 것은 현실적인 이유임을 알 수 있다. 타작마당은 밤이 깊으면 매우 어두울 것이며, 보아스는 신분상 자기 일꾼들과 함께 잠자리에 들지 않을 것이다. 일꾼들로부터 어느 정도 떨어진 곳에서 잠을 자게 될 터인데, 이러한 상황은 룻과 보아스가 주변 사람의 시선을 피해 두 사람만의 시간을 갖는 데 최고의 여건을 제공한다(Millgram). 한 가지 확실한 것은 나오미가 보아스가 룻에 대하여 애틋한 마음을 가지고 있고, 룻도 보아스를 싫어하지 않는다는 사실을 알고 있다는 점이다.

나오미가 룻을 보아스와 결혼시키려 하는 것이 오늘날 기준으로는 상당히 이상할 뿐만 아니라, 심지어 윤리적 문제를 야기할 수 있다. 젊은 룻이 경제적 어려움에 처했다는 이유 하나만으로, 그녀를 늙은 재력가와 결혼시켜 경제적 어려움을 겪지 않고 살게 하겠다는 생각이 잘 납득이 가지 않기 때문이다. 그러나 우리가 기억해야 할 것은 당시 사회와 오늘날 사회는 매우 다르며, 나오미와 룻이 처한 상황에서는 다른 것을 선택할 여지가 많지 않았다는 사실이다. 그러므로 나오미가 룻에게 제안하는 것이 오늘날 하나의 모델이 되어 그리스도인에게 어떤 지침이나 규범이 되어서는 안 되며, 동시에 오늘날의 성도가 룻과 나오미를 비난해서도 안 된다. 그들은 주어진 상황에서 최선을 다하고 있을 뿐이기 때문이다.

이 섹션을 마무리하면서 우리는 매우 중요한 신학적 질문을 하게 된다. 하나님의 섭리와 인간의 계획과 노력은 서로 대립할 것인가, 아니면 일치할 것인가 하는 점이다(Hubbard). 책에서 룻과 보아스가 만나서 가정을 이루는 것은 보이지 않는 곳에서 사역하시는 하나님의 섭리라는 사실을 누누이 암시했다. 나오미가 이 같은 사실을 의식하며 이 일을 계획했는지, 아니면 의식하지 못하고 이 일을 계획했는지 도무지 알 수가 없다. 이러한 정황에서 이 질문은 매우 중요할 수 있다. 그러나 강조하는 것은 단지 나오미와 룻이 자신들이 처한 상황에서 최선을 다했다는 사실뿐이다. 그들에게는 하나님의 섭리에 대한 이해가 없으며, 그다지 큰 이슈가 아니다. 두 여인은 주어진 일상에서 최선을 다할 뿐이며, 하루하루를 신실하게 살아가며 하나님의 역사를 이루어나가고 있다. 그들에게 하나님의 섭리는 원대한 청사진이 아니라 평범한 일상에서 한걸음씩 이루어가는 것일 뿐이다.

IV. 대를 잇기 위한 노력(3:1-18)

B. 룻과 보아스의 만남(3:6-15)

책이 시작된 이후 룻이 보아스를 두 번째로 만난 이야기다. 물론 그동안 룻은 보아스의 밭에서 이삭을 주우면서 일꾼들을 격려하러 온 보아스를 먼 발치에서 몇 번 더 보았을 수 있다. 처음 만났을 때처럼 이번에도 만남이 끝날 때에는 곡식과 연관이 되어 이야기가 진행되며 장소도 보아스의 밭 혹은 밭 근처다. 룻과 보아스가 타작마당에서 늦은 밤에 아무도 모르게 만난 이야기를 담고 있는 본 텍스트는 "그녀[룻]가 내려가다"(וַתֵּרֶד)(6절)로 시작하여 "그[보아스]가 성으로 올라가다"(הָעִיר וַיָּבֹא)(15절)로 끝을 맺는다. '내려가다' 동사와 '올라가다' 동사가 쌍을 이루며 이야기를 감싸고 있는 것이다. 또한 이 섹션은 (1) 룻의 실천(3:6-9), (2) 보아스의 약속(3:10-15) 등 크게 두 파트로 나뉘며 더 세부적으로 다음과 같은 구조를 지니고 있다(Bush, Younger).

> A. 룻의 행동을 통한 청혼(3:6-7)
> B. 룻의 말을 통한 청혼(3:8-9)
> B′. 보아스의 말을 통한 동의(3:10-13)
> A′. 보아스의 행동을 통한 약속(3:14-15)

1. 룻의 실천(3:6-9)

[6]그가 타작 마당으로 내려가서 시어머니의 명령대로 다 하니라 [7]보아스가 먹고 마시고 마음이 즐거워 가서 곡식 단 더미의 끝에 눕는지라 룻이 가만히 가서 그의 발치 이불을 들고 거기 누웠더라 [8]밤중에 그가 놀라 몸을 돌이켜 본즉 한 여인이 자기 발치에 누워 있는지라 [9]이르되 네가 누구냐 하니 대답하되 나는 당신의 여종 룻이오니 당신의 옷자락을 펴 당신의 여종을 덮으소서 이는 당신이 기업을 무를 자가 됨이니이다 하니

룻은 시어머니가 지시한 대로 보아스의 타작마당으로 갔다. 타작마당에 도착한 룻이 남자들이 흥청망청 먹고 마신 후 잠들 때까지 어디서 어떻게 신분을 감추며 지켜보고 있었는지 알려 주지 않지만, 룻은 무사히 나오미가 하라는 대로 자신의 신분을 숨긴 채 밤이 깊어지기를 기다릴 수 있었다. 보아스도 일꾼들과 함께 실컷 먹고 마셨다. 그는 흡족한 마음으로 잠자리에 누웠다(7절, 새번역). '그가 흡족해했다'(לבּוֹ מוֹיִיטַב)는 보아스가 술에 취해 인사불성이 되었다는 뜻이 아니라, 추수가 성공적으로 끝났고, 모든 사람이 행복해하는 것을 보며 기분이 좋았다는 것을 의미한다(Block). 종종 사람들이 이 모습을 술에 취해 딸을 범한 롯에 비교하는데 옳지 않다. 그가 행복한 것은 하나님의 축복(풍년)으로 인한 것이지 술 때문이 아니다. 나오미가 이 같은 상황을 예측하고 룻을 가장 좋은 때에 보낸 것이다(Sakenfeld).

보아스는 마치 룻과 나오미의 계획을 알고 협조라도 하듯 곡식 단 더미의 끝에 누웠다. '단 더미'라는 표현에서 룻의 연인인 보아스의 몸에 대한 은유로 해석하는데(Hamlin, Schwab, cf. 아 7:2), 지나친 해석이다. 단순히 룻이 원하는 바를 실천하기에 가장 이상적인 위치에 보아스가 누

워 자는 것을 묘사할 뿐이다. 당시 타작마당에서 곡식을 쌓아두는 곳은 가장 외진 곳이며, 더 나아가 보아스가 곡식 단 끝자락에 누웠다는 것은 룻이 남의 눈을 피해 그에게 접근하기에 가장 좋은 여건을 만들어준 셈이다(Sasson). 그러므로 우리는 보아스가 이곳에 눕게 된 것은 보이지 않는 곳에서 일을 주관하시는 하나님이 하신 일이라는 사실을 직감한다. 마치 몇 주 전에 룻이 '우연히' 보아스의 밭에 발을 들여놓은 것처럼 이번에는 보아스가 '우연히' 곡식 더미의 끝에 누운 것이다(Younger).

이윽고 모든 사람이 잠들자 룻은 보아스가 누운 곳으로 찾아가 슬며시 그가 덮은 이불을 들추고는 보아스 옆에 누웠다(7절). 마치 부부가 '한 이불' 아래 함께 누워있는 것처럼 말이다(Block). 얼마나 시간이 흘렀을까? 자면서 뒤척이던 보아스가 자기 옆에 여인이 누워있는 것을 의식하고는 깜짝 놀랐다. 그가 놀란 이유에 대해 다양한 해석이 있다. 당시 사람들은 밤에 활동하는 악마가 있다고 생각했는데, 보아스는 이 악마가 자기를 찾아온 것으로 생각하고 놀랐다는 해석이 있다(Rashi, cf. Eskenazi & Frymer-Kensky). 룻이 보아스가 덮고 자던 이불의 일부를 벗겼기에 그가 자다가 추위를 느끼게 된 것에 대한 반응을 이렇게 묘사한 것이라는 해석도 있다(Trible, Campbell, Hubbard). 아마도 혼자 남들에게서 멀리 떨어져 잠들었는데, 자면서 뒤척이다가 자기 몸에 다른 몸이 닿은 것을 보고 놀란 것으로 생각된다. 이 순간 그의 머리에는 '내가 꿈을 꾸는가?' '너무 많이 마셨나?' 등의 질문이 스쳐갔을 것이다(Sakenfeld). 전혀 예측하지 못한 일에 대한 놀라움을 표하고 있다.

놀란 보아스는 그녀에게 누구냐고 물었다. 전에 보아스는 일꾼에게 룻에 대해 물은 적이 있는데(2:5), 이번에도 그녀에 대해 묻게 된 것이다. 룻기가 영적으로 매우 어두웠던 사사 시대를 역사적 배경으로 하고, 당시 이스라엘 사람의 성적 문란함을 감안할 때, 이런 상황에서 보아스가 옆에 누워 있는 여인과 곧장 성관계를 가지지 않는 것은 그의 경건함을 보여준다. 그래서 탈굼(Targum)은 이 구절에 "그러나 그는 자신의 욕망을 절제하여 의로운 그녀를 겁탈하지 않았다. 전에 요셉이 자기 주인의 아내 이집트 여인을 대했던 것처럼 말이다"라는 말을 더 하고 있다(Beattie).

룻은 소스라치게 놀라며 묻는 보아스에게 '나는 당신의 여종 룻'이라 며 자신을 밝혔다(9절). 전에도 룻은 보아스의 '하녀'라며 그의 앞에서 자신을 낮춘 적이 있다(2:13). '하녀'(שִׁפְחָה)는 '여종'(אָמָה)보다 더 낮은 신 분을 지닌 종이다(Younger, cf. HALOT). 그러므로 룻은 스스로 자신의 신 분을 한 단계 올리고 있다(Berlin). 몇 주 전에는 자신을 하녀라고 했던 룻이 이번에는 여종이라고 하는 것은 보아스의 신분이 전에는 그저 높 아만 보여 도저히 상상도 못했는데, 이제는 "나도 당신과 결혼할 수 있 는 위치에 있습니다"라는 의미에서다(Sasson, cf. Hubbard).

사실 이때까지 지속적으로 룻을 '하녀'보다도 못한 '모압 여인'이라고 부르고 있었다. 이런 상황에서 룻이 자신을 '모압 여인' 혹은 '죽은 말 론의 아내'로도 소개하지 않고 '당신의 여종'으로 소개하는 것은 그녀 의 당당함을 보여주고 있다(Block). 전에 보아스가 그녀를 베들레헴 공 동체의 일원으로 인정하고 환영한 것이 생각난다(cf. 2:12 주해). 그럼에 도 우리는 보아스와 룻의 신분적 차이로 처음부터 나오미의 제안이 성공하기보다 실패할 확률이 높다고 생각했는데, 이 같은 사실을 아 는지 모르는지 룻의 당당함은 긴장감을 더욱 고조시키고 있다.

룻은 당당하게 자신을 밝힌 다음 "당신의 옷자락을 펴 당신의 여종 을 덮으소서"라고 말했다(9b절). 추우니 나를 따뜻하게 해 달라는 요구 가 아니다(Sakenfeld). '옷자락을 펴서 덮다'는 결혼식에서 신랑이 신부 의 머리를 옷[면사포?]으로 덮어주는 행위의 변형이다(van der Toorn, cf. Younger). 그러므로 룻은 보아스에게 자기와 결혼해 달라고 청혼하고 있는 것이다(Kruger, cf. 신 22:30; 27:20; 말 2:16; 겔 16:8). 오늘날도 아랍 사람은 결혼식에서 신랑이 신부에게 옷깃을 덮어주는 예식을 행한다 (Hubbard).

예전에 보아스는 룻에게 "여호와께서 그의 날개 아래에 보호를 받으러 온 네게 온전한 상 주시기를 원하노라"(2:12)라며 복을 빌어준 적이 있다. 이제 룻은 보아스에게 옷자락을 펴서 덮어달라고 하는데, '날개'와 '옷자락'은 같은 히브리어 단어(כְּנָף)를 번역해 놓은 것이다. 전에 보아스는 하나님의 '날개'가 그 날개 아래로 찾아온 룻을 보호할 것이라고 했는데, 이제 룻은 바로 보아스가 '그 날개'가 되어주기를 바라고 있다! 만일 보아스가 룻의 요청을 받아들인다면, 하나님의 룻과 나오미를 향한 헤세드가 다시 한번 보아스의 헤세드를 통해 실현되는 것이다 (Huey, Hubbard).

룻은 또한 자신이 보아스와 결혼하고자 하는 이유를 제시했다. "이는 당신이 기업을 무를 자가 됨이니이다"(כִּי גֹאֵל אָתָּה)(9c절). 룻은 보아스에게 기업 무를 자의 권한을 행하여 먼저 시어머니 나오미, 며느리인 자신을 보살필 의무를 다할 것을 요구하고 있다(Bush). 룻은 시어머니의 경제적 안정을 염두에 두고 있는 것이다(Sakenfeld). 또한 룻이 보아스에게 청혼하는 것은 그가 부자이거나 유력한 사람이어서 재력이나 영향력의 덕을 보려는 것이 아니라, 오직 죽은 남편의 집안 이름과 명예를 유지하고자 하는 목적임을 분명히 하고 있다.

나오미는 보아스가 집안의 기업 무를 자 중 하나라고 한 적이 있다 (2:20). 그러나 3장 이야기가 시작되면서 나오미는 이 사실을 상기시키지 않고, 단순히 그를 '친척'(מֹדַעַת)이라고 했다(2절). 며느리에게 기업 무르는 일까지 짐으로 지어줄 생각이 없었던 것이다. 그런데 룻은 보아스에게 기업 무를 자의 역할을 요구한다(Leggett). 룻의 요구가 자신이 어떤 상황에 처해있는지를 잘 깨닫지 못하는 한 여인의 순진함에서 비롯된 것일까. 아니면 보아스가 거부하더라도 꼭 이렇게 말하고 싶은 당당한 여인의 뚜렷한 목표인지가 확실하지 않다(Hubbard).

그래서 원래 나오미가 룻에게 '보아스와 로맨틱한 시간을 가지라'고 했는데 룻이 나오미의 말을 오해해서 법적 문제에 대하여 대화를 하고 있다고 한다(Berlin). 그러나 이 해석은 설득력이 부족하다. 룻은 나오미가 하는 말이 무엇인가를 알고 있었지만, 그녀는 죽은 남편 집 안의 명예를 회복하려는 것을 이 일의 목적으로 삼고 있다. 죽을 때까지 결코 나오미의 곁을 떠나지 않겠다고 하나님의 이름으로 맹세한 신실한 여인이 불과 몇 주 후에 자기 혼자 잘 살겠다고 홀로된 시어머니의 곁을 떠날 생각을 할 리가 없다.

> IV. 대를 잇기 위한 노력(3:1-18)
>   B. 룻과 보아스의 만남(3:6-15)

2. 보아스의 약속(3:10-15)

[10]그가 이르되 내 딸아 여호와께서 네게 복 주시기를 원하노라 네가 가난하건 부하건 젊은 자를 따르지 아니하였으니 네가 베푼 인애가 처음보다 나중이 더하도다 [11]그리고 이제 내 딸아 두려워하지 말라 내가 네 말대로 네게 다 행하리라 네가 현숙한 여자인 줄을 나의 성읍 백성이 다 아느니라 [12]참으로 나는 기업을 무를 자이나 기업 무를 자로서 나보다 더 가까운 사람이 있으니 [13]이 밤에 여기서 머무르라 아침에 그가 기업 무를 자의 책임을 네게 이행하려 하면 좋으니 그가 그 기업 무를 자의 책임을 행할 것이라 만일 그가 기업 무를 자의 책임을 네게 이행하기를 기뻐하지 아니하면 여호와께서 살아 계심을 두고 맹세하노니 내가 기업 무를 자의 책임을 네게 이행하리라 아침까지 누워 있을지니라 하는지라 [14]룻이 새벽까지 그의 발치에 누웠다가 사람이 서로 알아보기 어려울 때에 일어났으니 보아스가 말하기를 여인이 타작 마당에 들어온 것을 사람이 알지 못하여야 할 것이라 하였음이라 [15]보아스가 이르되 네 겉옷을 가져다가 그것을 펴서 잡으라 하매 그것을 펴서 잡으니 보리를 여섯 번 되어 룻에게 지워 주고 성읍으로 들어가니라

앞 섹션이 끝나면서 독자는 룻의 당당하지만 당돌한 요구에 보아스

가 어떤 반응을 보일까 관심을 집중하게 된다. 혹시라도 보아스가 룻의 제안을 거부하면 어떻게 하나 하며 촉각이 곤두서게 되는 것이다. 이제 그 긴장감이 순식간에 해소된다! 보아스가 룻의 결혼 제안을 받아들이겠다고 했기 때문이다(Farmer). 룻이 '오직 용기로 구원에 이르는'(salvation by courage alone) 순간이다(Trible). 보아스는 룻에게 감동하여 여호와의 복을 빌어주면서 대답을 시작한다(10절).

룻은 구약에서 누군가의 직접적인 축복을 받는 것으로 기록된 일곱 여인 중 하나다. 리브가는 이삭과 결혼하기 위하여 집을 떠날 때 가족의 축복을 받았고(창 24:60), 라반은 레아와 라헬을 축복하여 떠나보냈다(창 32:1). 드보라는 시스라를 죽인 야엘을 축복했고(삿 5:24), 엘리 제사장은 한나를 축복했다(삼상 2:20). 다윗은 나발을 죽이러 나섰다가 길을 가로막는 아비가일을 축복했다(삼상 25:32-33). 이제 이 축복 받은 여인들의 '명예의 전당'에 룻이 추가된다. 그러나 룻이 받은 축복은 다른 사람의 것보다 더 빛이 난다. 인간이 빌어준 다른 사람의 축복과는 달리, 룻은 하나님의 이름으로 축복을 받았기 때문이다.

사실 보아스는 "그렇게 하자"라고 간단히 반응을 해도 되지만, 그는 룻기에 기록된 스피치 중 가장 긴 스피치를 통해 칭찬, 확인, 설명, 약속, 맹세로 마무리한다. 보아스는 룻의 말에 완전히 감동되었고, 그녀가 요구하는 것은 무엇이든 하겠다는 의지를 밝히고 있다(Eskenazi & Frymer-Kensky). 그가 축복을 말하자 룻도 순간적으로 보아스가 자신의 제안을 긍정적으로 생각하고 있다는 것을 직감하고 안도의 숨을 쉴 수 있었을 것이다.

보아스가 전에도 룻에게 '내 딸'(בתי)이라는 애칭을 사용하였는데(2:8), 이번에도 동일한 표현을 사용하여(10절) 룻을 격려하는 것을 보면 룻과 보아스의 나이 차이가 상당했음을 시사한다. 보아스가 룻에게 감동한 것은 그녀가 얼마든지 젊은 사람과 결혼할 수 있는데도 굳이 늙은 자기와 결혼해서 집안을 살리겠다는 의지를 보였기 때문이다. 룻이 사랑 혹은 돈을 위해 결혼할 수도 있었는데 시어머니와 죽은 남편 집 안을 위해 보아스와 결혼하고자 하는 사실이 인정된 것이다(Hubbard). 이 같은 사실은 룻에게 죽은 남편 집안 사람과 결혼하여 남편의 집안 을 일으켜야 하는 법적 의무가 없고, 기업 무를 자의 권한을 가진 남 편 집안 사람도 꼭 그녀와 결혼하여 룻의 남편 집안을 살려야 할 책임 이 없음을 시사한다(Sakenfeld, Younger). 또한 룻이 동네의 젊은 사람이 아니라 보아스와 결혼하고자 하는 것은 자신의 행복보다는 홀로된 시 어머니 나오미의 안위를 더 염려해서였기에 보아스는 감동한 것이다 (Sakenfeld).

그러므로 보아스는 룻이 자기와 결혼하겠다고 나선 것을 '헤세 드'(חֶסֶד)라고 한다(10절). 우리는 이 단어에 익숙해져 있다. 헤세드는 베 풀지 않아도 될 사랑과 자비를 솔선수범하여 베푸는 것을 뜻한다. 보 아스는 룻이 행하지 않아도 될 일을 행하고자 하고 있음을 높이 사고 있다. 또한 보아스는 룻이 이 결혼을 통해 나오미의 평안을 보장받으 려 하고 더 나아가 죽은 남편의 집안을 배려하는 일을 전에 그녀가 베 푼 헤세드보다 더 큰 헤세드라고 한다. 전에 그녀가 베푼 헤세드는 룻 이 자기 백성에게 돌아가도 되는데, 굳이 홀로된 시어머니를 봉양하겠 다며 베들레헴까지 함께 온 일을 뜻한다(2:11-12). 보아스는 그 일 자 체도 대단한 미덕인데, 이번 일은 더 큰 의미를 지닌 아름다운 일이라 며 룻을 극찬하고 있다.

보아스는 "걱정하지 말라"(אַל-תִּירְאִי)며 그녀를 안정시킨다(11절). 그도 룻이 이날 밤 그를 찾아와 결혼하자고 한 것이 얼마나 큰 모험이고, 그 녀를 얼마나 불안하게 만들었는지를 익히 알고 있었던 것이다(Block). 보아스는 이어 두 가지로 룻을 위로하고 격려한다. 첫째, 룻이 원하는 대로 반드시 해줄 것을 약속했다. 자기가 할 수 있는 일이라면 경제적 손실이나 그 어떠한 것을 계산하지 않고 자비를 베풀겠다는 의지의 표 현이다. 보아스는 룻에게 약속을 하고 있는 것이다.

둘째, 보아스는 온 동네가 룻이 현숙한 여인이라는 사실을 알고 있다는 말로 위로한다. 이미 서론에서 언급한 것처럼 '현숙한 여인'(חיל אשה)은 히브리어 성경에서 룻기 바로 앞에 등장하는 잠언의 마지막 부분(31:10-31)에서 사용되는 표현이며, 이 표현을 통해 유태인은 잠언의 마지막 노래와 룻기를 연결하고자 했다(Sakenfeld). 잠언이 노래하는 현숙한 여인의 실제적이고 역사적 예가 다름 아닌 룻이라는 것이다. 그렇다면 현숙한 여인이 지녀야 할 가장 기본 성품은 어떤 것인가? 룻기는 바로 헤세드라고 말한다. 이 같은 정황에서 보아스가 룻을 '현숙한 여인'이라고 하는 것은 룻이 그 누구보다도 헤세드를 직접 실천하고 있음을 인정하는 것이다.

그러므로 보아스의 칭찬에는 이날 밤 룻이 타작마당으로 그를 찾아와 결혼하자고 요구하는 것은 결코 그녀가 행실이 부정한 여인이어서가 아니라, 시어머니와 남편의 집안에 헤세드를 베풀고자 한 오직 한가지 이유에서였다는 것을 인정한다는 의미가 내포되어 있다. 또한 보아스가 룻을 '현숙한 여인'(חיל אשה)이라고 하는 것은 보아스를 '유력한 사람'(חיל איש)(2:1)이라고 칭한 것과 평행을 이룬다. 룻은 보아스의 여성현현이며, 유력한 사람(חיל איש)과 현숙한 여인(חיל אשה)이 만나 '환상의 커플'이 되는 순간이다. 보아스가 룻에 대해 이같이 말하는 것은 그녀는 헤세드를 베푸는 미덕을 통해 보아스와의 사회적 신분 차이를 이미 극복했으니 보아스와 당당하게 결혼할 수 있는 자격을 가지고 있음을 인정하는 표현이기도 하다.

다만 한 가지 문제가 있다. 기업 무를 자의 권한에 있어서 보아스보다 우선권을 가진 사람이 하나 더 있다는 사실이다(12절). 잘되어가던 일이 갑자기 다시 한번 긴장 단계로 접어든다. 그러나 독자인 우리는 걱정하지 않는다. 보이지 않는 곳에서 사역하시는 하나님이 꼭 룻과 보아스가 결혼할 수 있도록 상황을 만들어가실 것을 확신하기 때문이다. 물론 두 사람의 결혼은 분명히 '우연히/하다보니' 된 일로 묘사될 것이다. 보아스는 룻에게 약속하였다. 만일 그 사람이 법적인 권리/의무를 행사하기를 거부하면, 자신이 꼭 그 일을 맡아 행할 것이니 걱정하지 말라며 그녀를 안심시켰다(13절). 보아스는 굳은 의지를 밝히며 강조형 일인칭(אָנֹכִי)을 사용하고 있다(13절). 이날 밤 룻은 결혼을 보장받은 것이다. 물론 룻은 알지 못하는 친족보다는 보아스와의 결혼을 선호했다.

보아스는 말을 마치며 룻에게 아침까지 자기 옆에 누워있다가 집으로 돌아가라고 했다(13절). 그는 룻이 자기 타작마당에 있었다는 사실을 그 누구도 알게 되기를 원하지 않는다(14절). 이 사실이 알려지면 그의 명예도 이슈가 될 수 있지만(Farmer), 무엇보다도 룻의 명예를 보존하기 위해서다(Block). 만일 둘이 이날 밤 타작마당에서 만났다는 소문이 돌게 되면, 아마도 사람들은 젊은 여자가 나이든 노인을 제물로 삼은 유혹이라고 평가할 것이다(Hubbard). 그러므로 비밀을 지키기에 가장 좋은 방법은 모두 다 깊이 잠든 이 순간 당장 룻을 나오미의 집으로 돌려보내는 것이다. 그러나 깊은 밤에 여인 혼자 길을 가는 것은 매우 위험할 수 있다. 보아스가 룻의 안전을 고려해서 새벽녘에 떠나라고 하는 것은 이미 자기 '날개 아래'에 룻을 두고 그녀를 보호하기 시작했음을 의미한다(Eskenazi & Frymer-Kensky).

이윽고 아직은 사람의 얼굴을 알아볼 수는 없지만, 어느 정도의 빛이 세상을 밝히는 새벽이 되자 보아스는 룻에게 보리를 여섯 번 되어주며 집으로 돌려보냈고, 자신은 성읍으로 들어갔다(15절). 이 보리가 신부의 몸값 혹은 결혼 의사를 상징하거나(Sasson), 룻의 '서비스에 대한 대가'(May)라고 하는데, 모두 지나친 해석이다. 보아스는 전처럼 룻에게 자비를 베풀고 있을 뿐이며, 나오미에게 곡식을 보내어 자기가 룻에 대한 상황을 파악했음을 확인해 주고자 한다(Farmer). 베들레헴(lit., 빵 공장)에 빵이 떨어져 모압까지 갔던 나오미는 이제 빵 걱정은 하지 않아도 된다. 보아스가 룻에게 보리를 퍼주는 것은 앞으로 그녀의 삶이 풍요로울 것을 상징하기 때문이다(Eskenazi & Frymer-Kensky).

고대 사본과 번역본 사이에 정확히 누가 성읍으로 돌아갔는가에 대해 상당한 불확실성의 문제가 존재한다(Campbell, Bush). 히브리어 사본이 "그가 돌아갔다"(אבֹיַו; ו-연계형 미완료, 3인칭 남성 단수)로 표기하고 있기 때문이다. 일부에서는 룻이 성읍으로 돌아갔다고 하지만(LXX, Vg.; Peshita, cf. NAS, TNK), 대부분은 보아스가 돌아갔다고 한다(NIV, NRS). 탈굼은 아예 보아스의 이름을 삽입하여, 보아스가 성으로 돌아간 사실을 확실하게 한다. 본문의 의미를 구상하는 데는 큰 영향을 끼치지는 않지만 문맥을 고려하면 보아스가 돌아간 것이 확실하다(Eskenazi & Frymer-Kensky). 아마도 보아스가 룻을 보내고 자신도 일을 처리하기 위하여 곧장 성읍으로 들어갔다는 의미로 생각된다. 보아스가 기업 무를 자로서 이미 오래전에 추진했어야 할 일을 드디어 추진하려고 성에 들어간 것이다(Phillips).

보아스가 얼마나 많은 곡식을 룻에게 주었는지 알 수는 없다(Younger). 한 번 되어주는 것이 얼마나 되는지 알 수 없기 때문이다(Hubbard, Block). 확실한 것은 보아스의 성품을 고려할 때 상당히 많은 양의 곡식을 주었을 것이라는 사실이다. 집으로 돌아가는 도중 룻이 곡식을 지니고 있다는 것이 무엇을 상징하는가를 쉽게 알 수 있다. 집으로 돌아가다가 혹시라도 누구를 만나게 되면 그녀가 타작마당을 다녀오는 이유가 곡식을 구하기 위한 것으로 위장하기 위해서다(Sakenfeld). 또한 이 곡식은 보아스가 룻에게 약속한 것을 꼭 이행하겠다는 일종의 '계약금'이다. 보아스가 룻을 떠나 보내며 자신도 곧장 베들레헴으로 돌아간 것은 룻과 약속한 것을 지키기 위하여 자기보다 우선권을 가진 기업 무를 자를 만나 법적 절차를 시작하기 위해서였다. 그는 최대한 신속하게 룻과 나오미 문제를 해결하고 싶었던 것이다. 룻의 헤세드에 감동했기 때문이다.

C. 만남의 결과: 확고한 희망(3:16-18)

[16]룻이 시어머니에게 가니 그가 이르되 내 딸아 어떻게 되었느냐 하니 룻이 그 사람이 자기에게 행한 것을 다 알리고 [17]이르되 그가 내게 이 보리를 여섯 번 되어 주며 이르기를 빈 손으로 네 시어머니에게 가지 말라 하더이다 하니라 [18]이에 시어머니가 이르되 내 딸아 이 사건이 어떻게 될지 알기까지 앉아 있으라 그 사람이 오늘 이 일을 성취하기 전에는 쉬지 아니하리라 하니라

꽃단장한 며느리를 보내놓고 밤새 깨어 기도했을 시어머니 나오미에게 룻이 돌아왔다. 집에 들어서자마자 어떻게 되었냐고 묻는 나오미에게 룻은 모든 것을 말해 주었다. 룻이 시어머니에게 모든 것을 말하지 않고 일부 정보를 숨겼다고 해석하기도 하는데(Trible), 18절에 기록된 나오미의 반응을 보면 룻은 나오미에게 모든 것을 말했다는 것을 알 수 있다. 룻은 보아스가 "빈손으로 네 시어머니에게 가지 말라"며 되어 준 보리도 보여주었다. 보아스가 이런 말을 하지 않았는데, 룻이 시어머니를 격려하는 차원에서 지어낸 말이라는 해석이 있다(Berlin, Fewell & Gunn). 그러나 룻이 보아스에게 바라는 것이 단순히 자신의 평안이 아니라, 시어머니 나오미의 평안도 포함되어 있다는 점을 감안할 때, 이 말은 실제로 보아스가 한 말이 확실하다(Sakenfeld). 보아스는 만일 자기가 룻과 결혼하게 되면 나오미도 자신이 돌볼 것이라는 의지의 상징으로 곡식을 보낸 것이다.

전에 나오미는 삶이 "텅 비었다"라고 탄식한 적이 있다(1:21). 그때 그녀의 삶은 기근과 아들들의 죽음으로 비어 있었다. 이제부터는 그녀의 삶이 채워질 것이다. 먼저 본문에서 그녀의 삶이 곡식으로 채워지고 있으며, 얼마 안 가서 자식으로 채워질 것을 기대하게 한다

(Hubbard). 이 같은 사실을 '빈손'이라는 단어 하나로 알린다(Campbell). 보아스가 룻의 일을 신속하게 처리하려고 하는 의도가 나오미의 삶에 평안을 안겨주기 위해서라는 것이 암시되고 있다(Bush). 일이 잘 되어가고 있음을 깨달은 나오미는 일을 매듭지을 때까지 결코 쉬지 않을 것이라며 지켜보자고 며느리를 격려했다. 나오미는 이때까지 보아스를 전적으로 믿어 왔으며, 그녀의 신뢰가 헛되지 않았음을 확인하는 순간이다.

나오미와 룻은 할 수 있는 최선을 다했다. 이제 그들이 할 수 있는 일은 아무것도 없다. 실제로 4장 이야기에서 룻과 나오미는 한마디도 하지 않는다. 보아스가 그들의 일에 적극적으로 나서고 있다. 그러나 만일 우선권을 가진 사람이 법적 권리를 행사하겠다고 하면 막을 방법이 없다. 그러므로 세 사람 모두 이 일의 결과에 대해 더는 기여할 수 없다. 이제는 묵묵히 기도하는 마음으로 하나님이 하시는 일을 바라보아야 한다. 가장 중요한 순간에 할 수 있는 일은 하나님께 의존하는 것밖에는 아무것도 없다.

V. 대를 잇게 된 가족

(4:1-17)

보아스가 야밤에 타작마당으로 찾아온 룻의 청혼에 감동받고 꼭 그녀가 원하는 대로 하겠다고 약속했지만(3:13), 두 사람이 결혼하려면 아직 넘어야 할 산이 하나 있었다. 나오미의 기업 무를 자의 순위에서 보아스보다 우선권을 지닌 친족이 있었다. 만일 그가 나서면 보아스와 룻의 결혼은 이루어질 수 없기 때문이다. 보이지 않는 곳에서 삶에 관여하고 이곳까지 이끌어온 하나님이 보아스와 룻이 결혼하도록 하실 것이라는 확신이 있지만, 불확실성에 대한 불안감이 조금은 남아 있다. 나오미와 룻도 이날 보아스가 추진하는 일이 어떻게 될 것인가 초조한 마음으로 기다리고 있다. 보아스가 법적 절차를 밟아 나오미의 기업을 무르는 권한을 확보하여 룻과 결혼한 이야기를 담고 있는 이 섹션은 두 파트로 나뉜다.

 A. 보아스의 법적 노력(4:1-12)
 B. 노력의 결과(4:13-17)

A. 보아스의 법적 노력(4:1–12)

본 텍스트는 새벽에 타작마당에서 남몰래 룻을 돌려보낸 보아스가 곧
장 베들레헴 성읍으로 들어가(3:15) 엘리멜렉의 기업을 무를 자의 권한
을 확보하는 이야기다. 보아스는 자원해서 죽은 엘리멜렉의 대리인이
되어 문제를 해결하려고 최선을 다하고 있다. 본 텍스트와 1:6–22는
다음과 같은 공통점을 통해 평행을 이루고 있다(Luter & Davis).

1:6–22	주제	4:1–12
나오미, 오르바, 룻	중심 인물	보아스, 아무개, 룻
베들레헴으로	여정	베들레헴 성문으로
상속자가 없음	위기 발생	아무개가 기업을 무르겠다고 함
오르바가 떠남	반전	아무개가 떠남
룻이 나오미에게	헌신	보아스가 룻에게
베들레헴 여인들	"합창"	베들레헴 성문에 있는 사람들
분노	마무리 감정	기쁨
모압 여인	룻 묘사	모압 여인
신명기 23:3 (24:19)	연관된 성경말씀	신명기 25:5–10

보아스의 친족이 자기가 기업을 무르겠다고 나서는 바람에 순간적으
로 위기를 맞는 듯 싶었지만, 보아스가 지혜롭게 이 위기를 잘 극복하
고 룻과 결혼하게 되었다. 본 텍스트는 다음과 같이 네 파트로 구분할
수 있다.[18]

---

18 본 텍스트를 더 자세히 여섯 파트로 구분하는 학자도 있다(Luter & Rigsby).
　　A. 법적 절차를 위해 증인들을 부름(4:1–2)
　　　B. 아무개의 기업을 무르겠다는 제안(4:3–4)
　　　　C. 보아스가 책임을 설명하자 아무개가 포기함(4:5–6)

A. 법원 소집(4:1-2)

  B. 법적 절차 결과(4:3-8)

  B′. 결과에 대한 소견(4:9-10)

A′. 법원의 선포(4:11-12)

V. 대를 잇게 된 가족(4:1-17)
  A. 보아스의 법적 노력(4:1-12)

1. 법원 소집(4:1-2)

¹보아스가 성문으로 올라가서 거기 앉아 있더니 마침 보아스가 말하던 기업 무를 자가 지나가는지라 보아스가 그에게 이르되 아무개여 이리로 와서 앉으라 하니 그가 와서 앉으매 ²보아스가 그 성읍 장로 열 명을 청하여 이르되 당신들은 여기 앉으라 하니 그들이 앉으매

새벽녘에 룻을 집으로 돌려보낸 후 보아스는 곧바로 베들레헴으로 입성했다(3:15). 가능한 한 신속하게 나오미와 룻에 관한 일을 해결하기 위해서였다. 성에 입성한 보아스는 곧바로 성문으로 올라가 앉았다. 당시 문화에서 성문 주변은 성의 모든 일상적 일(물건 판매, 재판 등)이 진행되는 곳이었다(ABD). 보아스가 이런 곳에 앉아 있다는 것은 어떤 법적인 절차/소송을 계획하고 있음을 의미했다(Block). 보아스가 앉은 지 얼마 지나지 않아 이게 웬일인가(הנה)! 바로 그가 룻에게 언급했던 기업 무를 자가 지나가는 것이 아닌가! 저자는 그 사람이 바로 이 순간 보아스의 앞을 지나간 것을 전혀 예측하지 못했던 일로 묘사한다(Campbell, Younger). 그러나 저자의 '우연'에 많이 적응되어 있는 독자는

C′. 보아스가 책임을 지기로 하고 아무개는 퇴장(4:7-8)
B′. 보아스가 기업을 무르겠다고 선언함(4:9-10)
A′. 증인들이 보아스와 룻의 미래를 축복함(4:11-12)

씩 웃으며 그 사람이 바로 그때 그곳에 온 것은 하나님이 하신 일임을 잘 안다.

보아스가 룻이 이삭을 줍고 있던 밭에 온 일도 동일한 방법으로 묘사됐다(2:4). 그는 또한 룻에게 그녀에 관한 일을 신속하게 처리하겠다고 약속했다(3:13). 이제 하나님이 그가 신속하게 일을 처리할 수 있게 여건을 만들어주셨다. 또다시 보이지 않는 곳에서 사역하시는 하나님이 이런 '우연'을 만드신 것이다. 인간(보아스)의 노력에 하나님의 섭리가 잘 어우러진 결과다.

보아스가 그를 보자 "아무개여"(פְּלֹנִי אַלְמֹנִי) 하며 불러세웠다(1절). 이 히브리어 문구는 두 개의 별 상관없는 단어들("펠로니 엘모니")을 연결하여 언어유희를 구상하는 것이며(Sasson), 우리말로 '아무개'보다 더 정확하게 의미를 전달하는 단어는 없다. 대부분 영어 번역본은 "나의 친구여"(my friend)(NIV, NAS, NRS)라고 번역하는데 정확한 번역이 아니며 영어로는 "So-and so"가 가장 정확한 번역이다(Rashi, TNK, cf. Campbell, Bush).

보아스는 분명 이 사람의 이름을 알고 있었다(3:12). 그러므로 원래 보아스는 이 사람을 이름으로 불렀을 것이다(Younger). 그러나 의도적으로 '아무개'라고 부르며 그의 신분을 감춘다. 그가 앞으로 취할 행동(viz., 나오미와 룻을 거부하는 행위)에 대해 미리 귀띔해주기 위해서다(Bush). 사람이 자식을 두지 못하고 죽으면 기업 무를 자의 권한을 가진 친족이 나서서 해야 되는 일이 바로 죽은 사람의 이름(명예)을 회복해주는 일이었다. 그런데 이 이야기에서 정작 그 권한을 가진 이 사람은 이름이 없다. 그는 나오미의 기업을 무를 만한 인격이 되지 못하는 인물임을 사전에 암시해주는 것이다(Schwab, Hubbard). 또한 이 사람은 자비로운 보아스와 극명한 대조를 이루는 사람이라는 점도 암시하기 위해서 이름을 밝히지 않는다(Block).

보아스는 아무개를 자기 옆에 앉게 한 다음 성읍의 원로 10명을 불렀다(2절). 법적 절차를 시작하기 위해서다. 보아스가 왜 정확히 10명을 불렀는지에 대해서는 의아한 부분이 있다(Hubbard). 확실히 알 수는 없지만, 고대 근동 사람의 공동체에 대한 이해에서 비롯된 것으로 생각된다. 고대 사람은 최소 성인 남자 10명이 있어야 공동체가 형성된다고 생각했다. 그래서 유태인은 어느 도시에 가든 최소 성인 남자 10명이 확보되어야 회당을 세웠다. 또한 10명은 공동체를 대표할 수 있는 최소한의 숫자이기도 했다. 그러므로 아브라함이 롯으로 인해 소돔과 고모라를 위해 하나님께 호소할 때 50명의 의인으로 시작했다가 10명에서 멈추었던 것이다(창 18:16-33). 만일 소돔과 고모라를 대표할 최소 10명의 의인이 없다면, 이 도시는 결코 심판을 보류할 만한 가치가 없는 악한 공동체이므로 멸망시키는 데 이의를 제기할 수 없었던 것이다. 보아스는 이 같은 고대 근동과 이스라엘 정서에서 10명의 장로를 불러들였다.

보아스가 이렇게 법정을 구성해 놓고 소송을 제기하거나 판결을 요구하고자 하는 것은 아니다. 다만 사법기관의 효력을 가진 이 증인들 앞에서 나오미와 룻의 일을 법적으로 논의하고 절차를 밟고자 할 뿐이다. 그러므로 앞으로 일이 어떻게 진행되든 간에 이 원로들은 절차의 결과를 공증하는 역할을 한다.

V. 대를 잇게 된 가족(4:1-17)
  A. 보아스의 법적 노력(4:1-12)

2. 법적 절차 결과(4:3-8)

[3]보아스가 그 기업 무를 자에게 이르되 모압 지방에서 돌아온 나오미가 우리 형제 엘리멜렉의 소유지를 팔려 하므로 [4]내가 여기 앉은 이들과 내 백성의 장로들 앞에서 그것을 사라고 네게 말하여 알게 하려 하였노라 만일 네가 무르려면 무르려니와 만일 네가 무르지 아니하려거든 내게 고하여 알게 하

라 네 다음은 나요 그 외에는 무를 자가 없느니라 하니 그가 이르되 내가 무르리라 하는지라 ⁵보아스가 이르되 네가 나오미의 손에서 그 밭을 사는 날에 곧 죽은 자의 아내 모압 여인 룻에게서 사서 그 죽은 자의 기업을 그의 이름으로 세워야 할지니라 하니 ⁶그 기업 무를 자가 이르되 나는 내 기업에 손해가 있을까 하여 나를 위하여 무르지 못하노니 내가 무를 것을 네가 무르라 나는 무르지 못하겠노라 하는지라 ⁷옛적 이스라엘 중에는 모든 것을 무르거나 교환하는 일을 확정하기 위하여 사람이 그의 신을 벗어 그의 이웃에게 주더니 이것이 이스라엘 중에 증명하는 전례가 된지라 ⁸이에 그 기업 무를 자가 보아스에게 이르되 네가 너를 위하여 사라 하고 그의 신을 벗는지라

보아스와 아무개가 장로 10명을 앉혀 놓고 법적 절차를 시작한다. 이 섹션은 일종의 법정 기록(court proceeding)이다(Block). 신발을 벗어주는 것이 무엇을 의미하는지 설명하는 7절을 제외하고는 이야기의 흐름도 매끈하다. 여기까지는 확실하지만 그 다음부터, 특히 3-6절에 기록된 내용이 정확히 무엇을 의미하고 어떤 일이 진행되고 있는지를 규명하는 것은 매우 어려운 일이다. 이 섹션에서 사용하는 단어와 문법과 표현이 매우 독특하며, 텍스트가 전제하고 있는 풍습과 관례(viz., 상속자를 남기지 못하고 죽은 사람의 유산 처리 절차, 자식이 없이 홀로된 친족의 아내에 관한 규례 등)가 잘 알려지지 않았기 때문이다. 본문이 어려운 것은 텍스트가 잘 보존되지 않아서가 아니라 고대 풍습에 대해 우리가 아는 바가 별로 없기 때문이다.

게다가 이때까지 한 번도 언급하지 않은 정보를 제공하기도 한다. 나오미의 남편 엘리멜렉에게 밭이 있었다는 사실이다. 또한 정황을 이해하는 데 도움이 될 만한 정보를 제공하지 않는 경우도 발견된다. 예를 들면, 지난 10여 년 동안 엘리멜렉의 밭이 방치되었는지, 아니면 누가 경작하고 있었는지 말하지 않는다. 엘리멜렉이 소유한 땅의 규모에 대하여도 한마디도 하지 않는다. 이 모든 문제가 서로 연결되어 있기

에 텍스트를 세부적으로 들여다보면 쉽게 설명할 수 없는 수많은 문제를 안고 있음을 알 수 있다.

그래서 텍스트의 세부적인 것에 대하여는 상당한 견해 차이를 보이고 있는 것이 현실이다. 한 주석가는 자신의 책에서 3-6절의 문법 등 기술적 문제에만 거의 40쪽을 할애한다(Bush). 그러나 이 이야기가 본문에서 전제하고 있는 모든 세부 사항에 대해 잘 알고 있던 처음 독자에게는 별로 문제가 될 요소들이 없었을 것이다. 학자들은 룻기 저자가 매우 위대한 이야기 진행자(story teller)라는 것을 인정하며 본문에 기록된 법정 이야기가 어려운 것은 그가 어렵게 말하거나 잘못 이야기를 진행하고 있어서가 아니라, 오늘날 이 책을 읽는 우리의 무지함과 고대 문화에 대한 생소함 때문이라는 사실을 인정한다(Sakenfeld).

다행히 전체적 의미를 이해하는 데는 별 문제가 없다. 보아스가 합법적 절차를 통해 기업 무를 자의 권한을 얻어 룻과 결혼할 수 있는 기회를 마련했다는 것이 이 섹션의 핵심 내용이다. 이 내용을 바탕으로 법정에서 진행되고 결정된 내용을 정리해보자.

나오미가 남편 엘리멜렉의 땅을 팔려고 내놓았다는 것은(3절) 오늘날 우리가 이해하는 매매를 뜻하는 것이 아니다. 나오미에게는 남편의 땅을 매매할 법적인 권한이 없었다(Block, cf. 민 27장). 그러므로 단지 합의되는 사용료를 선불로 받고 일정한 기간 동안 그 땅을 경작할 수 있는 권리를 양도한다는 뜻이다(Younger, cf. 레 25:14-16). 율법을 고려할 때 나오미가 다음 희년(Year of Jubilee) 때까지 땅을 경작할 권리를 판매하려는 뜻으로 이해하는 것이 바람직하다. 이스라엘에서는 한 가족이나 집안의 땅을 영구적으로 매매할 수 없었기 때문이다(레 25:23; cf. 왕상 2:3). 그렇다면 본문에서 '팔다'(מכר)는 '사용 권리를 양도하다'로 이해해야 한다(Bush, cf. TDOT).

나오미는 죽은 남편으로부터 이 권한을 물려받았다. 구약을 살펴보면 땅의 소유권은 각 개인에게 있다기보다 씨족(clan)에 속해 있었다.

그래서 율법은 아들이 없어 딸이 땅을 상속해야 할 경우, 그 딸이 지파/씨족에 속하지 않은 사람과 결혼하는 것을 금했다(민 36장). 땅이 지파/씨족에 남게 하기 위해서였다. 이러한 정황에서 나오미는 죽은 남편으로부터 땅을 사용할 권리를 상속받았으며, 그녀의 권리는 그녀가 재혼을 하거나 죽을 때까지 지속된다. 그녀가 죽거나 재혼하면, 그 땅은 다시 씨족에게 넘어간다.

나오미가 땅의 경작권을 매매하려고 내놓았다는 것은 두 가지 가능성을 내포한다. 첫째, 엘리멜렉이 10여 년 전에 기근을 피해 가족을 데리고 모압 지방으로 피신할 때, 땅에 대한 권한을 처분하지 않고 고향을 떠났기 때문에 이제 나오미가 방치된 땅(혹은 이웃에게 [자신들이 돌아올 때까지] 일시적으로 경작하도록 허락한 땅)의 권한을 매매하고자 함을 뜻한다. 이 경우 나오미는 땅의 경작권을 선매(先賣)하려고 하고 있다.

둘째, 엘리멜렉이 떠나기 전에 이미 남에게 팔아버린 땅 경작 권한을 되찾으려는 것을 뜻한다. 그러나 나오미에게는 그 권한을 다시 사올 여력이 없기에 보아스에게 기업 무를 자의 권한(책임)에 따라 값을 치르고 그 땅의 권한을 다시 사라고 하는 것이다. 두 가지 중 후자일 가능성이 크다(Farmer, Younger). 이런 정황이 레위기 25:25에 기록된 기업 무를 자의 권한과도 더 잘 어울리기 때문이다. 이 경우 일단 기업 무를 권한을 가진 자가 이 땅을 사들여 집안/씨족 소유로 들여오면, 나오미와 산 사람 간에 어떤 협상의 여지가 있었는지는 알 수 없다.

아무개는 나오미가 베들레헴으로 돌아온 사실을 알고 있다(1:19). 그런데도 나오미와 룻을 돕기 위해 아직까지 어떠한 조치도 취하지 않았다는 것은 아무개가 어떤 인격을 지닌 사람인지를 암시한다. 그래서 그의 이름을 밝히지 않고 '아무개'라고 하며 그를 이름도 불러줄 가치가 없는 사람으로 생각하고 있다. 아무개는 또한, 처음 보는 순간부터 나오미와 룻에게 자비를 베풀어왔고 이번 일에도 팔을 걷고 나선 보아스와 극명한 대조를 이룬다. 독자는 보아스의 헌신적인 헤세드와 아무개의 인색함의 대조를 놓쳐서는 안 된다.

또한 아무개는 엘리멜렉의 땅에 대해 알고 있었을 것이다. 베들레헴은 큰 도시가 아니다. 땅 매매가 거의 이루어지지 않는 사회에서 사람들은 자기 씨족/친족에게 속한 땅에 대해 훤히 알고 있었을 것이기 때문이다. 그런데도 이 사람이 아직까지 친족 엘리멜렉의 땅을 다시 사들여 나오미를 도우려고 나서지 않았다는 사실을 통해 우리는 아무개가 어떤 생각을 하고 있었는지 알 수 있다. 만일 그가 적극적으로 나서면 룻과 결혼해야 하며, 그와 룻 사이에 태어나는 아이가 엘리멜렉의 아들로 취급되어 땅의 상속자가 된다. 비록 자기 아들이기는 하지만, 법적으로는 남의 집 아들이 되는 것이다. 만일 일이 이렇게 된다면 그에게 엄청난 손실을 끼칠 수 있다고 생각했다. 반면에 모른 척하고 내버려두면 머지않아 나오미가 늙어서 죽게 될 것이며, 그렇게 되면 엘리멜렉의 땅은 기업 무를 자의 서열에서 가장 우선권을 가지고 있는 자기의 소유가 될 것을 알고 있다. 그는 이 방법을 통해 엘리멜렉의 땅을 아주 싸게 자기 땅으로 만들려 하고 있는 것이다.

이제 보아스가 나오미 문제를 들고 나왔으니 더 이상 방치할 수는 없게 되었다. 그래서 그는 땅을 사겠다고 했다(4절). 1인칭 대명사를 동반하고 있는 "내가 무르리라"(אָנֹכִי אֶגְאָל)(4절)라는 아무개의 발언은 땅을 사겠다는 강력한 의지의 표현이다. 일반적으로 히브리어 문장은 인칭 대명사를 사용하지 않으며, 어떠한 사실을 강조할 때만 사용하기 때문이다. 그러므로 아무개가 인칭 대명사를 사용하여 의지를 표현하는 것은 여건만 맞으면 꼭 땅을 사겠다는 욕심을 보이는 것이다. 아무개가 은근히 바라는 것은 룻은 이 매매에 포함되지 않는 것이다. 룻도 아무개가 땅을 무르는 것을 원하지 않았을 것이다. 만일 룻이 아무개가 땅을 사겠다고 선언하는 광경을 지켜 보고 있었다면, 그녀는 심장마비를 일으켰을지도 모른다(Block)! 보아스가 이미 이런 일이 있을 수 있다는 것을 알려 주기는 했지만(3:13), 룻에게는 그녀가 아무개하고 결혼한다는 것은 결코 받아들일 수 없는 사안이기 때문이다.

다른 사람에게 사용권이 넘어간 땅을 무르는 것은 그 땅 소유주와 관계가 있는 여자가 생존해 있을 경우 그 여자와의 결혼도 의무로 따라온다(Westbrook). 그러므로 보아스는 땅을 사겠다고 하는 아무개에게 그가 땅을 사면 죽은 사람(말론)의 아내인 모압 여인 룻도 아내로 맞아들여야 한다고 했다(5절). 보아스가 룻이 '모압 여인'이라는 사실을 상기시키는 것은 아무개의 땅에 대한 의욕을 꺾기 위해서라기보다는 법정이기 때문에 사실을 확실히 해두기 위해서일 것이다. 물론 보아스의 말에는 나오미도 보살펴야 하는 책임도 내포되어 있다(Hubbard). 아무개가 룻과 결혼해서 아들을 얻게 되면 그 아들이 룻의 남편 말론의 대를 이어 이날 거래된 땅을 차지할 것이라는 말도 덧붙였다(5절). 보아스가 그에게 룻과 결혼하여 얻은 아이를 통해 죽은 말론의 이름을 높여야 한다고 하는 것은 율법 자체보다는 율법의 정신에 호소하는 행위다(Loader, cf. Younger). 율법은 기업 무를 자의 권한(책임)을 의무화하지는 않기 때문이다(신 25:5-10). 누구든지 이 책임을 거부할 수 있다. 그러므로 보아스가 아무개에게 "룻도 맡으라"라고 하는 말에서 우리는 그의 헤세드를 한 번 더 엿볼 수 있다.

율법이 룻과의 결혼을 강요하지 않기에 아무개에게는 네 가지 선택권이 있다(Bush, cf. Eskenazi & Frymer-Kensky). 첫째, 보아스가 요구하는 대로 땅에 대한 권한을 사들이고 따라오는 룻과 결혼하여 나오미를 돌볼 수 있다. 가장 이상적인 상황이며, 이 옵션을 선택하면 많은 사람의 존경을 받게 될 것이다. 둘째, 땅은 사들이고, 룻과의 결혼은 차일피일 미루다가 흐지부지되게 하는 것이다. 이렇게 하면 명예는 큰 타격을 입을 것이다. 셋째, 보아스의 제안을 거부하여 땅 이용권을 포기하고 룻과 결혼하는 것을 피할 수 있다. 그가 이렇게 한다 해도 특별히 문제될 것은 없으며, 명예가 손상되지 않는다. 넷째, 땅에 대한 권한만 사들이고 룻과 결혼하는 것은 거부할 수 있다. 대신 명예가 실추되는 일을 감수해야 한다.

위 네 가지 선택권에서 그는 어느 것을 택할 것인가? 더 본질적인 질문은 "아무개가 룻과 결혼하겠다고 나설까?"이다. 만일 그가 결혼하겠다고 나서면 룻과 보아스는 어떻게 되는가? 다행히 독자의 불안감이 순식간에 사라진다. 아무개가 세 번째(땅을 사는 것과 룻과 결혼하는 것 모두를 포기하는 것)를 택한 것이다. 아무개가 생각해보니 자신에게 손해가 된다며 기업 무르는 책임을 포기했다(6절). 아무개는 룻과 나오미에 대한 도덕적 책임보다는 자기 잇속을 먼저 계산하고 앞세우는 사람이었다(Bush). 저자는 엘리멜렉의 계보가 보존되는 데 지대한 관심을 가지고 있다(Block). 그러나 이기적인 아무개는 친족의 이름을 보존하는 자비를 베풀기를 거부했다. 그러므로 아무개도 이름이 없다. 그의 이름이 책에 기록되지 않은 것은 하나님의 심판을 의미한다(Trible).

아무개는 의지를 분명히 표현하려고 자기 신발을 한 짝 벗어서 보아스에게 주었다(8절). 옛적에 유산 매매나 물물교환과 같은 일을 법적으로 분명히 할 때에는 이처럼 한쪽 사람이 다른 쪽 사람에게 자기 신발을 벗어주는 풍습이 있었고, 벗어준 신발은 이 같은 사실을 확인해주는 법적 증거가 되었다는 설명을 덧붙인다(7절). 이 부연 설명은 본문에 묘사된 일이 실제로 있었던 때로부터 상당 시간이 흘러 이 같은 풍습이 낯선 상황에서 룻기가 저작되었음을 암시한다(cf. 서론).

그런데 왜 하필이면 신발을 벗어주는 것이 법적 소유권이나 권리를 넘겨주는 상징이 되었을까? 아마도 구약에서 '발' 혹은 '신발'이 권력, 소유권, 주권을 상징하기 때문일 것이다(Hubbard, cf. 수 10:24; 시 8:6). 모세가 하나님의 산에서 신발을 벗었을 때, 여호와의 주권을 인정했다(출 3:5; cf. 수 5:15). 압살롬의 반역으로 다윗이 맨발로 피난길에 올랐을 때, 자신의 무능함과 수치를 적나라하게 표현하고자 했다(삼하 15:30; cf. 사 20:2-4; 겔 24:17, 23). 또한 누지(Nuzi)에서는 땅을 사고 팔 때에는 파는 사람이 땅에서 발을 떼고, 새 주인이 그 땅을 밟는 의식이 있었다

(Hubbard). 성경에서도 발로 땅을 밟는 것이 소유권과 연결된 경우를 발견할 수 있다(신 1:36; 11:24; 수 1:3; 14:9). 이러한 문화적 배경에서 이스라엘 법정에서도 신발을 주고 받은 것으로 생각된다.

> V. 대를 잇게 된 가족(4:1-17)
>   A. 보아스의 법적 노력(4:1-12)

3. 결과에 대한 소견(4:9-10)

⁹보아스가 장로들과 모든 백성에게 이르되 내가 엘리멜렉과 기룐과 말론에게 있던 모든 것을 나오미의 손에서 산 일에 너희가 오늘 증인이 되었고 ¹⁰또 말론의 아내 모압 여인 룻을 사서 나의 아내로 맞이하고 그 죽은 자의 기업을 그의 이름으로 세워 그의 이름이 그의 형제 중과 그 곳 성문에서 끊어지지 아니하게 함에 너희가 오늘 증인이 되었느니라 하니

아무개로부터 신발을 받아든 보아스가 법원을 형성한 장로와 청중에게 자기가 엘리멜렉의 기업을 무를 것을 선언했다. 그는 사들인 권한을 두 가지로 정의하며, 이 권한을 사들이는 목적도 정확하게 말한다. 문장의 구조를 감안할 때 보아스가 나오미의 기업을 무르는 가장 큰 이유는 룻과 결혼하기 위해서임이 확실하다(Block). 또한 보아스의 선언은 아무개에게 한 말을 더 구체화시킨 것이기도 하다. 다음 도표를 참조하라(Younger).

이슈	아무개에게 한 말	구체화한 선언
땅/재산	"우리 형제 엘리멜렉의 소유지"(3절)	"엘리멜렉과 기룐과 말론에게 있던 모든 것"(9절)
룻의 신분	"죽은 자의 아내 모압 여인 룻"(5절)	"말론의 아내 모압 여인 룻"(10절)

| 목적 | "죽은 자의 기업을 그의 이름으로 세워야 할지니라"(5절) | "죽은 자의 기업을 그의 이름으로 세워 그의 이름이 그의 형제 중과 그 곳 성문에서 끊어지지 아니하게 함"(10절) |

보아스가 이처럼 법정에서 자기가 산 권한의 내용을 구체화하는 것은 여기에 명시된 사실에 책임을 다하여, 엘리멜렉 일가의 죽음으로 대가 끊길 위험에 처한 친척의 집안을 회복하는 일에 최선을 다할 것을 선언하는 효력을 지니고 있다. 보아스가 이 일에 스스로를 묶고 있다. 그가 이 일을 이루기 위해서는 엘리멜렉의 집안이 다시 회복되어야 하며, 룻과 결혼하여 얻은 아들을 통해 망자의 집안을 회복시킬 것이다.

보아스는 의지를 밝히며 엘리멜렉 일가에 속한 모든 사람의 이름을 언급한다. 엘리멜렉, 기룐, 말론, 나오미, 룻(9-10절). 1장에 언급된 이름과 비교할 때 유일하게 빠진 사람은 오르바다. 보아스와 대조되는 아무개와 룻과 대조되는 오르바는 어느 정도 공통점을 지닌 듯하다. 그러나 두 사람은 한 가지 현저한 차이를 지니고 있다. 오르바의 이름은 책에 기록되어 있지만, 아무개의 이름은 기념되지 않는다. 이미 언급한 것처럼 룻기에서 무명으로 남는 것은 하나님의 심판을 의미한다 (Trible). 그러므로 아무개는 인색하게 굴다가 하나님의 징계를 받은 것이지만, 오르바는 떠날 때까지 최선을 다해 시어머니를 보필했기 때문에 하나님의 인정을 받은 것이라 할 수 있다. 끝까지 시어머니와 함께하겠다고 베들레헴을 찾아온 룻은 앞으로 하나님의 더 큰 축복을 받게 될 것이다.

4. 법원의 선포(4:11-12)

[11]성문에 있는 모든 백성과 장로들이 이르되 우리가 증인이 되나니 여호와께서 네 집에 들어가는 여인으로 이스라엘의 집을 세운 라헬과 레아 두 사람과 같게 하시고 네가 에브랏에서 유력하고 베들레헴에서 유명하게 하시기를 원하며 [12]여호와께서 이 젊은 여자로 말미암아 네게 상속자를 주사 네 집이 다말이 유다에게 낳아준 베레스의 집과 같게 하시기를 원하노라 하니라

보아스가 엘리멜렉 일가의 기업을 무르고 룻과 결혼하여 그 집안의 이름이 끊기지 않게 하겠다고 선언하자 법원을 구성하고 있던 열 명의 장로들과 주변에 모여 이 상황을 지켜보던 사람들은 일제히 자신들이 이 일의 증인이라며 보아스를 축복했다. 이 축복은 오늘날로 말하면 이때까지 전개된 내용이 사실임을 공증하는(notarize) 효과를 발휘한다(Hubbard). 보아스가 큰 경제적 손실을 감수하는 어려운 결정을 했기 때문이다. 또한 온 공동체가 보아스의 결정을 기뻐하는 것은 그의 헤세드로 엘리멜렉의 이름이 보존되어 온 공동체가 다시 온전하게(wholesome) 되었기 때문이다.

보아스가 제기한 법적 절차에 증인이 된 사람들은 세 가지로 보아스를 축복했다. 첫째, 여호와께서 그의 집으로 들어가는 여인을 라헬과 레아를 축복하신 것같이 축복하실 것이다. 룻이 보아스와의 결혼을 통해 이 선조들의 아내처럼 존귀하게 되고 많은 자손을 두게 되기를 바란다는 축복이다. 또한 비록 라헬과 레아가 원래는 우상 숭배자였지만, 그들을 통해 야곱의 집이 굳건하게 세워진 것처럼 엘리멜렉의 집안이 한때 우상을 숭배했던 룻을 통해 굳건하게 세워질 것을 담은 염원이기도 하다(Malbim). 룻이 홀로된 시어머니에게 베푼 헤세드는 실로

대단한 것이다. 법정 증인들이 모압 여인인 룻을 이스라엘의 어머니들과 같은 대열에 올려놓는 것은 더 대단한 일이다(Block). 그들은 룻의 미덕을 매우 높이 평가하고 있는 것이다.

보아스가 속한 유다 지파가 레아에서 비롯되었고, 레아가 야곱의 첫째 아내였으며 많은 자녀를 두었다는 점을 고려할 때, 그녀가 언급되는 것은 당연한 일이지만, 이곳에서 왜 라헬도 언급되는 것일까? 더 나아가 증인들은 레아보다 라헬을 더 먼저 언급하고 있다! 몇 가지 이유가 있는 듯하다(Campbell). (1) 라헬은 야곱이 편애한 아내였다, (2) 라헬은 이 이야기가 전개되고 있는 곳인 베들레헴에 묻혔다, (3) 라헬이 오랫동안 아이를 낳지 못한 것이 어떤 면에서는 결혼한 지 상당한 세월이 지났는데도 아이가 없는 룻과 비슷하다. 그래서 사람들은 여호와께서 레아와 라헬에게 내려주신 자녀 축복을 룻에게도 내려 주시기를 바란다. 장로들이 빌어주는 축복이 성경 다른 곳에 기록된 것과 확연한 차이를 두고 있다는 것은, 이 결혼이 참으로 특별하여 일반적인 혼인과는 다르기는 하지만, 그럼에도 이 증인들이 진심으로 인정하고 환영하는 결혼임을 암시한다(Eskenazi & Frymer-Kensky).

둘째, 하나님이 보아스를 에브랏에서 유력하게 하시고 베들레헴에서 유명하게 하시기를 빌었다. 온갖 손실을 감수하고 이 일을 추진하는 보아스가 하나님의 축복을 받아 온 세상에서 기념되는 명예를 얻게 될 것을 축복하고 있다. 보아스가 행한 이 아름다운 일이 온 세상에 알려지면 감동을 받은 사람들이 그를 닮으려는 노력을 할 것이고, 그렇게 되면 세상은 더 많은 헤세드로 채워질 것을 기대할 수 있게 된다. 명예는 하나님이 주셔야 영원한 것이며, 보아스는 이 일로 영원히 기념되는 영광을 얻었다.

셋째, 보아스의 집안이 룻으로 인해 다말이 유다에게 낳아준 베레스의 집안과 같게 하실 것을 빌었다(창 38장). 증인들이 룻과 보아스의 결혼을 유다와 다말의 연합에 비교해 축복하는 것은, 유다와 다말의 관계처럼 보아스와 룻의 관계도 정상적인 것은 아니지만 분명히 축복하고 인정한다는 것을 의미한다(Eskenazi & Frymer-Kensky). 사실 두 사건은 몇 가지 비슷한 점을 지니고 있다. 다말도 룻처럼 이방인이었다는 것, 두 이야기 모두 여인의 결단과 추진력이 집안을 보존하는 일에 일조했기에 이 같은 복이 빌어졌다는 점이다(Berlin). 물론 두 이야기는 본질적인 차이점도 지녔다. 룻과 보아스 사이에 태어날 아이는 분명 엘리멜렉 집안 사람으로 활동하겠지만, 보아스의 자손이기도 할 것을 선언하는 축복이다(Younger).

증인들이 빌어준 세 가지 축복 그 어디에도 룻의 이름은 등장하지 않는다. 이 축복이 보아스를 중심에 두고 있기 때문이다. 사람들은 보아스의 결단을 매우 높이 평가하여 그를 격려하고 축복하고 있는 것이다. 보아스는 헤세드를 베풀다가 하나님과 주변 사람의 복을 받고 있다. 이후 이 책에서 룻은 다시는 모압 여인으로 불리지 않는다. 보아스와의 결혼을 통해 온전히 이스라엘 사람이 되었기 때문이다.

V. 대를 잇게 된 가족(4:1-17)

B. 노력의 결과(4:13-17)

드디어 보아스가 룻과 결혼하여 아이를 얻어 모든 사람이 행복해졌다는 내용을 담고 있는 이 섹션은 책의 이야기 부분에 대한 결론 역할을 한다. 계보(4:18-22)가 책을 마무리하지만, 이야기는 이 섹션에서 마무리되는 것이다.

서론에서 언급한 것처럼 1:6-14와 본문은 책의 구조에서 서로 대칭을 이루고 있는데, 더 구체적으로 다음과 같이 평행적으로 이야기가 진행되고 있다(Schwab).

나오미가 아들들을 잃어 모두 각자의 집으로 돌아가야 함(1:6-14)	나오미에게 엘리멜렉의 집안을 회복시킬 아들이 태어남(4:13-17)
6절. 주가 양식을 주심	13절. 주가 아이를 주심
6-8, 10-12절. "돌아가라!"(שׁוּב)	15절. 아이는 "회복[돌이키는] 자"임 (שׁוּב)
9절. 남편과 안식을 찾기를	13절. 보아스가 룻의 남편이 됨
12절. 재혼하기에 너무 늦은 나오미	15절. 아이가 나오미의 노년을 도울 것
12절. 나오미는 더 이상 아들이 없음	17절. 나오미가 아들을 얻음
13절. 아들들이 자랄 때까지 기다릴 것인가?	16절. 나오미가 아들을 양육함
13절. 주가 나오미를 쓰게 하심	14절. 주가 나오미를 구속하심
14절. 룻이 나오미를 붙잡음	15절. 룻이 일곱 아들보다 더 나음

본문은 1:1-5과도 연관이 있다. 다음 도표를 참고하라(Luter & Davis).

1:1-5	주제	4:13-17
베들레헴의 기근	정황	베들레헴의 결혼식
떠남으로 위협을 받음	땅 소유권	돌아옴으로 되찾음
결혼과 죽음	경조사	결혼과 출산
임하지 않음: 불임	축복	임함: 출산
없음	돕는 자	보아스와 오벳
죽은 아들의 과부	룻의 신분	일곱 아들보다 나음
죽음으로 인해 텅 빔/슬픔	나오미의 감정	오벳의 출생으로 인한 기쁨
이야기를 시작하는 첫 번째 '책 받침대'	문학적 기능	책을 마무리하는 두 번째 '책 받침대'

본문은 (1) 아이가 태어남(4:13-15), (2) 아이의 이름(4:16-17) 등 두 파
트로 나뉘며 더 세부적으로는 다음과 같은 구조를 지녔다(Bush).[19]

　A. 내러티브(4:13)
　　B. 여인들의 발언(4:14-15)
　A′. 내러티브(4:16)
　　B′. 여인의 행동(4:17)

> V. 대를 잇게 된 가족(4:1-17)
> 　B. 노력의 결과(2:13-17)

1. 아이가 태어남(4:13-15)

[13]이에 보아스가 룻을 맞이하여 아내로 삼고 그에게 들어갔더니 여호와께서
그에게 임신하게 하시므로 그가 아들을 낳은지라 [14]여인들이 나오미에게 이
르되 찬송할지로다 여호와께서 오늘 네게 기업 무를 자가 없게 하지 아니하
셨도다 이 아이의 이름이 이스라엘 중에 유명하게 되기를 원하노라 [15]이는
네 생명의 회복자이며 네 노년의 봉양자라 곧 너를 사랑하며 일곱 아들보다
귀한 네 며느리가 낳은 자로다 하니라

보아스가 룻과 결혼하여 아들을 낳았다. 룻이 보아스의 밭에 처음
발을 들여놓은 때부터 최소한 1년이 흘렀음을 암시한다. 나오미와 룻
이 베들레헴에 돌아온 후 약 6주 동안 있었던 일을 상세하게 기록했던

19　본 텍스트에 대한 세부적인 분석은 다음과 같다(Luter & Rigsby).
　A. 가족의 단기적 미래: 결혼, 임신, 출산(4:13)
　　B. 여인들이 나오미의 구원자가 유명해질 것을 축복함(4:14)
　　　C. 새로 태어난 아이가 나오미를 노후에 보살필 것(4:15a)
　　　　D. 룻이 일곱 아들보다 낫다고 칭찬을 받음(4:15b)
　　　C′. 나오미가 새로 태어난 아이를 보살핌(4:16)
　　B′. 여인들이 나오미의 구원자를 오벳(섬기는 자)이라고 부름(4:17a)
　A′. 가족의 장기적 미래: 오벳, 이새, 다윗(4:17b)

저자가 지난 1년 동안에 보아스, 룻, 나오미의 삶에 어떤 일이 있었는지는 침묵한다. 이 책의 중심 주제와 상관없기 때문이다. 오직 룻과 보아스의 결혼이 어떤 결과를 초래했는가에 관심을 집중한다. 남자들이 모두 죽은 엘리멜렉의 집안이 다시 회생했다는 사실을 빨리 전하고 싶기 때문이다.

저자는 "여호와께서 룻에게 임신하게 하셨다"라고 한다(13절). 이 아이는 하나님이 내려주신 축복이라는 의미다(Hubbard). 또한 룻이 모압에서 남편 말론과 결혼한 후 아이를 갖지 못한 이유가 여호와께서 임신을 막았기 때문이라는 사실을 암시하는 듯하다(Sakenfeld). 주가 이 일을 행하시려고 이때까지 룻이 불임하게 하셨던 것이다. 이렇게 해서 보아스가 룻을 처음 만나 빌어준 축복(2:11-12)이 이렇게 성취되었다. 또한 룻이 보아스와 가정을 꾸리고 아이를 낳은 것은 시어머니 나오미가 그녀에게 빌어준 축복의 성취이기도 하다(1:9).

책이 시작된 후 하나님의 사역이 직접 언급되는 것은 이곳이 처음이다. 드디어 보이지 않는 곳에서 사역하시던 하나님이 모습을 드러내셨다. 오직 아들만이 집안의 대를 이을 수 있다는 점을 고려할 때, 룻이 아들을 낳은 것은 하나님이 일을 이렇게 만들어가셨음을 암시한다.

룻이 아들을 낳자 동네 여인들이 신이 나서 하나님을 찬양하며 나오미를 위로했다. 전에 나오미가 거지꼴을 하고 베들레헴으로 돌아왔을 때(1:19) 그녀를 반갑게 맞이해 주었던 여인들이다(Hubbard). 그때 여인들은 아파서 소리치는 나오미를 조용히 맞이하는 성숙함을 보여주었다. 이번에는 이 좋은 일에 침묵할 수 없다며 목소리를 높이고 있다. 동네 여인들의 스피치(14-15절)를 보면 분명 하나님 은혜를 찬양하고 있지만, 기본 관심은 새로 태어난 아이가 나오미의 삶에 무엇을 의미하는가를 부각시키는 데 초점이 맞추어져 있다(Bush).

그들은 이 아이가 끊어진 나오미 집안의 대를 이어줄 것이며(14절), 늙은 나오미를 보필할 것을 기대한다(15절). 한마디로 말하면, 그동안 미래에 대해 그 어떠한 소망도 없어 텅 비어 있었던 나오미의 삶이 (1:20-21) 이 아이로 인해 미래에 대한 소망으로 가득 차게 되었다는 것이다. 이 과정에서 히브리어 동사 '돌아오다'(שוב)가 전략적으로 사용되고 있다. 전에 텅 빈 나오미와 룻은 모압 지방에서 베들레헴으로 돌아왔다(1:22). 이제 풍요로움과 채움이 이 아이를 통해 나오미에게 '돌아왔다'(4:15).

여인들은 아이를 낳은 룻을 "일곱 아들보다 귀한 네 며느리"라며 칭찬한다(15절). 숫자 '7'은 만수로서 '아주 많음'을 뜻한다. 그러므로 오늘 말로 표현해 본다면, '아들 한 트럭보다 나은 며느리' 정도 될 것이다. 여인들은 룻이 나오미에게 베푼 헤세드를 이처럼 극적으로 묘사하며 그녀를 칭찬하고 있다. 하나님이 먼저 시어머니에게 헤세드를 베푼 룻에게 헤세드를 베푸신 것이다(Hubbard).

V. 대를 잇게 된 가족(4:1-17)
　B. 노력의 결과(2:13-17)

2. 아이의 이름(4:16-17)

16나오미가 아기를 받아 품에 품고 그의 양육자가 되니 17그의 이웃 여인들이 그에게 이름을 지어 주되 나오미에게 아들이 태어났다 하여 그의 이름을 오벳이라 하였는데 그는 다윗의 아버지인 이새의 아버지였더라

나오미가 아기를 받아 품에 품고 양육자가 되었다(16절). 나오미가 손주의 유모 역할을 했다는 뜻이다(Hubbard, Block). 우리는 손주를 안고 흐뭇해하는 나오미를 상상하며 그녀의 씁쓸했던 과거와 비교해본다 (1:20-21). 이 순간 그녀는 참 행복하다. 모두 다 룻이 헤세드를 베풀어서 시작된 일이다. 룻의 조그마한 배려가 나비효과를 발휘한 것이다. 이렇게 해서 나오미의 새로운 삶이 시작되었다. 1장에서 그녀의 삶이

온갖 죽음으로 채워졌을 때에는(1:3-5) 도저히 이런 날이 올 것 같지 않았는데, 살아 있으니 이처럼 새 생명으로 채워진 새 삶을 살게 되었다. 인생은 아름다운 것이다. 심지어 고통과 절망으로 채워진 삶도 아름답다. 반전의 하나님이 언제 어떻게 모든 것을 바꾸실지 모르기 때문이다.

여인들은 아이에게 '오벳'(עוֹבֵד)이라는 이름을 지어주었다. 오벳을 문자적으로 풀이하면 '섬김, 섬기는 자'라는 뜻이다. 늙은 나오미를 잘 섬겨줄 것을 기대하며 지어준 이름이다. 또한 오벳이 하나님의 은혜로 태어났으니, 평생 동안 주님을 섬기라는 취지도 포함된 이름이다. 한 가지 특이한 것은 원래 아이의 이름은 주로 아버지, 간혹 어머니가 지어주는데, 이 이야기에서는 동네 여인들이 지어준다는 점이다. 아마도 여인들이 나오미와 이 아이의 관계를 의식해서 이렇게 이름 짓기를 원한 것 같다.

보아스와 룻 사이에 태어난 오벳은 이새의 아버지가 되고, 다윗의 할아버지가 된다. 오벳은 이름에 걸맞은 삶을 살았다. 앞으로 이스라엘을 이끌어갈 최고의 왕 다윗의 탄생에 한몫하면서 이스라엘을 섬겼기 때문이다.

VI. 대가 이어진 가족의 기쁨
(4:18-22)

¹⁸베레스의 계보는 이러하니라 베레스는 헤스론을 낳고 ¹⁹헤스론은 람을 낳았고 람은 암미나답을 낳았고 ²⁰암미나답은 나손을 낳았고 나손은 살몬을 낳았고 ²¹살몬은 보아스를 낳았고 보아스는 오벳을 낳았고 ²²오벳은 이새를 낳고 이새는 다윗을 낳았더라

이 계보를 통해 제공된 정보를 정리해보면 다음 도표에서 볼 수 있는 것처럼 10대를 중심으로 한 것이다. 계보가 10명으로 구성되었고, 표현 방식이 창세기 계보와 흡사해서(창 4:17-24; 5:1-32; 11:10-26; 25:12-15) 이와 비교되기도 한다. 성경에서 10명 이름으로 구성된 계보는 7번째와 10번째로 등장하는 사람의 중요성을 강조하는데, 특히 10번째 등장하는 사람이 가장 중요하다. 그러므로 이 계보의 중요성은 다윗을 10번째 자리에 두어 계보가 룻기의 결론을 형성하는 근본 목적을 정확하게 보여주고 있다(Block). 보아스를 7번째에, 다윗을 10번째에 두어 두 사람의 중요성을 부각시키고 있다. 유다의 아들인 베레스부터 이때까지를 10명의 이름으로 정리한 이 계보는 분명 다윗의 모든 조상을 빠짐없이 기록한 것은 아니다. 그렇게 생각하기에는 너무나도 많은 시

간이 흘렀다(최소 500년). 이 계보는 모든 대(代)를 포함하고 있는 것이 아니라 숫자 10으로 맞추기 위하여 일부는 생략했다(Hubbard, cf. Bush, Campbell).

구약뿐만 아니라 고대 근동에서 필요에 따라 계보에서 일부 세대를 생략하는 일은 흔히 있었던 일이다(Wilson). 이런 계보에서는 10대에 가서 언급되는 사람이 가장 중요하며, 7대에 등장하는 사람도 상당히 중요하다. 그러므로 이 계보는 헤세드를 베푼 보아스(7대)와 자손 다윗(10대)을 부각시키는 데 목적이 있다. 그러므로 이 계보는 보아스와 룻의 이야기를 개인적 차원에서 국가적 차원으로 끌어올리는 효과를 발휘한다(Younger). 개인적 차원에서 이 계보는 텅 비었던 나오미의 삶이 '꽉 찼음'을 의미한다. 국가적 차원에서는 서로에게 헤세드를 베푼 룻과 보아스의 후손으로 이스라엘의 가장 위대한 다윗 왕이 탄생했고 다윗 왕은 다윗 언약을 통해 장차 오실 메시야의 조상이 될 것이다.

대	이름
1	베레스
2	헤스론
3	람
4	암미나답
5	나손
6	살몬
7	보아스
7	오벳
8	이새
10	다윗

이 계보가 언제 어떻게 룻기와 연관되게 되었는가(viz., 언제 계보가 룻

기에 도입되었는가)에 대해 논란이 끊이지 않는다. 룻기가 저작될 때부터 있었다는 견해에서부터 먼 훗날 이미 완성된 책에 첨부된 것이라는 견해까지 관점이 다양하다(Hubbard, Bush). 사실을 정확히 알 수 없을 뿐만 아니라 이 계보가 책의 내용을 분석하는 데 큰 영향을 미치지 않기에 그다지 중요한 이슈는 아니다. 책이 저작될 당시부터 계보가 이곳에 있었다고 생각하는 것이 합리적이다. 이 계보는 다음 책(사무엘서)에서 주인공 역할을 할 다윗에 대한 이야기를 준비시키면서 두 책(룻기와 사무엘서)을 연결하고 있다.

엑스포지멘터리

에스더

Esther

EXPOSItory comMENTARY

선별된 참고문헌

(Select Bibliography)

Albright, W. F. "The Lachish Cosmetic Burner and Esther 2:12." Pp.
25–32 in *Old Testament Studies in Honor of Jacob M. Myers*. Ed.
by H. N. Bream et al. Philadelphia: Temple University Press,
1974.

Ackroyd, P. R. *Israel Under Babylon and Persia*. Oxford: Oxford
University Press, 1970.

Ackroyd, P. R. "Two Hebrew Notes." ASTI 5 (1967): 82–86.

Allen, L. C.; T. S. *Laniak. Ezra, Nehemiah, Esther*. NIBC. Peabody,
MA: Hendrickson, 2003.

Anderson, B. W. "The Place of Esther in the Christian Bible." JR 30
(1950): 32–43.

Anonymous. "A New Clue in the Dating of the Composition of the
Book of Esther." VT 50 (2000): 561–65.

Archer, G. L. *A Survey of Old Testament Introduction*. Chicago: Moody
Press, 1974.

Bach, A. "Mirror, Mirror in the Text: Reflections on Reading and

Rereading." Pp. 81−86 in *A Feminist Companion to Esther, Judith and Susanna*. Ed. by A. Brenner. Sheffield: Sheffield Academic Press, 1995.

Baldwin, J. G. *Esther: An Introduction and Commentary*. TOTC. Downers Grove, Ill.: InterVarsity, 1984.

Beal, T. *The Book of Hiding: Gender, Ethnicity, Annihilation, and Esther*. London: Routledge, 1997.

Beal, T. *Esther*. BO. Collegeville, MN: Liturgical Press, 1999.

Bechtel, C. M. *Esther*. IBC. Louisville: Westminster−John Knox, 2002.

Beckett, M. *Gospel in Esther*. Carlisle, PA: Paternoster, 2002.

Beckwith, R. *The Old Testament Canon of the New Testament Church and Its Background in Early Judaism*. Grand Rapids: Eerdmans, 1985.

Berg, S. B. *The Book of Esther: Motifs, Themes and Structure*. SBLDS. Missoula, Mont.: Scholars, 1979.

Berg, S. B. "After the Exile: God and History in the Books of Chronicles and Esther." Pp. 107−27 in *The Divine Helmsman: Studies on God's Control of Human Events, Presented to Lou H. Silberman*. Ed. by J. L. Crenshaw and S. Sandmel. New York: KTAV, 1980.

Bergey, R. L. "Post−exilic Hebrew Linguistic Developments in Esther: a Diachronic Approach." JETS 31 (1988): 161−68.

Berlin, A. *Poetics and Interpretation of Biblical Narrative*. Sheffield: Almond, 1983.

Berlin, A. *Esther*. JPSBC. Philadelphia: Jewish Publication Society, 2001.

Berlin, A. "The Book of Esther and Ancient Storytelling." JBL 120 (2001): 3−14.

Berman, J. "Hadassah Bat Abihail: The Evolution from Object to Subject in the Character of Esther." JBL 120 (2001): 647−69.

Bickerman, E. *Four Strange Books of the Bible: Jonah / Daniel / Koheleth / Esther.* New York: Schocken, 1967.

Briant, P. *From Cyrus to Alexander: A History of the Persian Empire.* Trans. by P. T. Daniels. Winona Lake, Ind.: Eisenbrauns, 2002.

Breneman, M. *Ezra, Nehemiah, Esther.* NAC. Nashville: Broadman & Holman, 1993.

Brenner, A., ed. *A Feminist Companion to Esther, Judith and Susanna.* Sheffield: Sheffield Academic Press, 1995.

Bush, F. W. *Ruth/Esther.* WBC. Dallas: Word, 1996.

Bush, F. W. "The Book of Esther: Opus non gratum in the Christian Canon.: BBR 8 (1998): 39−54.

Cassel, P. *An Explanatory Commentary on Esther.* Trans. by A. Bernstein. Edinburgh: T&T Clark, 1888.

Childs, B. S. *Introduction to the Old Testament as Scripture.* Minneapolis: Fortress, 1979.

Clines, D. J. A. "Reading Esther from Left to Right: Contemporary Strategies for Reading a Biblical Text." Pp. 31−52 in *The Bible in Three Dimensions: Essays in Celebration of Forty Years of Biblical Studies in the University of Sheffield.* W. E. Fowl, D. J. A. Clines, and S. E. Porter, eds. Sheffield: JSOT Press, 1990.

Clines, D. J. A. *The Esther Scroll: The Story of the Story.* JSOTSS. Shefffield: Sheffield Academic Press, 1984.

Clines, D. J. A. *Ezra, Nehemiah, Esther.* NCB. Sheffield: Sheffield Academic Press, 1984.

Cohen, A. D. "'Hu Ha−goral': The Religious Significance of Esther." Judaism 23 (1974): 87−94.

Coggins, R. J.; S. P. Re'emi. *Nahum, Obadiah, Esther: Israel Among the Nations*. ITC. Grand Rapids: Eerdmans, 1985.

Craghan, J. F. "Esther: A Fully Liberated Woman." BT 24 (1986): 6–11.

Craig, K. *Reading Esther: A Case for the Literary Carnivalesque*. Louisville: Westminster John Knox, 1995.

Crawford, S. W. "The Book of Esther: Introduction, Commentary, and Reflections. Pp. 853–972 in *The New Interpreter's Bible*. Vol. 3. Ed. by L. E. Keck. Nashville: Abingdon Press, 1999.

Crawford, S. W.; L. J. Greenspoon, eds. *The Book of Esther in Modern Research*. Sheffield: Sheffield Academic Press, 2003.

Day, L. *Three Faces of a Queen: Characterization in the Books of Esther*. Sheffield: Sheffield Academic Press, 1995.

_____. *Esther*. AOTC. Nashville: Abingdon Press, 2005.

De Troyer, K. "An Oriental Beauty Parlour: An Analysis of Esther 2.8–18 in the Hebrew, the Septuagint and the Second Greek Text." Pp. 47–70 in *A Feminist Companion to Esther, Judith and Susanna*. Ed. by A. Brenner. Sheffield: Sheffield Academic Press, 1995.

Duguid, I. M. *Esther & Ruth*. REC. Philllipsburg, NJ: P & R Publishing Co., 2005.

Duguid, I. M. "But Did They Live Happily Ever After? The Eschatology of the Book of Esther." WTJ 68 (2006): 85–98.

Firth, D. G. *The Message of Esther: God Present but Unseen*. BST. Downers Grove, Ill.: InterVarsity Press, 2010.

Fox, M. V. "The Religion of the Book of Esther." Judaism 39/2 (1990): 135–47.

Fox, M. V. *Character and Ideology in the Book of Esther*. 2nd ed. Grand

Rapids: Eerdmans, 2001.

Fox, M. V. *The Redaction of the Books of Esther: On Reading Composite Texts*. SBLMS. Atlanta: Scholars, 1991.

Friedberg, A. D.; V. DeCaen. "Dating the Composition of the Book of Esther, A Response to Larsson." VT 53 (2003): 427–29.

Fuerst, W. J. *The Books of Ruth, Esther, Ecclesiastes, the Song of Songs, Lamentations*. CBC. Cambridge: Cambridge University Press, 1975.

Gehman, H. S. "Notes on the Persian Words in the Book of Esther." JBL 43 (1924): 321–28.

Gitay, Z. "Esther and the Queen's Throne." Pp. 136–148 in *A Feminist Companion to Esther, Judith and Susanna*. Ed. by A. Brenner. Sheffield: Sheffield Academic Press, 1995.

Goldingay, J. *Ezra, Nehemiah, and Esther for Everyone*. Old Testament for Everyone. Louisville: Westminster John Knox, 2012.

Goldman, S. "Narrative and Ethical Ironies in Esther." JSOT 47 (1990): 15–31.

Goldman, S. "Esther: Introduction and Commentary." Pp. 192–243 in *The Five Megilloth*. Ed. by A. Cohen. Soncino Books of the Bible. London: Soncino Press, 1961.

Gordis, R. "Studies in the Esther Narrative." JBL 95 (1976): 43–58.

Gordis, R. *Megillat Esther: Introduction, New Translation, and Commentary*. New York: Ktav, 1974.

Gordis, R. "Religion, Wisdom and History in the Book of Esther—A New Solution to an Ancient Crux." JBL 100 (1981): 359–88.

Goswell, G. "The Order of the Books in the Hebrew Bible." JETS. 51 (2008): 673–88.

Goswell, G. "The Order of the Books in the Greek Old Testament." JETS. 52 (2009): 449−66.

Grasham, W. W. "The Theology of the Book of Esther." RQ 16 (1973): 99−111.

Grossfeld, B. *The Two Targums of Esther*. The Aramaic Bible. Collegeville: MN: The Liturgical Press, 1991.

Hallo, W. W. "The First Purim." BA 46 (1983): 19−26.

Harris, M. "Purim: The Celebration of Dis−Order." Judaism 26 (1977): 161−70.

Harvey, C. D. "Probing Moral Ambiguity: Grappling with Ethical Portraits in the Hebrew Story of Esther." SBJT 2.3 (Fall 1988): 56−77.

Haupt, P. "Critical Notes on Esther." AJSLL 24 (1907−08): 97−186.

Hazony, Y. *The Dawn: Political Teachings of the Book of Esther*. Rev. ed. Jerusalem: Shalem, 2000.

Herodotus, *The Histories*. Trans. by Robin Waterfield. Oxford World's Classics. Oxford: Oxford University Press, 2008.

Howard, D. M. *An Introduction to the Old Testament Historical Books*. Chicago: Moody Press, 1993.

Huey, F. B. "Esther." Pp. 775−839 in *Expositor's Bible Commentary*, vol. 4. Grand Rapids: Zondervan, 1988.

Huey, F. B. "Irony as the Key to Understanding the Book of Esther." SJT 32 (1990): 36−39.

Humphreys, W. L. "The Story of Esther and Mordecai: An Early Jewish Novella." Pp. 97−113, 149−50 in *Saga, Legend, Fable, Tale, Novella: Narrative Forms in Old Testament Literature*. Ed. by G. W. Coats. JSOTSS. Sheffield: University of Sheffield Press, 1985.

Humphreys, W. L. "A Lifestyle for Diaspora: A Study of the Tales of Esther and Daniel." JBL 92 (1973): 211–33.

Ironside, H. A. *Notes on the Book of Esther.* New York: Loizeaux, 1921.

Jobes, K. H. *Esther.* NIVAC. Grand Rapids: Zondervan, 1999.

Jones, B. W. "Two Misconceptions about the Book of Esther." CBQ 39 (1977): 171–81.

Jones, B. W. "The So–Called Appendix to the Book of Esther." Semitics 6 (1978): 36–43.

Keil, C. F. *The Books of Ezra, Nehemiah, and Esther.* Biblical Commentary on the Old Testament. Trans. by S. Taylor. Grand Rapids: Eerdmans, n. d.

Kendall, J. "Esther: Preaching from a Neglected Text." Foundations 27 (1991): 19–24.

Kline, L. R. "Honor and Shame in Esther." Pp. 149–175 in *A Feminist Companion to Esther, Judith and Susanna.* Ed. by A. Brenner. Sheffield: Sheffield Academic Press, 1995.

Lacocque, A. "Haman in the Book of Esther." HAR 11 (1987): 207–22.

Laniak, T. S. *Shame and Honor in the Book of Esther.* SBLDS 165. Atlanta: Scholars, 1998.

Larson, K.; K. Dahlen; M. Anders. Ezra, Nahemiah, Esther. HOTC. Nashville: Broadman & Holman Publishers, 2005.

Levenson, J. D. *Esther: A Commentary.* OTL. Louisville: Westminster/ John Knox, 1997.

Levenson, J. D. "The Scroll of Esther in Ecumenical Perspective." JES 13 (1976): 440–51.

Littman, R. J. "The Religious Policy of Xerxes and the Book of Esther." JQR 65 (1975): 145–55.

Loader, J. A. "Esther as a Novel with Different Levels of Meaning." ZAW 90 (1978): 417-21.

Lubetski, E.; M. Lubetski. *The Book of Esther: A Classified Bibliography*. Sheffield: Sheffield Phoenix Press, 2008.

Luter, A. B.; B. C. Davis. *God Behind the Seen: Expositions of the Books of Ruth and Esther*. Grand Rapids: Baker, 1995.

Magonet, J. "The Liberal and the Lady: Esther Revisited." Judaism 29 (1980): 167-76.

McKane, W. "A Note on Esther IX and I Samuel XV." JTS 12 (1961): 260-61.

McConville, J. G. *Ezra, Nehemiah, and Esther*. DSB. Philadelphia: Westminster, 1985.

Metzger, B. M., ed. *The Oxford Annotated Apocrypha*. New York: Oxford University Press, 1977.

Millard, A. R. "Persian Names in Esther and the Reliability of the Hebrew Text." JBL 96 (1977): 481-88.

Miller, C. H. "Esther's Levels of Meaning." ZAW 92 (1980): 145-48.

Moore, C. A. *Daniel, Esther, and Jeremiah Additions*. AB. New York: Doubleday, 1971.

Moore, C. A. *Studies in the Book of Esther*. New York: KTAV, 1982.

Moore, C. A. "Archaeology and the Book of Esther." BA 38 (1975): 62-79.

Moore, C. A. "Eight Questions Most Frequently Asked about the Book of Esther." BR 3 (1980): 16-31.

Morris, A. E. "The Purpose of the Book of Esther." ExpTim 42 (1930-31): 124-28.

Murphy, R. E. *Wisdom Literature: Job, Proverbs, Ruth, Canticles,*

Ecclesiastes, and Esther. FOTL. Grand Rapids: Eerdmans, 1981.

Niditch, S. "Esther: Folklore, Wisdom, Feminism and Authority." Pp. 26–47 in *A Feminist Companion to Esther, Judith and Susanna.* Ed. by A. Brenner. Sheffield: Sheffield Academic Press, 1995.

Nolan, M. "Esther in the New Testament." *Proceedings of the Irish Biblical Association 15 (1992):* 60–65.

Olmstead, A. T. *History of the Persian Empire.* Chicago: University of Chicago Press, 1948.

Paton, L. B. *A Critical and Exegetical Commentary on the Book of Esther.* ICC. New York: Charles Scribner's Sons, 1908.

Phillips, E. "Esther." Pp. 569–674 in *The Expositor's Bible Commentary, Revised Edition.* Vo. 4. Ed. by T. Longman and D. Garland. Grand Rapids: Zondervans, 2010.

Pierce, R. W. "The Politics of Esther and Mordecai: Courage or Compromise?" BBR 2 (1992): 75–89.

Pritchard, J. B. *Ancient Near Eastern Texts Relating to the Old Testament.* Princeton: Princeton University Press, 1969.

Radday, Y. T.; A. Brenner, eds. *On Humour and the Comic in the Hebrew Bible.* JSOTSS. Sheffield: Almond, 1990.

Radday, Y. T. "Chiasm in Joshua, Judges and Others." LB 3 (1973): 6–13.

Radday, Y. T. "Esther with Humour." Pp. 295–313 in *On Humour and the Comic in the Hebrew Bible.* JSOTSS. Ed. by Y. T. Radday and A. Brenner. Sheffield: Almond Press, 1990.

Roberts, M. *Mastering the Old Testament: Ezra, Nehemiah, Esther.* Dallas: Word, 1993.

Rosenheim, J. "Fate and Freedom in the Scroll of Esther." Prooftexts 12

(1992): 125−49.

Sabua, R. B. K. "The Hidden Hand of God." BR 8 (1992): 31−33.

Sayce, A. H. *An Introduction to the Books of Ezra, Nehemiah and Esther.* 5th ed. London: The Religious Tract Society, 1910.

Shea, W. H. "Esther and History." Concordia Journal. 13 (1987): 234−48.

Strassfeld, M. *The Jewish Holidays: A Guide and Commentary.* New York: Harper and Row, 1985.

Talmon, S. "'Wisdom' in the Book of Esther." VT 13 (1963): 419−55.

Thornton, T. C. G. "The Crucifixion of Haman and the Scandal of the Cross." JTS 37 (1986): 419−26.

Vischer, W. "The Book of Esther." EQ 11 (1939): 3−21.

Vos, H. F. *Ezra, Nehemiah, Esther.* BSC. Grand Rapids: Zondervan, 1987.

Walfish, B. D. *Esther in Medieval Garb: Jewish Interpretation of the Book of Esther in the Middle Ages.* Albany, N. Y.: State University of New York Press, 1993.

Watson, W. S. "The Authenticity and Genuineness of the Book of Esther." PTR 1 (1903): 62−74.

Webb, B. G. *Five Festal Garments: Christian Reflections on the Song of Songs, Ruth, Lamentations, Ecclesiastes, and Esther.* New Studies in Biblical Theology. Downers Grove, IL: InterVarsity Press, 2000.

Wechsler, M. G. "Shadow and Fulfillment in the Book of Esther." BibSac 154 (1997): 275−284.

Weinreib, F. *Chance: The Hidden Lord: The Amazing Scroll of Esther.* Braunton, U.K.: Merlin, 1986.

Whitcomb, J. C. *Esther: The Triumph of God's Sovereignty.* Chicago:

Moody Press, 1979.

Wiebe, J. M. "Esther 4:14: 'Will Relief and Deliverance Arise for the Jews from Another Place?'" CBQ 53 (1991): 409−15.

Wolkstein, D. "Esther's Story." Pp. 198−206 in *A Feminist Companion to Esther, Judith and Susanna*. Ed. by A. Brenner. Sheffield: Sheffield Academic Press, 1995.

Wright, J. S. "The Historicity of the Book of Esther." Pp. 37−47 in New Perspectives on the Old Testament. Ed. by J. B. Payne. Waco, Tex.: Word, 1970.

Wyler, B. "Esther: 'The Incomplete Emancipation of a Queen.'" Pp. 111−135 in *A Feminist Companion to Esther, Judith and Susanna*. Ed. by A. Brenner. Sheffield: Sheffield Academic Press, 1995.

Yahuda, A. S. "The Meaning of the Name Esther." JRAS (1946): 174−78.

Yamauchi, E. M. *Persia and the Bible*. Grand Rapids: Baker, 1990.

Yamauchi, E. M. "Archaeological Backgrounds of the Exilic and Postexilic Era. Part 2: Archaeological Background of Esther." BibSac 137 (1980): 99−112.

Zadok, R. "On the Historical Background of the Book of Esther." BN 24 (1984): 18−23.

Zadok, R. "Notes on Esther." ZAW 98 (1986): 105−10.

Zlotowitz, M. *The Megillah: The Book of Esther: A New Translation with a Commentary Anthologized from Talmudic, Midrashic and Rabbinic Sources*. Brooklyn: Mesorah, 1981.

에스더서

이 때에 네가 만일 잠잠하여 말이 없으면 유다인은 다른 데로 말미암아 놓임과 구원을 얻으려니와 너와 네 아버지 집은 멸망하리라 네가 왕후의 자리를 얻은 것이 이 때를 위함이 아닌지 누가 알겠느냐 하니(4:14)

…유다인의 대적들이 그들을 제거하기를 바랐더니 유다인이 도리어 자기들을 미워하는 자들을 제거하게 된 그 날에(9:1)

소개

1994년 2월 25일 미국에서 의사 생활을 하다가 이스라엘로 이주해 온 바룩 골드스타인(Baruch Goldstein)이라는 유태인 남자가 아브라함의 묘가 있는 것으로 알려진 헤브론의 회교 사원에 침입해 팔레스타인 사람 25명을 죽이고 170명을 다치게 했다(Jobes). 그를 붙잡은 회교도들은 그 자리에서 그를 때려 죽였다. 이 일이 있기 몇 시간 전에 골드스타인은 유태인 회당에서 부림절을 기념했으며 에스더서가 낭독되는 것을 들었다고 한다. 그 사람은 에스더서를 매우 편협한 민족주의적 시각에서

213

해석했으며, 페르시아 제국에서 살던 유태인이 그들을 위협하던 이방인 7만 5,800명을 죽인 일을 기록하고 있는 에스더서에서 '영감'을 받아 이같은 만행을 저지른 것이다. 골드스타인 같은 사람들에게 에스더서는 인종 간의 증오, 대량 학살, 교만과 자만이 빚어내는 악에 관한 책이 될 소지가 있다(Crawford).

그러나 에스더서는 골드스타인이 간주한 것처럼 이스라엘을 위협하는 민족을 상대로 폭행을 권장하는 책이 아니다. 이스라엘을 음해하려는 음모를 먼저 꾸민 족속에게 보복한 사건을 회고할 뿐 보복을 권장하거나 폭력을 독려하지 않는다(Hazony). 에스더서는 타국에서 생존을 위협받은 유태인이 어떻게 하여 그 위기를 모면했는가에 대해 극적으로 회고하는 책이다. 이 과정에서 보잘것없는 한 유태인 고아 소녀가 어떻게 페르시아의 왕비가 되었고, 왕과의 관계를 이용해 진멸당할 위기에 처한 자기 백성을 어떻게 모두 구원하였는가를 전하고 있다.

기독교 역사에서 에스더서는 성경 그 어느 책보다도 강력하고 대조적인 반응을 일으켰다(Anderson, Bush). 많은 사람이 이 책을 세속화된, 기독교적 가치가 전혀 없다고 단정했다(Harris). 이 같은 혹평의 근본 원인은 이 책이 하나님의 이름을 한 번도 사용하지 않는다는 것, 하나님의 역사하심에 대한 직접적 언급이 없다는 것이었다. 어떤 이들은 책의 세속적인 내용을 비난한다(Jones). 심지어 '여호와' 혹은 '하나님'이란 단어가 에스더서에서 한 번도 등장하지 않는 반면, 페르시아 왕은 167절로 구성된 책에 무려 190차례나 언급되었다는 점을 그 증거로 제시한다. 게다가 에스더서에는 기도하는 사람이 하나도 없으며, 하나님의 신탁이나 환상도 없다.

에스더서가 페르시아 제국에서 있었던 일을 기록하고 있으며, 내용의 대부분이 정치적 혹은 권력의 갈등에서 빚어진 사건을 다루고 있다는 점도 문제로 지적된다(Pierce, Hozony). 이런 차원에서 볼 때 에스더서는 종교적인 성향을 거의 지니고 있지 않다는 것이다(Clines). 율법, 언약, 성전과 같은 주제는 물론, 심지어 위기 가운데서 기도로 위험을 극복했다는 말도 없다. 또한 포로기 이후 문서에서 중요한 비중을 차지하고 있는 안식일 준수, 음식 금지 규정, 국제결혼 금지에 관한 언급도 전혀 없다. 그래서 기독교가 시작된 후 처음 7세기 동안에는 에스더서에 대한 주석이 한 권도 출판되지 않았다(Jobes). 칼빈(Calvin)도 에스더서에 대해 한 번도 설교한 적이 없는 것으로 알려져 있다. 더 나아가 루터(Luther)는 에스더서를 가리켜 "이 책이 우리에게 전수되지 않았으면 좋았을 뻔했다"라고 했다(Beckwith).

반면에 에스더서는 10개의 잔치에 대해 언급하고 있다. 이러한 현상은 에스더서가 마치 흥청망청하는 이야기로 가득 찬 책으로 느껴지게 한다(Harris). 그래서 일부 그리스도인의 에스더서에 대한 부정적인 생각이 가중되었다. 다음 도표를 참고하라.

구분	번호	내용	본문
A. 왕의 잔치	1	왕이 127도의 방백을 위해 베푼 잔치	1:3
	2	왕이 수산 성의 모든 백성을 위해 베푼 잔치	1:5
B. 왕후의 잔치	3	왕후 와스디가 부녀들을 위해 베푼 잔치	1:9
	4	에스더의 왕후 등극 잔치	2:18
C. 하만과 모르드개의 잔치	5	하만과 왕의 잔치	3:15
	6	모르드개의 승진을 축하하는 잔치	8:17
D. 에스더의 잔치	7	에스더의 첫 번째 잔치	5:4-8
	8	에스더의 두 번째 잔치	7:1-9
E. 유대인의 잔치	9	첫 번째 부림절 잔치	9:17, 19
	10	두 번째 부림절 잔치	9:18

그러나 에스더서의 매력은 하나님의 이름을 책이 묘사하고 있는 사건과 직접 연관시키지 않는 데 있다. 에스더서를 비판하는 사람이 주장하는 것처럼 이 책은 그 어디에도 하나님의 직접적 개입이나 신탁에 대해 언급하지 않는다. 그렇다고 해서 하나님이 온 세상을 다스리시는 것과 우리의 일상에 관여하신다는 사실을 부인하는 것은 아니다(Sauba). 오히려 보이지 않는 곳에서 인류 역사와 우리의 일상을 주관해 가시는 하나님의 손길을 의식하는 안목을 우리가 키워가기를 원한다.

마치 룻기가 우리의 삶에서 반복되는 '우연들' 속에서 하나님의 주인되심과 인도하심을 보도록 하는 것처럼, 에스더서도 꼬리에 꼬리를 물고 일어나는 일상적 사건 속에서 하나님의 사역을 볼 것을 호소하고 있다. 그러므로 에스더서는 룻기처럼 보이지 않는 손길로 세상의 모든 일을 주관하시는 하나님의 모습을 돋보이게 하는 책이다. 또한 에스더서는 가치 판단에 있어서 '거룩한 것'과 '속된 것'을 지나치게 구분하는 일이 정말 성경적인가를 다시 한번 생각하도록 도전한다. 하나님의 사역 범위가 단순히 '거룩한 영역'에만 머무는 것이 아니라, '속된 영역'도 포함하기 때문이다.

1. 에스더

이 책에는 이야기의 중심에 있는 유태인 여성 에스더의 이름이 55차례나 언급된다. 에스더서가 167절로 구성된 점을 감안할 때, 그녀가 얼마나 중요한 인물인가를 이름의 빈도수에서도 엿볼 수 있다. 그러나 그녀의 이름은 에스더서를 떠나서는 전혀 언급되지 않는다. 또한 에스더서에 등장하는 나머지 인물 대부분도 이 책을 벗어나서는 언급되지 않는다(아하수에로 왕과 와스디 왕후 제외).

'에스더'라는 책의 이름은 여주인공 에스더를 의식해 주어졌다. '에스더'(אֶסְתֵּר)는 페르시아어로 '별'이란 뜻이다(Yahuda, cf. HALOT). 에스더는

주의 백성 위에 죽음의 먹구름이 드리워져 있을 때 생명의 빛을 발하
는 샛별 같은 사람이었으며, 자신의 빛으로 많은 사람을 죽음에서 구
했다. 마치 메시아의 빛이 어둠 속을 헤매는 백성을 구원하는 것처럼
말이다(사 9:1-2). 그러나 에스더가 이룬 구원은 결코 쉽게 온 것이 아
니다. 에스더는 생명을 담보로 "죽으면 죽으리라"라는 비장한 각오로
하나님의 소명에 순종하여 주의 백성을 죽음에서 구했다. 그녀의 용
맹과 결단이 에스더를 이스라엘 역사 속에서 영원히 샛별처럼 빛나게
한 것이다. 에스더의 히브리어 이름은 '하다사'(הֲדַסָּה)였으며(2:7) '은매
화'(myrtle)라는 의미를 지녔다(Yahuda).

　저자는 에스더를 상당히 세속화된 여인으로 묘사한다. 에스더는 율
법에 대하여 별 관심이 없는 듯하다(Jobes). 또한 자신이 유태인이라는
사실을 숨기고 새 왕비를 뽑는 '미녀 선발대회'(beauty contest)에 참가했
다. 에스더는 증오에 가까운 복수심으로 많은 사람을 죽이는 음모에
가담하기도 한다. 오늘날 기준으로 볼 때 에스더는 절대 건전한 신앙
인이라고 할 수 없는 여인이었다. 그런데 한없이 세속적 가치관에 물
든 듯한 여인이 하나님이 자기 백성을 구원하는 일에 사용하신 도구가
된 것이다. 여기에 에스더의 매력이 있다. 저자는 에스더라는 여인을
통해 '겉모양' 혹은 '속됨'으로 모든 것을 단정하거나 판단하지 말 것을
권면한다.

2. 저자와 연대

에스더서는 저자나 저작 시기에 대해 전혀 언급하지 않는다. 탈무드는
율법학자 에스라가 활동하던 시대 때 '거대한 회당 사람들'(the men of
the Great Synagogue)이 이 책을 저작한 것으로 기록하고 있다(Baba Bathra
15a). 요세푸스(Josephus, 37-100 AD)와 클레멘트(Clement of Alexandria,
150-215 AD)는 책의 남자 주인공 모르드개가 집필한 것이라고 주장

했다. 물론 두 견해 모두 사실 여부를 확인하는 것은 불가능한 일이다. 한 가지 확실한 것은 저자는 가나안 땅 밖에서 살았고 페르시아 제국의 문화와 수도 수산에 대하여 잘 알고 있던 유태인이었다는 점이다 (Jobes, cf. Breneman, Baldwin).

저작 시기를 빠르게는 책이 문서화되었을 시대로 아하수에로 (Ahasuerus)가 죽은 직후(464 BC경)로 추정한다(Baldwin). 이 같은 추측은 10:2이 그의 통치에 대해 요약적인 문구를 담고 있는데, 이 구절은 아하수에로 왕의 죽음을 전제하고 있기 때문이다. 또한 9:19은 마치 부림절이 한동안 지켜진 후에 기록된 것 같은 느낌을 준다. 또한 책을 시작하는 문구 "이 일은 아하수에로 왕 때에 있었던 일이니"(1:1)라는 말씀이 사건이 있은 뒤 많은 세월이 지난 다음에 문서화된 사실을 암시하는 것으로 이해하기도 한다.

에스더서의 저작 시기를 논할 때 가장 늦은 시대로는 주전 2세기 혹은 1세기가 제시되곤 한다(Paton). 그러나 최근 들어 에스더서 안에서 그 어떠한 헬라 문화의 영향을 느낄 수 없다고 한다(Crawford, cf. Millard, Fox, Berlin). 반면에 책은 페르시아 왕의 역대기를 여러 번 언급하고 있다(2:23; 6:1; 10:2). 그러므로 책이 헬라 제국에 대해 어떠한 암시도 하지 않는다는 것과 모든 것이 페르시아 시대를 전제하고 있다는 것을 감안할 때, 에스더서는 알렉산더 대왕이 페르시아를 물리치고 헬라 제국 시대를 열기 이전에 집필되었을 것이다(Levenson). 그래서 몇몇 학자들은 에스더서가 처음으로 집필된 시기는 주전 400년경이었으며, 몇 차례의 개정을 거쳐 주전 3세기 중반 내지 후반에 최종 버전이 출판되었을 것이라고 한다(Moore, cf. Crawford, Bush). 모든 것을 고려할 때 책이 저작되었을 가장 이른 시기로는 주전 5세기, 가장 늦은 시기로는 알렉산더 대왕의 헬라 제국이 시작되는 시대(330 BC경)를 전후로 책이 집필되었다고 간주하는 것이 바람직해 보인다(Crawford, cf. Jobes).

3. 저작 목적

에스더서가 어떤 목적으로 저작되었는가를 파악하는 것은 매우 어려운 과제로 남아 있다(Morris). 주의 백성이 타국에서 경험한 역사적 사건을 회고하려고 저작된 것이라고 주장하는 사람이 있다(Berg, Shea). 그러나 성경은 어느 책이든 하나님에 대한 교훈과 가르침을 전하는 기본 목적을 지녔다는 사실을 감안할 때 이 주장은 별로 설득력이 없다. 에스더서는 무엇보다도 하나님의 섭리(providence)와 하나님의 숨겨지심(hiddenness)을 절묘하게 조화시키는 책이다(Sabua).

이미 언급한 것처럼 에스더서는 이런 면에서 룻기와 비슷한 성향을 지니고 있다. 아마도 현세에서 하나님의 손길이 실종되었다고 비관하는 자에게 보이지 않는 하나님의 역사가 얼마나 크게 일어날 수 있으며, 세상의 눈에는 우연으로 비추어지는 것이 실제로는 그분의 역사라는 사실을 주장하는 듯하다. 그렇다면 모든 희망과 꿈을 체념하고 살아가던 포로 후기 시대의 이스라엘 사람에게 격려와 소망을 주기 위해 저작되지 않았을까?

또한 에스더서가 강조하고 있는 하나님의 숨겨지심은 현대를 살아가는 우리에게 매우 적절한 메시지를 전하고 있다. 마치 이스라엘 사람이 페르시아 제국에서 소수를 이루었던 것같이 오늘날 한국 그리스도인도 세상에서 소수를 형성하고 있다. 에스더서 안에서는 이렇다 할 하나님의 직접적 개입이 없다는 것도 오늘의 현실과 매우 비슷하다. 그럼에도 하나님의 구원의 손길이 이스라엘을 향해 펼쳐졌던 것같이 그분의 보호하는 손이 오늘을 살아가는 성도에게도 펼쳐져 있는 것이다. 에스더서는 성도에게 지극히 평범하게 진행되는 일상 중에 하나님의 섭리를 보는 안목을 갖도록 권면하는 책이다.

4. 역사적 정황

책에 기록된 사건은 크세르크세스(Xerxes) 1세(486-464 BC) 시대에 페르시아 제국에서 일어난 일이며, 약 10년에 거쳐 있었던 일을 기록한다(Jobes. cf. Wright). 크세르크세스는 에스더서 안에서 아하수에로 (Ahasuerus)로 알려져 있으며 그가 다스리던 페르시아 제국은 당시 근동 지역 전체를 통치하고 있었다. 고대 그리스의 역사가 헤로도투스 (Herodotus)에 의하면 크세르크세스는 매우 큰 야심을 지녔으며 잔인한 독재자였다. 또한 뛰어난 용사, 질투심 많은 연애자, 훌륭한 정치가였다(Briant, Littman). 이러한 이유에서인지 에스더서 안에서 자신의 명예와 자존심에 매우 큰 관심을 가지고 있다(Klein, Laniak).

헤로도투스는 자신의 저서 『페르시아 전쟁사』(History of the Persian Wars)의 3분의 1을 크세르크세스가 군림했던 주전 481-479년대를 조명하는 데 사용했다. 이 시대가 바로 크세르크세스가 그리스/마게도니아를 침략한 시대다. 그는 처음에 승리를 거듭했으나 나중에는 완전한 패배를 맛보았으며, 다시는 소아시아 너머의 땅을 넘보지 않았다(Olmstead).

크세르크세스가 즉위할 때는 페르시아 제국이 전성기를 지나 쇠퇴기로 접어드는 시기로, 페르시아 제국은 쇠퇴를 거듭하다가 주전 330년대에 알렉산더 대왕이 이끈 그리스 군대에 함락되었다. 그는 많은 건물을 증축하거나 보수했다. 크세르크세스의 선조들은 모든 백성에게 종교의 자유를 허락했지만 크세르크세스는 백성에게 종교의 자유를 허락하지 않았다.

에스더서는 주전 538년에 고레스가 바빌론을 함락시킨 일을 기념하기 위해 허락한 종교와 귀향의 자유에 따라 유다로 돌아오지 않고 바빌론과 수산에 거주하던 포로민의 생활의 한 단면을 보여주고 있다. 에스더서의 배경이 되고 있는 페르시아 제국 왕의 연대와 주요 사건은 다음과 같다.

왕	연대(BC)	성경의 관계 사항	그리스와 관계 사항
고레스 (Cyrus)	539–530	고레스의 칙령(538 BC) 스룹바벨과 예수아의 귀환(스 1–3장).	
캠비세스 (Cambyses)	530–522	예루살렘에서 성전 건축이 중단됨(스 4장) 성전 재건이 재개됨(520 BC)	
다리우스 1세 (Darius I)	522–486	학개와 스가랴가 예언함 (520 BC) 성전이 완공됨(515 BC, 스 5–6장)	그리스가 마라톤에서 페르시아를 물리침(490 BC)
크세르크세스 (Xerxes)	486–464	에스더와 모르드개의 이야기(에스더서)	그리스가 터모폴리 (Thermopolae, 480 BC), 살라미스(Salamis, 479 BC)에서 페르시아를 물리침 헤로도투스(Herodotus, 485–425 BC)
아르타크세르크세스 1세 (Artaxerxes I)	464–423	에스라의 귀환(458 BC) 느헤미야 귀환(444 BC, 느 1–2장) 말라기의 예언(430년대).	황금시대(461–431 BC) 페리클레스(460–429 BC) 아테네인의 지배
다리우스 2세 (Darius II)	423–404		펠로폰네소스 전쟁 (Peloponnesian Wars, 431–404 BC) 아테네의 멸망(404 BC). 스파르타의 지배
아르타크세르크세스 2세 (Artaxerxes II)	404–359	성경이 침묵함	소크라테스(470–399 BC) 플라톤(428–348 BC) 아리스토텔레스(384–322 BC)
아르타크세르크세스 3세 (Artaxerxes III)	359–338		마케도니아(Macedon)의 필립 2세(Philip II)가 카이로네이아(Chaeronea)에서 그리스를 패배 시킴 (338 BC)

아르세스 (Arses)	338–335		
다리우스 3세 (Darius III)	335–331	성경이 침묵함	알렉산더 대왕이 페르시 아 제국을 전복시킴
알렉산더 (Alexander)	336–323		그리스 제국의 확립

5. 다른 책과의 관계

히브리어 성경 안에서 에스더서는 성문서에 포함되어 있으며 이스라
엘의 종교 절기에 읽혔던 다섯 권의 책들(Megillot)의 마지막 책이며 예
레미야애가와 다니엘서 사이에 위치한다. 에스더서가 예레미야애가
다음에 등장하는 것은 당연하다. 에스더서는 처음에는 슬픔의 시대
(4:1-4, 16; 8:3)를 노래하지만 나중에는 슬픔이 기쁨으로 변한 것을 노
래하고 있기 때문이다.

애가가 묘사하는 참혹하고 비참한 시대가 지나면 소망과 회복의 시
간이 임할 것이라고 위로하고 있는 책이 바로 에스더서다. 애가에서는
외국인이 이스라엘을 패망에 이르게 했다. 에스더서에서는 외국인(하
만의 사람들)이 이스라엘 사람에 의해 패망에 이른다. 시편 기자가 전하
는 것처럼 아무리 슬프고 아픔의 밤이 우리에게 임한다 하더라도 아침
은 분명히 온다는 것을 기억해야 한다. 인간의 역사를 주관하시는 하나
님을 믿는 자는 절망의 늪에 빠져들 필요가 없다.

에스더서가 다니엘서 바로 앞에 등장하는 것에도 논리적인 설명이
있다. 다니엘서와 에스더서는 책이 전개되는 장소가 이방 나라이고 이
스라엘의 포로 시대를 조명하고 있다는 공통점을 지니고 있다. 이 책
들의 두 주인공(에스더, 다니엘)은 이방 나라에서 높은 지위까지 오르게
된 유태인 포로이다. 에스더와 다니엘은 모두 주의 백성 보존에 지대

한 기여를 한 사람이다.

반면에 에스더서가 기독교 성경 안에서는 에스라-느헤미야 뒤를 이어 역사서의 마지막 책으로 등장하는 이유는 시대적으로 이 책의 역사적 배경이 에스라-느헤미야와 비슷하기 때문일 것이다. 에스더서는 구약의 다른 책이나 신약에서 전혀 인용되지 않는다. 에스더서는 쿰란 (Qumran) 공동체에서 사본이 발견되지 않은 유일한 정경이기도 하다. 교부들이 에스더서를 언급한 기록도 별로 없다. 에스더서에 관한 기독교 주석이 주후 831년에야 처음 나타났다는 점 역시 기독교가 전반적으로 이 책에 대해 무관심했음을 보여준다(Jobes).

6. 이슈와 메시지

에스더서는 여러 가지 다양한 이슈와 메시지를 담고 있는 책이다. 그 중 대표적인 몇 가지만 생각해보자. ⑴ 하나님의 섭리, ⑵ 보이지 않는 하나님, ⑶ 부림절, ⑷ 조상의 불순종, ⑸ 민족주의, ⑹ 정경 안에서의 위치, ⑺ 책의 역사적 신빙성, ⑻ 마소라 사본과 칠십인역 에스더서의 차이.

⑴ 하나님의 섭리

에스더서의 신학을 논할 때, 가장 책의 중심을 이루고 있다고 주장하는 주제는 바로 하나님의 섭리다. 저자는 마치 세상에는 인간 통치자의 권력만이 난무하는 것으로 묘사한다. 그래서 총 167절로 구성되어 있는 에스더서에는 동사 '통치하다/지배하다'(מלך)와 이 동사에서 파생한 단어들이 250차례 이상 사용되는데, 모두 인간 통치자와 연관되어 사용된다(Berg). 반면에 하나님이 사용하시는 에스더는 전혀 힘이 없다. 그럼에도 불구하고 에스더는 하만을 낮추고 모르드개를 올리는 등 왕의 권력을 원하는 대로 사용한다. 표면적으로는 페르시아 왕이 모든 것을 통치하고 있지만, 실제로 그는 연약한 여인을 통해 하나님의 섭리에 따라 움직이고 있을 뿐이다(Sabua). 이 외에도 다음 몇 가지 사항을 생각해보자.

첫째, 유태인의 금식이다(4:3, 16-17). 구약에서 금식은 거의 항상 기도와 연결되어 있다. 그렇다면 에스더서에서 유태인이 금식을 행하는 행위도 종교적 차원에서—하나님께 탄원하는 것으로— 이해될 수 있다(Fox). 둘째, 에스더서는 하만의 아내와 친구들을 통해 하만이 유태인을 이길 수 없다는 것을 선언한다(6:13). 비록 하나님/여호와의 이름을 직접 언급하지는 않지만, 하만의 아내와 친구들이 이렇게 확신할 수 있었던 데는 무엇이 가장 큰 영향을 미쳤을까? 그들은 하나님이 이적과 권능으로 이끄신 유태인의 과거를 잘 알고 있었던 것이다(Lacocque). 그렇다면 '유태인의 신'에 대해 한마디만 해도 되는데 왜 끝까지 하나님에 대한 언급을 하지 않았을까? 이는 독자가 보이지 않는 곳에서 역사하시는 하나님을 의식하도록 하려고 의도적으로 하나님의 직접적 개입을 가린 것으로 생각된다.

모르드개가 에스더에게 왕께 나아가 백성을 구하라고 했을 때, 처음에는 에스더가 주저했다. 이때 모르드개는 에스더에게 다음과 같이 말했다. "이 때에 네가 만일 잠잠하여 말이 없으면 유다인은 다른 데로 말미암아 놓임과 구원을 얻으려니와 너와 네 아버지 집은 멸망하리라 네가 왕후의 자리를 얻은 것이 이 때를 위함이 아닌지 누가 알겠느냐?"(4:14) 모르드개는 에스더가 개입하지 않더라도 주의 백성은 '다른 데'에서 구원을 얻을 것이라고 하는데, 그가 마음에 둔 '데/곳'(place)는 어디/무엇일까? 칠십인역, 탈굼, 요세푸스 등은 '데/곳'(place)를 하나님으로 해석했다. 오늘날에도 많은 학자가 이 해석을 따른다(Wiebe).

그러나 이 해석에는 문제가 있다. 만약에 '데'를 하나님으로 해석한다면 '다른'(another)은 어떻게 해석할 것인가? 다른 신을 의미하는 말인가? 이 해석은 또한 하나님의 것과 대조되는 에스더의 행동이 주님으로부터 온 것이 아니고 에스더 스스로 행한 것이라는 문제점을 안고 있다. 그러므로 '다른 데'는 또 하나의 '인간 도구'(human agent)를 염두에 둔 것으로 해석하는 것이 바람직하다(Wiebe). 그렇다면 이스라엘을 살리게 될 인간 도구를 누가 주실 것인가? 바로 하나님이시다. 그러므로 에스더서는 보이지 않는 곳에서 자기 백성의 형편을 헤아리시고 구원자를 보내시는 하나님의 섭리를 묘사하는 것이다.

한 유태인 여인이 적합한 장소(right place), 적절한 시간(right time)에 있게 된 것이 과연 우연의 일치일까? 우연이라고 보기에는 너무나도 잘 맞아 떨어진다. 하나님이 하신 일이다(Whitcomb). 또한 왕이 잠 못 이루었던 밤이 에스더가 왕 앞에 나오기 바로 전날 밤이었다는 것도 우연일까?(6:1-3) 왕은 잠 못 이루는 밤을 통해 유태인 모르드개가 왕을 해하려는 음모를 알려 준 적이 있었다는 사실을 알게 되었다. 왕은 이 일로 유태인에게 호감을 갖기 시작했다. 그러므로 왕이 잠 못 이루는 밤에 기록을 읽게 된 것도 하나님의 계획의 일부였다고 볼 수 있다(Whitcomb).

마지막으로 왕이 음모를 알려 주었던 모르드개를 치하하기로 결정했을 때 하만이 왕궁에 있었던 것도 우연일까? 그것도 왕이 잠 못 이루는 밤에 말이다. 우리는 에스더서에서 우연처럼 보이는 수많은 일 가운데 하나님의 확실한 손길과 역사하심을 목격한다. 또한 모든 것이 뒤집어져 하만과 그의 백성에 의해 죽을 뻔했던 이스라엘이 오히려 해하려던 자들을 죽일 수 있었던 일을 회고하고 있는 9:1도 하나님이 이렇게 하셨음을 암시한다.

(2) 보이지 않는 하나님

성경에는 하나님의 이름을 언급하지 않는 책이 두 권 있다. 에스더서와 아가서다. 에스더서는 성전, 언약, 기도 및 다른 유대 종교 요소에 대하여도 전혀 언급하지 않는다. 그렇다면 저자는 왜 종교적 요소, 심지어 하나님의 이름까지 언급하기를 꺼려했을까? 학자들은 다양한 추측을 내놓았다(Beal). 책이 지나치게 세속적이기에 하나님의 이름이 언급되지 않았다고 하는 사람도 있고(Pfeiffer), 부림절에는 절제하지 않고 취하고 즐거워하는 날이라 하나님의 이름이 없다는 주장도 있다(Paton). 실제로 탈무드는 "부림절에는 '모르드개는 복을 받을지어다'와 '하만은 저주를 받을지어다'라는 말이 구분이 안 될 때까지 술을 마실 의무가 있다"라고 한다(Harris, Gordis). 우리말로 하면 부림절에는 '코가 비뚤어지게 마셔야 한다'라는 것이다.

어떤 학자는 책에 등장하는 주인공(에스더, 모르드개)의 행동이 윤리적으로 문제가 있기에 하나님이 기뻐하시지 않아서 하나님의 이름이 없다는 해석을 내놓기도 했다(Harvey, Huey). 다음 사항을 생각해보자. 에스더가 국적을 밝히지 않는 것이 윤리적 문제로 해석된다. 에스더의 행동은 남을 항상 진실하게 대하고 거짓말을 하지 말라는 레위기 19:11 말씀에 위배될 수 있는 것이다. 하나님 백성인 에스더가 하나님을 모르는 이방 왕의 여인이 된 것도 문제가 된다(신 7:3; 스 10장). 모르드개가 하만에게 절을 했다면 모든 문제가 시작되지 않았을 것이고 유다 사람 7만 5,000명이 생명에 위협을 받지 않았을 것이다. 윗사람에게 절하는 것은 페르시아를 포함한 고대 근동 지역에 보편화되어 있는 예절이었다.

그러나 모르드개는 왕의 고위급 신하에게 절하는 것을 거부함으로써 자신뿐만 아니라 모든 유태인의 목숨을 위험에 빠뜨렸다(3:4). 즉, 에스더서에 비추어진 모르드개의 행동은 긁어 부스럼을 만든 것에 불과하며 모든 사람의 지탄을 받아야 한다는 것이다(Huey). 이와 같이 에스더서에 포함된 여러 가지 요소가 윤리적 문제를 안고 있으므로 하나님이 이 책에서 의도적으로 멀리 떠나 계시다는 것이다.

그러나 이런 논리가 옳다면 아예 에스더서를 정경에서 제외시켜야 한다(Bush, cf. Beckwith). 에스더서는 하나님 말씀이 아니라 실수투성이 사람에 관한 이야기일 뿐이기 때문이다. 또한 성경의 본질에 대해 생각해볼 필요가 있다. 만일 성경이 거룩한 자의 영웅적 신앙 이야기만 담고 있다면, 구약을 형성하고 있는 대부분 책은 정경에서 제외되어야 한다. 이 기준에 미치지 못하기 때문이다. 반면에 성경은 죄인의 이야기다. 거룩하신 하나님이 우리와 같은 죄인을 사용하셔서 어떻게 하나님의 나라를 이 땅에 이루어나가는가에 대한 이야기인 것이다. 그러므로 에스더와 모르드개의 윤리적 문제점 또한 이 같은 맥락에서 논의되어야 한다. 만일 에스더와 모르드개의 윤리적 결함이 이 책에서 하나님을 멀리하게 했다면, 문제 많은 야곱의 삶 속에 끊임없이 함께하시는 하나님은 어떻게 설명할 것인가?

에스더서에서 하나님이 보이지 않는 것은 인간 행동의 중요성을 강조하는 방법이다(Firth, Wiebe). 에스더와 모르드개의 행동이 온 유태인의 생사를 좌우한다. 수동적으로 하나님의 역사를 기다리지 않고 자신들을 하나님의 도구로 '스스로' 임명한다. 또한 저자는 하나님의 개입을 의도적으로 희미하게 표현하고 있다(Sabua, Wiebe). 하나님은 분명 백성의 일에 직접 참여하신다. 논리적으로 생각할 때 그는 모든 일에 개입하신다. 그러나 때로는 하나님의 손길을 분별하기가 쉽지 않다. 주님의 개입이 명확하지 않은 '미지수'(indeterminacy)로 남을 때가 많기 때문이다(Wiebe). 그러므로 에스더서는 우리 삶에 대한 매우 현실적 주해라고 이해될 수 있다. 때로는 우연히 된 일 같고, 때로는 하나님의 침묵 속에 진행되는 일같이 느껴지지만, 사실은 우리의 모든 일이 하나님의 주권 아래 주님의 은혜로운 개입에 의해 진행된다는 것을 명확하게 선언하고 있는 책이 에스더서다(Firth).

이 같은 책의 성격과 메시지에 만족하지 못한 사람은 다양한 방법으로 에스더서에서 하나님의 이름을 찾아내려 하였다. 그들은 하나님의 이름이 일종의 약자 형태(acrostic)로 등장한다고 주장했다(1:20; 5:4, 13; 7:7). 다음 예를 생각해보라(5:4). 5:4를 번역하면 "에스더가 말하기를 만일 왕이 좋게 여기시거든 왕과 하만은 오늘 제가 그[왕]를 위해 준비한 잔치에 오시옵소서"가 되는데, 두 번째 문장의 박스 안에 들어가 있는 문구를 형성하는 네 단어의 첫 글자를 따서 조합하면 "여호와"(יהוה)가 된다(Howard). 에스더서가 하나님의 이름을 표기하고 있다는 것이다! 물론 우리는 이러한 방식을 인정하지 않는다. 다음을 참고하라(Paton).

וַתֹּאמֶר אֶסְתֵּר אִם־עַל־הַמֶּלֶךְ טוֹב

יָבוֹא הַמֶּלֶךְ וְהָמָן הַיּוֹם אֶל־הַמִּשְׁתֶּה אֲשֶׁר־עָשִׂיתִי לוֹ

(3) 부림절

유태인의 절기 중 유일하게 모세 오경에 언급되지 않은 절기가 바로 부림절이다. 에스더서에서 유래가 설명되는 이 절기는 하만의 음모 때문에 위기에 빠졌던 이스라엘 사람의 운명이 전화위복(轉禍爲福)된 것을 기념하는 날이다(Hallo). '부림'(פּוּרִים)은 '제비뽑기'(פּוּר)(lot, 주사위 등과 같이 뽑는 것)의 복수형이다. 하만이 이 방법으로 유태인을 죽이기에 제일 좋은 날짜를 정한 데서 비롯되었다(3:7; 9:24). 유태인은 끝에 가서 자신의 '운명'(lot)이 뒤집어진 것을 축하한다(9:26, 28, 29, 31, 32).

차일즈(Childs)는 9:20-32의 역할을 잘 살펴보면 이 책이 쓰여진 목적을 파악할 수 있다고 생각한다. 이 텍스트는 부림절의 중요성(21, 27, 29, 31, 32절)과 절기의 시기를 제시한다(21, 31절). 모르드개와 에스더의 편지는 이 축제를 어떻게 진행해야 하는가를 가르쳐준다(19, 22절). 또한 부림절에 대한 관례를 기록으로 남길 것을 강조한다(26, 27, 32절). 즉, 에스더서의 목적은 근본적으로 부림절을 정당화할 뿐만 아니라 어떻게 지켜야 잘 지키는 것인가를 슬며시 제시하고 있다는 것이다(Childs). 그러나 역시 이 같은 통찰은 책이 지닌 여러 목적 중의 하나를 파악한 것일 뿐, 유일한 것은 아니다. 에스더서는 이 한 가지로 설명되기에는 너무나도 놀랍고 정교하고 감동적인 책이기 때문이다.

(4) 조상의 불순종

어떻게 생각하면 에스더서의 플롯은 수백 년 동안 '끝나지 않은 일'(unfinished business)이 드디어 끝이 나는 것이라고 할 수 있다. 하만과 모르드개의 계보를 생각해보자. 모르드개는 이스라엘의 초대 왕이자 베냐민 자손이었던 사울의 아버지인 기스의 후손이다(2:5). 하만은 사울이 하나님께로부터 진멸하라는 명령받았던 아말렉 족속의 왕인 아각의 자손이다(3:1; cf. 삼상 15장). 사울은 진멸하라는 명령을 어기고 아각을 살려두었다가 하나님께 버림을 받았다. 그렇다면 하만과 모르드개의 갈등은 작게는 사울과 아각 집안의 갈등의 연속이며, 크게는 출애굽 때 시작된 이스라엘과 아말렉 족 사이의 갈등의 지속이다(출 17장).

   만일 사울 왕이 하나님이 명령하신 대로 아말렉 왕 아각과 집안을 진멸했더라면 후손인 모르드개가 아각의 후손 하만과 갈등을 빚고 하만의 사람들을 모두 죽일 필요는 없었을 것이다(McKane). 모르드개는 결국 조상 사울이 하나님 명령을 어기면서까지 '끝내지 않은 일' 때문에 엄청난 갈등과 대가를 치러야 했다. 이처럼 때로는 우리의 불순종이 전혀 예측하지 못한 때와 장소에서 엄청난 파장을 일으킬 수 있다. 그러므로 하나님이 명령하면 순종하는 것이 신앙의 미덕일 뿐만 아니라, 우리가 가장 염려하고 사랑하는 자(후손)를 위한 최선책이다.

(5) 민족주의

유태인 사이에 에스더서만큼 인기를 누리는 책도 드물다(Humphreys). 에스더서가 유태인의 역사 가운데 박해자를 이기고 승리한 몇 안 되는 사건 중 하나를 기록하고 있기 때문이다. 에스더서에서 영웅은 유태인이고, 강조되는 것은 유태인을 해하려 하는 자는 모두 심판을 받을 것이라는 교훈으로 생각한다(Walfish). 그래서 에스더서는 지나치게 유태인의 민족주의를 지향한다고 주장하는 사람도 있다. 유태인의 에스더 서에 대한 긍정적 평가가 비평가에게는 이 책이 마치 유태인의 민족 우월주의를 지향하는 면으로 여겨지는 것이다.

비슷한 맥락에서 앤더슨(Anderson)은 에스더서가 반유대주의(anti-Judaism)/안티세미티즘(anti-Semitism) 문제를 다루고 있다고 생각한다. 물론 역사적으로 교회가 유태인을 바라보는 눈이 곱지 않았다는 점을 감안하면 앤더슨의 주장은 어느 정도 설득력이 있다고 생각한다(Humphreys). 한 학자는 기독교가 에스더서를 너무 쉽게 껴안는 데에 문제가 생길 수 있다고 경고한다(Childs). "에스더서는 유다 백성의 종교적 의미가 무엇인지를 보여주는 정경이다. 기독교 정경에 에스더서를 포함시킨 것은 '이스라엘'이라는 개념을 지나치게 영적으로 해석하려는 노력을 억제시키는 기능을 갖는다." 에스더서가 이방인과 갈등을 빚고 있는 이스라엘 사람의 이야기라는 사실을 의식하여 이방인인 우리는 자신을 지나치게 이스라엘화하려는 노력을 자제해야 한다는 의미다.

위 두 학자(Anderson과 Childs)의 견해는 에스더서의 메시지를 지나치게 단순화시킨 것에서 비롯되었다. 현실적으로 생각할 때 성경 중에 유태인이 주인공이 아닌 책이 몇 권이나 되는가? 예수님도 유태인이 아니셨는가? 그리고 다른 책에서 언급되는 '유태인 이야기'는 모두 '하나님 백성' 관점에서 해석하면서 왜 에스더서만큼은 이러한 선입견을 가지고 접근하는가? 물론 민족 우월주의는 비성경적이며 교회는 이러한 사상을 철저히 배척해야 한다. 그러나 성경은 건강한 민족애를 권장하고 있다. 하나님이 세상에 있는 온갖 백성을 창조하셨고, 각각 기업을 주어 살게 하셨기 때문이다.

(6) 정경 안에서의 위치

종교 개혁 시대 에스더서에 대해 가장 큰 반론을 제기한 사람은 루터였다. 그는 "나는 마카비 2서와 에스더서가 아예 존재하지 않았으면 할 정도로 이 책들에 대해 매우 큰 적대심을 가지고 있다. 이 책들은 [기독교 독자에게] 지나치게 유대화를 강요하고 있고 또한 세속적이고 적절하지 못한 행위를 내포하고 있다"라고 말했다(Bush, Beckwith). 이와 같은 루터의 평가는 그가 비록 훌륭한 개혁자였지만, 완벽하지 못한 한 인간에 불과했다는 점을 드러낸다. 그는 또한 야고보서를 '지푸라기 서신'이라 비난하기도 했다. 요한계시록도 정경에서 삭제하기를 원했다. 개혁가라고 모든 것을 잘 판단하고 행했다고 생각하지 말 것이며, 그들의 가르침이나 제안이 절대적이 아니라는 점을 기억해야 할 것이다. 이런 면에서는 칼빈도 마찬가지다.

　루터처럼 에스더서를 세속적인 책으로 인식하는 사람은 책이 보복을 지향한다는 점을 문제로 제기한다. 특히 9장에서 하만과 그의 백성이 대량 학살을 당하고 있는데, 이 같은 행위가 정말 의로운 보복인가 반문하는 것이다(Goldman, Harvey). 만일 지나친 살육이라면 원수를 용서하라는 예수님의 말씀을 기준삼아 사는 우리로서는 깊이 생각해볼 문제다. 그러나 만약에 이 같은 관점에서 성경을 판단하고 선별하려면 제일 먼저 시편의 상당 부분을 구성하고 있는 '저주 시편'이 성경에서 제외되어야 한다. 원수를 용서하기는커녕 오히려 벌해 달라고 하나님께 호소하고 있기 때문이다. 또한 에스더서에서 유태인이 원수 갚는 것은 하나님의 보응(retribution)의 한 부분으로 해석될 수 있다(Hallo). 그러므로 이 반론 역시 별로 설득력이 없어 보인다.

　반면에 다른 사람은 에스더서를 모세 오경의 권위와 동등한 위치에 올려놓았다. 주후 4세기에 활동했던 랍비 벤라키스(Simeon ben Lakish)는 에스더서를 예언서나 성문서보다 한 수 위인 토라(Torah: 모세 오경을 가리키는 말)와 같은 권위를 가진 것으로 그 위치를 부상시켰다(Berlin). 중세 철학자인 마이모니데스(Maimonides)는 마지막 날에 예언서와 성문서는 사라질지 몰라도 토라와 에스더서는 사라지지 않을 것이라고 했다(Howard). 이들의 에스더서에 대한 높은 평가는 세 가지에 근거를 두었다.

첫째, 세속적 차원에서 살펴볼 때 이 책은 유태인의 승리와 생존을 전함으로 하나님이 백성을 버리지 않고 이방 땅까지 보존하셨다는 점을 강조한다. 하나님의 보호와 인도하심은 특별한 지역에 국한된 것이 아니다. 하나님은 세상 어디든지 계시며 자기 백성 이스라엘을 보존하신다.

둘째, 종교적 차원에서 이 책은 하나님의 섭리를 은밀하게 보여준다(Beal, Sauba). 에스더서의 이러한 성향은 룻기와 비슷한 점이 많다. 요란하고 시각적인, 더러는 말초신경을 자극하는 극적인 역사하심보다 은밀하고 비밀스러운 방식을 통해 운행되는 그분의 섭리가 매우 아름답게 보이게 하는 책이 바로 에스더서이다.

셋째, 에스더서는 이스라엘의 절기 중 유일하게 모세 오경에 기록되지 않은 부림절(Purim)의 유래를 전하고 있다(Hallo). 그러므로 오래전부터 일부 랍비들은 에스더서를 매우 중요하게 여겼다. 예루살렘 탈무드는 "선지서들과 성문서는 없어지더라도 율법과 에스더서는 영원히 있을 것이다"라고 기록되어 있다(Harris).

(7) 역사적 신빙성

오래전부터 에스더서가 묘사하고 있는 이야기의 역사적 신빙성에 문제를 제기하는 사람이 있었다(Wright). 에스더서가 역사적 사건을 회고하고 있는 역사서인가, 아니면 교훈을 가르치기 위해 만들어진 훈화(exemplum)인가에 대한 논란이었다(Watson). 책이 묘사하고 있는 이야기의 역사적 신빙성에 문제를 제기하는 사람은 다음과 같은 증거를 제시했다(Paton, Bush, Berlin, Crawford).

1. 아하수에로의 아내들로 등장하는 여인들의 이름 와스디와 에스더는 헬라 역사가 헤로도투스가 그의 아내로 기록하고 있는 아메스트리스(Amestris)와 다르다. 아하수에로는 즉위 내내 아메스트리스를 유일한 왕비로 두었다.

2. 페르시아의 기록에 의하면 아하수에로 왕 다음가는 제국의 2인자로 군림한 사람 중에 모르드개나 하만이라는 이름은 없다. 더 나아가 비(非)페르시아 사람이 제국의 2인자였다는 기록도 그 어디에서 찾아볼 수 없다.

3. 페르시아 왕들의 기록에 의하면 에스더서가 언급하고 있는 아하수에로 왕 시대의 대학살에 대한 언급이 없다.

4. 만일 2:6이 언급하는 것처럼 모르드개가 여호야긴 왕이 끌려갔을 때(597 BC)에 함께 바빌론으로 갔다면, 그는 아하수에로 왕 시대에 100세가 훨씬 넘은 나이다.

5. 에스더서에 기록된 페르시아 제국의 행정 체제와 헤로도투스 등 다른 출처에 기록된 정보와 일치하지 않는다. 1:1은 페르시아 제국이 127개의 도(province)로 나누어져 있었다고 하는데, 헤로도투스는 20개, 다리오의 시대에 유래한 문헌은 23-30개였다고 한다. 다니엘은 120개였다고 한다(단 6:1).

6. 페르시아 왕들이 궁녀들을 취할 때 특별한 기준이 있지는 않았지만, 왕비의 경우 7개의 귀족 집안에서만 취한 것으로 알려졌다. 그러므로 에스더가 아하수에로와 결혼했다는 것은 불가능한 일이다.

7. 에스더서는 페르시아 왕이 선포한 칙령을 되돌릴 수 없다고 하는데 이 같은 사실을 입증할 만한 역사적 증거가 없다.

이와 같은 이슈에 대하여 이미 수많은 학자가 여러 가지로 설명한 적이 있고 상당 부분 설득력 있게 설명되었기에 이 책에서 다시 반복할 필요는 없다(Baldwin, Breneman, Jobes). 다만 한 가지 생각해볼 이슈는 에스더서의 장르에 관한 것이다. 우리는 에스더서를 역사서로 간주하지만, 에스더서의 장르에 대한 견해는 매우 다양하다. 학자들이 제안하는 장르로는 코미디(comedy), 대하소설(historical fiction/novel), 풍자(satire), 유머(humor), 익살극(farce), 단편소설(novella/short story), 종교 절기의 유래를 설명하는 이야기(Festlegende) 등이 있다(Willis, Fox, Berlin, Crawford). 에스더서를 역사서로만 보지 않는 것이다. 이러한 정황에서 에스더서를 순수한 역사서로만 여긴다는 것은 다소 지나친 감이 있을 수 있다.

등장인물의 이름이 에스더서의 일부분이 역사서보다는 대하소설에 더 가까울 수 있음을 시사한다(Millard). 아하수에로 왕에게 버림받은 왕비의 이름 '와스디'는 '아름다운 여인' 혹은 '사랑받는 자'라는 뜻을 지닌 고대 페르시아어 단어와 소리가 같다(Paton, Moore). 페르시아 왕 아하수에로는 히브리어로 상당히 우스운 소리를 지녔으며 '골칫거리 왕'(King Headache)이라는 의미를 지녔다(Radday). 에스더는 바빌론 사람이 사랑과 전쟁의 여신으로 숭배했던 이스타(Ishtar)와 소리가 비슷하다(Yahuda). 하만의 이름은 히브리어로는 진노(wrath)를 뜻하는 단어와 소리가 비슷하다.

이 같은 현상은 에스더서의 등장인물의 이름이 실명이 아닐 수도 있다는 가능성을 제시한다(Jobes, cf Berlin). 이야기를 재미있게 꾸며 나가기 위하여 인물의 역할에 적합한 가명을 사용했을 수도 있는 것이다. 그렇다면 만일 우리가 역사서를 정확한 정보만을 제공하는 것으로 간주한다면, 에스더서는 이 범위에서 어느 정도 벗어난 작품이다. 에스더서는 역사성을 전제하고 바탕으로 하고 있지만, 어느 정도 소설(동화)적인 성향을 지닌다는 것이다.

문제는 에스더서 외에도 이 같은 성향을 보이는 책이 또 성경에 있다는 사실이다. 사무엘서에서도 실명보다는 작품 안에서의 역할에 따라 이름이 지어진 인물들이 보인다. 대표적인 예가 아비가일의 남편 나발(נָבָל)이다. 이 사람의 이름이 '귀족'(noble)으로 풀이될 가능성을 전적으로 배제할 수는 없지만, 거의 모든 사람이 '어리석은 자/바보'라는 뜻으로 풀이한다(HALOT). 그런데, 세상의 어떤 부모가 자기 아들에게 '바보'라는 이름을 지어주겠는가? 그러므로 그의 이름은 본명이라기보다, 사무엘상 25장에 기록된 이야기에서 그가 하는 역할을 요약해 주는 가명임이 분명하다. 사울의 아들 이스보셋(lit. 수치스러운 놈)도 본명은 이스바알(lit. 바알의 사람/숭배자)이었다. 성경 저자들이 이 같이 행하는 것을 '시적 허용'(poetic license)이라고 한다(Jobes).

　우리는 위와 같은 현상을 바탕으로 구약의 역사서에 대한 이해를 새롭게 할 필요가 있다. 구약의 역사서는 실제로 있었던 일을 회고하는 역사성을 전제하며, 또 실제로 역사성을 지니고 있다. 또한 이야기를 흥미롭게 전개하기 위하여 어느 정도 문학적이지만 비(非)역사적인 요소를 배합해 사용하기도 한다. 위에서 언급한 것처럼 때로는 실명보다는 이야기 전개에 더 적절한 가명을 사용하는 것을 대표적인 예라 할 수 있다. 우리는 에스더서가 안고 있는 여러 가지 역사적 문제가 이 책의 장르의 특성과 연관이 있을 수도 있다는 사실을 인정해야 한다. 에스더서의 장르가 때로는 오늘날 기준으로 역사적이라고 확인할 수 없는 요소와 사건을 의도적으로 사용할 수도 있다는 것이다. 이러한 관점에서 구약의 역사서를 이해한다면, 하나님 말씀이 훨씬 더 풍요롭고 재미있게 다가올 것이다.

(8) 마소라 사본(MT)과 칠십인역(LXX)

마소라 사본의 에스더서는 167절로 이루어져 있다. 반면에 칠십인역본 에스더서는 여기에 107절을 더한다. 주후 4세기에 제롬(Jerome)이 완성한 라틴어 역본인 불가타(Vulgate)는 칠십인역에만 등장하는 에스더서의 부분을 에스더 11-15장으로 첨부했다. 오늘날 이 부분은 에스더서에서 분류되어 외경의 일부로 출판되지만 간혹 에스더서에 포함시켜 출판하는 사례도 있다. 칠십인역에 추가로 등장하는 에스더서의 첫 부분은 모르드개의 꿈과 그가 환관들이 왕을 저격하려는 음모를 알게 된 경위를 설명하고 있다. 이어서 이스라엘 사람을 모두 죽이라는 왕의 칙령과 모르드개와 에스더의 기도문으로 이어진다. 마지막으로 이스라엘 사람을 존귀하게 대하라는 왕의 칙령이 삽입되어 있다. 다음 내용을 참고하라(공동번역에서 '하느님'을 '하나님'으로 바꿈).

10:4 모르드개는 이렇게 말하였다. "이 모든 것은 하나님께서 하신 일이다. 나는 이러한 일들에 관하여 꿈을 꾸었는데 그 꿈 내용이 하나도 빠짐없이 실현되었다. 조그마한 샘물이 큰 강이 되었던 일과 빛이 비치던 일, 태양과 넘쳐흐르는 물, 이것들이 모두 실현되었다. 에스더가 바로 그 강인데 에스더는 그 왕과 결혼하여 왕후가 되었다. 두 마리 용은 하만과 나다. 이교국 백성들은 서로 결탁하여 유다인들의 이름을 말살하려고 한 자들이다. 나의 백성은 이스라엘인데 하나님께 부르짖어 구원을 받은 사람들이다. 과연 주님께서는 당신 백성을 구하셨고 모든 악으로부터 우리를 건져주셨으며, 하나님께서는 일찍이 어떤 백성에게도 보여주지 않으셨던 놀라운 일과 기적들을 행하셨다. 하나님께서는 당신 백성들의 운명과 이방인들의 운명을 따로 갈라놓으셨다. 이 두 가지 운명은 하나님께서 정하신 그 날, 그 시간, 그 때에 모든 백성들에게 다 이루어졌다. 그리하여 하나님께서는 당신의 백성을 기억하시고 당신의 유산을 의롭게 지켜주셨다. 하나님의 백성들에게는 아달월 십사일과 십오일은 하나님 앞에 모두 모여서 서로 기뻐하며 즐거워하는 날이며, 하나님의 백성인 이스라엘이 자손만대에 영원히 기념하는 날이 될 것이다. 11:1 프롤레마이오스와 클레오파트라의 치세 사년에, 도시데우스라는 사람이 스스로 레위족에 속하는 사제라고 하면서 부림 축일에 관한 이

편지를 가져왔다. 그들은 그 편지가 틀림없는 것이며 예루살렘에 사는 프롤레마이오스의 아들 리시마쿠스가 번역한 것이라고 하며 내놓았다. 아하스에로스 대왕 제이년 니산월 초하룻날 베냐민 지파에 속하는 모르드개가 꿈을 꾸었는데, 그는 야이르의 아들이며 야이르는 시므이의 아들이며 시므이는 키스의 아들이었다. 모르드개는 수사에 사는 유태인으로서 왕궁에서 높은 지위를 가진 사람이었다. 그는 바빌론 왕 느부갓네살이 유다의 왕 여고니야를 위시하여 예루살렘에서 잡아 온 많은 포로들 중의 한 사람이었다. 그가 꾼 꿈이란 다음과 같은 것이었다. 울부짖는 소리와 대소동, 뇌성과 지진으로 지상은 온통 뒤죽박죽이었다. 그때 두 마리 커다란 용이 다가서더니 금시라도 서로 싸울 기세를 보이며 크게 으르렁거렸다. 그 소리에 자극을 받아서 모든 민족이 의로운 백성을 치려고 전쟁 준비를 하였다. 어둡고 음산한 날이 왔던 것이다. 그날 온 땅은 고통과 번민, 불안과 대혼란으로 뒤덮였다. 의로운 백성은 자기에게 닥쳐올 재앙을 눈앞에 보고 겁에 질려 최후의 한 사람까지 죽을 각오로 하나님께 부르짖었다. 그때에 부르짖는 소리에서, 마치 작은 샘에서 물이 흘러나오듯이 큰 강이 생겨나 물이 넘쳐 흘렀다. 그러자 태양이 뜨고 날이 밝아지더니 그 비천한 백성은 높여지고 힘센 자들을 집어 삼켰다. 모르드개는 꿈에서 깨어나, 자기가 꾼 꿈과 그 속에 나타난 하나님의 계획에 대하여 생각하며 온종일 그 뜻이 무엇인가를 알아내려고 무진 애를 썼다. 12:1 모르드개는 왕궁을 지키는 어전 내시 박단과 테레스 두 사람과 함께 궁에서 살고 있었다. 그때 그 두 내시가 음모를 꾸미고 있었는데 모르드개는 이것을 눈치챘다. 마침내 그들이 아하스에로스 왕을 암살하려고 하고 있다는 것을 알아낸 그는 그 사실을 왕에게 알렸다. 왕은 그 두 내시를 심문하게 하여 자백을 받고는 그들을 사형에 처했다. 그리고 나서 왕은 이 사건을 그의 연대기에 기록하였고 모르드개도 자기대로 그것을 기록하여 두었다. 그 후 왕은 모르드개에게 궁 안의 벼슬을 내리고 많은 선물을 주어 그를 치하하였다. 그러나 아각 사람 함다다의 아들 하만은 왕의 총애를 받던 사람인 데 그 두 어전 내시의 사건에 대한 보복으로 모르드개를 해칠 생각을 품었다.

13:1 그 편지 내용은 다음과 같다. "대왕 아하스에로스가 인도에서 에디오피아에 이르는 백이십칠 개 주의 통 치자들과 그 예하 지방 장관들에게 이 편지를 보낸다. 수많은 국민을 통치하며 온 세계를 지배하는 나는, 결코 오만스럽게 권력을 남용하지 아니하고 절도를 지키며 관대하게 다스리기로 결심하였다. 그리하여 나의 백성에게 파탄 없는 평온한 생활을 영원히 보전하여 주며, 나의 왕국에 사는 사람 누구에게나 문명의 혜택과 방방곡곡 어디에든 자유로이 통행할 수 있는 권리를 보장하며, 모든 백성이 열망하는 평화를 이룩하고자 한다. 그런데 이 목적을 달성하기 위한 방법을 두고 나의 자문관들과 협의하였다. 자문관들 중에 하만이란 사람이 있는데 그는 총명하기가 우리 중에 뛰어났고 그의 꾸준한 정성과 변함없는 충성심이 증명된 사람이며 그 지위는 나 바로 다음가는 사람이다. 그 하만이 다음과 같은 정보를 나에게 알려 주었다. 즉 이 땅 위에 사는 모든 부족 가운데 한 못된 민족이 섞여 살고 있는데, 그들은 모든 민족을 적대시하는 법률을 가지고 있으며, 언제나 왕명을 거역하여 온 백성의 복리를 보장하려는 나의 통치를 방해하려고 한다는 것이었다. 그러므로 유별난 이 민족이 온 인류와 사사건건 충돌하며 괴상한 법 제도를 가지고, 우리나라의 이익을 해치며 극악한 범죄를 저질러 마침내 이 왕국의 안전을 위협하기에 이르렀다는 것을 생각하고, 나는 다음과 같이 명령한다. 공직의 제일인자이며 나에게는 제이의 아버지인 하만이 그들에게 보낸 편지 속에 지적한 자들은 금년 아달월 즉 십이월 십사일을 기하여 여자나 어린이를 가리지 말고 인정사정없이 그들의 원수의 칼로 모조리 없애 버리라. 그리하여 어제도 오늘도 우리에게 반대하는 자들을 단 하루에 힘으로 지옥에 몰아 넣고, 앞으로 이 나라가 안정과 평화를 완전히 누리도록 하라."

14:8 모르드개는 주님께서 하신 모든 놀라운 일을 생각하며 다음과 같

이 기도하였다. "주님, 주님, 온 누리의 주인이신 임금님, 만물이 당신의 권력에 예속되어 있으며, 이스라엘을 구원하시려는 당신의 뜻을, 거역할 사람은 하나도 없습니다. 진정, 하늘과 땅을 만드신 분은 당신이시며, 창공 아래 모든 놀라운 것들을 만드신 분도 당신이십니다. 당신은 온 누리의 주인이십니다. 그리고 주님, 당신을 맞설 사람은 아무도 없습니다. 당신은 모든 것을 알고 계십니다. 주님, 내가 그 오만불손한 하만에게, 굴복하기를 거부하는 것이 결코 내가 무례해서거나 오만해서거나 혹은 허영에 들떠서 하는 것이 아니라는 것을 당신은 알고 계십니다. 이스라엘의 구원을 위한 것이라면 나는 그의 발바닥에라도 기꺼이 입을 맞추었을 것입니다. 그러나 내가 한 일은 인간의 영광보다는 하나님의 영광이 더 높다는 것을 드러내기 위한 것이었습니다. 주님, 나는 당신을 제외하고는 아무에게도 굴복하지 않겠습니다. 그렇게 하는 것은 내가 오만하기 때문이 아닙니다. 그러니 주 하나님, 아브라함의 하나님이신 임금님, 당신 백성을 살펴 주소서. 원수들은 우리들을 멸망시키려는 음모를 꾸미고 있으며 당신께서 옛날 우리에게 주신 유산을 파괴하려고 계획하고 있습니다. 이집트 땅에서 당신 자신을 위해서 건져 내신, 당신의 몫을 저버리지 마소서. 나의 기도를 들어 허락하시고 당신 백성에게 자비를 베푸시어 우리의 슬픔을 기쁨으로 바꾸어 주소서. 그리하여 주님, 당신의 이름을 찬양하며 살게 하소서. 당신을 찬양하는 입술을 잠잠케 마소서." 그리고 온 이스라엘 백성도 힘껏 외쳤다. 죽음의 그들이 눈앞에 다가왔던 것이다. 그는 이렇게 말하였다. "왕후께서 내 손에서 자라던 그 비천했던 지난날을 생각해 보시오. 왕국에서 제2의 인물인 하만이 우리를 몰살시키라고 왕에게 탄원하였으니, 주님께 기도드리라고 왕에게 간청하여 우리들을 죽음으로부터 구해 주시오."

15:1 사흘째 되는 날, 에스더는 기도를 마치고 상복을 벗고 호화찬란한 옷을 입었다. 이렇게 눈부시게 아름다운 옷으로 치장한 에스더는 모든 사람을 지켜 주시고 그들을 구원해 주시는 하나님께 호소하였다. 그

리고 왕후는 두 시녀를 데리고 나섰다. 왕후는 한 시녀가 옷자락을 받쳐 들고 동반하는 가운데, 또 한 시녀에게 우아하게 몸을 기대고 나왔다. 왕후가 한 시녀에게 나른한 자태로 몸을 기대었던 것은 그 몸이 너무나 허약해져서 혼자서는 걸어갈 수가 없었기 때문이었다. 그리고 또 한 시녀가 땅에 끌리는 왕후의 옷을 받쳐 들고 뒤를 따랐다. 황후는 넘쳐 흐르는 자신의 아름다움에 붉게 상기되어 있었고 희색이 만면하여 마치 사랑의 꽃이 핀 듯하였다. 그러나 마음속으로는 두려움에 떨고 있었다. 여러 개 문을 지나서 왕 앞으로 나갔다. 왕은 금과 보석이 번쩍이는 왕복으로 성장을 하고 옥좌에 앉아 있었는데 그 모양이 어마어마하였다. 왕은 위풍당당한 얼굴을 들어 노기 띤 눈으로 왕후를 쳐다보았다. 왕후는 그만 주저앉아 버렸다. 실신하여 창백해진 얼굴로 자기를 따라 온 시녀에게 머리를 기댔다. 그러나 하나님은 왕의 마음을 변심시키어 그 마음을 부드럽게 만드셨다. 왕은 몹시 걱정스러워져서 옥좌에서 벌떡 일어나 왕후가 정신차릴 때까지 그를 품 안에 껴안고 부드러운 말로 위로하였다. "에스더 이게 웬일이오? 우리는 서로 남매간이오. 안심하시오. 그대는 죽지 않을 것이오! 내 명령은 평민들에게만 해당되오. 가까이 오시오." 왕은 황금장을 번쩍 들어 에스더의 목에 대고 껴안으며 "나에게 이야기하시오" 하고 말하였다. 에스더는 말하였다. "임금님, 저에게는 임금님께서 하나님의 천사처럼 보였고, 제 마음은 임금님의 위풍에 두려움을 품었습니다. 임금님, 임금님께서는 정말 훌륭한 분이시고 임금님의 얼굴에는 인자하신 정이 흐릅니다." 에스더는 이렇게 말하다가 실신하여 쓰러졌다. 왕은 몹시 근심하였고, 그의 모든 시종들은 에스더를 깨어나게 하려고 최선을 다 기울였다.

16:1 그 편지의 내용은 다음과 같다. "나 아하스에로스 대왕이 인도에서 에디오피아에 이르는 백이십칠 개 주의 통치자와 그 예하 지방 장관과 나의 충성스러운 신하에게 인사를 보낸다. 사람들은 흔히 은인으로부터 큰 은혜를 입어 많은 영예를 얻으면 점점 더 오만해진다. 그들은 나

의 백성을 해치려는 것으로 만족하지 않고 자기들이 받은 은혜를 제대로 간직하지 못하여 그들의 은인을 해치는 음모를 꾸미기에 이른다. 또한 그들은 사람에게서 감사하는 마음을 없애 버리는 것만으로 만족하지 않고, 오히려 선이 무엇인가를 알지 못하는 어리석은 자의 칭찬하는 말에 우쭐하여, 하나님이 모든 것을 내려다보고 계시는데도, 그 악인을 미워하시는 하나님의 정의를 피할 수 있다고 스스로 장담한다. 그래서 권좌에 있는 사람들이 친구에게 국사를 맡기고 그들의 말을 듣다가 죄 없는 사람들의 피를 흘리게 하고, 구제할 길 없는 불행의 대가를 치르게 하는 일이 비일비재하였다. 그리고 통치자들의 탓할 것 없는 올바른 의도가 악의를 품은 자들의 거짓 이론 때문에 잘못되는 수가 많았다. 내가 언급한 옛일을 되새길 필요도 없이, 눈을 똑바로 뜨고 네 앞을 보기만 하면, 가당치 않은 관리들의 해악으로 인하여 갖가지 죄악이 저질러졌다는 것을 알 수 있다. 그래서 앞으로 나는 모든 힘을 기울여 나라의 만백성이 안전과 평화를 누릴 수 있도록 노력하겠다. 그러기 위해서 나는 정책을 적절하게 개혁하고 내가 처리해야 할 사항들을 언제나 공정한 정신으로 판단해 나가겠다. 그런데 마케도니아 사람 함다다의 아들 하만이 좋은 예이다. 그는 페르시아의 피가 한 방울도 섞이지 않은 이국인일 뿐 아니라 온정이 없어 나와는 거리가 먼 자인데도 불구하고, 나는 그를 손님으로 우대하였고 모든 국민에게 베푸는 우정으로 그를 대하였다. 그리하여 마침내는 그를 "나의 아버지"라고 불렀고 왕 다음가는 자리를 주어서, 모든 사람이 그 앞에 엎드려 배례하게까지 하였다. 그런데도 그는 자기의 높은 지위에 만족하지 않고 나에게서 나라와 생명까지 빼앗으려고 음모하였다. 나아가서 부당한 잔꾀와 이론을 펴, 나의 구원자이며 변함없는 은인인 모르드개와 탓할 바 없는 나의 왕후 에스더를 그들의 동족과 함께 없애 버리라고 나에게 종용하였다. 그는 이렇게 하여 나를 고립무의의 상태에 빠뜨리고 페르시아 제국을 마케도니아인들에게 넘겨 주려고 생각하고 있었던 것이다. 이 가증스러운 악인이 멸망시키려고 하던 유태인들은 죄인들이 아니며, 오히려 법을 가장 올바르게 지키는 사람들이라는 것을 나는 알았다. 그들은 위대하시고 살아 계신 하나님이신 지극히 높은 분의 자녀들이다. 나와 나의 선조들은 바로 이 하나님 덕분에 나라의 끊임없는 번영을 누려 왔다. 그러므로 그대들은 함다다의 아들 하만이 보낸 편지에 적혀 있는 지시를 따르지 않는 것이 좋겠다. 그 편지를 쓴 자는 만물의 주인이신 하나님이 지체없이 내리신 합당한 벌을 받아, 이미 그 일가 권속과 함께 수산 성의 성문에서 교수형을 당했다. 나의 이 편지의 사본을 방방곡곡에 게시하여 유태인들로 하여금 그들의 법을 공공연히 지킬 수 있게 하라. 악인들은 아달월, 즉 십이월 십삼일을 공격일로 정하여 유태인을 몰살시키려고 하고 있는데, 그대들은 그날에 유태인들을 도와주라. 전능하신 하나님은 멸망의 이날을 당신의 선민들을 위하여 기쁨의 날로 바꾸어 놓으셨다. 한편, 그대들 유태인들은 성대하게 지내는 축제일 가운데서도 이날을 특별한 축일로 정하여 갖가지 잔치로써 축하하라. 그리하여 오늘 이후로는 이날이 그대들과 선량한 페르시아인들에게는 구원의 기념일이 되고 그대들의 원수들에게는 멸망의 기념일이 되게 하라. 어떤 도시든지, 나아가 어떤 주든지 이 지시를 지키지 않으면 칼과 불의 무자비한 응징을 받아 폐허가 될 것이며, 그곳은 사람이 살 수 없게 될 것은 물론이요 심지어는 야수나 새들의 영원한 저주까지 받게 될 것이다."

모든 학자는 첨부된 부분이 훗날 삽입된 것으로 간주하며 역사성이 전혀 없는 것으로 취급한다. 추가 부분에서는 하나님에 대한 언급이 많고, 하나님이 아브라함과 이스라엘을 택하셨다는 것이 강조되며, 기도의 중요성이 부각되고 있다. 이 요소는 에스더서에 없는 것이다. 왜 이런 내용이 첨부된 것일까? 에스더서의 정경적 위치가 비난을 받자 책의 지위를 정당화하기 위해 더해진 것으로 생각된다.

7. 구조와 개요

에스더서를 하나의 문학성을 띤 작품으로 살펴보면 다음과 같은 플롯
구조가 역력하다.

	단계	본문
1	발단(exposition)	1-2장
2	분규, 절정, 결말(main action)	3:1-9:19
3	부림절 부록(Purim appendix)	9:20-32
4	결언(epilogue)	10장

또한 저자가 자주 사용하는 문학적 기법은 쌍(pair)과 중복(repetition)이
다. 이 기술은 역사가 우연한 사건의 연속이 아니라 쌍으로 이루어지
고 균형 잡힌 대조의 연속(a sequence of paired and balanced opposition)이라는
점을 강조한다(Fox). 다음 도표를 참고하라.

항목	내용		
1	왕의 잔치	1:3-4	1:5-8
2	에스더의 잔치	5:1-8	7:10
3	유대인의 부림절 잔치	9:17	9:18-32
4	왕의 신복들의 두 개의 명단	1:10	1:14
5	에스더가 자신의 정체를 숨겼다는 두 번의 언급	2:10	2:20
6	여자들의 두 번의 모임	2:8	2:19
7	여자들의 두 개의 궁(후궁과 왕궁)	2:12-14	2:12-14
8	두 번의 금식(잔치와 대조)	4:3	4:16
9	하만이 아내와 친구들과 두 번 상담	5:14	6:13
10	예정에 없었던 에스더와 왕과의 두 번의 만남	5:2	8:3
11	모르드개가 두 번 왕복을 입음	6:7-11	8:15

12	하만의 얼굴을 두 번 가리움	6:12	7:8
13	하만의 아들들에 대한 두 번의 언급	5:11	9:6–14
14	하르보나의 두 번의 출현	1:10	7:9
15	두 번의 왕의 칙령	3:12–14	8:1–3
16	왕의 진노가 두 번 수그러짐	2:1	7:10
17	페르시아 법의 폐기 불가능성 두 번 언급	1:19	8:8
18	유대인들의 보복 가능 기간은 이틀	9:5–15	9:5–15
19	부림절 재정에 관한 두 번의 편지	9:20–28	9:29–32

에스더서는 '급변하는 운명의 책'(book of peripety)이라고 불리기도 한다(Berg). 하만이 모르드개와 이스라엘 사람을 견제하며 계획했던 모든 일이 자신과 그의 백성에게 행해지는 것이다. 다음 도표를 참고하라.[1]

	이전(원래)	이후(반전)
지위	하만의 지위: 왕 다음(3:1)	모르드개의 지위: 왕 다음(10:3)
제비	유태인을 진멸하기 위해 제비 뽑아 아달월을 택함(3:7)	제비를 뽑아 유태인을 진멸하려고 하였으나 실패하였음을 언급(9:24)

---

1 비슷한 맥락에서 좁스(Jobes)는 에스더서 내의 반전에 대하여 다음과 같이 교차대구법적으로 정리한다.

3:10 왕이 하만에게 자기 반지를 줌	8:2 왕이 모르드개에게 같은 반지를 줌
3:12 하만이 왕의 서기관들을 부름	8:9 모르드개가 왕의 서기관들을 부름
3:12 조서가 작성되어 인장이 찍힘	8:10 조서가 작성되어 동일한 인장이 찍힘
3:13 여자와 아이들을 포함한 유태인들이 같은 날 처형당하도록 함	8:11 여자와 아이들을 포함한 유태인들의 적들이 같은 날 처형당하도록 함
3:14 하만이 꾸민 조서가 법으로 선포됨	8:13 모르드개가 꾸민 조서가 법으로 선포됨
3:15 역졸이 칙령을 들고 급히 떠남	8:14 역졸이 조서를 들고 급히 떠남
3:15 도성 수산이 혼란에 빠짐	8:15 도성 수산이 기뻐함
4:1 모르드개가 베옷을 입고 재를 뒤집어 씀	8:15 모르드개가 왕복을 입음
4:1 모르드개가 통곡하며 시내를 지나감	6:11 모르드개가 존귀하게 되어 시내를 지나감
5:14 세레스가 모르드개 살인을 조언함	6:13 세레스가 하만의 몰락을 예측함

이익	유태인 용납은 왕에게 무익(3:8)	유태인 진멸은 왕의 손해(7:4)
반지	왕의 반지를 하만에게 줌(3:10)	하만에게서 왕의 반지를 빼앗아 모르드개에게 주고 하만의 집을 주관케 함(8:2)
임의	하만이 원하는 대로 하도록 왕이 허락(3:11)	모르드개가 원하는 대로 하도록 왕이 허락(8:8)
조서 기록	유태인을 진멸하고 재산 탈취를 허락하는 조서(3:12–13)	유태인을 공격하는 자를 진멸하고 재산을 탈취하도록 하는 조서(8:9–11)
반포	조서 초본을 각 주(州)에 배포(3:14)	조서 초본을 각 주(州)에 배포(8:13)
상황	조서 배포 후에 수산 성이 어지러움(3:15)	조서 배포 후에 수산 성이 기뻐함(8:15)
유태인	애통하며 금식함(4:3)	즐거워하며 잔치함(8:17)

이와 같은 정황을 감안하면, 책은 다음과 같이 교차대구법적 구조를 지녔음을 알 수 있다(Baldwin, cf. Berg).[2]

A. 시작과 배경(1장)

   B. 왕의 첫 번째 칙령(2–3장)

---

2 책 전체에 대하여 다음과 같은 세부적 구조 분석도 가능하다(Luter & Davis).
   A. 큰 제국이 모두 평화로움(1:1)
     B. 평화로운 제국의 잔치(1:2–9)
       C. 제국적인 위기(1:10–22)
         D. 유태인의 높은 위상(2:1–23)
           E. 죽이라는 칙령을 유발한 개인적 갈등(3:1–15)
             F. 슬퍼할 시간(4:1–17)
               G. 여러 가지로 훼손이 간 명예(5:1–8)
                 H. 주의 백성을 지배하는 이방인 통치의 절정(5:9–14)
               G'. 여러 가지로 훼손이 간 명예(6:1–11)
             F'. 슬퍼할 시간(6:12–14)
           E'. 죽이라는 칙령을 유발한 개인적 갈등(7:1–8:14)
         D'. 유태인의 높은 위상(8:15–17)
       C'. 제국적인 위기(9:1–19)
     B'. 평화로운 제국의 잔치(9:20–32)
   A'. 큰 제국이 모두 평화로움(1:1–3)

    C. 하만과 모르드개의 갈등(4-5장)
      D. "그날 밤 왕은 잠을 잘 수 없었다"(6:1)
    C'. 모르드개의 하만을 상대로 한 승리(6-7장)
  B'. 왕의 두 번째 칙령(8-9장)
A'. 결말(10장)

이 모든 것을 종합하여 에스더서는 다음과 같이 섹션화될 수 있다. 이 책에서는 다음 분석을 바탕으로 본문을 주해해 나가고자 한다.

I. 유태인이 위협받음(1:1-5:14)
  A. 아하수에로 왕의 위험한 잔치(1:1-22)
  B. 에스더가 왕비가 됨(2:1-18)
  C. 모르드개가 역모를 알게 됨(2:19-23)
  D. 하만의 유태인에 대한 음모(3:1-15)
  E. 에스더의 용맹스러운 결단(4:1-5:14)

II. 반전하는 운명(6:1-9:19)
  A. 모르드개가 포상을 받음(6:1-14)
  B. 하만이 죽음을 맞음(7:1-10)
  C. 왕이 유태인을 도움(8:1-17)
  D. 유태인의 승리(9:1-19)

III. 부림절 제정(9:20-32)
  A. 모르드개의 서신(9:20-28)
  B. 에스더가 모르드개의 서신을 확인함(9:29-32)

IV. 맺는 말: 모르드개의 위대함(10:1-3)

I. 유태인이 위협받음

(1:1-5:14)

에스더서는 크게 1-5장과 6-10장 등 두 부분으로 나눈다. 전반부는
페르시아의 수도 수산에 살던 유태인이 몰살 위기에 당면하게 된 것과
페르시아의 왕비가 된 에스더가 위기에 처한 자기 백성을 구하기 위해
죽음을 각오하고 일에 개입한 것을 회고한다. 후반부에서는 모든 것이
반전되어 이스라엘을 죽이려 했던 자들이 오히려 유태인의 손에 죽임
을 당한다. 주의 백성의 원수가 심은 대로 거두게 된 것이다. 전반부는
다음과 같이 구분할 수 있다.

  A. 아하수에로 왕의 위험한 잔치(1:1-22)
  B. 에스더가 왕비가 됨(2:1-18)
  C. 모르드개가 역모를 알게 됨(2:19-23)
  D. 하만의 유태인에 대한 음모(3:1-15)
  E. 에스더의 용맹스러운 결단(4:1-5:14)

Ⅰ. 유태인이 위협받음(1:1-5:14)

A. 아하수에로 왕의 위험한 잔치(1:1-22)

페르시아의 수도 수산에 거주하던 유태인이 어떻게 하여 큰 위기를 맞게 되었는가를 회고하고 있는 전반부는 아하수에로 왕이 베푼 잔치 이야기로 시작한다. 저자는 아하수에로를 매우 큰 영토를 다스리는 대단한 권세와 부를 지닌 페르시아 제국의 왕으로, 그러나 어느 정도는 웃음을 유발시키는 어리석은 사람으로 묘사한다(Phillips).

본 텍스트는 책의 플롯이 본격적으로 전개되기 전에, 어떻게 하여 바빌론으로 끌려와 정착한 포로민의 자손인 에스더가 페르시아의 왕비가 되었는가에 대한 역사적 정황을 설명한다. 일종의 프롤로그(prologue)로 페르시아 왕궁의 부패하고 지나친 화려함에 대한 냉소를 내포하고 있다(Berlin). 이 섹션은 다음과 같이 세 파트로 구분할 수 있다. 9절은 중간 부분(B)에서 시작할 수도 있고, 첫 부분(A)을 마무리할 수도 있다. 여기서는 텍스트의 양을 고려해 중간 부분에 포함한다.

    A. 강하고 위험한 왕(1:1-8)
       B. 거부당한 왕(1:9-12)
    A'. 강하고 위험한 왕의 응징(1:13-22)

Ⅰ. 유태인이 위협받음(1:1-5:14)
  A. 아하수에로 왕의 위험한 잔치(1:1-22)

1. 강하고 위험한 왕(1:1-8)

¹ 이 일은 아하수에로 왕 때에 있었던 일이니 아하수에로는 인도로부터 구스까지 백이십칠 지방을 다스리는 왕이라 ² 당시에 아하수에로 왕이 수산 궁

에서 즉위하고 ³ 왕위에 있은 지 제삼년에 그의 모든 지방관과 신하들을 위하여 잔치를 베푸니 바사와 메대의 장수와 각 지방의 귀족과 지방관들이 다 왕 앞에 있는지라 ⁴ 왕이 여러 날 곧 백팔십 일 동안에 그의 영화로운 나라의 부함과 위엄의 혁혁함을 나타내니라 ⁵ 이 날이 지나매 왕이 또 도성 수산에 있는 귀천간의 백성을 위하여 왕궁 후원 뜰에서 칠 일 동안 잔치를 베풀새 ⁶ 백색, 녹색, 청색 휘장을 자색 가는 베 줄로 대리석 기둥 은고리에 매고 금과 은으로 만든 걸상을 화반석, 백석, 운모석, 흑석을 깐 땅에 진설하고 ⁷ 금 잔으로 마시게 하니 잔의 모양이 각기 다르고 왕이 풍부하였으므로 어주가 한이 없으며 ⁸ 마시는 것도 법도가 있어 사람으로 억지로 하지 않게 하니 이는 왕이 모든 궁내 관리에게 명령하여 각 사람이 마음대로 하게 함이더라

일부 주석가는 "이 일은 아하수에로 왕 때에 있었던 일이니…"(1절)에서 책의 저자와 책에 기록된 사건 사이에 상당한 시간이 흐른 것을 포착한다. 이 문구는 마치 '오래전 이야기'를 시작하는 듯하다(Paton, Moore, Fox). 반면에 유태인 전승은 이런 문구는 앞으로 있을 큰일(위기)에 대한 예고로 이해했다(Luter & Davis, Berlin, cf. 창 14:1; 사 7:1; 룻 1:1). 그러므로 책을 시작하고 있는 두 히브리어 단어를 읽는 순간 옛 유태인 독자는 마음이 내려앉았을 것이다(Luter & Davis). 에스더서가 묘사하고 있는 위기와 잘 어울리는 시작 문구이기 때문이다.

1:1–9에 대해 다음과 같은 구조가 제시되기도 한다(Luter & Davis). '권력'이라는 중심 단어로 도배된 구조 분석이다. 이 분석의 장점은 아하수에로 왕의 지나친 권력과 사치스러운 화려함을 적절하게 부각시키고 있다는 점이다.

A. 권력가: 아하수에로 왕(1:1–3)
  B. 권력 행사(1:4–5)
    C. 권력 과시(1:6)

B′. 권력 행사(1:7-8)
A′. 권력가: 와스디 왕비(1:9)

책은 아하수에로 왕을 화려하고 거창하게 소개하는 일로 시작한다. 아하수에로의 이름이 책의 처음 두 절(1-2절)에서 세 차례나 언급되고, 인도에서 구스에 이르기까지 모든 땅을 통치했으며, 127개 지방을 다스리는 왕이었다는 것 모두 이러한 의도를 잘 보여준다(Levenson, Phillips). 인도와 구스는 당시 페르시아 제국의 남동쪽 끝과 남서쪽 끝을 상징했으며(Berlin), 당시 고대 근동에서 '세상의 끝'으로 알려졌다(Bush). 결국 아하수에로는 세상의 동쪽 끝에서 서쪽 끝까지 이어지는 위대한 나라의 왕이었다는 것을 말하고 있다.

페르시아 왕 중 '아하수에로'로 불리는 사람은 없다. 그러나 저자는 독자가 이 왕이 누구인지를 알고 있음을 전제하고 이야기를 시작한다. 학자들은 캠비세스, 고레스, 페르시아의 마지막 왕이었던 아르타크세르크세스 3세, 오쿠스 등 여러 페르시아 왕이 아하수에로일 가능성을 제안했지만(Crawford), 역사적 정황을 고려할 때 가장 가능성 있는 사람은 페르시아 제국의 네 번째 왕이었던 '크세르크세스 1세'(Xerxes I)이다(10:3). 성경은 크세르크세스 1세를 히브리어 이름으로 아하수에로(אֲחַשְׁוֵרוֹשׁ)라고 부르는 것이다. 이 히브리어 이름(viz., 아하수에로)은 어떠한 의미도 지니지 않았으며(HALOT), '골칫거리 왕'(King Headache)과 소리가 비슷하다(Radday). 아하수에로 왕은 당시 사람에 비해 키가 매우 크고 덩치도 컸지만, 지적으로는 미숙한 점이 많은 왕이었다(Luter & Davis).

고대 헬라 역사가 헤로도투스(Herodotus)는 아하수에로가 경호원으로 2천 명의 기마병과 2천 명의 창기병과 1만 명의 보병을 지녔다고 한다. 이 외에도 1장에서는 많은 이름과 직분과 직책 등이 언급된다. 이 모든 것이 아하수에로의 화려함을 묘사하지만, 동시에 페르시아 왕궁을 비웃는 목적도 있다(Phillips).

아하수에로는 주전 486–465년에 페르시아를 지배했던 왕이다 (Breneman, Jobes). 기록에 의하면 그는 주전 486년 11월에 즉위하여 아버지 다리우스 1세로부터 에티오피아(구스)에서 인도에 이르는 거대한 페르시아 제국을 물려받았다. 다리우스 1세는 예루살렘 성전이 재건될 수 있도록 도움을 준 왕이었다(학 2:1–9; 슥 7:1; 8:9). 아하수에로는 귀향민이 예루살렘 성벽을 재건하려 할 때, 주변의 반대자들이 재건을 금지해 달라고 상소한 페르시아 왕이기도 하다(스 4:6).

페르시아 제국의 창시자인 고레스(Cyrus)는 주전 539년에 바빌론 제국을 멸망시키고 그 위에 자신의 제국을 세웠으며, 이후 캠비세스 (Cambyses)는 이집트를 정복하여 제국을 확장했다. 다리우스 1세는 인도를 정복하여 페르시아 제국에 귀속시켰다. 그러므로 아하수에로가 물려받은 제국의 영토는 참으로 대단한 규모였다. 아하수에로는 자신에 대하여 이러한 기록을 남겼다. "나는 위대한 왕이다. 왕 중 왕이며, 인구가 매우 많은 나라의 왕이다. 나는 이 위대한 세상의 왕이며 가장 먼 곳에서 가까운 곳까지 다스리는 왕이다"(Cassel). 또한 자신이 '인더스 땅'(Indus Land)까지 지배했다는 말을 남겼는데, 오늘날 파키스탄을 두고 하는 말이다(Breneman, Luter & Davis). 에티오피아는 오늘날 이집트의 남쪽에 있는 수단의 북쪽을 뜻한다(Jobes). 페르시아는 이때까지 형성된 제국 중 가장 넓은 땅을 지배한 제국이었다.

헤로도투스(Herodotus)가 페르시아는 30명의 총독(satrap: 주지사)을 두었다고 하는 것에 근거하여 127개 지방(州)은 잘못된 것이라고 하는 사람도 있지만(Paton, Clines), 본문에서 사용되는 히브리어 '지방'(מְדִינָה)은 주(州)보다 더 작은 단위다(Breneman, Jobes, Phillips, cf. 스 2:1; 단 2:49; 느 7:6).[3] 또한 페르시아의 주(州)와 지방의 수는 시대에 따라 차이를 보인다(단 6:1). 주(州)의 수보다 훨씬 더 많은 지방의 수를 사용하는 것은 독

---

3 127을 상징적으로 보는 해석도 있다. 127=12(이스라엘 지파의 수)×10(만수)+7(완전수) (Paton). 페르시아는 참 대단한 나라였음을 상징하는 수이다.

자에게 아하수에로가 다스리는 나라의 엄청난 규모에 대하여 깊은 인상을 심어주기 위해서다(Baldwin). 에스더서가 과장법을 자주 사용한다는 점도 이 숫자의 의미를 해석하는데 참고해야 한다(Crawford). 아하수에로가 다스리는 나라의 영광과 위엄을 매우 크고 위대하게 묘사하여 더 큰 비웃음을 자아내기 위해서인 것이다(Bush, Phillips, Jobes).

기록에 의하면 아하수에로는 즉위한 지 얼마 되지 않아 이집트와 바빌론에서 일어난 반역을 제압했다(Olmstead, Luter & Davis). 이때 동원된 페르시아 군대의 수가 15만 명에서 21만 명 정도 되었다고 한다(Yamauchi). 본문이 언급하고 있는 잔치는 이 군대의 장교들을 치하하기 위한 것이라는 해석도 있다(Laniak).

수산(2절)은 옛 엘람(Elam)의 수도였으며, 페르시아 왕이 수도로 삼았던 네 개의 도시(엑바타나, 바빌론, 수산, 페르세폴리스) 중 하나였다(ABD). 수산은 아하수에로의 아버지 다리우스 1세가 재건하여 머물던 곳이었다. 이후 다리우스 1세는 오늘날 이란의 남서부에 있는 페르세폴리스(Persepolis)를 자신의 수도로 삼았다. 수산은 '정원 도시'로 유명했으며, 온갖 꽃과 과일나무가 많은 것으로 유명했다(Luter & Davis). 아하수에로 역시 주로 페르세폴리스에 머물렀지만, 겨울이면 수산에서 지냈다(Breneman). 여름철에 수산은 견디기 힘들 정도의 더위가 찾아오기에 페르시아 왕은 겨울에만 이곳에 머물렀다(Gordis). 다니엘이 수산에서 하나님이 주신 비전을 받은 적이 있으며(단 8:2), 느헤미야는 이곳에서 술 관원으로 일했다(느 1:1). 아하수에로의 궁은 일반인의 거주지보다 약 22m 더 높은 터에 있었으며, 4km에 달하는 긴 성벽으로 둘러싸여 있었다(Paton, Yamauchi).

아하수에로가 즉위한 지 3년째(3절) 되던 해는 주전 483년이며, 그리스 본토를 정복하기 위하여 원정(480-479 BC)을 나가기 3년 전이다(Baldwin). 기록에 의하면, 이때 페르시아는 [3년 후] 그리스를 치기로 결정했다(Olmstead). 아하수에로는 이때 지방 장관과 귀족을 위하여 180

일 동안 잔치를 벌였다(3-4절). 아하수에로가 180일간 잔치를 베풀었다는 말에 문제를 제기하는 사람이 많다(Moore). 현실적으로 불가능한 일이라는 것이다. 그러나 이 말씀은 반(半)년 동안 동일한 참석자를 상대로 잔치를 했다는 것은 아닌 듯하다. 매일 참석하는 관료가 바뀌었거나(Phillips), 아마도 그들을 위한 일종의 박람회(exposition)(Breneman) 혹은 그리스와의 전쟁을 위한 전략 회의(Jobes)가 이 기간에 지속된 것으로 풀이될 수도 있다. 이렇게 해석하면 별 문제가 되지 않는다. 실제로 헤로도투스는 아하수에로가 180일 동안 잔치를 베풀며 제국의 부와 위상을 과시한 후, 귀족과 왕자에게 그리스 본토를 치자는 제안을 했다고 한다(Herodotus).

고대 사회에서 잔치는 왕의 위대함을 과시하며 동시에 부하의 충성을 유도하는 목적으로 자주 행해졌다. 페르시아 왕은 때로 1만 5천 명을 한꺼번에 접대할 수 있는 큰 잔치도 베풀었다(Olmstead, cf. 단 5장). 아시리아 왕 아술바니발은 자기 왕궁의 완공을 기념하기 위해 6만 9,574명을 위한 잔치를 베풀었다는 기록도 있다(Bickerman, Moore). 귀족과 지방 장관을 위한 180일 잔치가 끝나자 아하수에로는 이번에는 신분에 상관없이 모든 수산 시민을 위해 7일 동안 잔치를 베풀었다(5절). 아마도 180일 동안 진행된 잔치에 수산 사람이 동원되어 손님을 대접한 일에 대한 답례였을 것이다(Phillips). 이 잔치를 통해 왕에 대한 지지는 절정에 달했다.

1절에서부터 묘사하기 시작한 아하수에로의 위엄과 왕궁이 가지고 있는 부와 화려함을 6-7절에서 절정적으로 보여준다. 여기에 나열된 사치품이 정확히 어떤 것인지 알 수가 없다. 다만 그 화려함에 입이 벌어질 뿐이다. 또한 문법도 감탄을 자아내게 구성되어 있다(Phillips). 호화스럽고 긴 잔치와 사치스러운 궁궐(6-7절)은 도저히 용납할 수 없는 인간 권력의 남용을 잘 보여준다(McConville). 특히 선지자가 경건하고 수수한 삶을 살아야 한다고 가르쳤던 주의 백성에게 페르시아 왕

253

궁의 화려함과 사치는 분명 문제가 있음을 명백하게 선포하고 있으며 (Baldwin), 이 화려함 뒤에 감추어져 있는 공허와 타락과 착취를 생각하게 한다(Crawford). 마치 오늘날 우리 사회가 누리고 있는 소비주의의 화려함이 부패한 윤리와 타락한 영성을 가리고 있는 것처럼 페르시아 왕궁의 화려함이 부패와 폭력성을 가리고 있다.

이 페르시아 왕은 온 세상을 다스리는 군주였고, 부유함에 있어서도 견줄 만한 사람이 없었다. 아하수에로 시대로부터 100년 후 알렉산더 대왕이 수산에 입성했을 때, 성안에서 페르시아 왕이 쌓아둔 금괴와 은괴 4만 달란트(1,360t)와 금전 9천 달란트(306t)를 찾았다(Herodotus). 아하수에로가 그리스 원정에 나섰다가 실패하여 진을 버리고 돌아온 일이 있는데, 그리스 군(스파르타 군)이 페르시아 군이 버리고 떠난 진에 있던 아하수에로 왕의 텐트를 보고 깜짝 놀랐다. 페르시아 왕이 온갖 금과 은으로 만들어진 귀중품을 버리고 갔기 때문이다. "금과 은으로 덮인 텐트와 금으로 만든 의자들, 금 대접들과 금 잔들이 널려 있었다"(Paton). 그리스 사람은 이렇게 부유한 왕이 왜 '가난한 그리스'를 정복하려 했을까에 대해 의아해했다고 한다(Herodotus).

아하수에로는 잔치라 해서 모든 사람에게 지나친 음주를 강요하지 않았다(8절). 그는 '명'(דָּת)을 내려 모든 사람에게 본인이 마시고 싶은 만큼 마시도록 배려했다. 에스더서에서 '명/법도'(דָּת)는 19차례 사용되는데 항상 왕의 칙령을 의미한다(Paton, Crawford). 당시 잔치에서는 왕이 잔을 들어 술을 마실 때마다 참석한 사람도 함께 술을 마시는 것이 법이었다는 점을 감안할 때(Herodotus), 아하수에로가 '명'을 내려서까지 술을 강요하지 않았다는 것은 괄목할 만하다(Moore). 한국의 음주 문화에 비교해볼 때 이 사람은 참으로 신사적이다. 한 가지 아이러니한 것은 사람들에게 원하는 만큼 마실 수 있는 자유를 준 아하수에로가 나중에는 하만이 원하는 대로 칙령을 조작할 수 있는 자유를 주었다는 점이다(Levenson).

2. 거부당한 왕(1:9-12)

[9] 왕후 와스디도 아하수에로 왕궁에서 여인들을 위하여 잔치를 베푸니라 [10] 제칠일에 왕이 주흥이 일어나서 어전 내시 므후만과 비스다와 하르보나와 빅다와 아박다와 세달과 가르가스 일곱 사람을 명령하여 [11] 왕후 와스디를 청하여 왕후의 관을 정제하고 왕 앞으로 나아오게 하여 그의 아리따움을 뭇 백성과 지방관들에게 보이게 하라 하니 이는 왕후의 용모가 보기에 좋음이라 [12] 그러나 왕후 와스디는 내시가 전하는 왕명을 따르기를 싫어하니 왕이 진노하여 마음속이 불 붙는 듯하더라

와스디가 따로 여인들을 위해 잔치를 베푼 것을 근거로 어떤 페르시아 사람은 남자와 여자가 각기 따로 잔치를 벌였다고 하는데, 기록에 의하면 페르시아 사람은 부부동반 파티를 좋아했다고 한다(Herodotus).[4] 남녀가 함께 잔치를 하다가, 남자의 음주가 시작되면 여자는 자리를 떴다. 와스디가 이 여인들을 위하여 따로 잔치를 베풀었다(Crawford). 또한 에스더서 이야기 흐름에서 와스디와 아하수에로가 따로 잔치를 베푼 것은 두 사람이 살고 있는 세상이 서로 다르다는 사실을 암시하는 듯하다(Levenson). 그래서 잠시 후에 자신의 세상에 도취해 있는 와스디는 다른 세상에 사는 왕의 제안을 과감하게 거부하게 된다(Fox).

본문은 아하수에로의 아내 이름을 와스디라고 하는데, 페르시아 사

---

4 한 주석은 1:10-22를 함께 취급하여 다음과 같은 교차대구법적 구조를 제시하기도 한다 (Luter & Davis).
  A. 모든 것이 평온하고 왕은 행복함(1:10-11)
    B. 왕비가 왕에게 나오기를 거부함(1:12)
      C. 모든 것이 다시 평온해지게 하기 위하여 왕이 조언을 구함(1:13-15)
    B'. 왕비가 왕에게 나올 수 없게 됨(1:16-20)
  A'. 모든 것이 평온하고 왕은 행복함(1:21-22)

람의 기록에 의하면 이러한 이름을 가진 왕비가 없었다. 헤로도투스는 아하수에로(viz., 크세르크세스 1세)의 왕비 이름이 아메스트리스(Amestris)였다고 한다. 그러므로 일부 주석가들은 와스디가 이 아메스트리스라고 하기도 한다(Huey; Baldwin). 반면에 일부 학자들은 페르시아에 와스디라는 왕비가 없었다는 이유로 에스더서가 소설이지 실제가 아니라고 하지만(Moore), 헤로도투스가 언급하지 않았다고 해서 아하수에로에게 다른 왕비가 없었다고 단정할 필요는 없다. 실제로 기록에 의하면 페르시아 왕은 많은 왕비와 후궁을 두었다. 더 나아가 헤로도투스는 아하수에로의 아버지가 두 아내를 두었다고 하는데, 여러 역사적 기록은 훨씬 더 많은 왕비와 후궁을 두었다고 한다(Jobes). 헬라 역사가 헤로도투스는 페르시아의 왕권을 잇는 세자를 생산한 왕비에게만 관심이 있지, 나머지 왕비에게는 별 관심을 두지 않았던 것이다. 와스디가 매우 짧은 기간에 왕비로 있었기에 그녀의 이름이 페르시아 기록에서 누락된 것이라는 추측도 있다(Luter & Davis).

'와스디'(וַשְׁתִּי)는 페르시아어로 '최고'라는 뜻을 지녔지만(Crawford), 이 이름이 애칭(viz., sweetheart)이거나 별명이었을 가능성도 배제할 수 없다(Breneman, cf. Baldwin). 실제로 '와스디'는 고대 페르시아어로 '아름다운 여인'이라는 말과도 소리가 비슷하다(Moore, Paton). 그렇다면 와스디는 본명이 아니라 이 여인의 특성을 묘사하는 하나의 문학적 이름(literary device)일 수 있다. 사무엘서에 등장하는 아비가일의 남편 이름이 '나발'(lit., 바보)인 것처럼 말이다.

잔치 마지막 날(10절; cf. 5절)인 7일째 되던 날, 어느 정도 술에 취한 아하수에로가 내시 일곱 명에게 명하여 왕비 와스디를 모셔오도록 했다. 아하수에로가 술에 취해 이런 명령을 내렸다는 것은 만일 그가 술에 취하지 않아 이성적으로 생각하고 판단하는 상황이었다면, 이런 명령을 내리지 않았을 것임을 암시한다(Paton). 저자는 왕의 명령을 어리석은 것으로 평가하고 있다. 아하수에로가 내시를 일곱 명이나 보내는

256

것도 사치와 호화로움을 강조하기 위해서다(Fox). 내시를 보낸 것은 그들이라면 왕비를 안전하게 데려올 수 있을 것이라고 생각했기 때문이다. 저자가 이 내시들의 이름을 언급하는 것인지, 아니면 직책을 언급하는 것인지 확실하지 않지만(Cassel), 그들의 이름/타이틀을 나열하는 것은(10절) 실제 인물이라며 이야기에 역사성을 더하기 위해서다. 저자는 숫자 ‘7’을 반복적으로 사용하여 파티의 마지막 날인 ‘일곱째 날’, ‘일곱 명’의 호의를 받고 등장하는 와스디의 모습이 왕의 눈에는 이 잔치의 절정이라는 사실을 암시한다(Phillips). 그러므로 왕비가 왕의 청을 거부하자 아하수에로가 격분했던 것으로 생각된다.

왕이 와스디를 데려오라 한 것은 그녀의 아름다움을 모든 사람에게 자랑하기 위해서였다(11절). 와스디는 아하수에로의 권력과 영광의 트로피였다(Paton, Jobes). 이 트로피를 여러 사람에게 과시하여 그들의 충성을 유도해 내려는 의도도 숨겨져 있는 듯하다(Radday). 에스더도 매우 아름다운 여인이었다(2:9–18). 그러나 두 여인은 분명한 차이를 지녔다. 에스더가 와스디보다 훨씬 더 지혜로웠다.

아하수에로 왕의 계획에 차질이 생겼다. 와스디가 왕의 명령을 거부한 것이다!(12절) 그녀는 왜 왕의 명령을 거부했을까? 옛적부터 추측이 난무했으며 한 주석은 이러한 추측을 7가지로 정리한다(Luter & Davis). 요세푸스는 페르시아 법이 남에게 아내를 보여주는 것을 금했기 때문이라고 하는데, 근거 없는 주장이다(Crawford). 유태인 주석가와 탈굼(Targum)은 왕이 그녀에게 발가벗고 오라고 했기 때문이라고 한다(Zlotowitz). 이렇게 해석한 근거는 본문에 술에 취한 왕이 그녀에게 옷은 언급하지 않고 ‘왕후의 관’만을 쓰고 오라고 기록되어 있다는 것이다. 그러나 이 해석도 억지일 뿐 자연스럽지가 않다. 왕이 예복을 잘 갖추어 입고 왕후의 관까지 착용하고 오라는 의도에서 이같이 명령했기 때문이다(Moore, Vos). 왕비가 왜 아하수에로의 명령을 거부했는지 언급하지 않으니 정확한 이유를 알 수는 없다. 아마도 이야기 진행에 별로 중요하지 않기에 밝히지 않는 듯하다.

왕은 화가 머리끝까지 치밀었다(12절). 에티오피아에서 인도에 이르는 거대한 페르시아 제국의 최고 권세가가 거부를 당했으니 오죽했겠는가! 자신이 세상의 모든 일을 정하고 조정할 수 있다고 생각했다. 그런데 한 여인에 의해 거부를 당했다. 어떻게 생각하면 와스디는 참으로 용감한 여인이었다. 그러나 용감하다는 것 자체보다는 '어떤 일'에 용감한 것인가가 더 중요하다. 그럴 만한 일에 용감한 것은 지혜이지만, 그럴 만한 가치가 없는 일에 용감한 것은 무모함과 어리석음에 불과하다. 이 일을 통해 세상의 일을 정하고 조정하는 것은 아하수에로를 포함한 세상의 권세자가 아니라, 보이지 않는 곳에서 세상의 흐름을 관찰하는 하나님이심을 깨닫게 하고 있다(McConville).

I. 유태인이 위협받음(1:1–5:14)
  A. 아하수에로 왕의 위험한 잔치(1:1–22)

3. 강하고 위험한 왕의 응징(1:13–22)

¹³ 왕이 사례를 아는 현자들에게 묻되(왕이 규례와 법률을 아는 자에게 묻는 전례가 있는데 ¹⁴ 그 때에 왕에게 가까이 하여 왕의 기색을 살피며 나라 첫 자리에 앉은 자는 바사와 메대의 일곱 지방관 곧 가르스나와 세달과 아드마다와 다시스와 메레스와 마르스나와 므무간이라) ¹⁵ 왕후 와스디가 내시가 전하는 아하수에로 왕의 명령을 따르지 아니하니 규례대로 하면 어떻게 처치할까 ¹⁶ 므무간이 왕과 지방관 앞에서 대답하여 이르되 왕후 와스디가 왕에게만 잘못했을 뿐 아니라 아하수에로 왕의 각 지방의 관리들과 뭇 백성에게도 잘못하였나이다 ¹⁷ 아하수에로 왕이 명령하여 왕후 와스디를 청하여도 오지 아니하였다 하는 왕후의 행위의 소문이 모든 여인들에게 전파되면 그들도 그들의 남편을 멸시할 것인즉 ¹⁸ 오늘이라도 바사와 메대의 귀부인들이 왕후의 행위를 듣고 왕의 모든 지방관들에게 그렇게 말하리니 멸시와 분노가 많이 일어나리이다 ¹⁹ 왕이 만일

좋게 여기실진대 와스디가 다시는 왕 앞에 오지 못하게 하는 조서를 내리되 바사와 메대의 법률에 기록하여 변개함이 없게 하고 그 왕후의 자리를 그보다 나은 사람에게 주소서 ^{20} 왕의 조서가 이 광대한 전국에 반포되면 귀천을 막론하고 모든 여인들이 그들의 남편을 존경하리이다 하니라 ^{21} 왕과 지방관들이 그 말을 옳게 여긴지라 왕이 므무간의 말대로 행하여 ^{22} 각 지방 각 백성의 문자와 언어로 모든 지방에 조서를 내려 이르기를 남편이 자기의 집을 주관하게 하고 자기 민족의 언어로 말하게 하라 하였더라

아하수에로가 절대 권력을 가지고 무엇이든 원하는 대로 할 수 있었지만, 전례에 따라 '규례와 법률'(דֵּת וָדִין) 전문가들(חֲכָמִים)에게 이 일에 대하여 자문을 구했다(13절). '규례와 법률'에 조예가 깊은 사람이었다는 것은 왕에게 매우 큰 영향력을 지녔던 사람이라는 사실을 암시한다(Phillips). 또한 이 전문가는 '때를 아는 사람들'(יֹדְעֵי הָעִתִּים)(cf. NAS)이라고 하는데, 일부 주석가는 이 말을 그들이 별자리를 보고 점을 치는 점성가들(astrologers)이었다는 뜻으로 해석한다(Ibn Ezra, Baldwin, Levenson, Jobes). 그러나 본문에는 이렇게 해석할 만한 근거가 없으며 점성술이 이 일에 이렇다 할 만한 역할을 하지도 않는다(Paton, Bush). 그러므로 페르시아 법에 관한 전문성만큼이나 세상을 바라보는 눈도 남달랐다는 뜻으로 해석하는 것이 바람직하다(Fox, Moore, Cassel, Crawford). 한 가지 아이러니한 것은 세상의 흐름에 대해 일가견을 지녔던 사람이 정작 모르드개가 알게 될 음모에 대해서는 전혀 의식하지 못했다는 사실이다(Phillips).

앞에서도 숫자 '7'을 강조했는데(잔치 7일째, 내시 7명), 이번에도 7명의 법률 전문가를 불렀다(14절). 에스라 7:14도 페르시아 왕에게 7명의 자문관이 있었다고 한다. 가장 현명한 방법은 이 일에 대해 왕이 직접 왕비와 대화하는 것인데, 왕은 긁어 부스럼을 만드는 어리석은 명령을 내린 것이다(Crawford, cf. Keil). 저자는 법률 전문가 7명의 이름을 모두

나열한다. 이 이름들 순서를 뒤집어서 읽으면 10절에 기록된 내시 이름들과 비슷하다(Clines). 내시 7명이 와스디 왕비를 모셔오라는 명령을 받았는데, 이제는 왕의 고문 7명이 그녀의 운명을 결정짓는다. 재미있는 사실은 '법률 전문가들'이 끝에 가서는 법에 준한 결정을 내리지 않고, "왕과 자신들이 보기에 좋은 대로"(וַיִּיטַב בְּעֵינֵי הַמֶּלֶךְ וְהַשָּׂרִים) 결정한다는 사실이다(Baldwin). 에스더서는 이러한 아이러니로 가득하다.

사실 법률 전문가의 이름은 별로 중요하지 않으며 밝히지 않아도 별 문제가 없지만, 그럼에도 불구하고 의도적으로 이름을 밝히는 것은 에스더서가 묘사하고 있는 페르시아 왕의 절대 권력과 왕궁의 사치와 화려함에 대한 비아냥의 표현이다(Gordis, Bush). 이번에도 이 일곱 사람의 이름이 나열되는 것은 이야기에 역사성과 신빙성을 더하기 위해서다.

고문은 왕이 요청하면 풍습과 전례에 따라 어떻게 처리하는 것이 좋은지를 조언했던 사람이다. 즉 나라의 최고 전략가가 고문들 그룹에 포진하고 있었던 것이다. 저자는 그들을 "나라 첫 자리에 앉은 자들"(14절)이라고 부른다. 물론 마음에 들지 않으면 왕은 '자문 위원'도 얼마든지 처형할 수 있다. 실제로 다리우스 2세는 화가 난다며 자신의 법률 자문가를 죽였고, 이집트에서는 캠비스가 그를 비난한 관료를 처형한 기록이 있다(Herodotus).

왕의 고문 중 우두머리는 므무간이었다. 그래서 7명의 고문관을 대표해서 왕에게 권위 있는 말을 한다. "왕후 와스디가 왕에게만 잘못했을 뿐 아니라 아하수에로 왕의 각 지방의 관리들과 뭇 백성에게도 잘못하였나이다"(16절). 므무간은 와스디의 행동을 그대로 묵인하면 페르시아 제국의 모든 여인이 남편을 어떻게 대하는가에 매우 부정적 영향을 미쳐 나라의 근간을 흔들어놓을 것이니 단호히 대처해야 한다는 말을 더했다(17-20절). 일부 주석가는 므무간이 온 페르시아 제국의 여자가 남편을 상대로 성관계를 거부할까 두려워하는 것으로 해석한다(Berlin). 가능한 해석이지만, 고문관들은 페르시아 제국을 구성하는 각 가정에서 가장의 지위를 확고히 해주어야 한다는 취지에서 이렇게 조언하고 있는 것이다.

문제 요약과 해결책으로 구성된 므무간의 스피치는 대단히 훌륭하다(Luter & Davis). 그는 왕과 왕비 두 사람 사이에 있었던 일을 온 제국이 당면한 위기로 부상시킨다(Jobes, Fox). 왕이 왕비에게 당한 일을 마치 온 제국의 남자들이 모두 당한 문제처럼 확대하여 왕의 수치심을 단번에 없애주고 있는 것이다(Bechtel). 그러나 므무간의 제안은 왕이 당한 수모에 대하여 전혀 모르는 사람까지 알게 하는 어이없는 결과를 초래한다. 조용히 넘어가면 잊힐 일을 긁어 부스럼을 만든 것이다. 훗날 하만이 동일한 수법을 사용하여 왕을 자극한다(3:8).

왕은 고문관들에게 법률적 자문을 구했는데, 므무간은 법을 근거로 말하지 않는다. 이런 일은 제국의 역사상 처음 있는 일이었기에 이런 정황에 관한 법이 없었음을 암시한다(Phillips). 왕비가 왕을 거역한 일은 전례를 찾아볼 수 없는 충격적인 일이었던 것이다. 므무간은 이 일이 온 나라에 미칠 영향에 대해 우려하기보다는 왕의 눈치를 살피고는 그가 하고자 하는 일에 정당성을 부여해주고 있다(Breneman). 이런 상황에서는 자신들처럼 제국에서 왕 다음으로 가장 높은 자들이 가장 많은 것을 잃을 수 있기 때문이다(Laniak).

므무간은 와스디를 귀양 보낼 것을 제안한다. 페르시아 안에 거하게는 하되, 왕비의 자격을 박탈하여 다시는 왕 앞에 나타날 수 없도록 하라는 것이다(19절). 그는 왕의 칙령은 번복할 수 없다고 하는데, 페르시아의 왕이 내린 조서가 번복될 수 없다는 사실을 확인해 주는 곳으로는 본문과 다니엘 6장(8, 12, 15절)이 유일하다. 성경을 벗어나면 이 같은 사실을 확인하기가 어렵다. 이 같은 법률을 바탕으로 제국을 운영하는 것은 매우 어려운 일이다(Fox). 그러나 이 사실은 본문뿐만 아니라, 앞으로 에스더서가 전개되는 과정에서 중요한 단서로 사용된다(Levenson).

므무간은 와스디 왕비를 폐위하고 그 자리에 그녀보다 더 나은 여자를 세우라고 한다. 이렇게 하면 온 나라의 여인이 남편을 무시하는 일이 없을 것이라고 했다(20절). 그 위대한 페르시아 제국의 일인자가 아내에게 무시당했다는 것이 아이러니하다. 또한 고문들이 제안하는 대책은 온 천하에 아하수에로가 지나친 보복을 일삼는 어리석은 왕이라는 사실을 드러내기에 충분하다(Baldwin). 그러므로 왕과 신하들이 이처럼 어리석은 결정을 하는 것은 지금 공황 상태에 빠져 있음을 시사한다(Phillips). 저자는 조그만 일에도 이렇게 당황하여 어리석은 결정을 하는 인간 왕의 한계를 영원하신 이스라엘의 왕 여호와와 대조하고 있는 것이다.

와스디는 아름다웠고, 위엄 있는 여인이었다. 그러므로 그녀보다 '더 나은' 여자를 찾는 것은 결코 쉽지 않을 것이다. 그러나 왕은 므무간의 '더 나은'을 '순종을 더 잘하는'으로 듣고 있다(Breneman, Jobes). 이야기가 전개되면서 독자는 에스더가 '순종을 더 잘하는' 여인이 아니라 모든 면에서 와스디보다 '더 나은' 여인임을 확인하게 된다. 자신의 모습을 전혀 보이지 않으시는 여호와께서 에스더를 여러 가지 면에서 어리석은 왕 아하수에로의 대안으로 사용하실 것이다.

왕은 므무간의 조언에 따라 제국에서 사용되는 모든 언어로 칙령을 내려 각 가정에서 남자의 위치를 확고히 했다(22절). 그의 칙령은 와스디 왕비에 대해 전혀 언급하지 않는다. 다만 각 집안에서 남편이 위치를 확고히 하여 집안을 다스릴 것을 요구할 뿐이다. 이 같은 내용의 칙령을 온 세상에 선포한 왕이 정작 자기 집안을 잘 다스리지 못한다는 것이 아이러니하다(Zlotowitz). 왕이 개인적으로 당한 일을 근거로 온 제국에 칙령을 내리는 것도 우스운 일이지만, 이러한 칙령의 효력을 기대하는 것도 어리석은 일이다(Fox). 한마디로 왕과 고문들은 스스로 세상의 우스갯거리가 되고 있는 것이다.

1장을 마무리하고 있는 22절 하반절 "자기 민족의 언어로 말하게 하라"(וּמְדַבֵּר כִּלְשׁוֹן עַמּוֹ)의 의미가 정확하지 않다. 전통적으로 유태인은 이 말을 모든 사람은 자기 집안에서는 각자의 방언으로 말해야 한다는 의미로 해석했다. 그러나 페르시아 왕이 왜 이런 칙령을 내렸을까? 그래서 일부 주석가와 번역본은 이 문장을 재구성하거나 구절 안에서 문장의 위치를 바꾸기도 한다(Clines). NIV는 이 문구를 조서와 연결하여 "조서가 각 지방의 언어와 방언대로 꾸며진 것"으로 해석했다(공동). 전자 보다 훨씬 더 설득력 있는 해석이다.

1장은 페르시아 왕궁에서 있었던 일을 매우 유머러스하게 묘사한다 (Fox, Berlin). 모든 페르시아 제국에서 유태인을 모두 몰살시킬 수 있는 음모에 대하여 회고하고 있는 책이 유머로 시작한다는 것이 의아할 수도 있다. 그러나 이 사건이 책으로 기록되었을 때에는 이미 그 음모가 실패했기에 이렇게 웃을 수 있는 것이다(Berlin). 이 같은 사실은 에스더서가 이 일이 있은 지 한두 세대 후에 기록되었음을 암시한다(Jobes). 이 때쯤이면 유태인은 부림절을 지킬 때마다 웃음으로 에스더서를 접했을 것이다. 위기는 위기였지만, 이미 하나님이 해결해 주신 위기였기 때문이다(Zlotowitz). 지난날을 회상하는 것은 이런 힘이 있다. 아무리 암울한 시대였다고 할지라도 되돌아보면 웃을 수 있는 것이다. 하나님의 인도하심과 보호하심을 발견할 수 있기 때문이다.

1장은 와스디를 대체할 새로운 왕비의 필요성을 알리고 있다. 물론 에스더가 이 왕비가 될 것이다. 또한 하나님은 그 어디에도 모습을 보이시지 않지만, 이미 아내에게 거부당하고 부하들에 의해 어리석은 자로 묘사된 페르시아 왕 아하수에로보다 훨씬 더 능력이 있으심을 암시하셨다.

I. 유태인이 위협받음(1:1-5:14)

B. 에스더가 왕비가 됨(2:1-18)

와스디가 폐위되었으니 그녀를 대신할 왕비를 찾아야 한다. 그러나 새 왕비를 찾는 일은 당장 진행되지 않았다. 유태인 소녀 에스더가 왕비로 선택된 일은 아하수에로 왕 즉위 7년째 되던 해에 있었던 일이기 때문이다(2:16-17). 와스디가 왕을 거역한 것이 아하수에로 즉위 3년째 되던 해(483 BC)였던 점을 감안하면(1:3), 4년이 지난 뒤인 주전 479년이 되어서야 왕비를 선발한 것이다. 이 기간에 아하수에로는 그리스 본토 정복에 실패하고 돌아왔다(Luter & Davis). 이 일로 페르시아의 국고는 치명적인 손해를 보았고, 왕은 백성의 조롱거리가 되었다(Jobes). 이런 상황에서 에스더가 왕비가 된 것이다.

기록에 의하면 그리스 원정에 실패한 아하수에로 왕은 술과 방탕한 생활로 세월을 보냈다. 심지어 자기 부하의 아내와 놀아나는 등의 행실로 분노와 저항을 야기하다가 결국 주전 465년에 암살을 당했다(Herodotus). 에스더서에서 2장 이야기는 전환점이다. 1장의 화려하고 사치스럽지만 평화로운 왕궁의 이야기에서 잠시 후 3장에서 시작될 살기등등한 이야기의 중간 단계이기 때문이다. 에스더가 왕비가 되는 본 텍스트의 이야기는 다음과 같이 구분할 수 있다.

A. 새로운 왕비 선발 제안(2:1-4)
B. 에스더 소개(2:5-7)
C. 에스더가 궁녀가 됨(2:8-11)
D. 에스더의 준비 기간(2:12-14)
E. 에스더가 왕비가 됨(2:15-18)

1. 새로운 왕비 선발 제안(2:1-4)

¹ 그 후에 아하수에로 왕의 노가 그치매 와스디와 그가 행한 일과 그에 대하여 내린 조서를 생각하거늘 ² 왕의 측근 신하들이 아뢰되 왕은 왕을 위하여 아리따운 처녀들을 구하게 하시되 ³ 전국 각 지방에 관리를 명령하여 아리따운 처녀를 다 도성 수산으로 모아 후궁으로 들여 궁녀를 주관하는 내시 헤개의 손에 맡겨 그 몸을 정결하게 하는 물품을 주게 하시고 ⁴ 왕의 눈에 아름다운 처녀를 와스디 대신 왕후로 삼으소서 하니 왕이 그 말을 좋게 여겨 그대로 행하니라

저자는 "그 후에"(אַחַר הַדְּבָרִים)(1절)라는 말로 이 이야기가 와스디를 폐위시키기로 결정한 후에 있었던 일이라고 말할 뿐 어느 정도의 세월이 흘렀는지는 밝히지 않는다. 그러므로 1장에 기록된 일이 있은 지 얼마가 지난 후에 새 왕비 뽑기가 본격적으로 진행되었는지 알 수는 없다. 다만 에스더가 왕비로 간택되었을 때에는 1장에 기록된 사건이 있은 지 4년이 지난 후에 있었던 일이다(16절). 상당한 시간이 흐른 것이다. 이 기간에 아하수에로는 그리스 정복에 나섰다가 실패하고 돌아왔다.

아하수에로가 와스디와 그녀가 한 일과 그 일에 대해 자신이 내린 조서를 생각했다(1절). 아마도 홧김에 그녀를 매몰차게 내친 것을 후회하는 듯하다(Breneman). 그러나 이미 1장이 언급한 것처럼 왕의 칙령은 되돌릴 수 없다(1:19). 와스디에 대한 왕의 미련을 아는지 모르는지 신하들은 와스디를 대신할 새로운 왕비를 선발할 때가 되었다며 왕을 압박했다. 아하수에로 왕이 지난 4년 동안 왕비를 세우지 않았으므로 폐위가 된 와스디가 복귀를 꿈꿀 수도 있는 상황이었다(Luter & Davis). 만일 그렇게 된다면 폐위를 조언한 관료들이 위기를 맞을 수밖에 없다. 그래서 왕의 신하들은 아하수에로가 더는 지체하지 않고 왕비를 세우기를 바라고 있다. "와스디 대신 왕후로 삼으소서"(תִּמְלֹךְ תַּחַת וַשְׁתִּי)(4절)를 문자적으로 번역하면 "와스디 대신 [왕처럼] 다스리게 하소서"가 된다(NAB). 물론 이 같은 표현이 새로 선출된 왕비에게는 국모로서 갖게 되는 기본적인 치리 권한이 있음을 암시하는 것으로 해석할 수 있지만, 책의 흐름을 고려하면 다른 의미도 있는 듯하다. 와스디는 아하수에로의 청을 거부하여 그를 다스리려다 버림받았다. 앞으로 새 왕비가 될 에스더는 아하수에로를 '다스릴' 것이다. 그러므로 유머와 아이러니를 자주 사용하는 저자가 이 같은 사실을 암시하기 위해 이곳에서 이러한 표현을 사용하고 있는 듯하다(Crawford).

왕의 신하들이 제안하는 왕비 선발 과정은 마치 오늘날의 미녀 선발 대회(beauty pageant) 같은 느낌을 준다(Luter & Davis). 그러나 오늘날 대회처럼 참가자가 행복을 보장받거나 기꺼이 참가하는 대회는 아니었다. 일단 왕비 후보로 선발이 되면 고향으로 돌아갈 수 없을 뿐만 아니라, 왕비가 되지 못하면 평생 왕궁에서 궁녀로 살아야 하기 때문이다. 그러므로 이 선발 과정에 참여하는 사람은 '모 아니면 도'라는 각오로 임할 수밖에 없었다.

선발된 후보는 궁녀를 주관하는 내시 헤개에게 맡겨 관리를 받게 하고, 그 후 왕이 하나씩 잠자리를 같이 해보고 그중 제일 좋은 여자 하나를 정하는 것이 왕비를 뽑는 절차였다. 왕과 대신에게 여자는 물건으로밖에 가치가 없다(Breneman). 그러나 당시에는 여자만 물건으로 취급된 것이 아니다. 헤로도투스는 매년 500명의 소년들이 강제로 끌려와 거세를 당한 뒤 내시가 되어 페르시아 왕을 섬겼다고 한다. 그러므로 오히려 남자보다는 여자의 형편이 더 나았다고 할 수도 있다(Jobes). 어찌되었건 이러한 행위는 권력이 남용되고 있는 최악의 상황을 보여준다. 당시 피부 관리라고 해봤자 주로 향과 기름을 바르는 것이 전부였다(Keil). 페르시아의 왕은 첩으로 360명을 두었던 것으로 알려졌다(Briant).

본문이 언급하고 있는 왕비 선발 방법은 페르시아의 전통적인 방법이 아니다. 페르시아 왕은 대부분 자기 아내를 귀족 집안에서 취했다(Herodotus). 더 나아가 귀족 중에서도 왕의 최측근이라고 할 수 있는 일곱 고문(귀족) 집안에서 선발되었다(1:14). 그래서 므무간이 와스디를 폐위하자고 한 것이 자기 집안에서 다음 왕비가 나오기를 기대했기 때문이라는 추측도 있다(Jobes). 반면에 헬라 철학자 플르타르크(Plutarch)는 페르시아 왕이 때로는 모든 법을 무시하고 감정과 느낌에 따라 일반인과도 결혼했다고 한다. 절대 권력을 누리던 당시 왕은 자신이 원하는 대로 무엇이든 할 수 있었던 것이다.

2. 에스더 소개(2:5-7)

⁵ 도성 수산에 한 유다인이 있으니 이름은 모르드개라 그는 베냐민 자손이니 기스의 증손이요 시므이의 손자요 야일의 아들이라 ⁶ 전에 바벨론 왕 느부갓네살이 예루살렘에서 유다 왕 여고냐와 백성을 사로잡아 갈 때에 모르드개도 함께 사로잡혔더라 ⁷ 그의 삼촌의 딸 하닷사 곧 에스더는 부모가 없었으나 용모가 곱고 아리따운 처녀라 그의 부모가 죽은 후에 모르드개가 자기 딸 같이 양육하더라

왕비 선발 대회 이야기를 잠시 멈추고 다른 이야기를 시작한다. 앞으로 책의 중심인물이 될 모르드개와 에스더를 소개하기 위해서다. 먼저 모르드개라는 사람이 소개된다(5절). 그는 베냐민 지파 사람이었으며 기스의 증손이었다. 그의 계보가 자세하게 기록된 것으로 보아 상당히 유력한 집안의 사람이었음이 확실하다. 히브리어 본문은 모르드개가 여고냐(여호야긴)와 함께 바빌론으로 끌려왔는지, 아니면 할아

버지 기스가 끌려온 것을 말하는지에 대해 정확하게 표현하지 않는다 (NAS, NIV). 만일 모르드개가 여호야긴과 함께 끌려왔다고 한다면, 이 때 모르드개의 나이는 120세가 넘는다!(Fox) 본문의 이러한 해석은 역사적 정황에 대하여 착각을 일으켜 실수한 것이라고 하는 학자도 있다 (Crawford). 그러나 몇몇 번역본처럼 6절이 모르드개의 할아버지 기스가 끌려온 것을 말하는 것으로 간주하는 것이 바람직하다(현대인의 성경, NRS, TNK, Keil, Breneman, Jobes, Luter & Davis). 개역개정은 모르드개가 끌려온 것으로 해석해 놓았지만(6절), 히브리어 텍스트에는 6절에 그의 이름이 없다. 아마도 모르드개는 주전 520년경에 야일의 아들로 태어났을 것이다.

'모르드개'(מָרְדֳּכַי)라는 이름은 상당히 흔한 이름이었으며, 여러 문헌에 이 이름이 기록으로 남아 있다(Phillips). 바빌론 이름 '마르두카야'(Mardukaya)와 비슷하다. 다리우스 1세의 마지막 해에, 혹은 아하수에로 왕 즉위 초기에 마루두카라는 회계사가 수산에서 왕의 지시를 받고 곳곳을 돌아다니며 감사를 벌였다는 기록이 남아 있는데(Yamauchi), 이 모르드개가 그 사람이었을 가능성을 완전히 배제할 수 없다 (Breneman, Jobes).

모르드개에게는 하닷사라는 사촌이 있었다(7절). 하닷사(הֲדַסָּה)는 도금양(myrtle)이라는 관목의 이름이다(HALOT). 포로기 이후 시대에 유태인은 장막절 절기 때 평화와 감사의 상징으로 도금양을 사용했다 (Baldwin). 그녀의 다른 이름은 '에스더'(אֶסְתֵּר)였는데, 이 이름은 '샛별'이라는 의미를 지녔으며, 바빌론의 이쉬타르(Ishtar)라는 여신의 이름에서 유래한 것일 수도 있고(Breneman), 고대 이란어로 '별'을 뜻하는 '스타라'(stara)에서 유래했을 수도 있다(Bush). 에스더의 아름다움과 앞으로 그녀가 자기 백성을 구하기 위하여 하는 일 등을 생각하면 에스더는 참 잘 어울리는 이름이다. 에스더가 히브리어 이름 하닷사의 페르시아어 이름이라는 해석도 있다(Yahuda, cf. Moore). 포로기 이후 시대 유태인이 히브리어 이름과 자신이 사용하고 있는 언어로 된 이름 등 두 개의 이름을 지니고 산 것은 매우 흔한 일이었다. 다니엘과 세 친구도 히브리 이름과 바빌론 이름을 지녔다(단 1:7).

에스더는 매우 곱고 아리따운 처녀였다(7절). 왕비 선발대회에 참여할 수 있는 여건을 다분히 충족시키는 미모를 지니고 있었다. 그녀의 미모에 대해서는 자세하게 언급하지 않는다. 랍비들은 에스더가 세계 4대 미인 중 하나였다고 한다. 랍비들에 의하면 나머지 미인은 사라, 라합, 아비가일이었다(Megillah 15a). 세상에는 가나안 지역 여자 외에는 미인이 없었나 보다! 어떤 이유로 그녀의 부모가 죽었는지 알 수 없지만, 에스더는 고아였다. 모르드개가 딸처럼 대한[입양한] 것으로 보아 비록 두 사람이 사촌 사이였지만, 어느 정도의 나이 차이가 있었던 것으로 생각된다. 칠십인역(LXX)은 모르드개가 에스더를 '아내로'(εἰς γυναῖκα) 삼았다고 번역하는데, 히브리어는 '딸처럼'(לְבַת)이라는 명확한 언어를 사용하고 있다(7절). 그러므로 칠십인역의 번역은 어이없는 실수다. 만일 에스더가 모르드개의 아내였다면, 어떻게 결혼한 그녀가 감히 페르시아 왕의 아내를 선발하는 대회에 참여할 수 있었겠는가?

> I. 유태인이 위협받음(1:1–5:14)
>   B. 에스더가 왕비가 됨(2:1–18)

3. 에스더가 궁녀가 됨(2:8–11)

[8] 왕의 조서와 명령이 반포되매 처녀들이 도성 수산에 많이 모여 헤개의 수하에 나아갈 때에 에스더도 왕궁으로 이끌려 가서 궁녀를 주관하는 헤개의 수하에 속하니 [9] 헤개가 이 처녀를 좋게 보고 은혜를 베풀어 몸을 정결하게 할 물품과 일용품을 곧 주며 또 왕궁에서 으레 주는 일곱 궁녀를 주고 에스더와 그 궁녀들을 후궁 아름다운 처소로 옮기더라 [10] 에스더가 자기의 민족과 종족을 말하지 아니하니 이는 모르드개가 명령하여 말하지 말라 하였음

이라 ¹¹ 모르드개가 날마다 후궁 뜰 앞으로 왕래하며 에스더의 안부와 어떻게 될지를 알고자 하였더라

왕비 후보로 몇 명의 처녀가 뽑혔을까? 요세푸스는 400명이라고 한다. 왕비 선발이 4년 동안 지속되었다는 가정(假定)하에, 왕이 매일 밤 새로운 여자와 잠자리를 같이 했다면 숫자는 1,460명에 달한다(Paton). 에스더도 이끌려갔다(תִּלָּקַח)고 하는데(8절), 자원해서 간 것일까, 아니면 강제로 끌려간 것일까? 한 탈굼(Targum)은 그녀가 강제로 끌려갔다고 한다. 이렇게 해석한다면 구약의 가치관과 세계관으로 훈련을 받은 에스더에게 이 같은 현실은 분노와 수치를 느끼게 했을 것이다(Kline). 그러나 에스더가 궁으로 간 것에 대하여 어떠한 부정적인 말을 더하지 않는다. 탈굼이 지나치게 해석한 것이다. 중요한 포인트는 본문이 그녀가 보이지 않는 힘에 사로잡혀 휩쓸려 가는 느낌을 준다는 사실이다(Sabua). 이 힘은 다름 아닌 하나님의 섭리다(Weinreib).

다행히 에스더는 내시 헤개의 총애를 받게 되었다. 에스더가 헤개의 은혜를 '찾은 것'(מצא)이 아니라 '얻어낸 것'(נשׁא)이라고 한다(9절). 그녀는 열심히 노력하여 헤개의 마음을 얻은 것/이긴 것이다(Crawford). 에스더는 아하수에로 왕 앞에 나가기도 전에 이미 큰 성공을 거두고 있다(Clines). 헤개는 에스더에게 은혜를 베풀어 모든 필요한 것과 일곱 궁녀들을 붙여주었다(9절). 이 궁녀들은 헤개가 왕비로 뽑힐 처녀를 위해 준비해둔 것이다(Phillips). 아하수에로 왕의 여자에 대한 취향을 가장 잘 알고 있는 헤개는 에스더가 왕비가 될 것을 확신하고 있다(Bush). 또한 에스더의 거처도 가장 좋은 곳으로 옮겨 주었다. 에스더의 눈부신 아름다움이 내시의 마음도 움직인 것이다(Breneman). 본문은 헤개가 에스더에게 은혜를 베풀었다고 하는데, '은혜'로 번역된 히브리어 단어(חֶסֶד)가 매우 강한 종교적인 뉘앙스를 지녔다는 점을 고려할 때, 이 단어를 통해 이 일이 하나님이 하신 일임을 암시하는 듯하다. 옛적에 다니엘과 세 친구도 아리옥이라는 환관장에게 은혜를 입은 적이 있는데, 그때도 하나님이 그들이 환관장의 '은혜'(חֶסֶד)를 입도록 여건을 만들어 가신 적이 있다(단 1:9). 하나님의 모습이 보이지 않는다고 해서 자기 백성에게 은혜를 베풀지 않는다고 생각하는 것은 오산이다.

에스더는 자신이 유태인이라는 사실을 밝힐 수 없는 상황이다. 모르드개가 밝히지 못하도록 했기 때문이다(10절). 랍비들은 에스더(אֶסְתֵּר)라는 이름에서 모음을 모두 제거하고 자음만 나열하면(אסתר) "내가 숨을 것이다"(I will hide)로 번역될 수 있는 문구가 된다면서, 그녀의 이름과 그녀가 자신이 유태인임을 숨긴 것을 연관지었다(Weinreib). 에스더는 자신의 이름 때문에 신분을 숨겼다는 것이다. 별 의미 없는 주장이다.

일부 주석가는 왜 에스더가 다니엘과 세 친구처럼 우상에 바친 음식을 먹기를 거부하지 않았는가에 대하여 의아해 한다. 에스더도 그들처럼 이스라엘의 하나님만을 의지하는 종교적인 모범을 보였어야 한다는 것이다. 그러나 에스더는 모르드개의 지시에 따라 자신이 유태인이라는 것을 철저히 숨기고 있다. 이런 상황에서 만일 에스더가 다니엘의 친구들처럼 음식을 거부한다면, 모든 것이 들통날 것이기에 에스더가 자기 신분을 숨기기 위해 왕궁이 주는 음식을 가리지 않고 먹어야 한다.

모르드개는 왜 에스더에게 자기의 민족과 종족을 밝히지 말라고 했을까? 당시 페르시아 왕은 왕비를 귀족 집안에서 구했기에, 에스더의 뿌리가 밝혀지면 불이익을 당해 결코 왕비가 될 수 없을 것이라는 우려에서 그렇게 명령한 것일까? 책의 다른 부분에서 드러나는 모르드개는 야심적인 사람이 아니다. 그러므로 굳이 사촌 여동생을 왕비로 만들어야 한다는 생각은 없었을 것이다(Breneman). 아마도 에스더의 뿌리가 밝혀지면, 그녀가 위험해질까 두려워해서일 수 있다(Fox). 만일 모르드개가 이런 이유에서 에스더가 민족과 종족을 밝히는 것을 금했다면, 앞으로 하만이 큰 규모로 전개할 반유대주의(anti-Semitism)적인 분위기가 이미 수산에 잠재해 있음을 직감할 수 있다(Jobes, Phillips). 유태인은 살얼음을 걷는 듯한 시대를 살고 있다. 하나님의 보호가 더욱 절박한 때인 것이다.

아하수에로가 에스더의 민족적 뿌리에 대하여 알지 못한 것이 훗날 그녀와 유태인을 몰살 위기로 몰아간다(3:10-11). 어떻게 생각하면 모르드개가 민족적 위기를 자처한 것이다. 일부 학자는 모르드개가 왕궁에서 일하는 내시였을 가능성을 제시한다(Wright). 그는 자유자재로 궁녀의 숙소를 출입하는데, 이러한 특권은 내시에게만 주어졌기 때문이다. 또한 그는 아내나 가족을 거느린 것 같지 않다(7절). 성문에 앉아 있는 것도 이미 페르시아 정치에 관여하고 있음을 암시한다(Hazony). 그러나 이렇게 유능한 모르드개도 하나님의 계획을 바꿀 수는 없었다(McConville).

모르드개는 매일 에스더가 머무는 궁을 찾아와 그녀를 살폈다(11절). 만일 모르드개가 수산에서 유태인으로 알려져 있던 사람이라면, 그가 매일 에스더를 찾아와 살피는 것은 숨기고자 한 에스더의 민족적 뿌리를 노출시킬 수도 있다(Breneman). 그러나 모르드개는 에스더를 직접 만나거나 찾지 않고도 충분히 에스더를 보살필 수 있었다(Phillips). 실제로 하만도 모르드개가 노골적으로 불순종할 때까지 그의 존재에 대하여 알지 못했을 뿐만 아니라(3:4-5), 모르드개가 하만에게 절할 수 없는 이유를 유태인이라고 한 것으로 보아(4절) 그때까지 사람들은 모르드개가 유태인인 줄 몰랐던 것 같다.

I. 유태인이 위협받음(1:1-5:14)
  B. 에스더가 왕비가 됨(2:1-18)

4. 에스더의 준비기간(2:12-14)

¹² 처녀마다 차례대로 아하수에로 왕에게 나아가기 전에 여자에 대하여 정한

규례대로 열두 달 동안을 행하되 여섯 달은 몰약 기름을 쓰고 여섯 달은 향품과 여자에게 쓰는 다른 물품을 써서 몸을 정결하게 하는 기한을 마치며 [13] 처녀가 왕에게 나아갈 때에는 그가 구하는 것을 다 주어 후궁에서 왕궁으로 가지고 가게 하고 [14] 저녁이면 갔다가 아침에는 둘째 후궁으로 돌아와서 비빈을 주관하는 내시 사아스가스의 수하에 속하고 왕이 그를 기뻐하여 그의 이름을 부르지 아니하면 다시 왕에게 나아가지 못하더라

본 텍스트는 왕이 왕비를 고르는 실제 과정이 어떻게 진행되었는가를 회고한다. 왕비 후보가 된 처녀들은 모두 1년 동안 몸을 가꾸었다. 처음 6개월은 오일 마사지를 받았고, 나머지 6개월은 향으로 테라피(therapy)를 받았다. 고대 근동에서는 종교적 목적이 아니라, 미용 목적으로 사용된 향 버너(spice burner)가 발굴된 적도 있다(Albright). 향을 화장품으로 사용하는 것은 일상화되었던 일이다. 왕은 이 처녀들과 하룻밤을 즐기기 위해 돈을 아끼지 않았다. 페르시아 궁의 사치와 호화로움을 다시 한번 비난하고 있다(Bush).

처녀들은 1년 동안 몸을 가꾼 다음, 순서에 따라 매일 왕의 침실로 갔다. 이때 왕궁에서는 처녀들이 원하는 모든 것을 준비해 주었다. 자신을 왕 앞에서 더 매력적으로 보이게 하는 장신구나 왕의 성적 욕망을 돋우기 위해 정력제 등을 가져갔을 것이다(Jobes). 모든 여자에게 주어진 기회는 딱 한 번이었기 때문이다. 와스디를 대신할 왕비를 선발하는 기준은 두 가지다. (1) 와스디에 버금가는 아름다움, (2) 아하수에로 왕의 성적 욕구를 충족시킬 수 있는 능력(Phillips).

왕의 침실에서 밤을 보내고 난 다음날 모두 사아스가스라는 내시가 운영하는 둘째 후궁으로 갔다. '후궁'(בֵּית הַנָּשִׁים)은 문자적으로 '여인들의 집'이라는 의미를 지녔다. 여자가 왕과 잠자리를 같이하기 전에 머무는 곳이 첫 번째 '후궁'(בֵּית הַנָּשִׁים)이었다면, 잠자리를 하고 나온 여자들이 가는 곳이 둘째 '후궁'(בֵּית הַנָּשִׁים)이었던 것이다. 왕이 다시 부르지

않아 둘째 후궁에 머무는 여자들을 '비빈'(פִּילַגְשִׁים)이라고 부른다(14절). 그러므로 14절 문법이 애매하지만, 전달하려는 의미는 정확하다. 만일 왕이 다시 부르지 않으면 평생 생과부(virtual widow)가 되어 궁녀로 살아야 하는 것이다(Phillips). 참으로 비참한 삶이다. 만일 여자가 왕과 보낸 하룻밤으로 인해 임신하여 아들을 낳으면, 그 아이는 왕인 아버지를 보필하며 높은 지위까지 올라갔지만, 왕권을 계승할 자격은 갖지 못했다. 그리스 전쟁에서 패하고 돌아온 아하수에로는 이런 짓을 하며 시간을 보냈다. 역시 폭력적인 권력의 최악의 모습을 보여주고 있다. 훗날 아하수에로는 암살을 당하는데, 이때에 후궁들이 깊이 연루되었던 것으로 알려져 있다(Crawford).

> I. 유태인이 위협받음(1:1-5:14)
>   B. 에스더가 왕비가 됨(2:1-18)

5. 에스더가 왕비가 됨(2:15-18)

¹⁵ 모르드개의 삼촌 아비하일의 딸 곧 모르드개가 자기의 딸 같이 양육하는 에스더가 차례대로 왕에게 나아갈 때에 궁녀를 주관하는 내시 헤개가 정한 것 외에는 다른 것을 구하지 아니하였으나 모든 보는 자에게 사랑을 받더라 ¹⁶ 아하수에로 왕의 제칠년 시월 곧 데벳월에 에스더가 왕궁에 인도되어 들어가서 왕 앞에 나가니 ¹⁷ 왕이 모든 여자보다 에스더를 더 사랑하므로 그가 모든 처녀보다 왕 앞에 더 은총을 얻은지라 왕이 그의 머리에 관을 씌우고 와스디를 대신하여 왕후로 삼은 후에 ¹⁸ 왕이 크게 잔치를 베푸니 이는 에스더를 위한 잔치라 모든 지방관과 신하들을 위하여 잔치를 베풀고 또 각 지방의 세금을 면제하고 왕의 이름으로 큰 상을 주니라

드디어 에스더의 때가 이르렀다. 에스더는 아무것도 욕심내지 않고 오직 헤개의 조언에 따라 움직였다(15절). 헤개는 왕의 취향을 가장 잘

아는 사람이었고, 에스더에게 은혜를 베푸는 사람이었기에 그의 뜻에 따르는 것은 지혜로운 일이다(Levenson). 에스더가 왕의 침실을 찾아간 것은 아하수에로 즉위 7년(479 BC), 시월(오늘날 달력으로 12-1월)에 있었던 일이다(16절). 이때는 춥고 비가 많이 내리는 때다.

에스더가 왕의 침실에 들어가는 순간 그녀를 미천한 유태인 아비하일의 딸이자, 모르드개가 딸처럼 양육한 처녀로 묘사한다(15절). 그런 그녀가 왕의 침실을 떠날 때에는 온 제국이 선망하는 왕비가 되었다! 참으로 대단한 반전이다. 마치 요셉이 이집트 왕 바로에게 나아갈 때는 감옥에 갇힌 죄수였지만, 바로를 떠날 때는 이집트의 국무총리가 되어 있었던 것처럼 말이다(창 41장).

왕은 에스더에게 한눈에 반했고, 드디어 왕비를 찾기 위한 4년의 긴 여정이 끝났다(17절). 그가 한순간에 에스더를 왕비로 결정한 것을 보면 에스더의 아름다움에 완전히 매혹된 것을 알 수 있다. 물론 일이 이렇게 된 것에는 보이지 않는 곳에서 인류의 역사를 주관하시는 하나님의 섭리가 있었다.

왕은 에스더에게 관을 씌우고 그녀를 위하여 큰 잔치를 베풀었다. 잔치에는 지방관과 신하들을 초청했고, 휴일을 선포했다(18절). 개역개정과 일부 번역본(새번역, 현대인성경, TNK, ESV)은 세금을 감면해 주었다고 하는데, 이 단어(הֲנָחָה)의 문자적 의미는 '쉼을 주는 것'이다(HALOT). 그래서 대부분 번역본이 휴일을 선포한 것으로 해석한다(공동, 쉬운성경, NAS, NIV, NRS). 왕은 또한 많은 "선물도 나누어 주었다"(וַיִּתֵּן מַשְׂאֵת). 이 말씀은 "징병에서 제외해 주었다"라는 의미로 해석될 수도 있지만(Bush, cf. LXX), 잔치와 연관하여 많은 음식 등을 선물로 준 것으로 해석하는 것이 바람직하다(공동, 쉬운성경, 현대인성경, TNK, NIV, NRS).

C. 모르드개가 역모를 알게 됨(2:19-23)

¹⁹ 처녀들을 다시 모을 때에는 모르드개가 대궐 문에 앉았더라 ²⁰ 에스더는 모르드개가 명령한 대로 그 종족과 민족을 말하지 아니하니 그가 모르드개 의 명령을 양육 받을 때와 같이 따름이더라 ²¹ 모르드개가 대궐 문에 앉았을 때에 문을 지키던 왕의 내시 빅단과 데레스 두 사람이 원한을 품고 아하수 에로 왕을 암살하려는 음모를 꾸미는 것을 ²² 모르드개가 알고 왕후 에스더 에게 알리니 에스더가 모르드개의 이름으로 왕에게 아뢴지라 ²³ 조사하여 실 증을 얻었으므로 두 사람을 나무에 달고 그 일을 왕 앞에서 궁중 일기에 기 록하니라

"처녀들을 다시 모을 때"(19절)라는 말이 상당한 논란을 일으켰다 (Paton). 의미도 확실하지 않은데다 문법도 매우 애매하기 때문이다. 이 미 왕비가 선정이 되었는데 왜 처녀들을 다시 모은단 말인가? 칠십인 역은 이 문구를 아예 삭제하여 문제를 해결한다. 일부 주석가는 이 이 야기를 에스더가 왕비가 되기 전 왕비 후보로 궁에 머물 때 있었던 일 에 대한 회상(flashback)이라고도 한다. 그러나 문법과 내용을 감안할 때, 자연스러운 해석은 아니다(22절). 이 일은 에스더가 왕비가 된 다음에 있었던 일이 확실하다(Keil).

그렇다면 왜 처녀들을 다시 모았을까? 또 하나의 왕비를 뽑기 위한 것일까? 아니다. 왕비는 에스더 한 사람으로 족하다. 여기에 모인 처 녀들은 '왕비 선발전'에 참석했지만 탈락한 사람이거나(Gordis, Fox), 왕 이 자기 왕궁이 항상 처녀로 가득하다는 것을 확인하고자 정기적으로 벌인 검사 때문에 모인 여자들일 수도 있다(Phillips). 그러나 아마도 에 스더가 왕비로 취임하는 날 그녀가 입장한 후, 그 뒤를 이어 이 여자들이 그룹을 형성하며 입장하기 위해 모인 것이 아닐까 한다(Breneman). 이때에도 에스더는 자신이 속한 종족을 밝히지 않았다. 모르드개가 명령했기 때문이다. 이러한 정보가 다시 주어지는 것은 이 사실이 하만과 모르드개의 일에 매우 중요하게 작용하기 때문이다.

모르드개가 대궐 문에 앉아서 모든 일을 지켜보다가 두 내시가 주고받는 말을 듣게 되었다(21절). 수산에서 발굴된 대궐 문 중 아하수에로의 아버지 다리우스가 건축한 것이 있는데, 규모가 가로 40m, 높이 28m에 달하며 여러 개의 방으로 구성되어 있다(Yamauchi). 대궐 문은 그 자체만으로도 매우 큰 건물이었다. 고대 근동에서는 법적 소송이나 관료의 공식 업무가 흔히 성문/궁궐 주변에서 이루어졌다(창 19:1). 그러므로 모르드개가 대궐 문 곁에 앉아 있었다는 것은 공직에 있었던 사람임을 암시한다(Breneman). 에스더가 감사의 표시로 왕에게 부탁하여 모르드개를 페르시아 정치에 입문시켰을 수도 있고(Gordis), 에스더가 왕비가 되기 전부터 이미 관료가 되어 있었을 수도 있다.

모르드개는 빅단과 데레스라는 내시들이 왕에게 원한을 품고 암살하려는 음모를 꾸미는 것을 엿듣게 되었다. '빅단'(בִּגְתָן)은 1:10에 언급된 일곱 내시 중 '빅다'(בִּגְתָא)와 이름이 비슷하다. 같은 사람일 수도 있다(Phillips). 두 사람의 이름을 굳이 밝힐 필요는 없지만, 밝히는 것은 이야기에 진정성과 역사성을 더하기 위해서다. 칠십인역은 모르드개가 내시들의 음모에 대하여 알게 된 정황에 다음 내용을 덧붙였다. 첨부된 내용에 의하면 하만은 이때부터 모르드개를 죽이려 했다고 한다. 물론 역사적으로 신뢰할 만한 첨부는 아니다.

12:1 모르드개는 왕궁을 지키는 어전 내시 박단과 테레스 두 사람과 함께 궁에서 살고 있었다. 그때 그 두 내시가 음모를 꾸미고 있었는데 모르드개는 이것을 눈치챘다. 마침내 그들이 아하스에로스 왕을 암살하려 하고 있다는 것을 알아낸 그는 그 사실을 왕에게 알렸다. 왕은 그 두 내

시를 심문하여 자백을 받고는 그들을 사형에 처했다. 그리고 나서 왕은 이 사건을 그의 연대기에 기록하였고 모르드개도 자기대로 그것을 기록하여 두었다. 그 후 왕은 모르드개에게 궁 안의 벼슬을 내리고 많은 선물을 주어 그를 치하하였다. 그러나 아각 사람 함다다의 아들 하만은 왕의 총애를 받던 사람인데 그 두 어전 내시의 사건에 대한 보복으로 모르드개를 해칠 생각을 품었다.

모르드개는 즉시 에스더에게 역모에 대하여 알렸고, 에스더는 왕에게 아뢰었다(22절). 탈굼은 모르드개의 지혜가 이 음모에 대하여 알게 한 것이 아니라, 하나님의 계획에 따라 알게 되었다고 한다. 곧바로 조사가 진행되었고, 역모가 사실로 드러나 두 사람은 처형되었다(23절). 모르드개의 공은 궁중 일기에 기록되었다. 이 사실 역시 훗날 유태인의 운명을 바꾸는데 매우 중요한 역할을 한다(6:1-14). 아하수에로 왕이 이번에는 모르드개와 에스더의 도움으로 암살 음모를 피할 수 있었지만, 약 14년 후인 주전 465년에 경호대장에게 암살을 당한다(Phillips). 모르드개는 어떠한 대가도 바라지 않고 옳은 일을 했다. 훗날 하만은 옳은 일을 하지 않으면서도 대가를 바란다(6:6-9). 이런 면에서 두 사람은 분명한 차이를 보이며, 하나님 백성인 우리는 모르드개처럼 살아야 한다. 아무런 대가를 바라지 않으며 선을 행하는 사람이야말로 세상의 빛과 소금이 아니겠는가!

Ⅰ. 유태인이 위협받음(1:1-5:14)

D. 하만의 유태인에 대한 음모(3:1-15)

이때까지 평화스럽기만 했던 이야기가 한 악인의 등장으로 위협받기 시작한다. 왕이 다른 귀족보다 더 귀하게 여기는 하만이라는 사람이 왕의 권세를 등에 업고 유태인을 학살하려는 계획을 추진한 것이다. 한 민족(이스라엘 민족)을 몰살하려고 하는 것은 어이없게도 한 사람(모르드개)에 대한 개인적인 감정 때문이다. 하만이 모르드개가 자신에게 엎드려 절하지 않은 것에 앙심을 품었다. 그래서 모르드개가 속한 민족을 모두 죽이기로 했다. 하만은 참으로 나쁜 사람이며 폭력적인 권력이 어디까지 남용될 수 있는가를 보여주는 사람이다.

지금부터 에스더서에서 전개되는 이야기는 다니엘서와 비슷한 면모가 있다. 모르드개가 하만에게 절하지 않은 것은 다니엘의 세 친구가 느부갓네살이 세운 금상에 절하지 않은 것과 비슷하다(단 3장). 유태인이 이방인의 미움을 받는 것도 두 이야기의 공통점이다(단 6장). 하만과 모르드개의 갈등 구도가 시작되는 본 텍스트는 다음과 같이 구분할 수 있다.[5]

A. 하만이 높임을 받음(3:1-2)
B. 하만의 분노(3:3-6)
C. 하만의 계획(3:7-11)
D. 하만의 조서가 선포됨(3:12-15)

---

5 본문의 구조를 '권력'을 중심으로 분석하면 다음과 같이 구분하기도 한다(Luter & Davis).
  A. 권력의 자리에 앉음(3:1)
    B. 권력에 불순종(3:2-4)
      C. 권력을 남용할 계획을 세움(3:5-7)
      C'. 권력을 남용할 계획을 제시함(3:8-11)
    B'. 권력에 순종(3:12-14)
  A'. 권력의 자리에 앉음(3:15)

1. 하만이 높임을 받음(3:1-2)

¹ 그 후에 아하수에로 왕이 아각 사람 함므다다의 아들 하만의 지위를 높이 올려 함께 있는 모든 대신 위에 두니 ²대궐 문에 있는 왕의 모든 신하들이 다 왕의 명령대로 하만에게 꿇어 절하되 모르드개는 꿇지도 아니하고 절하지도 아니하니

에스더가 왕비가 된 지 5년이 지나 아하수에로 즉위 12년째 되는 해가 되었다(2:16; 3:7). 그동안 하만이라는 사람이 페르시아 정치 무대에서 매우 중요한 인물로 부상했다. 본문은 어떠한 이유와 과정을 통해 하만이 아하수에로 왕의 총애를 받게 되었는가에 대하여 말하지 않는다. 다만 왕이 하만을 모든 대신의 지위 위에 두었다고 할 뿐이다. 당시 페르시아에서는 대신들의 지위가 자리의 높이로 표현되었다(Cassel). 하만이 앉는 자리가 왕 다음으로 높았던 것이다. 하만은 어느덧 페르시아 제국의 2인자 자리에 오른 것이다(Breneman). 참으로 아이러니한 것은 왕의 생명을 보존한 공을 세운 모르드개는 어떠한 상도 받지 못했는데, 어떠한 공도 세운 기록이 없는 하만은 제국의 2인자 자리를 상으로 받았다.

그런데 하만에게 문제가 하나 있다. 그는 아각 사람(הָאֲגָגִי) 함므다다의 아들이다. 아각은 사무엘이 사울에게 진멸하라고 했던 아말렉 족 왕의 이름/타이틀이었다(삼상 15장). 하만이 아각 사람이라는 사실을 알려주어 이스라엘과 아말렉 족의 영원한 갈등을 상기시킨다(출 17:8-16; 민 24:20). 그러므로 모르드개와 하만의 갈등은 두 족속 사이에 천년 동안 지속되어 온 원수 관계의 연속선상에서 보아야 한다(Luter & Davis). 이집트를 탈출한 이스라엘 민족을 돈에 팔려 저주하러 왔던 발람은

이스라엘 왕이 아각보다 더 위대해질 것이라고 예언한 적이 있다(민 24:7). 이 이야기에서 모르드개는 이스라엘 왕을, 아각 사람 하만은 반 유대주의를 상징하는 인물이다. 이번에도 발람의 예언이 적중할까? 독자는 이제부터 조마조마한 마음으로 책을 읽기 시작해야 한다.

아하수에로는 하만을 자기 다음으로 가장 존귀한 자로 세우고는 모든 사람이 그에게 절하도록 했다(2절). 그러나 모르드개는 무릎을 꿇지도, 절하지도 않았다. 왜 그랬을까? 저자가 이유를 말하지 않으니 알 길이 없다(Keil, Baldwin, Paton, Fox). 탈굼은 하만이 가슴에 우상을 매달고 있어서 모르드개가 절하기를 거부했다고 한다(Berlin). 하만에게 절하는 것이 곧 신적 존재로 인정하는 행위이기 때문이라는 해석도 있다(Keil, Phillips). 칠십인역은 하만이 신(들)에게 절하듯 자기에게 경배의 표시로 절하라고 했기 때문이라고 한다("οὐ προσεκύνει αὐτῷ"). 실제로 성경에서 "꿇어 절하다"(כרעים ומשתחוים)는 항상 하나님께 예배드리는 모습을 묘사하지(대하 7:3; 29:29; 시 22:29; 95:6), 한 번도 사람이 사람에게 절하는 것을 묘사하지는 않는다. 성경에서 이러한 용법은 이곳이 유일하다. 게다가 4절은 그가 무릎을 꿇지 않은 이유를 '유태인이기 때문'이라고 한다(Paton). 그러므로 모르드개는 종교적 이유로 그에게 절하기를 꺼렸던 것이다(Breneman). 다음 섹션 주해를 참고하라.

I. 유태인이 위협받음(1:1-5:14)
  D. 하만의 유태인에 대한 음모(3:1-15)

2. 하만의 분노(3:3-6)

³ 대궐 문에 있는 왕의 신하들이 모르드개에게 이르되 너는 어찌하여 왕의 명령을 거역하느냐 하고 ⁴ 날마다 권하되 모르드개가 듣지 아니하고 자기는 유다인임을 알렸더니 그들이 모르드개의 일이 어찌 되나 보고자 하여 하만에게 전하였더라 ⁵ 하만이 모르드개가 무릎을 꿇지도 아니하고 절하지도 아

니함을 보고 매우 노하더니 [6] 그들이 모르드개의 민족을 하만에게 알리므로 하만이 모르드개만 죽이는 것이 부족하다고 생각하고 아하수에로의 온 나라에 있는 유다인 곧 모르드개의 민족을 다 멸하고자 하더라

하만에게 절하는 일은 그가 왕궁을 출입할 때마다 있었던 일이다(4절). 그러므로 모르드개가 하만에게 절하지 않은 것은 한 번은 그럴 수 있다고 넘어갈 수 있지만, 매일 그냥 지나칠 수 있는 문제는 아니었다. 그래서 신하들이 왕의 명령을 거역한다며 모르드개를 다그치고 매일 하만에게 절할 것을 권유했다(3-4절). 모르드개의 불복종을 묵인하는 것은 하만뿐만 아니라 다른 신하들에게도 자존심 상하는 일이었다. 모르드개보다 훨씬 높은 벼슬을 가진 자들도 하만에게 절하는데, 유독 모르드개만 절하지 않고 있기 때문이다. 또한 하만에게 절하지 않는 것은 왕의 명령을 어기는 것이기에 일종의 시민 불복종(civil disobedience)이지만(Phillips), 당시 상황을 고려할 때 생명을 잃을 수도 있었다.

모르드개는 자신이 유태인이기에 절할 수 없다고 했다(4절). 앞에서 언급한 것처럼 하만에게 절하지 않은 것은 무엇보다도 종교적 이유에서였음이 더 확실해진다(Laniak, Paton, Moore). 하만에게 절하는 것은 곧 신적 존재로 인정하는 행위가 되었던 것이다(LXX). 모르드개는 오직 하나님만이 존귀해져야 한다는 신념을 가진 사람이다. 그런 그에게 하만을 우상화시키는 일은 결코 용납될 수 없다.

모르드개 편에 서서 신앙을 이해하고 품으려는 신하들은 없다. 마치 다니엘이 예루살렘을 향해 하루 세 번씩 기도한 것을 왕에게 고자질했던 사람들처럼(단 6장), 모르드개의 일을 하만에게 일러바쳤다. 이때까지 하만은 모르드개의 반항을 잘 알지 못했던 것 같다. 아마도 콧대를 높이 세우고 궁을 드나들던 하만에게 사람들이 절을 하면 자세히 살피지 않고 본체만체 지나갔기 때문일 것이다. 그러므로 신하들이 하만에게 알린 것은 모르드개를 해하려는 나쁜 의도에서 비롯되었다(Phillips).

신하들은 하만의 몸에 긁어 부스럼을 만들어준 것이다.

사실을 확인한 하만은 매우 화를 냈다(5절). 에스더서에서 '화'(חֵמָה)라는 단어가 두 번째로 사용되는데, 첫 번째는 아하수에로 왕이 와스디가 명령을 거부했을 때다. 아하수에로 왕이 화를 냈을 때 와스디가 폐위되었다(1:12). 그러므로 여기서 이 단어가 사용되는 것은 앞으로 모르드개에게 큰 일이 닥칠 것을 암시한다(Crawford). 하만은 모르드개를 죽이는 것으로 만족할 수 없다며, 그가 속한 민족 전체를 죽이기로 결정했다(6절). 오래전에 사울은 아말렉 족을 진멸하라는 하나님의 명령을 받았지만 거역했다(삼상 15장). 이제 이스라엘이, 사울이 살려둔 아말렉 자손들로 인해 진멸될 위기에 처했다. 만일 사울이 이 같은 사실을 알 수 있었다면, 아마도 그는 하나님께 불순종하지 않고 아말렉 족을 모두 진멸시켰을 것이다.

우리는 때로 하나님이 내리시는 명령을 이해할 수 없다. 이때는 우리의 논리와 이성으로 결정하지 말고, 하나님을 믿고 따라야 한다. 하나님은 우리보다 훨씬 더 지혜로운 분이며 모든 것이 합하여 선을 이루게 하시는 분이기 때문이다. 이스라엘의 초대 왕이 저지른 불순종이 큰 화근이 되어 페르시아 제국에 살고 있는 주의 백성을 찾아왔다. 이처럼 죄는 때로는 눈덩이 효과(snow balling effect)를 발휘하며, 죄인뿐만 아니라 직접 연관이 없는 사람도 깔아 뭉갠다.

요세푸스는 하만이 이 같은 결정을 한 것은 "그가 자기가 속한 아말렉 족이 유태인들에 의하여 멸망한 것으로 인해 유태인들을 항상 증오하고 미워했기 때문"이라고 풀이한다(Ant. 11.212). 그의 분노와 과거의 감정이 이성을 잃게 한 것이다. 요세푸스의 해석에 동의하든, 동의하지 않든 간에 드디어 책의 핵심 플롯(plot)이 시작되고 있다. 한 개인의 사소한 감정으로 유태인이 몰살당할 위기에 처하게 되었다. 2장에 잠재되어 있던 반유대주의가 수면으로 올라오기 시작한 것이다(Jobes).

권력을 악용하여 온 민족을 죽이려 드는 것은 분명한 죄악이다. 그러므로 세상 모든 민족을 자신의 모양과 형상에 따라 창조하신 선하신 하나님이 가만히 지켜보지 않으실 것이다. 더욱 하만은 평범한 민족이 아닌 창조주 여호와께서 특별히 택하고 사랑하는 백성을 해하려 들고 있다. 주의 백성이 어디에 거하든지 그들을 보호하시는 하나님이 절대 하만의 계획이 실현되는 것을 용납하지 않으실 것이다. 설령 주의 백성이 약속의 땅에서 멀리 떨어진 수산과 페르시아 제국에 널려 산다 할지라도 하나님의 손이 짧아 구원하지 못하실 일은 없다. 이렇게 해서 하만과 모르드개의 싸움이 아니라, 하나님과 하만의 싸움이 시작되었다(Weinreib). 하나님은 이때 에스더를 사용하시려고 이미 5년 전에 아하수에로 왕의 왕비로 세워 두셨다. 보이지 않는 곳에서 세상을 주관하는 하나님의 치밀한 계획이 진행 중이다. 그러므로 독자는 하만의 폭력성에 대하여 분노를 느끼지만, 머지않아 하나님이 하만을 망하게 하실 것을 소망하며 이야기를 읽어내려갈 수 있다.

I. 유태인이 위협받음(1:1–5:14)
  D. 하만의 유태인에 대한 음모(3:1–15)

3. 하만의 계획(3:7–11)

[7] 아하수에로 왕 제십이년 첫째 달 곧 니산월에 무리가 하만 앞에서 날과 달에 대하여 부르 곧 제비를 뽑아 열두째 달 곧 아달월을 얻은지라 [8] 하만이 아하수에로 왕에게 아뢰되 한 민족이 왕의 나라 각 지방 백성 중에 흩어져 거하는데 그 법률이 만민의 것과 달라서 왕의 법률을 지키지 아니하오니 용납하는 것이 왕에게 무익하니이다 [9] 왕이 옳게 여기시거든 조서를 내려 그들을 진멸하소서 내가 은 일만 달란트를 왕의 일을 맡은 자의 손에 맡겨 왕의 금고에 드리리이다 하니 [10] 왕이 반지를 손에서 빼어 유다인의 대적 곧 아각 사람 함므다다의 아들 하만에게 주며 [11] 이르되 그 은을 네게 주고 그 백성도 그리하노니 너의 소견에 좋을 대로 행하라 하더라

하만이 유태인을 말살하려는 계획을 실천으로 옮기기 시작했다. 때는 아하수에로 왕 즉위 12년째 되던 해다(7절). 에스더가 왕비가 된 지 5년이 지난 시점이다. 오늘날 달력으로 주전 474년에 있었던 일이다. 16년 후면 에스라가 2차 귀향민을 이끌고 예루살렘으로 돌아올 것이다. 하만은 474년 1월(니산월)에 무리가 모여 유태인을 학살할 날과 달을 정했다. 니산월은 출애굽과 유월절이 있었던 달이다(신 16:1–8). 이 달의 이름을 구체적으로 언급하여 또 한 번 유월절에 버금가는 구원을 기대하게 한다(Strassfeld).

고대 근동 사람은 한 해에 있을 중요한 행사와 일의 날짜를 1월에 점을 통해 결정했다(Hallo). 그래서 하만과 점술가도 살인하기 좋은 날을 잡으려고 1월에 모였다(Keil). 그들은 '부르'(פור)를 가지고 점을 쳤다(7절). 부르(פור)는 아카디아어 '푸루'(pūru)에서 빌려온 단어로 히브리어로 '제비 뽑기'(הנורל)(HALOT) 혹은 일반적으로 '운명'이라는 의미를 지녔다(Moore). 이스라엘 제사장이 사용했던 우림과 둠밈에 버금가는 페르시아의 부르(פור)는 주로 조그만 돌이나 깨진 돌을 사용했다(Herodotus). 이 단어에서 에스더서와 유태인에게 중요한 절기로 자리매김하게 될 '부림절'(פורים)의 이름이 시작되었다. 하만과 점술가는 이스라엘 운명을 결정짓는 점을 쳤는데, 하나님은 그 점궤의 결과로 오히려 그들의 운명을 결정지으신 것이다. 반전의 하나님이 은폐되고 은밀한 곳에서 사역하고 계시는 것이다.

점을 통해 12월(아달월)이 유태인을 학살하기에 제일 좋은 때라고 결론지었다(7절). 칠십인역은 13일이라는 구체적인 날짜를 더한다. 12월 13일이 이스라엘에게 운명의 날이 된 것이다(13절). 만일 하나님이 개입하지 않으면, 주의 백성은 앞으로 12개월 내에 페르시아 제국 전체에서 멸망을 당하게 된다. 그렇다면 예루살렘으로 귀향하여 그곳에 뿌리를 내리고 살고 있는 주의 백성도 안전하지 못하다. 당시 유다와 예루살렘도 페르시아 제국의 일부였기 때문이다.

하만이 왕을 찾아가 어느 민족이라고 구체적으로 밝히지 않은 채 왕의 법을 지키지 않는 민족이 있으니 진멸하라고 권했다(8절). 이런 민족은 두어봤자 골치만 아프니 멸종시켜 온 제국에 본때를 보이자는 의도에서였다. 하만의 스피치는 매우 교활하게 꾸며져 있다. 그는 진리("한 민족이 왕의 나라 각 지방에 흩어져 거하는데")로 시작하여 반(半)진리("그 법률이 만민의 것과 달라서")를 말하고, 완전 거짓("왕의 법률을 지키지 아니하오니")로 마무리한다(Moore). 사실은 유태인이 페르시아 제국이나 아하수에로 왕에게 어떤 위협을 가한 적이 없다. 하만이 유태인이 일으키고 있는 문제에 대해 제시할 수 있는 유일한 증거는 모르드개가 그에게 절을 안 했다는 것 외에는 아무것도 없다. 개인적인 분노 때문에 온 민족을 죽이겠다고 나선 하만이 참 어이없고 나쁜 사람으로 생각되는 부분이다. 선하신 하나님이 이처럼 악하고 반인륜적인 행위를 가만히 지켜보고만 계시지 않을 것이다.

일부 주석가는 하만이 언어유희로 왕을 속이고 있다고 생각한다(Phillips). 히브리어로 '진멸을 위한'(לְאַבְּדָם)(lᵉʾabᵉdām)과 '노예들로'(לַעֲבָדִים)(laᵃbādîm)는 소리가 거의 비슷하다. 하만은 왕에게 이 민족을 '진멸하자'는 의도로 말했지만, 왕이 '노예로 팔자'로 듣도록 했다는 것이다. 그래서 하만은 왕에게 이 민족을 '용납하지 말라'(אֵין־שׁוֶה לְהַנִּיחָם)라는 말을 하면서(8절), '쉬다/안식하다'(נוח)라는 동사를 사용한다. 하만은 왕이 이 민족을 노예로 부려 쉼을 주지 말라는 뜻으로 듣도록 했다. 그래서 에스더가 훗날 "나와 내 겨레가 팔려서, 망하게 되었습니다. 살육당하게 되었습니다. 다 죽게 되었습니다. 우리가 남종이나 여종으로 팔려가기만 하여도, 내가 이런 말씀을 드리지 않을 것입니다"(7:4, 새번역)라며 왕에게 상소했다. 에스더의 상소를 들은 아하수에로 왕은 전혀 모른 일을 알게 된 것처럼 반응한다. 그도 하만의 이 같은 농간에 놀아났기 때문이다. 이 언어유희는 왕이 이해한 것하고 하만이 의도한 것이 서로 다르다는 점을 지적하고 있다. 그래서 이 사실을 알고 난 왕이 하

만이 내린 칙령에 대하여 분노하는 것이다(7장). 물론 두 사람의 대화
는 페르시아어로 진행된 것을 히브리어로 번역을 해놓았다. 그럼에도
불구하고 두 문구의 정교한 차이를 사용하여 왕과 하만 사이의 오해를
지적한다.

하만은 심지어 이 일을 위해 은 1만 달란트(340t)를 기부하겠다고 했
다(9절). 이 정도면 페르시아 제국이 1년에 거두어들인 세금의 60%에
해당한다. 다리우스 시대에 1년 동안 거두어들인 세금이 은 1만 4,560
달란트였다는 기록이 있기 때문이다(Herodotus, cf. Moore). 하만은 개인
적으로도 무척 부자였던 것이다. 일부에서는 하만이 은 1만 달란트를
내놓겠다고 하는 것이 불가능하다고 하지만, 당시 고대 근동에서는 개
인이 이보다도 더 많은 재산을 소유하는 경우도 있었다(Paton). 그러므
로 하만의 제안은 현실적이다. 하만이 이처럼 많은 돈을 내면서까지
유태인을 죽이겠다고 하는 것을 보면 참 열정이 대단하고 그만큼 유태
인을 싫어했다. 또한 만일 자기 비용을 들여 유태인을 몰살시키면 그
들이 가진 재산은 모두 하만의 것이 된다(Breneman). 그러므로 충분히
남는 장사다.

우리말 번역본이 '조서를 내리소서'로 번역하고 있는 히브리어 동사
(יִכָּתֵב)(9절, 3인칭 남성단수 jussive)의 정확한 의미는 '내려지게 하소서'(let a
decree be issued)(NIV, NRS, TNK)이다. 하만이 왕에게 이 같은 표현을 사
용하는 것은 유태인을 학살하는 일에 대한 책임이 아하수에로에게 가
지 않도록 하겠다는 취지에서다(Crawford). 아하수에로는 어떠한 책임
을 지지 않으면서 많은 부를 얻게 되었으니 남는 장사라고 생각했을
것이다.

왕은 조서를 작성해서 각 지방에 보낼 때 꼭 필요한 자기 반지(signet
ring)를 하만에게 빼어 주며 마음대로 하라고 했다(10절). 아하수에로는
참으로 무능한 사람이다. 아내에게 거부당하고, 가장 가까운 심복에게
사기를 당하고 있다. 또한 아하수에로는 왕의 자격이 없는 사람이다.

자기가 다스리는 백성 중 한 민족을 멸종하자는데, 그들이 누군지, 그들이 정말 진멸당할(혹은 노예로 팔릴 만한) 일을 했는지에는 전혀 관심이 없다. 조사도 안 해보고 그저 한 부하의 말에 따라 그에게 백지수표를 주었다. 아하수에로는 여자 외에는 그 어떤 것에도 관심을 두지 않은 것일까?

우리말 번역본은 아하수에로가 하만의 돈을 받지 않겠다고 하는 것처럼 번역하고 있는데(11절; 개역개정; 공동; 현대인성경; cf. NIV, LXX), 이 히브리어 문구(לךְ נָתוּן הַכֶּסֶף)는 "돈은 당신 것이요"라는 의미를 지녔다(새번역; 쉬운성경; TNK, NAS, ESV). 아하수에로가 돈을 거부하는 것이 아니라, 하만 마음대로 하라는 말이다. 하만이 왕의 말을 마음대로 해석해서 돈을 들여놓지 않으면 큰일 난다. 거래를 할 때 맨 처음에 겸손하게 한 번 거부하는 것이 당시의 풍습이었기 때문이다. 나중에 하만이 약속한 돈을 왕궁에 들여놓는 것을 보면 이를 알 수 있다(4:7). 더 나아가 아하수에로도 이 민족을 처리하면 하만뿐만 아니라 자기에게도 수입이 생길 것을 예상했다(Phillips). 그는 수년 전에 실패한 그리스 전쟁으로 국고가 탄탄하지 않은 상황에 처해 있다(Moore, Jobes).

3장이 시작되면서 하만은 "아각 사람 함므다다의 아들"로 소개되었다(1절). 이제 유태인을 학살하기 위해 왕의 반지를 얻어 가는 하만에게 "유다인의 대적"(10절)이라는 호칭을 더한다. 하만은 참으로 악한 사람이다. 하만도 나쁘지만, 아하수에로는 더 나쁜 사람이다. 이 사람은 하만처럼 반(反)유대주의자는 아니다. 단지 게으르고 생각이 없는 왕이다. 이 시점에 하나님이 개입하지 않으시면, 페르시아 제국의 1인자와 2인자의 단순 무식하고 폭력적인 권력에 의해 하나님 백성이 진멸당하게 된다. 그러므로 이스라엘뿐만 아니라 온 세상을 다스리시는 하나님이 개입하실 수밖에 없는 상황이다. 즉, 아하수에로와 하만은 본의 아니게 창조주 하나님의 권위에 도전하고 있는 것이다. 세상의 권세와 하나님의 권세가 충돌하면 누가 이길까? 답은 뻔하다.

288

4. 하만의 조서가 선포됨(3:12-15)

[12] 첫째 달 십삼일에 왕의 서기관이 소집되어 하만의 명령을 따라 왕의 대신과 각 지방의 관리와 각 민족의 관원에게 아하수에로 왕의 이름으로 조서를 쓰되 곧 각 지방의 문자와 각 민족의 언어로 쓰고 왕의 반지로 인치니라 [13] 이에 그 조서를 역졸에게 맡겨 왕의 각 지방에 보내니 열두째 달 곧 아달월 십삼일 하루 동안에 모든 유다인을 젊은이 늙은이 어린이 여인들을 막론하고 죽이고 도륙하고 진멸하고 또 그 재산을 탈취하라 하였고 [14] 이 명령을 각 지방에 전하기 위하여 조서의 초본을 모든 민족에게 선포하여 그 날을 위하여 준비하게 하라 하였더라 [15] 역졸이 왕의 명령을 받들어 급히 나가매 그 조서가 도성 수산에도 반포되니 왕은 하만과 함께 앉아 마시되 수산 성은 어지럽더라

왕의 반지를 받은 하만은 곧장 유태인 학살 음모를 행동으로 옮겼다. 첫째 달(니산월) 13일에 관료들을 소집하여 12월(아달월) 13일에 남녀노소 가릴 것 없이 유태인을 모두 학살하라는 조서를 써서 제국 곳곳에 전달했다(12-13절). 조서의 내용을 보면 정한 날에 남녀노소 가릴 것 없이 모든 유태인을 "죽이고(שׁמד) 도륙하고(הרג) 진멸하고(אבד) 그들의 재산을 탈취하는(בזז) 것"이라며(13절), 이 조서의 잔혹성을 강조한다. 숫자 '13'은 바빌론과 페르시아에서 불행을 상징하는 숫자로 여겼다(Crawford). 당시 수산에서 소아시아에 위치한 사르디스(Sardis)까지 우편물이 전달되는데 90일이 걸렸다(Herodotus).

왕의 조서를 받은 제국이 어수선해졌다(15절). 당연한 일이다. 한 민족이 순식간에 멸종하게 되었으니 얼마나 충격적이었겠는가? 게다가 이번에 유태인이 학살당하면, 다음은 누구 차례란 말인가? 사람들은

이 칙령이 의도하는 악에 놀라고, 자신들의 미래에 드리워진 먹구름에 두려워하고 있다. 그러나 이 악한 음모를 꾸민 하만과 아하수에로 왕은 평화롭게 앉아 술을 마신다(15절). 제국의 혼란과 이들이 누리는 평안은 대조적이다(Jobes). 참으로 악한 사람들이다.

이미 언급한 것처럼 1월(니산월)은 유월절이 있는 달이다. 유월절이 되면 유태인은 가족 단위로 모여 옛적 하나님이 조상을 이집트에서 구원하신 일을 회고하며 기념한다. 이날 주의 모든 백성의 찬송과 영광을 받으시는 하나님이 하만의 악한 음모에 대하여 침묵하실까? 그러실 리 없다! 그러므로 저자는 하나님이 개입하셔서 자기 백성을 구원하실 것을 매우 예술적으로 전달하고 있다(Breneman).

또한 하만이 유태인을 죽이기로 작정한 날이 12월 13일인데, 월을 생각하지 않고 일자만 보면 유월절이 14일에 있으니, 13일은 유월절 전야가 된다. 더욱더 심상치 않다. 역사를 주관하시는 하나님이 머지않아 하만을 가만히 두지 않으실 것을 암시하는 듯하다(Phillips). 이스라엘은 유월절에 죽음을 비켜갔는데, 이런 은혜가 다시 임할 것이다.

일부 주석가는 어찌 이런 인종 대학살이 있을 수 있냐며 이야기의 진실성을 부인하기도 한다. 그러나 인류 역사는 이러한 일이 꾸준히 있었음을 지적한다. 보스니아, 르완다 등에서도 최근에 이런 일이 있지 않았는가! 하나님의 모양과 형상대로 창조된 인간의 근본은 악하지 않았는데, 최초 인간의 타락으로(창 3장) 인간은 죄악 속에서 탄생하게 되었다. 창세기 3장 이후 인간은 충분히 이런 짓을 할 수 있다. 그래서 우리는 매일 주님을 찾아야 하며, 죄 문제를 해결해야 한다.

I. 유태인이 위협받음(1:1-5:14)

E. 에스더의 용맹스러운 결단(4:1-5:14)

하만이 페르시아 제국에서 유태인을 색출하여 죽이라며 각 지방에 보낸 조서가 전달된 상황에서 에스더를 통한 하나님의 개입이 본격적으로 시작된다. 하만이 계획하는 것이 매우 악한 일일 뿐만 아니라, 모르드개에 대해 가지고 있는 사소한 감정으로 모르드개가 속한 민족 전체를 멸종하는 것은, 창조의 아름다운 섭리와 세상에 생명 주시기를 원하는 그분의 의지와 결코 부합되지 않는다. 그러므로 하나님은 개입하실 수밖에 없다. 만일 하만의 악한 계획이 성사되면 창조주 하나님은 치명적인 명예 훼손을 당할 수밖에 없기 때문이다.

주님은 에스더를 통해 자기 백성을 구원하시려고 이미 5년 전에 그녀를 페르시아 왕 아하수에로의 왕비로 세우셨다. 그러므로 이 사건은 하나님의 섭리와 예정이 가장 밝게 빛나는 이야기다. 놀라운 것은 하나님이 단 한 번도 모습을 드러내지 않으면서 이 모든 일을 하신다는 점이다.

본 텍스트는 책의 중앙에 있을 뿐만 아니라, 플롯 전개에 있어서도 다음 섹션부터 시작될 본격적인 반전의 계기를 마련해주는 매우 중요한 부분이기도 하다(Breneman). 이 텍스트는 다음과 같이 구분할 수 있다.[6]

---

6 4장을 5장과 함께 취급하지 않고 따로 취급하여 다음과 같은 구조가 제시되기도 한다 (Luter & Davis).
   A. 슬픔과 금식을 안겨준 명령(4:1-3)
     B. 상황 설명과 행동 촉구(4:4-8)
       C. 행동을 꺼려하는 상황 설명(4:9-12)
     B'. 상황 설명과 행동 촉구(4:13-14)
   A'. 슬픔과 금식을 안겨준 명령(4:15-17)

　　A. 하만의 음모와 모르드개(4:1-5)
　　　B. 모르드개의 에스더 개입 요구(4:6-14)
　　　　C. 에스더의 3일 금식(4:15 -17)
　　　　C'. 에스더가 3일 후 왕을 찾아감(5:1-4)
　　　B'. 에스더가 왕과 하만을 초청함(5:5-8)
　　A'. 하만이 교수대를 준비함(5:9-14)

I. 유태인이 위협받음(1:1-5:14)
　E. 에스더의 용맹스러운 결단(4:1-5:14)

1. 하만의 음모와 모르드개(4:1-5)

¹ 모르드개가 이 모든 일을 알고 자기의 옷을 찢고 굵은 베 옷을 입고 재를 뒤집어쓰고 성중에 나가서 대성 통곡하며 ² 대궐 문 앞까지 이르렀으니 굵은 베 옷을 입은 자는 대궐 문에 들어가지 못함이라 ³ 왕의 명령과 조서가 각 지방에 이르매 유다인이 크게 애통하여 금식하며 울며 부르짖고 굵은 베 옷을 입고 재에 누운 자가 무수하더라 ⁴ 에스더의 시녀와 내시가 나아와 전하니 왕후가 매우 근심하여 입을 의복을 모르드개에게 보내어 그 굵은 베 옷을 벗기고자 하나 모르드개가 받지 아니하는지라 ⁵ 에스더가 왕의 어명으로 자기에게 가까이 있는 내시 하닥을 불러 명령하여 모르드개에게 가서 이것이 무슨 일이며 무엇 때문인가 알아보라 하매

모르드개가 하만이 꾸민 조서를 읽고 대성통곡하며 옷을 찢고 베 옷을 입고 재를 뒤집어썼다(1절). 그가 취하는 자세는 극에 달한 슬픔의 표현이며(창 37:34; 삼하 1:11; 사 3:24; 단 9:3), 하나님께 버림받음을 상징하기도 한다(Laniak). 그리스 원정에 나선 아하수에로 왕이 살라미(Salamis)에서 패하고 돌아왔을 때, 페르시아 사람이 슬픔의 표현으로 옷을 찢었다는 기록이 있는 것으로 보아, 이러한 슬픔 표현 풍

습은 이스라엘 외에도 고대 근동 곳곳에서 행해졌음을 알 수 있다 (Herodotus). 슬픔의 상징인 베옷은 거친 염소 혹은 낙타털로 짠 옷이다 (Phillips). 베옷은 대부분 검은 색이었으며 슬픔에 암울한 분위기를 더했다(HALOT). 재(흙)는 죽음의 상징이다. 사람은 죽으면 한줌의 재(흙)가 되기 때문에 재(흙)는 죽음을 상징하게 되었다. 고대 사람은 이처럼 불편한 옷을 입고 스스로 괴롭게 하며 슬픔을 표현했다. 오늘날 사람은 감정 표현을 많이 자제하지만, 근동 사회에서는 슬픈 일을 당한 사람이 자신이 당한 슬픔을 마음껏 표현하는 것이 일상화되어 있었다 (Breneman). 조서의 내용을 접한 모르드개는 다가오는 자신의 죽음과 백성의 죽음을 생각하며 슬퍼하고 있다. 또한 모르드개는 이렇게 슬퍼함으로써 하나님의 도움을 바라고 있다(Crawford).

모르드개는 자신의 행동이 이렇게 엄청난 위기를 초래할 줄은 상상도 못했을 것이다. 사실 하만은 오래전부터 반유대주의를 마음에 두고 있었는데, 모르드개가 그것을 실현할 빌미를 주었을 뿐이다(Jobes). 하만이 아말렉 족이든 아니든 간에 하나님 백성을 미워하여 모두 죽이려 하는 것은 옛적 아말렉 족의 행동과 똑같다(출 17:8–16). 또한 모르드개가 하만에게 절하지 않은 것에 대하여 어떠한 형태로도 후회하지 않는 것으로 보아, 절하기를 거부한 것이 우상숭배 거부와 연관이 있음을 알 수 있다(Breneman). 그러므로 모르드개가 슬퍼하고 애통해 하는 것은 자신이 하만에게 절하지 않아 이런 일이 일어난 것에 대한 후회나 아쉬움이 아니라, 그의 민족이 당하게 된 억울하고 원통한 고통 때문이다. 그럼에도 불구하고 자신이 이 재앙에 빌미를 제공했다는 부담감은 느끼고 있었을 것이다.

그는 왕을 찾아가 억울함을 호소하고 싶었지만, 나라의 법은 베옷을 입은 자가 왕궁에 출입하는 것을 금했다(2절). 그래서 모르드개는 왕궁 안에서 자기 민족에게 어떤 일이 벌어지는지도 모르고 있는 에스더의 관심을 끌기 위하여 왕궁 앞에서 엎드려 통곡했다. 하만의 조서에 대

하여 알게 된 유태인도 곳곳에서 베옷을 입고 재에 뒹굴며 금식했다(3
절). 몇 달 후면 죽는데, 일이 손에 잡히겠는가? 그들이 식음을 전폐하
고 슬퍼하는 것은 당연한 일이다. 제국의 2인자가 1인자의 권력을 이
용하여 그들을 죽이려 하니 누군가가(viz., 하나님) 도와주지 않으면 힘
없는 유태인이 죽음을 피할 수 있는 방법은 없다.

드디어 모르드개는 무슨 영문인지도 모르고 있는 에스더의 관심을
끌었다. 아하수에로의 조서가 이미 수산 곳곳에 붙어 있는데(3:15) 에
스더가 아무것도 모르고 있다는 것은 왕비의 삶이 세상과 완전히 단절
되어 있음을 시사한다(Crawford). 평상시에 에스더는 어떠한 형태로든
모르드개와 연락하고 있었을 것이다. 그러나 이번에는 에스더가 소식
을 듣고 매우 근심했다고 하는 것으로 보아(4절), 에스더는 사촌 모르
드개의 이야기를 듣고 큰 충격에 빠졌을 뿐만 아니라 심지어 창피함까
지 느꼈음이 분명하다(Phillips).

에스더는 모르드개의 베옷을 갈아 입혀 궁에 입성시키려고 사람을
통해 옷을 보냈다. 그러나 모르드개는 베옷을 벗기를 거부했다(4절).
에스더를 만나기 위해서는 꼭 베옷을 벗어야 하는데, 백성이 당한 슬
픔을 생각하면 한순간이라도 애도의 상징인 베옷을 벗을 수 없었기 때
문이다. 에스더가 아직 자신의 민족을 밝히지 않은 상황에서 이 일로
유태인으로 알려진 모르드개가 에스더와 만나면, 에스더도 유태인이
라는 사실이 알려지게 된다는 사실도 우려했을 것이다. 또한 페르시아
제국에 사는 모든 유태인이 베옷을 입고 슬퍼하는 상황에서, 모르드개
가 한순간이라도 베옷을 벗지 않는 것은, 이 일에 있어서 자기 민족과
함께하고 있음을 상징한다(Phillips). 그러므로 그는 베옷을 벗을 수 없
다. 하는 수 없이 에스더는 가장 믿을 수 있는 신복인 내시 하닥을 보
내 자초지종을 알아보도록 했다(5절). 궁에 있던 에스더는 모르드개가
무엇 때문에 이처럼 슬퍼하는가에 대하여 전혀 알지 못하고 있었던 것
이다.

2. 모르드개의 에스더 개입 요구(4:6-14)

[6] 하닥이 대궐 문 앞 성 중 광장에 있는 모르드개에게 이르니 [7] 모르드개가 자기가 당한 모든 일과 하만이 유다인을 멸하려고 왕의 금고에 바치기로 한 은의 정확한 액수를 하닥에게 말하고 [8] 또 유다인을 진멸하라고 수산 궁에서 내린 조서 초본을 하닥에게 주어 에스더에게 보여 알게 하고 또 그에게 부탁하여 왕에게 나아가서 그 앞에서 자기 민족을 위하여 간절히 구하라 하니 [9] 하닥이 돌아와 모르드개의 말을 에스더에게 알리매 [10] 에스더가 하닥에게 이르되 너는 모르드개에게 전하기를 [11] 왕의 신하들과 왕의 각 지방 백성이 다 알거니와 남녀를 막론하고 부름을 받지 아니하고 안뜰에 들어가서 왕에게 나가면 오직 죽이는 법이요 왕이 그 자에게 금 규를 내밀어야 살 것이라 이제 내가 부름을 입어 왕에게 나가지 못한 지가 이미 삼십 일이라 하라 하니라 [12] 그가 에스더의 말을 모르드개에게 전하매 [13] 모르드개가 그를 시켜 에스더에게 회답하되 너는 왕궁에 있으니 모든 유다인 중에 홀로 목숨을 건지리라 생각하지 말라 [14] 이 때에 네가 만일 잠잠하여 말이 없으면 유다인은 다른 데로 말미암아 놓임과 구원을 얻으려니와 너와 네 아버지 집은 멸망하리라 네가 왕후의 자리를 얻은 것이 이 때를 위함이 아닌지 누가 알겠느냐 하니

에스더의 심복 하닥이 베옷을 입고 슬퍼하는 모르드개를 찾아왔다 (6절). 모르드개는 하만이 유태인을 모두 학살하기 위하여 왕의 금고에 돈(은 1만 세겔)을 들여놓은 일에 대해 하닥에게 상세하게 알려 주고(7절) 그 증거로 하만이 작성한 조서 초본을 에스더에게 가져다 주라고 했다 (8절). 여기서 모르드개가 어떤 경로를 통해 하만과 아하수에로의 거래를 이처럼 정확하게 알게 되었는지 밝히지 않는다. 그러나 정보는 정

확하다. 칠십인역은 하만이 작성한 조서라며 다음 내용을 에스더서에 첨부했다. 물론 역사적인 자료는 아니다.

13:1 그 편지 내용은 다음과 같다. "대왕 아하스에로스가 인도에서 에디오피아에 이르는 백이십칠 개 주의 통치자들과 그 예하 지방 장관들에게 이 편지를 보낸다. 수많은 국민들을 통치하며 온 세계를 지배하는 나는, 결코 오만스럽게 권력을 남용하지 아니하고 절도를 지키며 관대하게 다스리기로 결심하였다. 그리하여 나의 백성들에게 파탄 없는 평온한 생활을 영원히 보전하여 주며, 나의 왕국에 사는 사람 누구에게나 문명의 혜택과 방방곡곡 어디에든 자유로이 통행할 수 있는 권리를 보장하며, 모든 백성이 열망하는 평화를 이룩하고자 한다. 그런데 이 목적을 달성하기 위한 방법을 두고 나의 자문관들과 협의하였다. 자문관들 중에 하만이란 사람이 있는데 그는 총명하기가 우리 중에 뛰어났고 그의 꾸준한 정성과 변함없는 충성심이 증명된 사람이며 그 지위는 나 바로 다음가는 사람이다. 그 하만이 다음과 같은 정보를 나에게 알려 주었다. 즉 이 땅 위에 사는 모든 부족 가운데 한 못된 민족이 섞여 살고 있는데 그들은 모든 민족을 적대시하는 법률을 가지고 있으며, 언제나 왕명을 거역하여 온 백성의 복리를 보장하려는 나의 통치를 방해하려고 한다는 것이었다. 그러므로 유별난 이 민족이 온 인류와 사사건건 충돌하며 괴상한 법 제도를 가지고, 우리나라의 이익을 해치며 극악한 범죄를 저질러 마침내 이 왕국의 안전을 위협하기에 이르렀다는 것을 생각하고, 나는 다음과 같이 명령한다. 공직의 제일인자이며 나에게는 제2의 아버지인 하만이 그들에게 보낸 편지 속에 지적한 자들은 금년 아달월 즉 십이월 십사일을 기하여 여자나 어린이를 가리지 말고 인정사정 없이 그들의 원수의 칼로 모조리 없애 버리라. 그리하여 어제도 오늘도 우리에게 반대하는 자들을 단 하루에 힘으로 지옥에 몰아 넣고, 앞으로 이 나라가 안정과 평화를 완전히 누리도록 하라."

모르드개는 에스더에게 속히 아하수에로 왕에게 나아가 위기에 처한 자기 백성을 위하여 간절히 구하라고 부탁했다(8절). 하닥이 에스더에게 돌아와 모든 일을 고했다(9절). 에스더도 하만의 악한 음모에 대하여 큰 충격을 받았지만, 난감했다. 자기 백성을 구하기 위해서는 분명 왕에게 나가야 하는데, 왕이 부르지 않았는데 왕에게 나갔다가는 자칫 잘못하면 목숨을 잃을 수도 있기 때문이다(11절). 에스더는 이 법에 대하여는 모르드개뿐만 아니라 세상 모든 사람이 알고, 모든 이에게 항상 적용된다는 사실을 강조하기 위하여 "왕의 신하들과 왕의 각 지방 백성이 다 알거니와 남녀를 막론하고"라고 한다(Phillips). 이 법을 어기는 것은 참으로 어려운 일이라는 것이다. 페르시아에 실제로 이런 법이 있었다(Herodotus 1.99; 3.72, 77, 84). 그러므로 에스더가 할 수 있는 최선은 당시 법이 허락한 대로 왕에게 먼저 상소문을 올려 만나줄 것을 부탁해보는 일이었다.

그런데 에스더는 이 방법은 사용하지 않은 것으로 생각된다. 그녀는 왜 이 방법을 택하지 않았을까? 본문이 밝히지 않으니 정확히 알 수는 없지만, 상소문을 쓰자니 만나서 무엇을 말하려고 하는지를 정확히 밝혀야 하는데, 그렇게 하자면 자신이 유태인이라는 것도 밝혀야 한다(Phillips). 이런 상황에서 하만과 왕이 함께, 혹은 왕이 읽기 전에 하만이 상소문을 읽을 수 있다는 것이 부담이 될 수밖에 없다. 또한 지난 30일 동안 왕이 그녀를 부르지 않은 것이 직접 왕을 찾아가는 것뿐만 아니라, 심지어 편지를 쓰는 것에도 부담으로 작용했을 것이다 (Breneman).

이런 상황에서 유일하게 살 수 있는 길은 왕이 불쑥 찾아온 사람을 환영하고 반기는 것이다. 문제는 에스더가 지난 한 달 동안 왕의 부름을 받지 못했다는 것이다(11절). 그러니 왕을 찾아가는 것은 모험일 수밖에 없다. 그녀를 왕비로 맞이한 지 5년이 되니 아하수에로의 에스더에 대한 감정이 슬슬 식기 시작했던 것 같다. 결과적으로 에스더의 영향력은 시들해졌고, 그녀의 개입이 좋은 결과를 보장하지 못하는 상황이 되었다(Crawford). 또한 에스더가 왕과 결혼한 지 5년이 지난 후에도 그녀와 왕의 관계가 이렇다는 것은 페르시아 왕에게 왕비는 고작 노리개밖에 되지 않음을 암시한다.

에스더는 하닥을 통해 상황이 급한 것은 알겠는데, 자신의 입장이 난처하다는 사실을 솔직하게 전했다(12절). 성경에는 하나님의 소명을 받고 선뜻 나서지 못하는 사람이 여럿 있다. 모세, 기드온, 사울, 예레미야 등이다. 그들은 하나님의 부르심에 응하기에는 부족하다고 느껴 처음에는 나서려 하지 않았다. 반면 에스더는 개인이 처한 상황을 고려해서 나서려 하지 않는다(Fox). 지난 수 년 동안 유태인의 신분을 잘 숨기고 살아온 것을 근거로 에스더가 이번 일에 나서기를 꺼려했을 수도 있다(Phillips). 에스더가 경험하고 있는 딜레마는 인류 역사 속에서 수없이 반복되었다(Baldwin, Berman). 꼭 나서야 될 때 나서지 않고 싶어서 변명을 늘어놓는 사람들의 노력은 오늘도 계속된다.

에스더의 말을 전해들은 모르드개는 그녀의 변명을 수용하지 않고 단호하게 말했다. 에스더에게 혼자 살 생각은 하지 말라는 것이다. 만일 에스더가 나서지 않으면, 이스라엘 사람은 분명 '다른 데'(מָקוֹם אַחֵר)로 말미암아 구원을 받을 것이지만,[7] 그녀와 그녀 집안은 온전하지 못할 것이라고 확신했다. 일부 주석가는 '다른 데'가 여호와를 제외한 다른 신(들)으로 해석해서 모르드개의 바르지 못한 영성을 암시한다고 한다(Luter & Davis). 그러나 본문에서 '다른 데'는 하나님을 의미하거나(Zlotowitz), 하나님의 통제 아래 있는 도구/정황을 뜻한다(Berg, Clines,

---

7 "네가 만일 잠잠하여 말이 없으면 유다인은 다른 데로 말미암아 놓임과 구원을 얻으려니와"(14절)를 질문형으로 바꾸어 "네가 만일 잠잠하여 말이 없으면 유다인은 어디로 말미암아 구원을 얻겠느냐?"라고 해석하기도 한다(Wiebe). 이 경우 모르드개가 에스더에게 "이 일에 나설 사람은 너밖에 없다"라는 의미로 호소하는 것이 된다. 그러나 이 해석은 설득력이 부족하다. 오래전부터 일부 랍비는 '다른 데'(other place)를 하나님으로 해석해 왔다. 유태인 문헌에서 하나님이 '그곳'(the place)으로 표현되는 곳이 있기 때문이다(Genesis Rabba 68).

Fox). 모르드개의 말은 두 가지 의미를 지녔다(Phillips). 첫째, 칙령에 따르면 에스더도 유태인이기에 처형되어야 한다. 그렇게 되면 에스더도 온전치 못할 것이다. 둘째, 주의 백성은 분명 이 위기를 벗어나 안전하게 될 텐데, 그때 유태인이 에스더 같은 배신자에게 보복할 것이라는 경고다(Beal). 모르드개는 에스더의 생명에 위협을 가하고 있다(Pierce).

여기서 우리는 모르드개의 신앙을 본다. 비록 그가 하나님의 이름을 거론하지는 않지만, 하나님의 예정과 섭리를 확실하게 믿는 자이다(Breneman, Phillips). 에스더가 침묵하면, 하나님은 분명히 다른 방법(다른 사람을 통해)으로 자기 백성을 구하실 것이다. 하만이 하고자 하는 일은 절대로 세상을 지배하시는 하나님이 용납할 수도, 창조주 하나님이 묵인할 수도 없는 악한 일이기 때문이다.

더 나아가 모르드개는 에스더에게 자신이 왜 그 위치에 있는지 생각해보라고 도전했다. 이날을 위하여 에스더가 페르시아 왕의 왕비가 된 것이 아니겠느냐는 논리였다(14절). 비록 그가 하나님을 언급하지 않지만, 의도는 분명하다. 주께서 에스더를 들어 자기 백성을 구원하시기 위하여 수년 전에 그녀를 아하수에로의 아내로 삼으셨다는 논리이다. 그러므로 이 순간 에스더가 침묵한다면, 그녀는 하나님을 거역하게 된다는 것이다(Crawford). 모르드개의 논리는 매우 성경적이다. 성경은 하나님이 사람에게 소명을 주실 때에는 항상 그를 통해 무언가를 하시기 위해서지, 단순히 그의 삶을 풍요롭고 행복하게 하는 데서 끝나지 않는다고 한다(Baldwin). 이런 관점에서 볼 때 에스더가 페르시아의 왕비로 머무는 것보다, 자기 백성을 구하기 위하여 최선을 다하는 것이 더 우선되어야 한다. 또한 모르드개는 페르시아의 법과 하나님의 기준과 섭리가 대립할 때, 주의 백성은 하나님의 기준과 섭리를 우선으로 삼아야 한다는 원칙을 제시하고 있다.

I. 유태인이 위협받음(1:1-5:14)
  E. 에스더의 용맹스러운 결단(4:1-5:14)

3. 에스더의 3일 금식(4:15-17)

¹⁵ 에스더가 모르드개에게 회답하여 이르되 ¹⁶ 당신은 가서 수산에 있는 유다인을 다 모으고 나를 위하여 금식하되 밤낮 삼 일을 먹지도 말고 마시지도 마소서 나도 나의 시녀와 더불어 이렇게 금식한 후에 규례를 어기고 왕에게 나아가리니 죽으면 죽으리이다 하니라 ¹⁷ 모르드개가 가서 에스더가 명령한 대로 다 행하니라

왕이 부르지 않았는데 에스더가 그를 찾아가는 것은 위험한 일이다. 그러나 모르드개는 만일 에스더가 왕을 찾아가지 않으면 더 큰 위험(죽음)이 그녀와 그녀 집안을 찾아올 것이라고 했다. 모드르개의 이 같은 경고와 "네가 왕비가 된 것이 이때를 위함이 아니겠느냐?"(14절)는 도전을 받은 에스더가 마음을 가다듬고 결정을 내렸다. 모르드개가 지시하는 대로 하기로 한 것이다. 이렇게 함으로써 에스더는 그동안 숨겨 온 유태인이라는 사실을 온 천하에 알리는 것이 된다.

에스더가 모든 위험을 무릅쓰고 이렇게 하는 것은 이 일이 단순히 자기 개인의 안녕이 아니라, 하나님 백성의 생존 문제가 걸려 있는 중요한 사안이라는 것을 깨달았기 때문이다. 그래서 그는 죽음을 각오하고 왕을 만나 호소해보기로 했다(17절). 에스더는 자신의 비장한 각오를 "죽으면 죽으리이다"(וְכַאֲשֶׁר אָבַדְתִּי אָבָדְתִּי)라는, 이 책에서 가장 많이 기념되는 말씀으로 표현한다(16절). 그동안 에스더는 모든 일에 수긍하는 수동적인(passive) 태도를 취했는데, 이제 그녀가 리더십을 발휘하여 능동적인(active) 역할을 감당하게 되었다.

에스더가 변했다. 처음 소개되었을 때(2장) 에스더는 아름답지만 연약한 고아 소녀였다. 이제 그녀는 단호한 결단력과 강력한 리더십을 발휘하는 사람이 되어 이야기를 주도해 나간다. 모르드개가 이 일에 개입할 것을 요구했을 때, 그녀는 주저했다. 이런 면에서 에스더는 좋은 일에 개입하는 것을 주저하는 대부분 그리스도인과 같다. 이제 그녀는 적극적으로 이 일을 주도해 나갈 것이다. 그동안 그녀는 모르드개의 명령을 받았는데, 이제부터 모르드개에게 명령을 내린다.

에스더는 모험을 시작하기 전에 모르드개에게 부탁하여 수산에 있는 모든 유태인이 모여 3일을 금식하며 에스더와 주의 백성을 위하여 기도하도록 했다(16절). 만일 하만이 조서를 선포한 후 지금까지 순식간에 일이 진행된 것이라면, 주의 백성이 금식을 시작하는 날은 바로 유월절이다(Phillips). 유월절은 원래 가족끼리 음식을 나누며 기뻐하는 날이므로 금식하면 안 되는 날인데(출 12:1-10), 이번만은 주의 백성이 모두 몰살을 당하게 되었으니 주님 앞에 슬픔을 표하며 금식하는 날이 되었다. 그러나 하나님은 머지않아 다시 이 슬픔의 날을 구원의 기쁨이 임하는 날로 바꾸어주실 것이다. 한 여인이 죽을 각오로 하나님의 사역에 참여하겠다고 나섰는데, 어찌 선하신 하나님이 침묵하시겠는가! 우리도 에스더처럼 하나님이 하시고자 하는 일에 적극적으로 나선다면, 하나님도 결코 가만히 계시지 않을 것이다.

에스더 자신도 시녀들과 함께 3일을 금식하고 왕을 만나러 나가겠다고 했다. 3일 동안의 금식을 통해 에스더는 자기 백성과 진정한 의미에서 하나가 된 것이다(Breneman). 하나님이 어떻게 해서든 자기 백성을 죽게 내버려두지 않으시고 꼭 구원하리라는 확신이 에스더와 모르드개에게 있었지만, 그래도 그들은 사람이 할 수 있는 최선을 다하고 이 일을 하고자 했다. 이런 상황에서 사람이 할 수 있는 최선은 하나님께 간절히 기도하는 것이다.

모르드개는 에스더의 결단을 환영했다. 그래서 에스더가 부탁한 대로 수산에 있는 모든 유태인에게 알려 3일 동안 식음을 전폐하며 에스더를 위하여 기도하도록 했다(17절). 일이 잘못되면 에스더가 생명을 잃을 수도 있기 때문이다. 전에는 모르드개가 에스더에게 명령을 했는데, 이번에는 에스더가 모르드개에게 명령한다. 상황이 완전히 바뀐 것이다(Phillips). 칠십인역은 여기에 모르드개와 에스더의 기도를 삽입한다. 기도문은 모르드개가 하만에게 절하지 않은 것은 교만해서가 아니라, 종교적인 이유에서 그런 것이라고 한다. 에스더의 기도는 그녀가 페르시아 왕비의 모든 것을 싫어하니 하나님이 자기를 들어 이 민족의 어려운 문제를 해결해달라는 내용이다. 삽입된 두 사람의 기도문도 역사적 가치는 없다. 다음은 모르드개의 기도이다.

14:8 모르드개는 주님께서 하신 모든 놀라운 일을 생각하며 다음과 같이 기도하였다. "주님, 주님, 온 누리의 주인이신 임금님, 만물이 당신의 권력에 예속되어 있으며, 이스라엘을 구원하시려는 당신의 뜻을 거역할 사람은 하나도 없습니다. 진정, 하늘과 땅을 만드신 분은 당신이시며, 창공 아래 모든 놀라운 것들을 만드신 분도 당신이십니다. 당신은 온 누리의 주인이십니다. 그리고 주님, 당신을 맞설 사람은 아무도 없습니다. 당신은 모든 것을 알고 계십니다. 주님, 내가 그 오만불손한 하만에게 굴복하기를 거부하는 것이 결코 내가 무례해서거나, 오만해서거나 혹은 허영에 들떠서 하는 것이 아니라는 것을 당신은 알고 계십니다. 이스라엘의 구원을 위한 것이라면 나는 그의 발바닥에라도 기꺼이 입을 맞추었을 것입니다. 그러나 내가 한 일은 인간의 영광보다는 하나님의 영광이 더 높다는 것을 드러내기 위한 것이었습니다. 주님, 나는 당신을 제외하고는 아무에게도 굴복하지 않겠습니다. 그렇게 하는 것은 내가 오만하기 때문이 아닙니다. 그러니 주 하나님, 아브라함의 하나님이신 임금님, 당신 백성을 살펴 주소서. 원수들은 우리들을 멸망시키려는 음모를 꾸미고 있으며 당신께서 옛날 우리에게 주신 유산을 파괴하려고 계획하고 있습니다. 이집트 땅에서 당신 자신을 위해서 건져 내신, 당신의 몫을 저버리지 마소서. 나의 기도를 들어 허락하시고 당신 백성에게 자

비를 베푸시어 우리의 슬픔을 기쁨으로 바꾸어 주소서, 그리하여 주님, 당신의 이름을 찬양하며 살게 하소서. 당신을 찬양하는 입술을 잠잠케 마소서." 그리고 온 이스라엘 백성들도 힘껏 외쳤다. 죽음이 그들의 눈 앞에 다가왔던 것이다. 그는 이렇게 말하였다. "왕후께서 내 손에서 자라던 그 비천했던 지난날을 생각해 보시오, 왕국에서 제2의 인물인 하만이 우리를 몰살시키라고 왕에게 탄원하였으니, 주님께 기도드리라고 왕에게 간청하여 우리들을 죽음으로부터 구해 주시오."

4. 에스더가 3일 후 왕을 찾아감(5:1–4)

[1] 제삼일에 에스더가 왕후의 예복을 입고 왕궁 안 뜰 곧 어전 맞은편에 서니 왕이 어전에서 전 문을 대하여 왕좌에 앉았다가 [2] 왕후 에스더가 뜰에 선 것을 본즉 매우 사랑스러우므로 손에 잡았던 금 규를 그에게 내미니 에스더가 가까이 가서 금 규 끝을 만진지라 [3] 왕이 이르되 왕후 에스더여 그대의 소원이 무엇이며 요구가 무엇이냐 나라의 절반이라도 그대에게 주겠노라 하니 [4] 에스더가 이르되 오늘 내가 왕을 위하여 잔치를 베풀었사오니 왕이 좋게 여기시거든 하만과 함께 오소서 하니

모르드개가 수산에 사는 유태인에게 모두 3일 동안 금식하도록 하고, 에스더도 하녀들과 함께 3일을 금식했다.[8] 그녀가 금식 3일째 되

8　5:1–14는 다음과 같이 평행적 구조를 지녔다(Luter & Davis).
　A. 원수에 대한 문제로 배우자를 찾아감(5:1–2)
　　B. 흥분된 분위기, 그러나 오염된 분위기에서 사람을 대함(5:3–6)
　　　C. 다음날 문제를 해결할 준비를 함(5:7–8)
　A'. 원수에 대한 문제로 배우자를 찾아감(5:9–10)
　　B'. 흥분된 분위기, 그러나 오염된 분위기에서 사람을 대함(5:11–12)
　　　C'. 다음날 문제를 해결할 준비를 함(5:13–14)

는 날 왕에게 나갔다는 것으로 보아 금식은 첫째 날 오후부터 이날(셋째 날) 오전까지 약 45시간 정도 진행된 것으로 생각된다(Keil). 금식으로 마음을 정리한 에스더는 곧바로 왕 앞으로 나갔다. 만일 그녀가 금식이 효과적이었다고 믿는다면, 실천으로 믿음을 보여야 하기 때문이다(Breneman). 왕 앞에 나서기 전 에스더는 왕후의 예복을 입는 등 만반의 준비를 했다(1절). 왕의 요구에도 불구하고 '왕관을 쓰기를 거부한' 와스디와는 대조적이다. 처음에는 이 일에 개입하기를 꺼려했지만, 일단 개입한 후에는 최선을 다하는 에스더는 우리에게 영감(inspiration)이 되어야 한다(Crawford).

에스더는 죽음을 각오하고 왕궁 안 뜰 어전 맞은편에 섰다(1절). 전에 왕비 와스디는 왕의 앞에 나오기를 거부하여 생명을 위협받았다. 에스더는 자발적으로 왕의 앞에 나옴으로써 생명의 위협을 받고 있다는 것이 아이러니하다(Jobes). 지금 에스더는 페르시아 왕궁에서 가장 신성한 공간을 침입하고 있다(Phillips). 만일 왕이 그녀를 반기지 않으면, 당장 끌려나가 목숨을 잃게 된다.

에스더가 어전 맞은편에 서서 왕의 반응을 살피는 동안 얼마나 두려웠을까? 그 순간이 어쩌면 그렇게 길게 느껴졌을까? 에스더는 죽음을 각오하고 그곳에 서 있지만, 다행히 왕은 한 달 만에 보게 된 에스더를 기뻐하며 금 규를 그녀에게 내밀었다(2절).[9] 에스더는 적극적인 행동을 통해 다시 한번 왕에게서 "은혜를 얻어냈다"(חֵן נָשְׂאָה)(Crawford, cf. 2:14주해). 세상의 눈에는 아하수에로가 에스더를 반기는 것이 행운이고 우연일 수 있다. 그러나 사실은 보이지 않는 곳에서 모든 것을 주관하시는 하나님이 이미 그녀와 유태인을 위해 은혜와 기쁨을 준비해 두셨기에 이런 일이 일어났다! 왕이 내민 금 규를 만지는 순간(2절), 에스더는 마

---

9 고고학자들은 아하수에로의 아버지 다리우스 1세가 금 규를 내미는 모습을 묘사한 돋을새김(relief)한 것을 페르세폴리스(Persepolis)에서 발굴한 적이 있다(Yamauchi). 이 벽화를 보면 다리우스 왕 뒤에는 큰 도끼를 든 군인이 서 있다. 에스더가 느꼈던 위험을 충분히 설명해주는 그림이다(Jobes). 또한 이곳에 묘사된 아하수에로의 모습을 연상케 하는 작품이다.

음속으로 감사의 기도와 안도의 한숨을 함께 내쉬었을 것이다.

이제부터는 에스더와 유태인을 위해 좋은 일만 있을 것이다. 하나님이 에스더가 죽음을 각오하고 주의 백성을 살리기 위하여 아하수에로 왕을 찾은 이 순간부터 모든 것을 반전시키실 것이기 때문이다. 때로는 한 사람의 믿음과 헌신이 이처럼 대단한 기적을 일으킨다. 우리 하나님은 오병이어(五餠二漁)로 2만 명을 먹이시는 분이기에 우리가 헌신할 때, 상상을 초월하는 기적과 은총으로 우리에게 화답하신다.

에스더를 반가이 맞이한 왕은 "뭐든지 들어주겠으니 말해보라. 원하면 나라의 반이라도 주겠노라"라고 했다(3절). 아하수에로 뿐만 아니라 고대 왕이 자주 사용하는 형식화된 표현이다(Baldwin, cf. 6절; 막 6:23). 왕은 에스더가 생명을 잃을 수도 있는 일을 자청하면서까지 찾아온 것에는 분명 무슨 문제가 있음을 직감했다. 그래서 "걱정하지 말고 마음에 있는 모든 것을 말해보라. 다 들어줄게"라는 의도에서 이런 말로 에스더를 위로하고 있다(Phillips, Luter & Davis).

에스더는 곧장 마음에 있는 일을 말하지 않고 뜸을 들였다. 자기가 왕을 위하여 잔치를 베풀었으니, 왕은 하만과 함께 와달라고 초청했다(4절). 고대 근동 사람은 단번에 요구사항을 말하거나 이슈를 내놓지 않았다. 항상 여러 단계의 협상 과정을 통해 조금씩 해결해 나갔다(Clines, Crawford). 또한 에스더는 죽음을 각오하고 이 일을 시작했지만, 왕이 그녀를 환영할 경우를 대비하여 다음 단계에 대하여 치밀한 계획을 세워 두었음을 시사한다. 에스더는 한 템포 늦추었다가 적절한 때에 왕에게 자기 백성에 대하여 호소할 생각이었다.

재미있는 것은 이미 서론에서 언급한 것처럼 일부 유태인은 이 구절에서 하나님의 이름 '야훼'를 찾는다는 점이다. 제일 먼저 이 같은 사실을 지적한 사람은 주후 13세기 랍비 벤아셔(Rabbi Bachya ben Asher)였다(Sauba). 두 번째 줄의 처음 네 단어(lit. 왕과 하만은 오늘 오시옵소서)의 첫 번째 글자들을 모으면 하나님의 이름 야훼(יהוה)가 되기 때문이다. 그래

305

서 일부 사본은 이 사실을 강조하기 위해 네 단어의 첫 번째 글자들을 다른 글자보다 더 크게 쓰기도 했다(Paton, cf. 1:20; 5:4, 13; 7:7). 랍비 벤 아셔는 1:20, 5:13, 7:7에서도 비슷한 현상을 찾아냈다.

וַתֹּאמֶר אֶסְתֵּר אִם־עַל־הַמֶּלֶךְ טוֹב

יָבוֹא הַמֶּלֶךְ וְהָמָן הַיּוֹם אֶל־הַמִּשְׁתֶּה אֲשֶׁר־עָשִׂיתִי לוֹ

하나님 이름이 네 단어의 첫 글자들을 통해 드러나게 하는 것이 저자의 의도였을까, 아니면 우연히 빚어진 현상일까? 거의 모든 학자는 우연히 된 일이라고 한다(Moore, Berlin). 하나님의 이름을 이처럼 비밀스럽게 숨길 필요가 없기 때문이다.

당시 왕과 왕비의 옷이 어떠했는가를 감안하면, 에스더가 왕을 만나러 가면서 입었던 옷은 참으로 아름답고 화려한 옷이었던 것이 확실하다(Olmstead). 칠십인역은 세상 모든 사람의 관심을 끌기에 충분히 화려한 옷을 입은 에스더가 왕을 찾아간 일을 다음과 같이 더 자세하고, 드라마틱하게 묘사한다.

15:1 사흘째 되는 날, 에스더는 기도를 마치고 상복을 벗고, 호화찬란한 옷을 입었다. 이렇게 눈부시게 아름다운 옷으로 성장한 에스더는 모든 사람을 지켜주시고 그들을 구원해 주시는 하나님께 호소하였다. 그리고 왕후는 두 시녀를 데리고 나섰다. 왕후는 한 시녀가 옷자락을 받쳐 들고 동반하는 가운데, 또 한 시녀에게 우아하게 몸을 기대고 나왔다. 왕후가 한 시녀에게 나른한 자태로 몸을 기대었던 것은 그 몸이 너무나 허약해져서 혼자서는 걸어갈 수가 없었기 때문이었다. 그리고 또 한 시녀가 땅에 끌리는 왕후의 옷을 받쳐 들고 뒤를 따랐다. 에스더는 넘쳐 흐르는 자신의 아름다움에 붉게 상기되어 있었고 희색이 만면하여 마치 사랑의 꽃이 핀 듯하였다. 그러나 마음속으로는 두려움에 떨고 있었다. 여

306

러 개 문을 지나서 왕 앞으로 나갔다. 왕은 금과 보석이 번쩍이는 왕복으로 성장을 하고 옥좌에 앉아 있었는데 그 모양이 어마어마하였다. 왕은 위풍당당한 얼굴을 들어 노기 띤 눈으로 왕후를 쳐다보았다. 왕후는 그만 주저앉아 버렸다. 실신하여 창백해진 얼굴로 자기를 따라 온 시녀에게 머리를 기댔다. 그러나 하나님은 왕의 마음을 변심시키어 그 마음을 부드럽게 만드셨다. 왕은 몹시 걱정스러워져서 옥좌에서 벌떡 일어나 왕후가 정신차릴 때까지 그를 품 안에 껴안고 부드러운 말로 위로하였다. "에스더 이게 웬일이오? 우리는 서로 남매간이오. 안심하시오. 그대는 죽지 않을 것이오! 내 명령은 평민들에게만 해당되오. 가까이 오시오." 왕은 황금장을 번쩍 들어 에스더의 목에 대고 껴안으며 "나에게 이야기하시오" 하고 말하였다. 에스더는 말하였다. "임금님, 저에게는 임금님께서 하나님의 천사처럼 보였고, 제 마음은 임금님의 위풍에 두려움을 품었습니다. 임금님, 임금님께서는 정말 훌륭한 분이시고 임금님의 얼굴에는 인자하신 정이 흐릅니다." 에스더는 이렇게 말하다가 실신하여 쓰러졌다. 왕은 몹시 근심하였고, 그의 모든 시종들은 에스더를 깨어나게 하려고 최선을 다 기울였다.

I. 유태인이 위협받음(1:1–5:14)
  E. 에스더의 용맹스러운 결단(4:1–5:14)

5. 에스더가 왕과 하만을 초청함(5:5–8)

5 왕이 이르되 에스더가 말한 대로 하도록 하만을 급히 부르라 하고 이에 왕이 하만과 함께 에스더가 베푼 잔치에 가니라 6 잔치의 술을 마실 때에 왕이 에스더에게 이르되 그대의 소청이 무엇이뇨 곧 허락하겠노라 그대의 요구가 무엇이뇨 나라의 절반이라 할지라도 시행하겠노라 하니 7 에스더가 대답하여 이르되 나의 소청, 나의 요구가 이러하니이다 8 내가 만일 왕의 목전에서 은혜를 입었고 왕이 내 소청을 허락하시며 내 요구를 시행하시기를 좋게 여

기시면 내가 왕과 하만을 위하여 베푸는 잔치에 또 오소서 내일은 왕의 말 씀대로 하리이다 하니라

에스더가 베푼 잔치에 초청을 받은 왕은 시간을 지체하지 않았다. 그는 급히 하만을 불러 함께 에스더의 잔치에 갔다(5절). 에스더서에서 잔치는 매우 중요한 일의 시작을 알리는 기능을 한다(Crawford). 왕은 에스더의 생명을 건 모험에 대하여 궁금해 한다. 도대체 무슨 일이길 래 왕비는 그렇게 했을까? 그래서 아하수에로는 에스더에게 원하는 것 은 뭐든지 다 해줄 테니 무엇을 원하는지를 말해보라고 했다(6절). 에 스더는 다음 날에도 왕과 하만을 위하여 잔치를 베풀 것이니 한 번만 더 와달라고 부탁한다. 자신이 정말 무엇을 원하는지는 내일 잔치에서 말하겠다는 것이다(8절).

에스더는 왜 다음 날까지 할 말을 미룬 것일까? 그러다가 다음 날 왕 의 기분이 나빠지기라도 한다면 큰일일 텐데 말이다. 고대 근동에서는 중요한 계약이나 거래가 있을 때에는 시간을 두고 충분히 대화하고 준 비하는 것이 일반적이었다(Breneman). 그러므로 왕은 에스더가 마음에 두고 있는 것을 말하는 것을 다음 날로 미루는 것에 화를 내거나 의아 해하지 않는다. 왕은 에스더가 다음날 말하고자 하는 것이 매우 중요 한 것이라는 사실만 직감하고 기다려야 한다. 이 시간을 이용하여 에 스더는 하만을 한번에, 체계적으로 완전히 몰락시킬 수 있는 치밀한 계략을 세우고자 한다(Phillips, Crawford). 또한 하나님은 이날 밤 아하수 에로가 잠을 이루지 못하도록 해 옛 기록(모르드개가 자기 생명을 구한 일 을 기록한 것)을 읽게 한다. 에스더는 인간이 할 수 있는 최고의 준비를 하고, 하나님은 보이지 않는 곳에서 에스더의 계획이 성공하도록 만반 의 준비를 하시는 밤이다.

우리는 이 일에서 하나님의 섭리와 때를 볼 수 있어야 한다. 에스더 가 아직 왕에게 말할 때가 아니라고 결정한 것은 하나님의 인도하심의 결과다. 또한 하나님이 다음날까지 에스더의 호소를 미루신 것은 그때까지 하만이 자기가 매달려 죽게 될 장대를 만들 시간을 주기 위해서다(McConville). 주의 백성을 몰살하려고 하는 악인이 오히려 자신이 매달릴 장대를 준비한다는 것이 다소 아이러니하다.

에스더의 힘은 매우 미약하다. 에스더는 여자, 유태인, 고아라는 핸디캡을 안고 있다. 그러나 그녀는 자기 백성의 보존을 위해 죽음을 각오하고 모든 힘을 모아 페르시아 제국에서 가장 막강한 권력자인 아하수에로를 상대로 용기를 발휘했다. 현재까지 에스더는 반(半) 정도의 성공을 거두었다. 내일 그녀는 홈런을 날릴 것이다. 하나님이 그녀가 선한 일을 하기 위해 모든 힘을 모아 이 일을 추진해 나가는 것을 귀하게 보시고 축복하셨기 때문이다.

I. 유태인이 위협받음(1:1-5:14)
  E. 에스더의 용맹스러운 결단(4:1-5:14)

6. 하만이 교수대를 준비함(5:9-14)

⁹ 그 날 하만이 마음이 기뻐 즐거이 나오더니 모르드개가 대궐 문에 있어 일어나지도 아니하고 몸을 움직이지도 아니하는 것을 보고 매우 노하나 ¹⁰ 참고 집에 돌아와서 사람을 보내어 그의 친구들과 그의 아내 세레스를 청하여 ¹¹ 자기의 큰 영광과 자녀가 많은 것과 왕이 자기를 들어 왕의 모든 지방관이나 신하들보다 높인 것을 다 말하고 ¹² 또 하만이 이르되 왕후 에스더가 그 베푼 잔치에 왕과 함께 오기를 허락 받은 자는 나밖에 없었고 내일도 왕과 함께 청함을 받았느니라 ¹³ 그러나 유다 사람 모르드개가 대궐 문에 앉은 것을 보는 동안에는 이 모든 일이 만족하지 아니하도다 하니 ¹⁴ 그의 아내 세레스와 모든 친구들이 이르되 높이가 오십 규빗 되는 나무를 세우고 내일 왕에게 모르드개를 그 나무에 매달기를 구하고 왕과 함께 즐거이 잔치에 가소서 하니 하만이 그 말을 좋게 여기고 명령하여 나무를 세우니라

에스더가 정작 어떤 생각을 가지고 있는지를 전혀 알 수 없는 하만은 신이 나서 대궐을 떠나 집으로 향했다.[10] 에스더가 왕과 자기만 잔치에 초청한 것은 자신의 달라진 위상을 왕비도 인정했다고 생각했기 때문이다. 다음날 있을 왕비의 잔치에도 왕과 자기만 초청받았다는 사실을 생각하니 집을 향한 발걸음이 더욱 가벼웠다. 빨리 집에 가서 자랑하고 싶었다.

하만이 그날 있었던 일을 아내와 친구들에게 자랑하려고 흥얼거리며 대궐 문을 지나가는데, 지난번부터 마음에 걸렸던 '화상' 모르드개가 있었다. 이번에도 모르드개는 하만을 철저하게 무시하여 인사하지 않았다. 더욱이 하만은 유태인 사이에 자신에 대한 공포를 자아내기 위하여 조서를 꾸몄는데, 모르드개는 전혀 개의치 않는다(Phillips). 탈굼은 모르드개가 하만을 야유했다고까지 하지만, 역시 본문과는 상관없는 해석이다. 모르드개가 어떤 이유에서 이렇게 행동하는가는 정확히 알 수 없지만(3:2주해), 그의 행동이 필요 이상으로 하만을 자극하는 것은 사실이다(Moore).

하만은 매우 화가 났다. 마음 같아서는 그 자리에서 모르드개를 어떻게 해버리고 싶었지만, 왕의 명령이 없는 한 어떻게 할 수는 없다. 모르드개는 유태인이기에 이미 선포된 칙령에 따라 12월이면 처형당할 것이다. 그러나 그때까지 그가 보기 싫어 기다릴 수가 없다. 어떻게든지 그를 조만간 정리해 버리고 싶다. 모르드개는 꼭 그렇게 하리라고 다짐하며 참고 집으로 돌아왔다(10절).

집에 돌아온 하만은 아내 세레스와 친구들을 청하여 자랑을 시작했

---

10 5:9-14에 대하여 다음과 같은 구조 분석이 제시되기도 한다(Luter & Davis).
　　A. 하만이 기뻐함(5:9a)
　　　B. 하만의 골칫거리 모르드개(5:9b-10)
　　　　C. 하만의 자랑(5:11-12)
　　　B'. 하만의 골칫거리 모르드개(5:13-14a)
　　A'. 하만이 기뻐함(5:14b)

다(10절). 먼저 자기가 존귀한 사람인 것과 자손을 많이 둔 것, 왕이 자기를 모든 신하보다 높인 것을 자랑했다(11절). 그리고는 가장 자랑하고 싶은 것을 말했다. 그날 왕비 에스더가 베푼 잔치에 왕과 자기밖에 초청된 사람이 없으며, 다음날에도 왕과 함께 초청을 받았다고 우쭐대며 말했다(12절). 왕비도 인정하는 터이니 자신은 세상에 부러울 것이 없는 사람이라는 것이다. 하만은 에스더가 유태인이라는 사실과 그녀가 그를 몰락시키려고 일을 꾸미고 있음을 전혀 알아채지 못하고 있다. 다음날 에스더의 계획이 성공할 확률이 그만큼 높아지고 있다.

다만 그를 불편하게 하는 사람이 하나 있다고 했다. 하만은 모르드개가 이 모든 기쁨과 즐거움을 무의미하게 만들 정도로 심기를 불편하게 한다고 털어놓았다(13절). 하만은 아하수에로처럼 감정을 다스리지 못하고 오히려 감정의 지배를 받는 사람이다. 감정이 격해진 하만은 모르드개만 없애면 세상에서 가장 행복한 사람이 될 수 있을 것이라고 생각한다(Breneman).

하만의 이야기를 듣고 있던 아내 세레스와 친구들은, 높이가 50규빗(22.5m) 되는 장대를 세우고 다음날 왕비의 잔치에 가기 전에 먼저 왕에게 모르드개를 이 장대에 매달아 죽이게 해줄 것을 부탁하라고 했다(14절). 이 문장의 동사가 여성 3인칭 단수인 것으로 보아 아내 세레스가 이 제안을 했고, 친구들이 동조한 것으로 생각된다(Jobes, Phillips). 왕비 와스디 일로 아하수에로는 "가정은 마땅히 남자가 다스려야 한다"라는 칙령을 내린 적이 있다(1:22). 그렇다면 아내의 제안을 받아들이는 하만은 그 칙령을 내린 왕이 다스리는 제국의 2인자이면서도 조서에 어긋나는 일을 하고 있다(Jobes, Crawford).

에스더서에 등장하는 여자들은 매우 강한 인물이다. 와스디는 왕의 명령을 거역했고, 에스더는 모르드개에게 명령을 내렸다. 세레스는 남편에게 모르드개를 죽일 계략을 선사했다. 이들 중 하만의 아내 세레스는 자기 남편만큼이나 악한 여인이며, 둘은 죄를 짓는 일에 있어서

'환상의 커플'이다. 이전에도 비슷한 커플이 있었다. 바로 아합과 이세벨이다(왕상 21:1-16). 그들도 죄를 짓는 일에 있어서 '드림 팀'(dream team)이었다.

사람을 처형하는데 50규빗(22.5m)의 장대가 왜 필요할까? 50규빗이 실제 장대의 높이인지, 아니면 본문이 과장법을 사용하고 있는지 확실하지 않다. 만일 온 천하에 알리고자 하는 의도에서 높이 세운 것이라면, 50규빗이 맞겠지만, 단순히 모르드개를 처형하기 위해서라면, 이렇게 높을 필요가 없기 때문이다. 하만과 아내가 어떤 방법으로 모르드개를 처형하고자 하는지도 확실하지 않다. 일부 학자는 그를 목매달아 죽이기 위해서라고 하지만(Crawford, NAS, ESV), 대부분은 찌르기(impaling) 방법을 마음에 두고 있다고 한다(Levenson, Clines, NIV, TNK, NRS). 찌르기(impaling)는 해산물이나 고기를 꼬치에 꿰어 요리하는 것처럼, 날카로운 나무를 꼬치로 삼아 사람의 항문에 찔러 그 막대가 몸을 관통하면서 내장을 파괴하고 결국 목뼈 쪽으로 나오게 하는 매우 잔인하고 고통스러운 처형 방법이다. 고대 사회에서 중범자에게 종종 사용되었던 형벌이었다. 비록 에스더가 적극적으로 나섰지만, 아직까지 모르드개의 안전을 보장할 수 없는 상황에서 모르드개는 심각한 위기에 처하게 되었다.

유유상종(類類相從)이라고 했던가? 인사 안 한다고 모르드개를 죽이려 하는 하만이나, 본인은 알지도 못하며 아무 상관도 없는 모르드개를 장대로 죽이라며 계책을 가르쳐주는 사람이나 모두 악하다. 사람의 생명을 빼앗는 음모를 어떠한 주저함도 없이 꾸민다는 것에서 다시 한 번 인간의 악함이 드러난다. 다행인 것은 하나님이 이 장대에 모르드개를 매달지 못하게 하시고, 오히려 악한 하만을 매달게 하신다는 사실이다.

II. 반전하는 운명
(6:1-9:19)

에스더서는 지금까지 주의 백성이 어떻게 하여 악한 하만이 정한 날에 몰살을 당할 위기에 처하게 되었는가를 회고했다. 하만이 모르드개 한 사람에 대한 개인적인 감정으로 주의 백성을 인종 청소(ethnic cleansing) 하여 모두 죽이겠다고 한 악한 음모를 하나님이 용납하실 리 없다. 하나님은 에스더의 마음을 감동시키셔서 죽음을 각오하고 왕 앞에 나아가도록 하셨다. 엉켜 있기만 하던 실타래가 에스더의 결단과 헌신으로 하나씩 풀리기 시작한 것이다.

이제부터는 모든 것이 반전된다. 하만이 주의 백성을 상대로 계획한 악한 음모가 그와 집안으로 돌아간다. 이러한 반전은 그가 탐한 영광이 허무하게도 가장 미워한 모르드개로 돌아가는 일로 시작된다. 이미 사형을 선고받고 두려움과 공포로 형이 집행될 날만을 기다리던 주의 백성에게는 가장 행복한 순간이다. 이 섹션은 다음과 같이 전개된다.

  A. 모르드개가 포상을 받음(6:1-14)
    B. 왕이 하만을 처형함(7:1-10)
    B´. 왕이 유태인을 도움(8:1-17)

A′. 유태인의 승리(9:1-19)

> II. 반전하는 운명(6:1-9:19)

A. 모르드개가 포상을 받음(6:1-14)

에스더가 죽음을 각오하고 일을 시작하자, 하나님이 기다렸다는 듯이 자기 백성을 구원하는 일을 시작하신다. "하늘은 스스로 돕는 자를 돕는다"라는 속담이 진가를 발휘하고 있다. 이제부터 모든 일이 에스더와 모르드개를 포함한 주의 백성을 위해 펼쳐진다. 하만은 머지않아 '자신이 판 구덩이에 빠져 죽는 일'을 겪게 된다. 하나님의 반전이자, 억울한 주의 백성을 해하려는 자에 대한 응징이 시작되는 것이다. 이 같은 반전은 다음과 같은 구조 파악에서도 역력히 드러난다(Jobes).

"그날 밤 왕이 잠들 수 없었다…"(6:1)

에스더의 첫 번째 만찬(5:4)   에스더의 두 번째 만찬(7:1)

왕이 두 개의 만찬을 베풂(1:4, 5)   유태인이 이틀 동안 잔치를 즐김(9:17-18)

하만은 모르드개를 죽일 준비를 했지만, 아하수에로 왕이 오히려 모르드개를 포상했다는 이야기는 성경에서 가장 아이러니하고, 재미있는 이야기이기도 하다(Jobes). 이 모든 것은 본문이 묘사하는 일, 곧 하만이 탐하는 영광을 모르드개가 차지한 일로 시작한다. 이 이야기는 다음과 같이 세분화할 수 있다.

A. 왕의 잠 못 이루는 밤(6:1-3)
B. 하만이 모르드개를 처형할 허락을 구하러 옴(6:4-9)
C. 모르드개가 존귀함을 받음(6:10-14)

1. 왕의 잠 못 이루는 밤(6:1-3)

¹ 그 날 밤에 왕이 잠이 오지 아니하므로 명령하여 역대 일기를 가져다가 자기 앞에서 읽히더니 ² 그 속에 기록하기를 문을 지키던 왕의 두 내시 빅다나와 데레스가 아하수에로 왕을 암살하려는 음모를 모르드개가 고발하였다 하였는지라 ³ 왕이 이르되 이 일에 대하여 무슨 존귀와 관작을 모르드개에게 베풀었느냐 하니 측근 신하들이 대답하되 아무것도 베풀지 아니하였나이다 하니라

에스더가 죽음을 각오하고 왕에게 나아간 날 밤, 아하수에로 왕은 잠을 이룰 수가 없었다. 마소라 사본에 의하면 "왕에게서 잠이 도망갔기 때문"(נָדְדָה שְׁנַת הַמֶּלֶךְ)(1절)이다. 잠을 잘 수 없어 뒤척이는 사람을 묘사하는데 사용하기에는 매우 독특한 표현이다. 그래서 이 문구의 중요성을 강조한다. 이 문구는 그동안 하만이 진행해 왔던 음모가 반전되기 시작할 것을 암시하는 결정적인(pivotal) 단서이다(Breneman). 칠십인역은 1절을 아예 "그러나 주님께서"(ὁ δὲ κύριος)라는 문구로 시작하여 하나님이 아하수에로 왕의 잠을 없애신 것으로 해석했다. 우연이라고 보기에는 모든 것이 너무 필연적이다(Phillips). 게다가 이 장(章)에 기록된 사건 하나하나가 우연히 된 일로 간주될 수 있지만, 그러나 이 '우연의 연속'은 결코 우연이 아니다(Jobes).

고대 왕은 밤에 잠이 안 오면 읽을 만한 자료를 많이 가지고 있었다. 바로 선왕들로부터 내려오는 왕의 업보와 왕국의 일을 기록한 일종의 실록이었다. 성경에서는 역대기가 이러한 유형의 자료와 가장 비슷하다. 아하수에로는 이날 밤 부하들을 시켜 이 책을 읽도록 했다. 이날 있었던 일을 모두 우연으로 돌리려는 사람도 아하수에로가 이 책을 통

해 하필이면 수년 전에 모르드개가 이 왕국과 자기를 위하여 큰 공을 세운 후에도 포상을 받지 않았다는 사실을 알게 된 것을 우연으로 간과할 수 없다(Crawford).

페르시아 왕은 그들을 돕거나 왕국을 위하여 공을 세운 사람을 곧장 치하하고 포상하는 일에 자부심을 느꼈다(Herodotus). 아하수에로도 예외는 아니었다. 기록에 의하면 그리스 원정 때 자기를 도운 두 선장에게 땅을 포상했고, 자기 동생을 구해준 사람을 칠리키아(Cilicia)의 총독으로 삼았다(Herodotus). 그러므로 모르드개가 큰 공을 세우고도 지난 5년 동안 아무런 포상을 받지 못했다는 것은 아하수에로의 자존심에 상처를 입히는 일이었다(Laniak, Hazony). 이날 있었던 일은 결코 우연이 아니라, 하나님의 섭리에 따라 이루어지고 있음이 확실하다.

2:21에 의하면 왕을 죽이려고 한 내시의 이름은 빅단(בִּגְתָן)과 데레스(תֶּרֶשׁ)였는데, 본문은 빅단의 이름을 빅다나(בִּגְתָנָא)로 표기하고 있다. 이 사실을 근거로 에스더서가 역사적인 사실을 근거로 한 것이 아니라, 하나의 '전래 동화'라고 한다(Paton). 그러나 빅단과 빅다나는 같은 이름의 다른 표현일 뿐, 두 이름의 차이가 사실을 허구로 만들지 않는다(Phillips).

II. 반전하는 운명(6:1-9:19)
　A. 모르드개가 포상을 받음(6:1-14)

2. 하만이 모르드개를 처형할 허락을 구하러 옴(6:4-9)

[4] 왕이 이르되 누가 뜰에 있느냐 하매 마침 하만이 자기가 세운 나무에 모르드개 달기를 왕께 구하고자 하여 왕궁 바깥뜰에 이른지라 [5] 측근 신하들이 아뢰되 하만이 뜰에 섰나이다 하니 왕이 이르되 들어오게 하라 하니 [6] 하만이 들어오거늘 왕이 묻되 왕이 존귀하게 하기를 원하는 사람에게 어떻게 하여야 하겠느냐 하만이 심중에 이르되 왕이 존귀하게 하기를 원하시는 자

는 나 외에 누구리요 하고 ^{7} 왕께 아뢰되 왕께서 사람을 존귀하게 하시려면 ^{8} 왕께서 입으시는 왕복과 왕께서 타시는 말과 머리에 쓰시는 왕관을 가져 다가 ^{9} 그 왕복과 말을 왕의 신하 중 가장 존귀한 자의 손에 맡겨서 왕이 존 귀하게 하시기를 원하시는 사람에게 옷을 입히고 말을 태워서 성 중 거리로 다니며 그 앞에서 반포하여 이르기를 왕이 존귀하게 하기를 원하시는 사람 에게는 이같이 할 것이라 하게 하소서 하니라

5년 전 일로 모르드개의 공을 치하하고 싶어진 아하수에로 왕이 모 르드개를 존귀케 되도록 하는 일에 역할을 해줄 사람을 찾았다. 아마 도 때는 이른 새벽이었을 것이다. 왕은 궁 안에 있는 대신 중 아무에게 나 맡길 생각이었다(4절). 그런데 이게 웬일인가! 하필이면 모르드개를 가장 미워하는 하만이 와 있었던 것이다! 하만은 왕에게 구하여 전날 그가 세워둔 장대에 모르드개를 매달아 처형하려고 이른 아침에 입궁 했다(4절). 하만이 왕에게 모르드개 처형에 대하여 부탁하는 것이 아니 라 '말하기/통보하기'(אמר) 위하여(4절;cf. NIV, NRS, TNK) 일찍 입궁했다 고 함으로써 그의 극에 달한 교만을 암시한다(Gordis).

왕은 처음에는 하나님이 잠을 거두어가셔서 잠을 잘 수 없었다가 다 음에는 모르드개를 존귀하게 할 생각으로 잠을 이루지 못했다. 하만은 모르드개를 처형할 생각에 흥분하여 잠을 이루지 못하고 새벽에 입궁 하여 왕을 알현할 수 있는 아침이 밝기를 기다리고 있다. 두 사람 모두 모르드개로 인해 잠을 잘 수 없었던 것이다(Phillips). 그러나 왕은 그를 포상할 생각으로, 하만은 그를 죽이려는 생각으로 잠을 잘 수 없다. 본 장에 기록된 이야기가 끝날 무렵에는 하만이 모르드개를 죽이기는커 녕 오히려 자신의 생명에 위협을 느끼게 된다(13절).

왕은 모르드개를 온 세상에 높일 생각으로 하만에게 큰 공을 세운 사 람을 어떻게 대접하면 좋겠냐고 물었다(6절). 하만의 문제는, 왕이 말 한 것보다 더 많은 것을 읽었다는 사실이다. 그는 이 포상이 이미 제국

317

의 2인자가 되어 있으며, 왕의 총애를 한몸에 받고 있는 자신을 위한 것이라고 직감하고(6절), 본인이 원하는 것을 말했다. 하만은 그 사람에게 왕의 왕관을 씌워주고, 왕의 옷을 입히고, 왕의 말에 태워 온 도시를 시위하도록 하라고 했다(8절). 말의 고삐는 왕의 신하 중 가장 높은 사람이 맡도록 하며, 그는 "왕이 존귀하게 하시기를 원하시는 사람에게는 이같이 할 것이라"라고 외치도록 하라고 했다(9절). 하만은 잠시 후 모르드개가 탄 말을 이끌며 자신이 외쳐야 할 말을 연습하고 있다. 왕의 지배 아래 있는 백성이 누릴 수 있는 최고의 영광이다(Keil, Laniak). 아마도 이 말을 하면서 하만은 마음속으로 내내 쾌재를 부르며 왕의 예복을 입고 말 위에 앉아있는 자신의 모습을 상상했을 것이다. 이 같은 사실은 매우 큰 아이러니를 형성한다.

왕이 모르드개에 대하여 하만에게 물었을 때 독자는 불안할 수 있다(Moore). 그러므로 왕이 모르드개의 이름을 밝히지 않고 하만에게 물은 것은 분명 하나님의 섭리의 일부이다(Phillips). 또한 왕이 모르드개의 이름을 언급하지 않고 상황만 말하여 하만이 어떤 방법으로 존귀함을 받고 싶은가를 시험해 보고 있다(Jobes, Phillips). 상황 파악이 안 되는 하만은 왕에게 자신의 야심을 드러낸다(Levenson, Baldwin). 그는 제국의 2인자로 만족하지 못하고, 왕의 자리를 탐내고 있다. 그렇지 않고서야 어떻게 이런 제안을 할 수 있겠는가? 이날 아하수에로 왕도 하만의 야심을 알게 되었을 것이다(Breneman).

II. 반전하는 운명(6:1-9:19)
  A. 모르드개가 포상을 받음(6:1-14)

3. 모르드개가 존귀함을 받음(6:10-14)

¹⁰ 이에 왕이 하만에게 이르되 너는 네 말대로 속히 왕복과 말을 가져다가 대궐 문에 앉은 유다 사람 모르드개에게 행하되 무릇 네가 말한 것에서 조

금도 빠짐이 없이 하라 ¹¹ 하만이 왕복과 말을 가져다가 모르드개에게 옷을 입히고 말을 태워 성 중 거리로 다니며 그 앞에서 반포하되 왕이 존귀하게 하시기를 원하시는 사람에게는 이같이 할 것이라 하니라 ¹² 모르드개는 다시 대궐 문으로 돌아오고 하만은 번뇌하여 머리를 싸고 급히 집으로 돌아가서 ¹³ 자기가 당한 모든 일을 그의 아내 세레스와 모든 친구에게 말하매 그 중 지혜로운 자와 그의 아내 세레스가 이르되 모르드개가 과연 유다 사람의 후손이면 당신이 그 앞에서 굴욕을 당하기 시작하였으니 능히 그를 이기지 못하고 분명히 그 앞에 엎드러지리이다 ¹⁴ 아직 말이 그치지 아니하여서 왕의 내시들이 이르러 하만을 데리고 에스더가 베푼 잔치에 빨리 나아가니라

하만의 기대와는 전혀 다른 일이 벌어졌다. 그는 모르드개를 죽이고 자신이 존귀하게 되는 것을 기대했다. 그런데 하만이 모르드개를 죽이기는커녕 오히려 모르드개가 왕의 존귀함을 받게 되고, 정작 자신은 그의 말 고삐를 잡고 온 성을 돌아다니며 모르드개의 존귀함을 알리는 자가 되었다! 그것도 자신이 본의 아니게 연습한 말을 외치면서 말이다. "왕이 존귀하게 하시기를 원하시는 사람에게는 이같이 할 것이라"(11절; cf. 9절). 왕이 명령한 일이니 거부할 수도 없다. 물론 아하수에로는 하만과 모르드개 사이의 원수 관계에 대하여 알지 못한다. 그럼에도 불구하고 왕은 '유다 사람 모르드개'를 이렇게 대접하라며 하만의 상처를 극대화한다(Breneman). 우연일까? 하나님의 섭리에 따라 빚어진 결정적인 반전이다. 모르드개의 친구들과 아내도 이 사실을 정확하게 알고 있다(13절).

시위가 끝난 후, 모르드개는 다시 왕궁 입구로 돌아왔다. 아하수에로 왕은 그를 모든 사람 앞에 높였을 뿐, 아직은 어떠한 벼슬도 주지 않았다. 모르드개는 8:2에 가서야 비로소 벼슬을 얻게 된다. 충격과 수치를 경험한 하만은 머리를 감싸쥐고 급히 집으로 돌아갔다. 도저히 왕궁에 있을 수 없는 수모를 겪은 것이다. 하만 이야기는 우리에게 명

예에 대한 교훈을 준다. 명예는 우리가 탐하는 것이 아니라 하나님이 주셔야 하고, 다른 사람이 인정하는 것이다. 하만은 명예를 탐하다가 수모를 겪었다.

하만이 아내와 친구들에게 그 아침에 있었던 일을 말하자, 모두 "이제 당신은 죽었다"라는 말밖에 해줄 수 없었다(13절). 저자는 그의 친구들을 '지혜자들'(חכמים)이라고 부른다(13절). 아이러니한 것은 하만이 몰락하기 시작한 후에야 그들이 '지혜로워졌다'는 사실이다(Breneman). 하만이 유태인에 대한 음모를 꾸미기 전에 지혜롭게 조언했더라면 살릴 수 있었을 텐데 말이다. 아마도 하만이 처음에 음모를 꾸밀 때 이 민족의 정체를 정확하게 말해주지 않았기에, 그들은 이 민족이 유태인이라는 사실을 모르고 조언했다가 이제야 비로소 이 민족의 정체를 알게 되었을 수도 있다(Jobes, cf. 3:8). 어찌 되었든 때는 이미 늦었다.

하만의 아내와 친구들은 모두 모르드개의 하나님이 하만을 상대로 반격을 시작하셨음을 의식하고 있다. 하만이 해하려고 했던 모르드개가 유태인이기 때문이다(13절; cf. Keil). 비록 이 사람들이 우상을 숭배하지만, 이스라엘의 하나님 여호와가 어떤 분인가를 잘 알고 있기에 이미 상황은 모르드개 쪽으로 기울어졌음을 직감하고 있다. 여호와는 자기 백성을 해하려는 자를 결코 용납하지 않는 분이시라는 것이 이 책이 말하는 중심 주제이다. 한번은 종교개혁자 루터(Martin Luther)가 성경의 진실됨을 증명해 달라는 요구를 받았다. 그는 주저 없이 성경이 진실됨을 증거하는 것은 '유태인'이라고 했다(Breneman).

하만이 집에 와서 그날 있었던 일을 말하고 아내와 친구들에게 '사형선고'를 받자마자 왕궁에서 그를 데리러 왔다(14절). 에스더 왕비가 준비한 잔치에 왕과 함께 참석해야 하기 때문이다(cf. 5:8). 저자는 하만의 몰락을 급진전시키고 있다(Breneman).

B. 왕이 하만을 처형함(7:1-10)

에스더가 원하는 것은 무엇이든지, 심지어 자신이 다스리는 제국의 반(半)이라도 주겠다는 아하수에로 왕의 제안에 대하여 에스더는 자신이 무엇을 원하는지를 다음 날 말해주겠다고 했다. 드디어 그날이 밝았다. 에스더는 전날 왕에게 말한 것처럼 그와 하만을 위하여 잔치를 베풀고 초청했다. 에스더는 이 잔치 때 자신의 마음에 있는 말과 왕에게 소원을 말하고자 한다.

바로 하루 전만 해도 하만은 왕비가 오직 왕과 자기를 잔치에 초청한 것은, 자신을 왕 다음으로 위대한 자로 인정한 것이라고 자랑하며 떠들어댔다. 그런 그가 이날 죽게 된다. 하만에게 이날은 잔칫날이 아니라 제삿날이다. 저자는 이날이 하만의 제삿날이 될 수 있다는 사실을 앞장에 기록된 모르드개 일을 통해 이미 독자에게 암시한 바 있다. 본 텍스트는 다음과 같이 세 파트로 구분할 수 있다.

  A. 에스더의 두 번째 잔치(7:1-2)
  B. 에스더의 요청(7:3-7)
  C. 왕이 하만을 처형함(7:8-10)

1. 에스더의 두 번째 잔치(7:1-2)

¹ 왕이 하만과 함께 또 왕후 에스더의 잔치에 가니라 ² 왕이 이 둘째 날 잔치에서 술을 마실 때에 다시 에스더에게 물어 이르되 왕후 에스더여 그대의

소청이 무엇이냐 곧 허락하겠노라 그대의 요구가 무엇이냐 곧 나라의 절반
이라 할지라도 시행하겠노라

왕이 전날 에스더가 베풀겠다고 했던 잔치에(5:3-8) 참석했다. 모르
드개 일로 충격을 입은 하만도 왕과 함께 갔다. 그러나 저자는 하만의
중요성을 전혀 인정하지 않는다. 그래서 왕과 하만이 잔치에 함께 갔
다고 하면서도 동사는 왕이 홀로 간 것처럼 3인칭 남성 단수 "그가 갔
다"(וַיָּבֹא)를 사용하고 있다(Phillips).

하만은 잠시 후에 자기에게 무슨 일이 벌어질지에 대해서 전혀 아는
바가 없다. 다만 이른 아침에 있었던 일—그가 모르드개가 탄 말을 끌
고 온 도성을 두루 다녔던 일—이 불길한 징조로 느껴질 뿐이다. 사실
하만은 이 장(章)에서 제거되고 폐기되는 장식(decoration)일 뿐 별다른
역할을 하지 못한다. 이런 그가 한 민족, 그것도 주의 백성을 몰살하
려 했다는 것이 어이가 없다. 이날의 일이 에스더서의 절정(climax)이다
(Breneman).

이제부터 에스더를 지속적으로 '왕후'(הַמַּלְכָּה)로 부른다(1절). 왕도 에
스더를 왕후라고 부른다(2절). 에스더의 잔치로 기분이 좋았던 왕이 에
스더에게 무엇을 원하는지를 물었다(2절). 전날에 말해보라고 했지만,
에스더가 다음날 말하겠다고 했으니 왕도 에스더가 소청에 뜸을 들이
는 이유가 무척 궁금했을 것이다. 에스더가 정말 '제국의 반'을 원할 것
인가? 이날 아침 일찍부터 이미 많은 일이 벌어진 것을 감안할 때 아
마도 이날 오후쯤에 왕이 에스더에게 물은 것으로 생각된다(Moore).

2. 에스더의 요청(7:3-7)

³ 왕후 에스더가 대답하여 이르되 왕이여 내가 만일 왕의 목전에서 은혜를 입었으며 왕이 좋게 여기시면 내 소청대로 내 생명을 내게 주시고 내 요구대로 내 민족을 내게 주소서 ⁴ 나와 내 민족이 팔려서 죽임과 도륙함과 진멸함을 당하게 되었나이다 만일 우리가 노비로 팔렸더라면 내가 잠잠하였으리이다 그래도 대적이 왕의 손해를 보충하지 못하였으리이다 하니 ⁵ 아하수에로 왕이 왕후 에스더에게 말하여 이르되 감히 이런 일을 심중에 품은 자가 누구며 그가 어디 있느냐 하니 ⁶ 에스더가 이르되 대적과 원수는 이 악한 하만이니이다 하니 하만이 왕과 왕후 앞에서 두려워하거늘 ⁷ 왕이 노하여 일어나서 잔치 자리를 떠나 왕궁 후원으로 들어가니라 하만이 일어서서 왕후 에스더에게 생명을 구하니 이는 왕이 자기에게 벌을 내리기로 결심한 줄 앎이더라

잔치가 무르익고 왕이 다시 "원하는 것이 무엇이냐?"라고 질문하자 에스더가 드디어 입을 열었다. 에스더가 왕에게 원한 것은 한마디로 "자기와 자기 백성을 살려 달라"는 것이었다(3절). 에스더는 자신과 자기 민족의 하나됨을 왕에게 강조하며 호소하고 있다. 자기와 백성이 함께 진멸을 당하게 될 위기에 처해 있다는 것이다(4절). 에스더의 스피치를 구성하고 있는 4절의 히브리어 문장은 번역하기 어렵다(Crawford). 그러나 모든 것을 종합해볼 때, 그녀는 '만일 우리가 노예로 팔리는 정도'였다면 침묵했을 터인데(Moore), 수도 없이 많은 죄 없는 사람들이 도륙을 당하게 되었기에 자기는 결코 잠잠할 수 없었으며, 죽음을 무릅쓰고 왕에게 나간 것이라며 호소하고 있다.

에스더는 또한 자기와 백성을 모두 몰살시키면 아하수에로 왕에게

도 큰 손해가 될 것이라고 했다(4절). 사실 왕이 자기가 다스리는 백성을 죽여서 무엇을 얻겠는가? 다스릴 백성이 많을수록 왕의 권세와 나라의 위상이 높아진다. 그러므로 에스더는 하만이 왕을 속이지 않고는 이 음모를 꾸미지 못했을 것이라는 사실을 잘 알고 있다.

비록 아하수에로가 별생각 없이 하만에게 자기 반지를 빼주어 일이 이렇게 되었지만, 에스더의 눈물 어린 호소를 듣는 아하수에로 왕도 당황했을 것이다(Breneman). 하만이 꾸민 조서로 왕비 에스더가 죽음을 피하지 못하게 되었다는 사실이 당혹스러울 뿐이다. 도대체 감히 누가 자기가 가장 아끼고 사랑하는 왕비의 목숨을 노린단 말인가? 왕이 당혹스러워하는 것은 이미 언급한 것처럼(3:8주해) 하만이 그를 속였기 때문일 수 있다(Jobes). 하만이 왕에게는 이 백성을 노예로 부리겠다/팔겠다고 말해놓고는 정작 조서를 꾸밀 때에는 그들을 죽이도록 한 것이다.

왕의 당혹스러움은 곧장 분노로 변해 이런 일을 꾸민 사람이 누군지, 어디에 있는지를 물었다(5절). 영어나 한국어 번역본에는 반영되어 있지 않지만, 5절의 시작 부분을 문자적으로 해석하면 "왕이 왕비에게 물었다. 그리고 그가 왕후 에스더에게 물었다"(שֶׁוְרוֹשׁ וַיֹּאמֶר לְאֶסְתֵּר הַמַּלְכָּה אַחַ הַמֶּלֶךְ וַיֹּאמֶר)가 된다. 문법적으로 매우 다듬어지지 않은 문장이다. 이러한 표현 기법을 통해 의도적으로 왕의 분노와 당혹함을 드러내고 있다(Phillips). 충격에 휩싸인 아하수에로가 너무 화가 나서 말을 더듬는 듯한 분위기를 조성하는 표현법인 것이다. 성경은 이같이 다듬어지지 않은 문법을 사용하여 이런 상황을 묘사하고는 한다.

아하수에로 왕의 "누구냐?"(מִי הוּא זֶה)라는 질문의 의미는 "감히 어떤 자가 나의 허락도 없이 내 나라에서 이런 짓을 할 수 있단 말이냐?"이다. 일부 주석가는 이 질문에서 하나님의 숨겨진 음성을 듣기도 한다(Breneman). 하나님이 아하수에로의 음성을 빌려 말씀하고 계시는 것이다. 또한 왕의 이 사람이 지금 "어디에 있느냐?"(וְאֵי־זֶה הוּא)라는 질문은 당장 이 사람에 대하여 조치를 취하겠다는 의지의 표현이다. 번역본에서는 잘 느껴지지 않지만, 히브리어 텍스트는 왕이 이미 단단히 화가 나 있는 모습을 묘사한다(Jobes). 그렇다면 이런 일을 저지른 사람은 결코 온전하지 못할 것이라고 확신할 수 있다. 하만의 생명이 위태롭다.

아하수에로는 자기가 통치하는 나라에서 감히 이런 일이 일어나고 있음을 알지 못한 것도 창피한 일이었지만, 온 세상을 호령하는 절대적인 통치자라고 자부하는 자신이 아내조차 보호하지 못했다는 사실에 큰 수치심이 들었기에 그가 맹렬하게 분노하는 것이 충분히 이해가 간다. 아하수에로의 분노를 깨달은 에스더는 왕이 찾고 있는 그 사람이 바로 이 순간 왕 옆에서 이 모든 이야기를 듣고 있는 하만이라는 사실을 서슴없이 말했다(6절). 그녀는 하만을 "대적이자 원수"(צַר וְאוֹיֵב)라며 악한 사람(הָרָע)이라고 한다. 에스더는 이 같은 표현을 통해 하만은 유태인의 원수일 뿐만 아니라 아하수에로 왕의 원수임을 강조한다(Baldwin). 이러한 표현은 아하수에로와 에스더를 한 편으로 묶고, 하만을 대적해야 할 다른 편에 서 있는 원수로 묘사한다(Crawford).

하만이 왕 옆에서 술을 마시며 속으로 '누가 감히 왕비를 상대로 저런 짓을 꾸몄을까?' 하다가 에스더가 그의 이름을 대자 기분이 어떠했을까? '아닌 밤중에 홍두깨'를 맞은 느낌이었을 것이다. 그가 받았을 충격을 상상해보라! 에스더는 이날 페르시아의 1인자와 2인자를 한꺼번에 케이오(KO) 시켰다. 에스더의 발언에 두려움을 지나 공포를 느낀(새번역; 현대인성경; NRS, NIV, TNK) 하만이 깜짝 놀라 자리에서 벌떡 일어나 왕과 왕비 앞에 엎드렸지만, 때는 이미 늦었다.

아하수에로 왕은 화가 나서 자리를 박차고 왕궁 뜰로 가버렸고, 하만은 바들바들 떨며 에스더 앞에 엎드려 살려 달라고 애원했다(7절). 왕궁 뜰로 간 아하수에로 왕은 무엇을 생각했을까? 한 주석가는 그가 뜰에서 '내가 허락한 일에 대하여 하만을 벌할 수 있을까? 만일 그렇게 한다면, 내가 대실수에 일조했다는 사실을 인정하여 체면이 깎이지는 않을까? 게다가 절대 번복할 수 없는 법을 어떻게 되돌린단 말인가?'

325

등을 뜰에서 고민했을 것이라고 한다(Fox). 재미있는 발상이지만, 정확하지는 않다(Crawford). 아하수에로는 깊이 생각하는 사람이 아니다. 그가 잠시 후에 돌아와서 에스더 앞에 엎드려 있는 하만에게 죄를 뒤집어씌워 처형하라고 하는 것을 보면 단순히 분을 삭이러 뜰에 나간 것이 분명하다.

만일 하만이 에스더가 유태인이라는 사실을 알았더라면 절대로 일을 이렇게 진행하지는 않았을 것이다. 그러므로 우리는 이제야 왜 모르드개가 에스더에게 자기 민족을 밝히지 말라고 했는지 이해하게 된다. 왕이 유태인을 하만의 손에서 구하기로 결정한 데에는 에스더가 유태인이라는 사실이 가장 크게 작용했기 때문이다. 하만은 왕이 이 일로 매우 화가 났고 자신을 벌할 것을 직감한다.

하만이 아하수에로가 아니라 에스더에게 엎드리고 있는 것은 그의 운명을 결정짓는 일에 왕보다 에스더의 의지가 더 중요하기 때문이다 (Breneman). 음모의 피해자가 될 뻔했던 에스더가 나서서 중재해야만 분노한 왕의 마음을 돌릴 수 있다. 그러나 에스더가 무엇 때문에 왕의 마음을 돌리려 하겠는가? 유태인인 에스더에게 엎드려 있는 하만의 모습과 유태인이기에 하만에게 엎드릴 수 없다며 꿋꿋하게 서 있던 모르드개의 모습이 매우 강력한 대조를 이룬다. 며칠 사이에 하만과 모르드개의 위치가 이렇게 반전될 줄이야!

II. 반전하는 운명(6:1-9:19)
    B. 왕이 하만을 처형함(7:1-10)

3. 왕이 하만을 처형함(7:8-10)

[8] 왕이 후원으로부터 잔치 자리에 돌아오니 하만이 에스더가 앉은 걸상 위에 엎드렸거늘 왕이 이르되 저가 궁중 내 앞에서 왕후를 강간까지 하고자 하는가 하니 이 말이 왕의 입에서 나오매 무리가 하만의 얼굴을 싸더라 [9] 왕을

모신 내시 중에 하르보나가 왕에게 아뢰되 왕을 위하여 충성된 말로 고발한 모르드개를 달고자 하여 하만이 높이가 오십 규빗 되는 나무를 준비하였는 데 이제 그 나무가 하만의 집에 섰나이다 왕이 이르되 하만을 그 나무에 달 라 하매 [10] 모르드개를 매달려고 한 나무에 하만을 다니 왕의 노가 그치니라

왕이 자리를 박차고 왕궁 뜰로 간 지 얼마나 지났을까? 이윽고 그가 다시 에스더에게 돌아왔다. 만일 뜰에서 잠시라도 하만의 거취를 어 떻게 결정하고 이 일을 어떻게 수습할 것인가를 고민했다면, 이제 그 의 모든 고민이 한순간에 사라지게 될 것이다. 하만이 아직도 에스더 왕비 앞에 있었기 때문이다. 한 주석가는 공포에 질린 하만이 당시 잔 치에서 많이 사용되었던 등받이가 뒤로 넘어가는 안락의자(recliner)에 앉아있는 에스더의 발을 붙잡고 살려 달라고 애원하고 있었다고 한다 (Moore). 탈굼(Targum)은 왕이 다시 돌아올 때까지 천사 가브리엘이 왕 의 더 큰 분노를 유발하기 위해 하만이 에스더가 앉아있는 안락의자에 서 떠날 수 없도록 붙들고 있었다고 한다!

그러나 페르시아법에 의하면 주변에 사람이 있다 할지라도, 왕 외에 는 왕비와 최소 일곱 걸음 정도의 거리를 유지해야 했다(Yamauchi). 그 러므로 하만이 에스더의 발목을 붙잡지는 않았을 것이다. 아이러니한 것은 유태인 모르드개가 엎드리지 않는다고 분노했던 하만이, 어느덧 이제는 유태인 여인 앞에 엎드려 있다는 사실이다. 한 주석가는 에스 더가 하만을 용서하지 않은 것을 매정하다고 비난하지만(Paton), 바로 며칠 전에 하만이 무슨 짓을 하려고 했는지를 생각한다면 그녀가 하만 을 용서하지 않는 것은 당연한 일이다. 만일 에스더가 하만을 용서하 는 것은 오히려 어리석은 짓이다(Gordis).

왕은 하만의 이 같은 모습을 '왕비를 강간하려는 것'으로 간주했다. 물론 하만은 전혀 그런 생각을 품지 않았다. 왕이 편할 대로 해석해 서 죄를 하만에게 뒤집어씌운 것이다. 이렇게 함으로써 아하수에로 왕은 이 모든 것이 하만의 간교한 음모였다며 많은 문제를 한꺼번에 해결할 수 있기 때문이다(Fox, Bush). 사실 하만이 유태인을 죽이라는 조서를 꾸민 것에 대해 벌할 수는 없다. 아하수에로도 그에게 반지를 빼어주며 조서를 꾸미도록 했으니 왕도 그 일에 간접적으로 가담한 것이기 때문이다. 반면에 하만을 죽이면 모든 것이 쉽게 해결된다. 더 나아가 아하수에로는 하만에게서 받은 은 1만 달란트를 돌려주지 않아도 된다(Crawford). 죄를 뒤집어씌워 하만을 처형하는 것이 매력적인 대안이 되었다. 또한 여기서 우리는 하나님의 '이에는 이, 눈에는 눈'이라는 심판의 원리를 보아야 한다. 하만은 유태인에게 거짓 죄를 뒤집어씌워 죽이려 했다. 이제 그가 거짓 죄를 뒤집어쓰고 처형당하게 되었다(Laniak).

왕이 하만이 아직도 에스더와 함께 있는 모습을 보고 이렇게 노하는데는, 또 한 가지 그럴 만한 문화적 이유가 있다. 당시에는 왕이 아닌 그 누구도 왕비나 궁녀들과 홀로 있어서는 안 되었다. 이는 법이 금한 일이었다(Jobes). 그러므로 상황이 어떻든 간에 하만은 이미 그 자리를 떠났어야 했으며, 여전히 에스더와 함께 있어서는 안 되는 일이었다. 설령 주변에 보는 눈이 있어도 그는 에스더와 같이 있을 수 없었다. 그런데 그가 여전히 자리에 남아 있었으니, 아하수에로 왕이 더 화가 날 수밖에 없었던 것이다.

왕의 신하들이 다가와 하만의 얼굴을 [천으로] 쌌다(8절). 로마와 그리스에서는 죄인을 처형하기 위해 형장으로 끌고 갈 때면 죄인의 얼굴을 가려 주었는데, 본문에서도 그런 풍습이 하만에게 적용되고 있다고 한다(Breneman). 그러나 이러한 행동은 하만이 얼굴을 드러내고 다닐 수 없는 수치를 당하고 있음을 상징할 뿐이다(Baldwin, Bush, Clines). 아직 그에 대한 형이 결정된 것이 아니기 때문이다.

그때 내시 하르보나가 하만이 모르드개를 처형하기 위하여 자기 집에 50규빗이나 되는 큰 장대를 세워놓은 사실을 왕에게 알려 주었다

(9절). 하르보나는 1:10에 언급된 7명의 내시 중 하나이다. 하르보나의 말은 왕을 더 자극했을 것이다. 왕은 바로 이날 아침 5년 전 모르드개가 세운 공을 높이 치하하여 그를 존귀하게 높인 적이 있다. 그런 모르드개를 하만이 죽이려 했으니, 얼마나 더 기가 막히겠는가? 또한 이 같은 행위(왕이 높인 사람을 죽이려는 것)는 매우 위험한 짓일 뿐만 아니라, 반역에 해당할 수도 있다(Fox, Laniak). 그러므로 내시 하르보나의 증언은 아하수에로가 한결 더 편안한 마음으로 하만을 처형하도록 하는 길을 열어 주었다(Crawford).

왕은 하만이 모르드개를 죽이기 위하여 세워둔 장대에 하만을 달아 처형하라고 명령했다(9절). 하만은 상처받은 자존심으로 모르드개를 죽이려 했고, 왕은 상처받은 자존심 때문에 하만을 죽인다(Kline, Brenner). "교만은 패망의 선봉이다"(잠 16:18)라는 말씀이 실감난다(Jobes). 하만의 죽음은 에스더서에서 지금까지 하만이 유태인을 상대로 진행해 왔던 일을 모두 반전시킨다.

하만은 자기가 판 구덩이에 자기가 빠졌고, 자기가 세운 장대에 매달리게 되었다. 이것도 하나의 아이러니다. 바로 전날 이 장대를 세울 때 하만은 이것이 자기를 죽일 것이라고는 상상을 하지 못했다. 18세기 말에 있었던 프랑스 혁명 때 기요틴(Guillotine)이라는 의원(議員)이 많은 사람을 신속하게 처형하려고 발명한 것이 훗날 그의 이름을 따서 기요틴(guillotine) 혹은 단두대(斷頭臺)라고 불린다. 기요틴이 자연사 했다는 설도 있지만, 자신이 발명한 단두대에서 처형되었다는 설도 있다. 만일 후자가 사실이라면, 그는 '프랑스의 하만'이라 할 수 있다.

이 장면에서 책에 등장하는 주요 인물들이 매우 효과적으로 묘사되고 있다(Breneman). 하만은 교만하지만, 겁이 많은 사람이다. 왕은 남에 의해 쉽게 영향을 받으며, 가장 큰 권력과 위엄을 지녔음에도 불구하고 인간적으로는 매우 약하다. 에스더는 꾸준하고 용맹스럽다. 이 모든 일을 매우 신속하고 간략하게 묘사하여 플롯의 흐름에 속도를 더하고 있다(Phillips).

C. 왕이 유태인을 도움(8:1-17)

하만에게 죄를 뒤집어씌워 신속하게 처형한 다음 아하수에로 왕은 하
만이 몰살하려 했던 유태인을 돕기 시작했다. 에스더서는 왕이 하만을
높인 것도, 죽인 것도 한순간에 있었던 일처럼 묘사한다. 하만은 어느
날 갑자기 제국의 2인자가 되어 있었다. 그의 몰락도 순식간에 이루어
졌다. 제국의 1인자인 왕의 권세와 2인자인 신하의 권세가 이처럼 차
이가 난다는 것이 왠지 씁쓸하다. 또한 바로 전날까지만 해도 왕의 총
애를 한몸에 받던 사람이 하룻밤 사이에 처형당한다는 것은 아하수에
로의 난폭함과 권력 남용을 암시한다.

하만이 모르드개를 처형하기 위하여 세워 놓은 장대에 자기가 매달
릴 것을 알았다면, 아마도 모르드개와 유태인에게 행한 일의 상당 부
분을 재고하지 않았을까? 사람은 한치 앞도 알지 못한다. 특별히 모든
것을 반전시키실 수 있는 하나님을 믿는 사람이라면, 자신의 악한 음
모가 올무가 되어 자기에게 돌아올 수 있다는 사실을 의식하며 살아야
한다. 그러므로 가능하면 나쁜 일은 자제하고 선한 일만 하면서 사는
것이 좋다. 하만을 처형한 아하수에로 왕이 유태인을 도운 이야기를
기록하고 있는 본 장(章)은 다음과 같이 구분할 수 있다.

  A. 모르드개가 왕의 신임을 얻음(8:1-2)
    B. 에스더가 왕에게 호소함(8:3-6)
    B′. 왕이 에스더의 호소를 들어줌(8:7-8)
  A′. 모르드개가 왕의 이름으로 칙령을 작성함(8:9-17)

1. 모르드개가 왕의 신임을 얻음(8:1-2)

¹ 그 날 아하수에로 왕이 유다인의 대적 하만의 집을 왕후 에스더에게 주니라 에스더가 모르드개는 자기에게 어떻게 관계됨을 왕께 아뢰었으므로 모르드개가 왕 앞에 나오니 ² 왕이 하만에게서 거둔 반지를 빼어 모르드개에게 준지라 에스더가 모르드개에게 하만의 집을 관리하게 하니라

왕은 처형한 하만의 모든 재산을 에스더에게 주었다(1절). 왕이 하만의 재산을 에스더에게 줄 수 있는 이유는 페르시아법에 의하면 처형당한 범죄자의 재산은 왕의 것이기 때문이다(Herodotus). 이세벨이 나봇에게 죄를 뒤집어씌워 죽이고 포도원을 빼앗는 것을 보면 이스라엘에서도 이러한 제도가 있었던 것을 알 수 있다. 페르시아 법에 의하면 하만의 재산이 에스더에게 가야만 하는 또 한 가지 이유가 있다. 하만이 꾸민 음모로 에스더에게 피해를 입혔기 때문이다(Jobes). 하만이 유태인을 제거하는 비용으로 왕에게 은 1만 달란트(340t)를 선사한 것을 보면(3:9) 대단한 재력가였음이 분명하다. 왕으로부터 하만의 재산을 하사받은 에스더는 참으로 엄청난 규모의 재산을 얻게 된 것이다. 그러므로 에스더는 아하수에로 왕이 "제국의 반이라도 주겠다"라는 약속대로(7:2) '제국의 반 이상'을 받았다 할 수 있다(Brenner). 역시 반전하시는 하나님의 역사가 대단하다.

에스더는 아하수에로 왕에게 모르드개를 소개했다. 이때가 언제쯤인지 확실히 알 수는 없지만, 하만이 선포한 칙령(3:7)과 잠시 후 모르드개가 선포할 칙령(8:9) 사이에 2개월 10일의 시간이 흘렀다는 점을 감안하면, 아마도 하만이 처형된 때로부터 한 달 정도 지난 후로 생각된다. 그동안 유태인의 원수 하만은 죽었지만, 그가 남기고 간 조서, 곧 유태인을 모두 몰살하라는 왕의 칙령 문제는 아직 해결되지 않은 상황이다.

아하수에로 왕은 하만에게서 회수한 반지를(3:10) 모르드개에게 주었다. 모르드개 입장에서 반지는 왕이 줄 수 있는 최고의 신임을 상징한다. 그러나 아하수에로 왕은 하만의 일에서 배운 것이 별로 없다. 하만은 왕의 권위를 상징하는 반지를 이용하여 한 민족을 몰살하려는 무서운 음모를 꾸몄었다. 그러므로 왕은 이 반지가 잘못 사용되면 엄청난 파장을 가져올 수도 있다는 것을 깨닫고 반지를 누구에게 맡기는 일은 다시는 하지 말아야 한다. 그런데 이번에는 그 반지를 모르드개에게 준 것이다. 그는 제국의 최고 권위자로서 해서는 안 될 일을 두 번이나 연거푸 하고 있다. 헤로도투스가 증언하는 대로 아하수에로 왕은 나라를 다스리는 일보다는 여자와 향락에 훨씬 더 관심이 많았던 사람임이 확실하다.

어찌 되었건 아하수에로의 반지를 받아 든 모르드개는 어느덧 왕이 가장 신임하는 사람이 되어 있다. 모르드개와 하만의 위치가 완전히 바뀐 것이다. 그러므로 이제 왕의 권세를 위임받다시피 한 모르드개가 하만이 선포했던 유태인 학살 문제를 해결하는 일은 시간 문제다. 기술적 차원에서 한가지 어려운 점은 페르시아법에 따르면 왕이 한번 선포한 조서는 되돌릴 수 없다는 점이다. 모르드개는 이 문제도 하나님의 지혜로 잘 풀어나갈 것이다.

에스더는 왕에게 받은 하만의 재산을 모르드개에게 관리하도록 했다. 이 일을 통하여 에스더와 모르드개의 관계가 재설정된다. 전에는 모르드개가 주권을 가지고 에스더를 도왔지만, 이제는 에스더가 모르드개가 누리는 부와 권세의 후원자가 되어 그를 돕는다(Fox). 하만은 왕의 반지를 이용하여 모르드개를 죽이고 그의 재산을 빼앗으려 했다. 그러나 모르드개가 하만의 재산을 관리하게 되었고, 왕의 반지도 받았다.

2. 에스더가 왕에게 호소함(8:3-6)

³ 에스더가 다시 왕 앞에서 말씀하며 왕의 발 아래 엎드려 아각 사람 하만이 유다인을 해하려 한 악한 꾀를 제거하기를 울며 구하니 ⁴ 왕이 에스더를 향하여 금 규를 내미는지라 에스더가 일어나 왕 앞에 서서 ⁵ 이르되 왕이 만일 즐거워하시며 내가 왕의 목전에 은혜를 입었고 또 왕이 이 일을 좋게 여기시며 나를 좋게 보실진대 조서를 내리사 아각 사람 함므다다의 아들 하만이 왕의 각 지방에 있는 유다인을 진멸하려고 꾀하고 쓴 조서를 철회하소서 ⁶ 내가 어찌 내 민족이 화 당함을 차마 보며 내 친척의 멸망함을 차마 보리이까 하니

에스더와 모르드개가 왕의 신임을 얻고 하만의 재산을 얻어 갑부가 되었다. 또한 자신들을 포함한 모든 유태인을 하만의 손에서 구했다. 그러나 이미 왕의 이름으로 선포된 조서는 아직도 유효하다. 어떤 조치가 취해지지 않으면, 유태인은 이미 선포된 칙령에 따라 그해 말인 12월 13일에 모두 진멸당하게 된다. 이미 왕의 신임을 얻은 에스더와 모르드개는 안전할 것이다. 그러나 자신들의 안전만으로 평안을 누릴 수 없다. 하나님이 자신들을 통해 주의 백성을 구하시려고 이때, 수산에, 이 위치에 두셨다는 사실을 잘 알기 때문이다. 그들은 주의 백성을 구하는 사명을 다해야 한다.

일부 주석가는 이 이야기가 1-2절에 기록된 일—에스더가 모르드개를 왕에게 소개하고, 왕이 모르드개에게 반지를 준 일—이 있었던 같은 날에 연이어 진행된 일이라고 한다(Bush, Clines, cf. LXX). 이렇게 읽을 경우 왕은 이미 에스더와 함께 정치에 대하여 깊은 대화를 나누었으며, 본문에 기록된 일은 이 대화 이후에 있었던 일임을 의미한다

(Moore). 그러나 왕이 엎드린 에스더에게 규를 내미는 것과 8:9에 기록된 날짜가 셋째 달인 것으로 보아 최소한 며칠 정도의 시간이 지난 다음에 에스더가 왕이 부르지 않은 상황에서 그를 찾아간 것이 확실하다. 또한 마소라 사본은 2절 뒤에 문단 표시(paragraph marker)를 두어 3절부터 다른 이야기가 시작되고 있음을 암시한다(BHS). 이 기간에 에스더와 모르드개는 아직도 자기 민족에게 드리워져 있는 죽음의 그림자로 마음이 편하지 못했다(Phillips). 어떻게든 이 문제를 매듭지어야 한다는 사명감으로 불타고 있다.

에스더는 왕이 부르지 않았기에 죽음을 각오하고 한번 더 왕에게 나아갔다(Paton). 왕이 머무는 곳으로 찾아가 그의 발 앞에 엎드려 눈물을 흘리며 통곡했다. 이 순간 에스더는 이스라엘 백성을 대표한다. 힘이 없는 에스더가 권력을 휘두르는 남자에게 애원하는 것처럼, 타국에 끌려와 아무런 힘이 없는 유태인은 힘이 막강한 페르시아 정부의 선처를 바라고 있다(Crawford).

에스더가 아무런 문제 없이 왕에게 엎드리는 것을 보면, 모르드개가 하만에게만 엎드리지 않은 것이지, 다른 사람에게도 그러한 것은 아니었음이 확실하다(Crawford). 에스더는 하만의 음모를 무효화시켜 달라고 간구했다(3절). 이번에도 아하수에로 왕은 황금 규를 내밀어 그녀를 환영했다(4절, cf. 5:2). 왕이 규를 내밀자 에스더는 왕 앞에 서서 자신의 말을 이어갔다.

에스더는 네 가지 표현으로 왕의 자비를 구한다. (1) 만일 왕이 즐거하시며, (2) 만일 내가 왕의 목전에 은혜를 입었다면, (3) 만일 왕이 이 일을 선하게 여기신다면, (4) 만일 왕이 저를 기쁘게 보신다면(5절). 에스더는 하만의 조서 문제를 해결하는 일에 자신의 생명을 포함한 모든 것을 걸었지만, 결국 최종 결정자는 아하수에로 왕이기에 그녀는 왕의 자비를 이처럼 간곡하게 구하고 있다. 또한 에스더는 자신의 호소를 법에 근거하지 않는다. 페르시아법은 왕의 칙령을 번복할 수 없도록 했기 때문이다. 그래서 에스더는 "좋으시다면"(בוֹט)과 "즐거하신다면"(רשָׁכ) 등을 사용하여 왕의 감정에 호소한다(Phillips, cf. Breneman). 에스더는 변덕스럽고 감정적으로 일을 처리하는 아하수에로에게 가장 효과적인 방법을 사용하고 있다(Crawford).

왕의 은혜를 구하는 에스더는 왕을 자극하지 않으려고 유태인을 몰살하는 조서를 꾸민 자는 왕이 아니라 하만임을 분명히 한다(5절). 에스더는 아하수에로에게 하만의 잘못된 조서를 바로 잡는 조서를 내려달라고 호소했다. 하만이 죽이려고 했던 유태인도 여느 민족처럼 모두 아하수에로 왕이 다스리는 영토에 사는 왕의 백성이라는 사실을 상기시킨다(5절). 만일 유태인이 학살당하면 통치할 백성을 잃는 왕에게도 손해라는 논리다.

더 나아가 에스더는 페르시아 왕의 정서에 호소한다. "제 민족이, 제 가족이 죽임을 당하는 것을 어찌 볼 수 있겠습니까?"(6절). 에스더는 자기의 생명도 위험하다는 말을 하지 않는다(7:3). 페르시아 왕은 조상과 가족에 대해 배려하는 것을 미덕으로 삼았다(Herodotus). 그러므로 에스더는 죽임을 당하게 될 자기 민족을 '내 가족'이라며 왕을 심리적으로 압박하고 있다.

II. 반전하는 운명(6:1-9:19)
   C. 왕이 유태인을 도움(8:1-17)

3. 왕이 에스더의 호소를 들어줌(8:7-8)

[7] 아하수에로 왕이 왕후 에스더와 유다인 모르드개에게 이르되 하만이 유다인을 살해하려 하므로 나무에 매달렸고 내가 그 집을 에스더에게 주었으니 [8] 너희는 왕의 명의로 유다인에게 조서를 뜻대로 쓰고 왕의 반지로 인을 칠지어다 왕의 이름을 쓰고 왕의 반지로 인친 조서는 누구든지 철회할 수 없음이니라 하니라

사실 왕은 오직 왕비 에스더에게만 관심이 있지, 그녀가 속한 유태인의 안녕에는 별 관심이 없다(Phillips). 그러나 사랑하는 왕비가 이처럼 죽음을 각오하고 나왔으니 조치를 취하지 않을 수 없게 되었다. 그래서 이 모든 일이 귀찮기만 한(Clines) 그는 모르드개와 에스더에게 이 문제에 대하여 '백지수표'를 건네주었다. 한가지 기준 즉, '이미 선포된 조서는 철회할 수 없다'라는 사실만 의식하고 나머지는 창의력을 활용하여 이 문제를 해결해 보라는 것이다. 왕은 얼마 전 하만에게 백지수표를 주었다가 큰일 날뻔했던 일을 경험하고도 또 이런 식으로 일을 처리한다.

왕이 한 번 선포하면 억울한 사람을 죽이는 잘못된 법도 번복할 수 없다는 사실이 페르시아 왕의 교만을 암시한다. 자신이 뭐길래 한 번 선포한 법은 잘못된 것이라도 번복할 수 없단 말인가? 하나님의 법도 경우에 따라 예외가 있는데 말이다. 또한 우리는 여기서 아하수에로 왕의 무능함과 무관심을 한번 더 목격하고 있다(Clines). 이 일은 정작 그가 나서야 할 일이지만, 모든 것을 모르드개와 에스더에게 일임하는 것으로(8절의 히브리어 문장에서 "너희"는 강조형이다) 이 일에서 손을 뗀다.

유태인은 이미 선포된 조서를 통해 죽임을 당하게 되어 있었다(3:9-4:3). 그러나 이제 상황이 반전되었다. 유태인은 죽임을 당하는 것이 아니라, 그들을 죽이려던 자들을 오히려 죽이게 될 것이다. 이 반전을 통하여 한가지 사실은 분명히 하고 있다. 누구든 하나님 백성을 해하려 하는 자는 분명 망할 것이라는 경고다(Breneman).

II. 반전하는 운명(6:1-9:19)
  C. 왕이 유태인을 도움(8:1-17)

4. 모르드개가 왕의 이름으로 칙령을 작성함(8:9-17)

⁹ 그 때 시완월 곧 삼월 이십삼일에 왕의 서기관이 소집되고 모르드개가 시

키는 대로 조서를 써서 인도로부터 구스까지의 백이십칠 지방 유다인과 대신과 지방관과 관원에게 전할새 각 지방의 문자와 각 민족의 언어와 유다인의 문자와 언어로 쓰되 ¹⁰ 아하수에로 왕의 명의로 쓰고 왕의 반지로 인을 치고 그 조서를 역졸들에게 부쳐 전하게 하니 그들은 왕궁에서 길러서 왕의 일에 쓰는 준마를 타는 자들이라 ¹¹ 조서에는 왕이 여러 고을에 있는 유다인에게 허락하여 그들이 함께 모여 스스로 생명을 보호하여 각 지방의 백성 중 세력을 가지고 그들을 치려하는 자들과 그들의 처자를 죽이고 도륙하고 진멸하고 그 재산을 탈취하게 하되 ¹² 아하수에로 왕의 각 지방에서 아달월 곧 십이월 십삼일 하루 동안에 하게 하였고 ¹³ 이 조서 초본을 각 지방에 전하고 각 민족에게 반포하고 유다인들에게 준비하였다가 그 날에 대적에게 원수를 갚게 한지라 ¹⁴ 왕의 어명이 매우 급하매 역졸이 왕의 일에 쓰는 준마를 타고 빨리 나가고 그 조서가 도성 수산에도 반포되니라 ¹⁵ 모르드개가 푸르고 흰 조복을 입고 큰 금관을 쓰고 자색 가는 베 겉옷을 입고 왕 앞에서 나오니 수산 성이 즐거이 부르며 기뻐하고 ¹⁶ 유다인에게는 영광과 즐거움과 기쁨과 존귀함이 있는지라 ¹⁷ 왕의 어명이 이르는 각 지방, 각 읍에서 유다인들이 즐기고 기뻐하여 잔치를 베풀고 그 날을 명절로 삼으니 본토 백성이 유다인을 두려워하여 유다인 되는 자가 많더라

전에 하만이 왕의 서기관을 소집했던 것처럼(3:12), 이번에는 모르드개가 소집했다(9절). 3월 23일에 있었던 일이다. 하만이 조서를 꾸민 때가 1월 13일이었으니(3:12), 정확히 2개월 10일이 지난 시점에 서기관이 새 조서를 작성하기 위하여 소집되었다. 하만이 유태인을 학살하는 조서를 꾸미기 위해 소집했던 것에 반해, 모르드개는 이번에 자기 백성 유태인을 살리는 조서를 꾸미기 위해 그들을 모았다. 모르드개도 하만이 조서를 꾸미며 인도에서 구스에 이르는 페르시아의 127개 지방 관료들에게 보냈던 것처럼, 새 조서를 보냈다. 그는 각 지방에 사는 모든 유태인에게도 좋은 소식을 알렸다(9절).

조서의 내용은 원래 하만이 유태인 학살 날로 잡은 12월 13일에, 각 지방에 사는 유태인은 결집하여 그들을 해하려는 자들과 대항하여 싸울 수 있고, 관료들은 유태인이 방어하기 위해 모으는 일을 도우라는 것이었다(11-13절). 아마도 하만의 조서가 유태인이 스스로를 방어하기 위해 모이는 것(right to assemble)을 금했기에 이런 조서가 내려진 것으로 생각된다(Breneman). 하만의 조서에서는 유태인이 싸워보지 못하고 일방적으로 당하게 한 것에 반해, 모르드개의 조서는 유태인이 스스로 방어할 수 있도록 허락한다. 이 조서는 정당방어를 허락하여 공평한 싸움이 되게 했다.

모르드개는 이 조서를 작성하면서 전에 하만이 조서에서 사용했던 주요 개념을 그대로 사용한다. "죽이다"(שמד), "도륙하다"(הרג), "진멸하다"(אבד)가 그 예다.(11절; cf. 3:13). 죽임을 당할 뻔했던 유태인이 원수들을 죽이고, 도륙당할 뻔했던 사람이 도륙하고, 진멸될 뻔했던 주의 백성이 오히려 원수들을 진멸하게 되었다.

그런데 정작 유태인이 싸우게 될 사람들은 누구일까? 즉, 누가 하만의 사주를 받아 주의 백성을 해하려고 했던 것일까? 정확히 알 수 없으며, 누구를 상대로든 유태인은 방어할 수 있는 권리가 있음을 선언하는 것을 주목적으로 한 조서이다(Moore). 하만의 추종자가 누구였던 간에 그들은 유태인을 상대로 계획했던 폭력을 경험하게 될 것이다. 에스더서는 수산에서만 이틀에 걸쳐 남자 800명이 유태인의 손에 죽었고(9:12, 15), 페르시아 제국 안에서 7만 5천 명이 죽었다고 기록한다(9:16). 참으로 많은 사람이 주의 백성을 해하려다 오히려 해를 당했다. 심은 대로 거둔 것이다.

왕의 조소가 제국의 모든 지방을 향하는 동안, 모르드개는 가장 영광스럽고 존귀한 모습으로 왕에게 나아왔다(15절). 광경을 지켜본 모든 사람이 기뻐했으며, 수산에 사는 유태인의 위상이 순식간에 수직 상승하였다. 매우 극적으로 유태인의 운명이 반전되는 것을 보고 사람들은 두려워했으며, 많은 사람이 자청해서 유태인이 되었다고 한다(17절). 옛적 이스라엘이 이집트를 떠날 때 '허다한 잡족'이 그들과 함께 나온 것을 연상케 한다(출 12:38). 유태인을 정의하는 기준이 종교인 것을 생각하면, 이 사람들은 유대교로 개종했음을 암시한다(Clines, Bush). 여호와께서 이스라엘뿐만 아니라, 열방의 주님이 되신 것이다.

많은 학자는 유태인이 원수에게 몰살당하게 되었다가 오히려 원수를 치게 된 이 이야기는 역사적 사실을 바탕으로 한 것이 아니며 소설이라고 한다. 그러나 우리는 제2차 세계대전 중 나치에 의해 600만 명의 유태인이 학살되었던 사실을 기억해야 한다. 인류 역사에서 이런 일은 언제든지 반복될 수 있으며, 최근에는 보스니아와 르완다에서도 일어났다. 더 나아가 어떤 이들은 이방인이 유대교로 개종하는 것이 구약 시대와 신약 시대 사이의 중간 시대에나 있었던 일이라며 이 이야기의 신빙성을 의심하기도 한다. 그러나 구약에는 이스라엘과 함께 이집트를 떠나온 '허다한 잡족'과 가나안 사람 중 라합의 집안과 기브온 사람 등 많은 사람이 이미 개종한 사실을 기록하고 있다. 그러므로 이방인이 유대교로 개종하는 것은 특별한 일이 아니다. 지금도 세상에는 유대교로 개종하는 이방인이 있다.

칠십인역은 모르드개가 아하수에로 왕의 이름으로 보낸 편지의 내용을 다음과 같이 기록하고 있다. 물론 이것 역시 역사성은 인정할 만한 것이 못 된다.

16:1 그 편지의 내용은 다음과 같다. "나 아하스에로스 대왕이 인도에서 에디오피아에 이르는 백이십칠 개 주의 통치자들과 그 예하 지방 장관들과 나의 충성스러운 신하들에게 인사를 보낸다. 사람들은 흔히 그들의 은인으로부터 큰 은혜를 입어 많은 영예를 얻으면 점점 더 오만해진다. 그들은 나의 백성들을 해치려는 것으로 만족하지 않고 자기들이 받은 은혜를 제대로 간직하지 못하여, 그들의 은인들을 해치는 음모

339

를 꾸미기에 이른다. 또한 그들은 사람에게서 감사하는 마음을 없애 버리는 것으로 만족하지 않고 오히려 선이 무엇인가를 알지 못하는 어리석은 자들의 칭찬하는 말에 우쭐하여, 하나님이 모든 것을 내려다 보고 계시는데도 그 악인들을 미워하시는 하나님의 정의를 피할 수 있다고 스스로 장담한다. 그래서 권좌에 있는 사람들이 친구에게 국사를 맡기고 그들의 말을 듣다가 죄 없는 사람들의 피를 흘리게 하고 구제할 길 없는 불행의 대가를 치르게 하는 일이 비일비재하였다. 그리고 통치자들의 탓할 것 없는 올바른 의도가 악의를 품은 자들의 거짓 이론 때문에 잘못되는 수가 많았다. 내가 언급한 옛일을 되새길 필요도 없이, 눈을 똑바로 뜨고 네 앞을 보기만 하면, 가당치 않은 관리들이 해악으로 인하여 갖가지 죄악이 저질러졌다는 것을 알 수 있다. 그래서 앞으로 나는 모든 힘을 기울여 나라의 만백성이 안전과 평화를 누릴 수 있도록 노력하겠다. 그러기 위해서 나는 정책을 적절하게 개혁하고 내가 처리해야 할 사항들을 언제나 공정한 정신으로 판단해 나가겠다. 그런데, 마케도니아 사람 함다다의 아들 하만이 좋은 예이다. 그는 페르시아의 피가 한 방울도 섞이지 않은 이국인일 뿐 아니라, 온정이 없어 나와는 거리가 먼 자인데도 불구하고, 나는 그를 손님으로 우대하였고 모든 국민에게 베푸는 우정으로 그를 대하였다. 그리하여 마침내는 그를 "나의 아버지"라고 불렀고 왕 다음가는 자리를 주어서, 모든 사람이 그 앞에 엎드려 배례하게까지 하였다. 그런데도 그는 자기의 높은 지위에 만족하지 않고 나에게서 나라와 생명까지 빼앗으려고 음모하였다. 나아가서 부당한 잔꾀와 이론을 펴, 나의 구원자이며 변함없는 은인인 모르드개와 탓할 바 없는 나의 왕후 에스더를 그들의 동족과 함께 없애 버리라고 나에게 종용하였다. 그는 이렇게 하여 나를 고립무의의 상태에 빠뜨리고 페르시아 제국을 마케도니아인들에게 넘겨 주려고 생각하고 있었던 것이다. 이 가증스러운 악인이 멸망시키려고 하던 유태인들은 죄인들이 아니며 오히려 법을 가장 올바르게 지키는 사람들이라는 것을 나는 알았다. 그들은 위대하시고 살아 계신 하나님이신 지극히 높은 분의 자녀들이다. 나와 나의 선조들은 바로 이 하나님 덕분에 나라의 끊임없는 번영을 누려 왔다. 그러므로 그대들은 함다다의 아들 하만이 보낸 편지에 적혀 있는 지시를 따르지 않는 것이 좋겠다. 그 편지를 쓴 자는 만물의 주인이신 하나님이 지체없이 내리신 합당한 벌을 받아, 이미 그 일가 권속과 함께 수산 성의 성문에서 교수형을 당했다. 나의 이 편지의 사본을 방방곡곡에 게시하여 유태인들로 하여금 그들의 법을 공공연히 지킬 수 있게 하라. 악인들은 아달월 즉 십이 월 십삼 일을 공격 일로 정하여 유태인을 몰살시키려고 하고 있는데, 그대들은 그날에 유태인들을 도와주라. 전능하신 하나님은 멸망의 이날을 당신의 선민들을 위하여 기쁨의 날로 바꾸어 놓으셨다. 한편, 그대들 유태인들은 성대하게 지내는 축제일 가운데서도 이날을 특별한 축일로 정하여 갖가지 잔치로써 축하하라. 그리하여 오늘 이후로는 이날이 그대들과 선량한 페르시아인들에게는 구원의 기념일이 되고 그대들의 원수들에게는 멸망의 기념일이 되게 하라. 어떤 도시든지, 나아가 어떤 주든지 이 지시를 지키지 않으면 칼과 불의 무자비한 응징을 받아 폐허가 될 것이며, 그곳은 사람이 살 수 없게 될 것은 물론이요 심지어는 야수나 새들의 영원한 저주까지 받게 될 것이다.”

D. 유태인의 승리(9:1-19)

모르드개가 작성한 조서가 온 페르시아에 선포된 것은 3월 23일이었다 (8:9). 본문은 그로부터 약 9개월이 지난 12월 13-15일에 있었던 일을 회고한다. 이 9개월 동안 하만의 가족과 그에게 동조했던 사람은 매일 죽음에 대한 공포를 느끼며 살았을 것이다. 그들이 처형될 날을 9개월

전부터 알았으니 말이다. 이처럼 공포 속에서 사느니 차라리 빨리 죽임을 당하는 것이 더 좋겠다는 생각을 했을 것이다. 반면에 유태인은 이 같은 공포를 두 달 만에 하나님의 구원과 평안으로 바꿀 수 있었다. 본 텍스트는 다음과 같이 두 파트로 구분할 수 있다.[11]

A. 유태인이 원수들을 죽임(9:1-10)
B. 하루 더 허락된 살생(9:11-19)

> II. 반전하는 운명(6:1-9:19)
>   D. 유태인의 승리(9:1-19)

1. 유태인이 원수들을 죽임(9:1-10)

[1] 아달월 곧 열두째 달 십삼일은 왕의 어명을 시행하게 된 날이라 유다인의 대적들이 그들을 제거하기를 바랐더니 유다인이 도리어 자기들을 미워하는 자들을 제거하게 된 그 날에 [2] 유다인들이 아하수에로 왕의 각 지방, 각 읍에 모여 자기들을 해하고자 한 자를 죽이려 하니 모든 민족이 그들을 두려워하여 능히 막을 자가 없고 [3] 각 지방 모든 지방관과 대신들과 총독들과 왕의 사무를 보는 자들이 모르드개를 두려워하므로 다 유다인을 도우니 [4] 모르드개가 왕궁에서 존귀하여 점점 창대하매 이 사람 모르드개의 명성이 각 지방에 퍼지더라 [5] 유다인이 칼로 그 모든 대적들을 쳐서 도륙하고 진멸하고 자기를 미워하는 자에게 마음대로 행하고 [6] 유다인이 또 도성 수산에서 오백

---

11 9:1-19에 대하여 다음과 같이 세부적인 분석이 제시되기도 한다(Luter & Davis).
   A. 승리의 시간(9:1)
     B. 제국 전체에서 얻은 승리의 규모(9:2-5)
       C. 수산에서 얻은 승리(첫째 날)(9:6-10)
         D. 한 번 더 승리를 얻기 위한 탄원(9:11-13)
       C'. 수산에서 얻은 승리(둘째 날)(9:14-15)
     B'. 제국 전체에서 얻은 승리의 규모(9:16)
   A'. 승리의 시간(9:1)

명을 죽이고 진멸하고 [7] 또 바산다다와 달본과 아스바다와 [8] 보라다와 아달리야와 아리다다와 [9]바마스다와 아리새와 아리대와 왜사다 [10] 곧 함므다다의 손자요 유다인의 대적 하만의 열 아들을 죽였으나 그들의 재산에는 손을 대지 아니하였더라

모르드개가 새 조서를 선포한 지(8장) 9개월이 지났다. 드디어 하만이 죽기 전에 꾸민 조서를 통해 유태인을 모두 죽이는 날로 지정한 12월 13일이 임했다. 하만은 이날을 정하기 위하여 점을 쳤다(3:7). 하만이 길일(吉日)이라며 이날을 정했는데, 이날이 정작 아들들의 초상날이 될 줄이야! 무당 등을 통하여 점 치는 것이 얼마나 허무하고 어리석은 짓인지를 보여주고 있다. 점쟁이는 절대 창조주 하나님의 의중을 살필 수 없다. 오로지 여호와의 참 선지자만이 이런 일을 할 수 있다. 이 모든 일은 하나님이 하신 일이다. 보이지 않는 곳에서 하나님이 하만의 모든 계획을 반전시키신 것이다(잠 16:33). 하나님이 우리 눈에 보이지 않는다고 해서 그곳에 계시지 않는 것은 아니다(McConville). 하나님은 우리 눈에 보이게 사역하기도 하지만, 보이지 않게 더 많은 사역을 하시는 분이다. 특히 자기 백성을 보호하는 일에는 더욱 그렇다.

모르드개는 새 조서를 통해 유태인에게 적으로부터 자신을 방어하기 위하여 모일 수 있는 자유를 주었다. 그러므로 위협이 완전히 제거된 것은 아니다. 만일 유태인이 상대하기 어려울 정도로 대단한 적이 나타나면 모여있는 유태인에게 위기가 될 수 있기 때문이다. 그러나 하만의 악한 조서로 죽음의 문턱까지 갔다 온 사람이 무엇을 두려워하겠는가? 지난 9개월 동안 진행된 일을 고려할 때 이날은 유태인의 날이 될 것이 분명했다(2절).

전세가 이미 유태인과 모르드개에게 기운 것을 알아차린 페르시아의 모든 각료도 두려워하며 유태인을 도왔다(3절). 모르드개가 제국의 2인자로 자리를 굳건히 하고 있기 때문이다(4절). 이럴 때 잘해야지 생명

을 보존할 수 있다는 생각에서였다. 정치에서는 영원한 적도, 영원한 아군도 없다는 사실이 실감난다.

유태인은 수산에서만 원수 500명을 죽였다(6절). 그들은 모두 특별한 이유 없이 유태인을 미워한 사람들이었다(Levenson, Baldwin, Bush). 다음 섹션에서 에스더는 왕에게 수산에서 하루 더 유태인의 적을 죽일 수 있는 기회를 달라고 부탁하여 300명을 더 죽인다(13절). 온 페르시아에서는 7만 5천 명이 죽임을 당했다(16절). 만일 이 숫자가 실제 숫자라면, 페르시아 제국 내의 반(半)유태인 감정이 매우 심각했음을 알 수 있다(Phillips). 모르드개의 위상에도 불구하고 이처럼 많은 사람이 끝까지 유태인을 미워하다 죽임을 당했기 때문이다. 그렇다면 하만은 당시 상당수 사람의 유태인에 대한 부정적 감정을 대변한 것뿐이다. 반면에 이 숫자가 실제로 보기에는 너무 많다 해서 과장된 것이라고 해석하기도 한다(Fox, Jones).

또한 일부 주석가는 이런 유태인의 행동을 만행으로 본다(Paton, Clines, Moore, cf. Jobes). 그러나 하만의 악한 계획이 실패했고, 계획하던 일이 오히려 그의 자손과 친지에게 올무가 되었다는 점을 강조할 뿐이다(Fox, Crawford). 그러므로 이 일의 도덕성에 대하여 논하는 것은 저자의 의도와는 상관없는 일이다. 게다가 하만과 모르드개의 일을 익히 알고 있는 사람들이 유태인을 상대로 싸우러 나왔다는 것은 스스로의 운명을 선택했다고 할 수 있다. 또한 유태인 입장에서 이 일은 정당방어다. 이 외에도 유태인은 하만의 아들 10명을 죽였다(7-10절). 하만의 자손이 유태인을 상대로 보복하는 것을 막기 위한 방편이었다(Breneman). 그러나 그들의 재산에는 손대지 않았다(10, 15-16절). 이 같은 사실을 세 차례나 언급하는 것은 유태인의 살상은 약탈을 목적으로 한 것이 아니라, 생존을 위한 투쟁이었음을 강조하기 위해서다. 이렇게 해서 유태인과 하만의 족속, 혹은 이스라엘 후손과 아말렉 왕 아각의 후손 사이의 오랜 갈등은 드디어 끝이 났다(삼상 15:2-23).

2. 하루 더 허락된 살생(9:11-19)

¹¹ 그 날에 도성 수산에서 도륙한 자의 수효를 왕께 아뢰니 ¹² 왕이 왕후 에스더에게 이르되 유다인이 도성 수산에서 이미 오백 명을 죽이고 멸하고 또 하만의 열 아들을 죽였으니 왕의 다른 지방에서는 어떠하였겠느냐 이제 그대의 소청이 무엇이냐 곧 허락하겠노라 그대의 요구가 무엇이냐 또한 시행하겠노라 하니 ¹³ 에스더가 이르되 왕이 만일 좋게 여기시면 수산에 사는 유다인들이 내일도 오늘 조서대로 행하게 하시고 하만의 열 아들의 시체를 나무에 매달게 하소서 하니 ¹⁴ 왕이 그대로 행하기를 허락하고 조서를 수산에 내리니 하만의 열 아들의 시체가 매달리니라 ¹⁵ 아달월 십사일에도 수산에 있는 유다인이 모여 또 삼백 명을 수산에서 도륙하되 그들의 재산에는 손을 대지 아니하였고 ¹⁶ 왕의 각 지방에 있는 다른 유다인들이 모여 스스로 생명을 보호하여 대적들에게서 벗어나며 자기들을 미워하는 자 칠만 오천 명을 도륙하되 그들의 재산에는 손을 대지 아니하였더라 ¹⁷ 아달월 십삼일에 그 일을 행하였고 십사일에 쉬며 그 날에 잔치를 베풀어 즐겼고 ¹⁸ 수산에 사는 유다인들은 십삼일과 십사일에 모였고 십오일에 쉬며 이 날에 잔치를 베풀어 즐긴지라 ¹⁹ 그러므로 시골의 유다인 곧 성이 없는 고을고을에 사는 자들이 아달월 십사일을 명절로 삼아 잔치를 베풀고 즐기며 서로 예물을 주더라

12월 13일 하루 동안의 살육이 끝났다. 수산에서는 500명과 하만의 아들 10명이 살해되었고, 지방에서는 7만 5천 명이 생명을 잃었다(16절). 유태인이 선제공격을 한 것이 아니라 정당방어로 죽였으니, 그들을 미워하는 사람들이 참으로 많았던 것 같다. 페르시아 제국의 규모를 감안할 때 이 숫자가 그다지 많은 것은 아니며, 실제 숫자를 반영한 것이라는 해석이 있다(Phillips). 기록에 의하면 페르시아 사람 미트리다

테스(Mithridates)는 소아시아 서쪽을 다스리는 장관과 총독에게 이탈리아 사람을 모두 죽이라는 명령을 내려 남녀노소를 막론해서 15만 명을 죽였다는 기록이 있다(Phillips).

그러나 이미 위에서 언급한 것처럼 이 숫자가 실제가 아니라 과장된 숫자라고 하는 사람도 많다(Fox, Crawford). 칠십인역은 1만 5천 명으로, 탈굼은 1만 107명으로 표기하고 있다. 또한 히브리어로 '1,000'을 뜻하는 엘렙(אֶלֶף)은 10-50명 정도의 가족/집안 단위의 작은 수를 뜻할 수도 있다(Breneman). 이렇게 해석하면 이날 죽임을 당한 숫자가 현저히 (약 1,000-2,000명 정도) 줄어든다. 숫자가 실제인지 과장된 것인지 알 수는 없지만, 왕도 많은 손실을 본 것은 확실하다. 거의 8만 명에 육박하는 백성을 잃었기 때문이다. 그러나 하만의 음모가 실현되었다면, 왕은 더 많은 백성을 잃었을 것이다.

원수들을 모두 처단했으니, 또 무엇을 원하느냐는 왕의 질문에 에스더는 두 가지를 청한다. 첫째, 다음날에는 수산에서만 하루 더 원수들을 제거하게 해 달라고 했다. 둘째, 하만의 열 아들들의 시체를 나무에 매달 수 있도록 해달라고 했다(13절). 에스더가 피에 굶주린 늑대도 아닌데 왜 이런 요청을 했을까? 에스더는 추가 요청으로 인해 에스더서를 바탕으로 한 오페라에서 에스더가 부정적으로 묘사되기도 한다 (Jobes). 한가지 중요한 이유가 요청의 배경이 되고 있는 듯하다.

비록 적들이 상당 부분 제거되었지만, 아직도 곳곳에서 주의 백성을 노리고 있기에 그들마저 제거하고 싶었던 것이다. 실제로 첫날 500명을 죽였는데, 다음 날 300명을 죽이는 것을 보면 수산에서는 에스더가 요청한 대로 하루가 더 필요했다. 만일 하루로 끝마친다면 이날 수많은 사람을 자극해 놓은 유태인이 앞으로 더 위험해질 수 있다(Luter & Davis). 그러므로 에스더는 자기 백성에 대한 복수의 싹을 제거하기 위해 하루가 꼭 필요했다. 왕의 새로운 조서가 지방까지 전달될 시간은 없었기에 에스더는 자신의 요청을 수산으로 제한하여, 수산에서만 살상의 날이 하루 더 늘어났다.

여기에 일부 주석가는 부림절이 이틀 동안 진행되는 절기이기에 하루의 살상을 더 요구한 것이라고 하는데, 이는 순서상 옳지 않다. 부림절이 이틀 절기이기에 에스더가 왕에게 하루 더 요청한 것이 아니라, 에스더가 왕에게 하루 더 요청하여 이튿날에도 살상을 했기에 부림절을 이틀로 지키게 된 것이다.

에스더는 왜 하만의 열 아들의 시신을 나무에 매달 수 있도록 왕의 허락을 구했는가? 나무에 [죽은/산] 사람을 매달기 위해서는 왕의 허락이 필요하다(5:14). 고대 근동에서는 죽은 자를 나무에 매다는 것은 망자에 대한 최고의 수치였다. 이런 상황에서 에스더는 하만의 아들들을 매닮으로써 하나님의 백성을 대적하는 자의 말로가 어떠한지를 페르시아 모든 사람에게 경고하여 혹시라도 있을 수 있는 음모를 미리 차단하고자 한다.

왕의 허락을 받은 유태인은 12월 14일에도 수산에서 원수들을 제거하였다. 이튿날인 15일에는 승리를 자축하는 축제를 열었다. 수산을 제외한 각 지방에서는 적들을 제거하는 일이 13일에 마무리되었기에 14일에 축제를 열었다. 죽음의 문턱까지 갔다가 살아남은 유태인은 기뻐하며 서로에게 선물을 주었다(19절). 마치 오늘날 그리스도인이 성탄절이 되면 서로에게 선물을 주고받는 것처럼 말이다. 이것이 유태인의 절기 부림절의 유래(etiology)다(Bush, Baldwin).

III. 부림절 제정
(9:20-32)

이 섹션에서 책의 관심이 유태인에게 생긴 일로부터 부림절 절기로 옮겨가고 있다. 본문은 하만의 음모로부터 자기 백성을 구원하신 하나님 은혜를 기념하기 위하여 유태인이 페르시아 시대부터 부림절을 지키게 되었음을 기록한다. 본문은 다음과 같이 두 파트로 구분할 수 있다.

  A. 모르드개의 서신(9:20-28)
  B. 에스더가 서신의 내용을 확인해 줌(9:29-32)

III. 부림절 제정(9:20-32)

A. 모르드개의 서신(9:20-28)

[20] 모르드개가 이 일을 기록하고 아하수에로 왕의 각 지방에 있는 모든 유다인에게 원근을 막론하고 글을 보내어 이르기를 [21] 한 규례를 세워 해마다 아달월 십사일과 십오일을 지키라 [22] 이 달 이 날에 유다인들이 대적에게서 벗어나서 평안함을 얻어 슬픔이 변하여 기쁨이 되고 애통이 변하여 길한 날이

349

되었으니 이 두 날을 지켜 잔치를 베풀고 즐기며 서로 예물을 주며 가난한 자를 구제하라 하매 ²³ 유다인이 자기들이 이미 시작한 대로 또한 모르드개가 보낸 글대로 계속하여 행하였으니 ²⁴ 곧 아각 사람 함므다다의 아들 모든 유다인의 대적 하만이 유다인을 진멸하기를 꾀하고 부르 곧 제비를 뽑아 그들을 죽이고 멸하려 하였으나 ²⁵ 에스더가 왕 앞에 나아감으로 말미암아 왕이 조서를 내려 하만이 유다인을 해하려던 악한 꾀를 그의 머리에 돌려보내어 하만과 그의 여러 아들을 나무에 달게 하였으므로 ²⁶ 무리가 부르의 이름을 따라 이 두 날을 부림이라 하고 유다인이 이 글의 모든 말과 이 일에 보고 당한 것으로 말미암아 ²⁷ 뜻을 정하고 자기들과 자손과 자기들과 화합한 자들이 해마다 그 기록하고 정해 놓은 때 이 두 날을 이어서 지켜 폐하지 아니하기로 작정하고 ²⁸ 각 지방, 각 읍, 각 집에서 대대로 이 두 날을 기념하여 지키되 이 부림일을 유다인 중에서 폐하지 않게 하고 그들의 후손들이 계속해서 기념하게 하였더라

모르드개는 페르시아의 지방에 흩어져 사는 유태인에게 편지를 썼다. 하만의 음모를 뒤집으신 하나님의 은총을 기념하며, 매년 이때에 이틀 동안 잔치를 하여 이 일을 기념하도록 했다(27절). 하나님의 은혜는 두고두고 기념되어야 한다는 것이 성경의 가르침이다. 예수님도 최후의 만찬 때 제자들에게 "나를 기념하라"라고 하셨다. 유태인은 아달월 13일에 적들을 물리쳤으며, 14-15일 이틀 동안을 승리를 기념하는 절기로 지켜야 한다(21절). 훗날 유태인은 아달월 13일을 '에스더의 금식'의 날로 기념했다(Breneman). 카일(Keil)에 의하면 주후 9세기부터 '에스더의 금식'이 실행되었다고 한다.

절기가 하루로 끝나지 않고 이틀 동안 지속되는 것은 수산에서는 적들을 도륙하는 일이 이틀 동안 진행되었기 때문이다. 오늘날에 와서 유태인은 모두 이틀이 아니라 하루 절기로 아달월 14일에 지킨다. 그러나 이스라엘의 일부 성읍은 예외다. 여호수아 시대에 이미 성벽이

있었던 곳으로 알려진 예루살렘, 헤브론, 여리고에서는 아달월 15일을 기념한다(Jobes, Fox).

모르드개는 이 절기를 부림(פורים)으로 제정했다(26절). 부림(פורים)은 아카디아어로 '제비뽑기'를 뜻하는 '푸루'(pûru)를 히브리어로 표기한 '부르'(פור)의 복수형이다(3:7). 모르드개는 부림절 때 이틀 동안 서로에게 기쁨과 축복의 상징으로 선물을 주며, 가난한 자를 배려하라고 한다(22절). 페르시아 제국에서 약자인 자신들처럼 하나님의 은총으로 존귀한 자가 되었지만, 지난날을 되돌아보아야 하며 자신들처럼 어려운 처지에 있는 사람을 돌보아야 한다는 것이다. 하나님 은혜를 경험한 사람은 이처럼 은혜를 약자와 나누어야 한다.

유태인의 종교 절기는 연초와 중반에 집중되어 있으며, 연말에는 별로 없었다. 1년 중 마지막 3개월 동안에 있었던 절기로는 두[세] 가지가 있었다. 첫째는 수전절이라고 하는 하누카(Hanukkah)이다. 마카비 형제들이 종교적 핍박자 시리아의 안티오쿠스 에피파네 왕을 몰아내고 더럽힌 성전을 정결하게 하여 헌당한 일을 기념하는 사건이다(단 11장). 하누카는 유태인 달력으로는 9월인 기슬르(Kislev)월 25일이며 주전 164년경에 제정되었다. 오늘날 달력으로 기슬르월은 11월 중순경에 시작된다. 하누카와 비슷한 시기에 제정된 절기로 '니카노의 날'(Nicanor's Day)이 있었다. 마카비 형제들이 시리아의 장군 니카노를 상대로 대승을 거둔 날을 기념하는 절기였다. 니카노의 날은 유태인 달력으로 12월인 아달월 13일에 있었다. 부림절과 같은 날에 있었던 절기다. 아달월은 오늘날 달력으로 2월 중반부에 시작하여 3월까지 가는 달이다.

니카노의 날이 부림절과 같은 달에 있는 절기라 해서 다양한 추측 제시된다. 어떤 사람은 원래 유태인이 니카노의 날을 기념했는데, 훗날 부림절이 시들어버린 절기 니카노의 날을 대체했다고 한다. 이렇게 해석할 경우, 에스더서는 페르시아 시대에 저작된 책이 아니며, 훗날 누군가가 부림절을 제정하기 위하여 만들어낸 이야기가 된다. 그러나 부림절과 에스더서를 이렇게 간주할 만한 역사적인 근거가 전혀 없다. 페르시아 시대 이후 유태인은 부림절을 기념했는데, 마카비 시대 이후로 한동안 니카노의 날과 함께 기념되다가 어느 정도의 세월이 지난 후 니카노의 날의 중요성이 점차로 희석되면서 다시 부림절만 기념된 것으로 보는 것이 바람직하다.

Ⅲ. 부림절 제정(9:20-32)

B. 에스더가 서신의 내용을 확인해 줌(9:29-32)

²⁹ 아비하일의 딸 왕후 에스더와 유다인 모르드개가 전권으로 글을 쓰고 부림에 대한 이 둘째 편지를 굳게 지키게 하되 ³⁰ 화평하고 진실한 말로 편지를 써서 아하수에로의 나라 백이십칠 지방에 있는 유다 모든 사람에게 보내어 ³¹ 정한 기간에 이 부림일을 지키게 하였으니 이는 유다인 모르드개와 왕후 에스더가 명령한 바와 유다인이 금식하며 부르짖은 것으로 말미암아 자기와 자기 자손을 위하여 정한 바가 있음이더라 ³² 에스더의 명령이 이 부림에 대한 일을 견고하게 하였고 그 일이 책에 기록되었더라

이 섹션의 목적은 부림절 제정을 다시 한번 확고히 하는 것이다. 그렇다 보니 내용상 새로운 것은 전혀 없다. 그래서 이 섹션이 훗날 삽입된 것이라고 주장하지만 부림절이 2일 절기였고 성경에서 '2'는 확신의 숫자임을 감안할 때, 부림절 제정, 특히 오경에 기록되지 않은 절기를 제정하기 위해서 다시 한번 강조하는 것은 당연한 일이다. 특히 이 같은 사실을 문헌으로 남겨, 두고두고 기념하는 것은 필수적이다(Haupt). 그래야만 미래 세대도 이 절기를 지속적으로 기념할 수 있다(Jobes).

IV. 맺는 말: 모르드개의 위대함
(10:1-3)

[1] 아하수에로 왕이 그의 본토와 바다 섬들로 하여금 조공을 바치게 하였더라 [2] 왕의 능력 있는 모든 행적과 모르드개를 높여 존귀하게 한 사적이 메대와 바사 왕들의 일기에 기록되지 아니하였느냐 [3] 유다인 모르드개가 아하수에로 왕의 다음이 되고 유다인 중에 크게 존경받고 그의 허다한 형제에게 사랑을 받고 그의 백성의 이익을 도모하며 그의 모든 종족을 안위하였더라

책의 마지막 섹션은 두 가지를 기록하고 있다. 첫째, 아하수에로 왕이 하만의 일이 있은 후 온 나라에서 거두어 들이는 세금을 더 강화했다는 것이다(1절). 원래 이 세금은 유태인을 진멸하여 얻을 계획이었던 돈을 채우기 위한 것이라고 한다(Daube, Phillips). 그러나 이 주장은 어떤 근거를 두고 제시된 것이 아니며, 마지막 장이 에스더서 원본에는 없었다는 견해에서 비롯된 것이므로 이 같은 사실을 부인한다(Fox, Cliens, Bush). 어떤 이유에서 세금이 징수된 것인지는 확실히 알 수 없지만, 이 세금 징수로 페르시아 제국이 원상태의 균형감을 회복한 것은 확실하다(Levenson, Laniak).

둘째, 본문은 모르드개의 상승과 위상을 회고한다. 그의 상승은 페

353

르시아 제국에서 유태인의 위상이 매우 높아졌음을 상징한다. 저자는
이 모든 일이 왕들의 일기에 기록되었다고 한다(왕상 11:41; 14:19, 29; 대
하 32:32; 35:26-27). 이 '일기'는 페르시아의 공식 문서가 아니라, 유태
인(들)이 저작한 사적인 기록일 가능성이 크다(Moore). 모르드개는 페르
시아에서 아하수에로 왕 다음이 되었고, 그의 높아진 위상으로 유태인
의 입지도 매우 강화되었다.

유태인은 모르드개를 두 가지 이유에서 더욱 사랑하게 되었다(3절).
첫째, 그는 백성의 이익을 도모했기 때문이다. 일을 결정하는 일에 있
어서 항상 백성을 먼저 두었던 것이다. 둘째, 그는 자기 종족의 안위를
보살폈다. 이런 사람을 백성이 사랑하고 존경하는 것은 당연한 일이
며, 하나님도 이런 모르드개를 존귀하게 여기셨던 것이다. 주의 축복
을 누리고자 하는 사람은 먼저 주님의 백성을 보살피고 섬겨야 한다.
하나님의 이름을 한번도 언급하지 않지만, 모르드개가 누리는 축복이
하나님께로부터 온 것임을 분명히 한다(Breneman).

구약의 책 중 에스더서는 그 어느 책보다도 오늘날 교회와 연관이 있
어 보인다. 오늘날 교회가 살고 있는 세상이 에스더 시대만큼이나 기
독교와 복음에 대하여 배타적이기 때문이다. 이런 상황에서 우리는 하
나님의 기적적인 개입을 바라고 있다. 하나님이 오셔서 확실한 이적과
증표로 세상의 모든 불신을 해소해주고 믿는 자를 격려해 주셨으면 하
는 것이다.

그러나 에스더서는 하나님의 사역 방법은 우리가 기대하는 것과는
다르다는 사실을 확고히 한다. 하나님은 보일듯 말듯 은밀한 곳에서
세상을 주관하시고 주의 백성의 삶에 개입하신다. 하나님이 보이지 않
는 곳에서 사역하신다 해서 주님의 주권이 약화되는 것은 아니다. 아
직도 강력한 힘과 능력으로 사역하신다. 다만 사역 방식이 보이지 않
을 뿐이다. 또한 하나님은 에스더와 모르드개를 통해 사역하신 것처럼
연약한 그리스도인을 통해 역사하기를 원하신다. 즉, 우리가 에스더와

모르드개처럼 하나님이 보이든 보이지 않든 그분의 가르침을 따라 최
선을 다하면, 하나님이 우리를 통해 큰일을 이루실 것이다.